HISTORIA GEN

DE

LAS COSAS DE NUEVA ESPAÑA,

QUE EN DOCE LIBROS Y DOS VOLUMENES

ESCRIBIÓ,

EL R. P. FR. BERNARDINO DE SAHAGUN,

DE LA OBSERVANCIA DE SAN FRANCISCO,
Y UNO DE LOS PRIMEROS PREDICADORES DEL SANTO EVANGELIO
EN AQUELLAS REGIONES.

DALA A LUZ CON NOTAS Y SUPLEMENTOS

CARLOS MARIA DE BUSTAMANTE,

DIPUTADO POR EL ESTADO DE OAXACA
EN EL CONGRESO GENERAL DE LA FEDERACION MEXICANA:

Y LA DEDICA

A NUESTRO SANTISIMO PADRE

PIO VIII.

TOMO SEGUNDO.

MÉXICO:

Imprenta del Ciudadano Alejandro Valdés, calle de Santo Domingo
y esquina de Tacuba.

1829.

PROLOGO DEL AUTOR.

➤❮◆❮◆❮◆❯◆❮◆❯◆

Como por el apetito de mas saber nuestros primeros padres merecieron ser privados de la ciencia que les fué dada, y caer en la muy obscura noche de la ignorancia en que á todos nos dejaron;
no habiendo aun perdido aquel maldito apetito, no
cesamos de porfiar en querer investigar por fas ó
por nefas lo que ignoramos, así cerca de las cosas naturales, como cerca de las sobrenaturales; y
aunque para saber muchas de estas, tenemos caminos no pocos y muy ciertos, sin embargo no nos
contentamos con esto, sino que por vias no lícitas
y vedadas, procuramos saber las cosas que nuestro
Señor Dios no es servido de que sepamos, como son
las futuras, y las cosas secretas, y esto á la vez
por via del demonio, á las veces congeturando por
los bramidos de los animales, ó graznidos de las
aves, ó por el aparecer de algunas sabandijas. Mal
es éste que cundió en todo el linage humano; y co-

mo estos naturales son buena parte de él, cúpoles harta de esta enfermedad; y porque cuando plagados de esta llaga fueren á buscar medicina, y el médico los pueda facilmente entender, se ponen en el presente libro muchos de los agüeros que dichos naturales usaban, y á la postre se trata de diversas maneras de estantiguas, que de noche se les aparecian.

EL EDITOR.

Es menester hacerse mucha violencia para imprimir en siglo diez y nueve los capítulos del quinto libro del P. Sahagun, que tratan de los agüeros, fantasmas, y apariciones de muertos. Hágolo precisamente, para presentar al mundo el triste cuadro de ignorancia y error en que se hallaban los antiguos mexicanos, cuando creían á pie juntillas en todos estos espantos, maleficios, y hechicerías, consecuencia indispensable de su bárbara educacion, y de los crímenes y absurdos á que los precipitaba la monstruosa y abominable idolatría de unos dioses sanguinarios. No es menos triste la idea que en esta parte nos presentan los españoles conquistadores de México que creían lo mismo, y algo mas y mas absurdo; porque apoyaban tal vez su creencia en principios de una religion que detesta las fábulas y ficciones, y en que todavia cree el vulgo de su península, sobre todo el de las Andalucías. El gobierno colonial bajo que vivimos, no cuidó de desarraigar estas siniestras impresiones del populacho, que apoyaba la misma Inquisicion, atormentando á sus reos, vestidos sus verdugos de vestiglos y fantasmas horribles: ni la educacion que se daba á la llamada nobleza, dejaba de influir en mantenernos en los mismos errores. Era una especie de razon de estado observar esta conducta, como lo fué en Roma en los dias de Ciceron, cuando este grande hombre escribió sus tratados *de la adivinacion*, y cuando escribió contra lo mismo que sentia, y de que se burlaba entre sus amigos, y en el seno de la confianza; así como Sócrates y Platón lo habian hecho antes, riéndose de la multitud de dioses que adoraban los Atenienses. Sin embargo, no por esto se entienda que faltaron escritores españoles que impugnaron tan groseros errores, y que como Feijóo y *Andres Piquér*, esplicasen algunos metéoros y fenómenos que aterran al vulgo, y se observan principalmente en los cementerios. Por tanto, mis lectores me disimularán el desplacer que les cause con la lectura de paparruchas tan despreciables, propias para conciliar el sueño de los niños en noches de invierno. ¡Cuantas veces me contaron á mí estas mismas consejas en mi infancia, y por mucho tiempo no me atreví á entrar en una sala á obscuras, ni á dormir sin vela! ¡Ah! yo no puedo rocordarlo sin dolor, ni dejar de maldecir la tolerancia del gobierno español de una educacion la mas propia para formarnos afeminados, tímidos, y sugetos á su bárbara dominacion, que no podian ejercitar sino sobre esta clase despreciable de hombres, y de esclavos abyectos. Un jóven despreocupado y animoso, superior á todos estos embelecos, ponia mas pavor á los gobernantes españoles, que los mismos cuentos dichos á los antiguos mexicanos; pues creían ver en él un futuro vengador de los ultrages de tres siglos, y un restaurador de su libertad perdida.

¡Jóvenes! si leyereis esta historia, y aun no hubiereis logrado despreocuparos de tales errores mamados con la leche de vuestras madres, despreciadlos yá, nada creais de esos embelecos, no les temais, temed sí á vuestra mala conciencia; ella os forjará fantasmas que os aterren en la soledad de la noche, y turben vuestros mas inocentes placeres; esos son los muertos que se aparecen y hacen temblar á los malvados..... Procurad vivir en las dulzuras de la paz religiosa, ajustaos á los preceptos de la ley evangélica; sed virtuosos, y vuestro corazon se mostrará impávido en medio de los mayores peligros: la sangre fria y el valor lo da la buena conciencia; aunque el cielo se desquicie y se abran los abismos, el virtuoso no teme.

LIBRO QUINTO

QUE TRATA

DE LOS AGUEROS Y PRONOSTICOS

QUE ESTOS NATURALES TOMABAN DE ALGUNAS AVES, ANIMALES, Y SABANDIJAS, PARA ADIVINAR LAS COSAS FUTURAS.

CAPITULO I.

Del agüero que tomaban cuando alguno oía de noche ahu-llar alguna bestia fiera, ó llorar como vieja, y de lo que decian los agoreros en este caso.

En los tiempos pasados antes que viniesen los Españoles á esta tierra, los naturales de ella tenian muchos agüeros por donde adivinaban las cosas futuras. El primero de estos era, que cuando alguno oía en las montañas bramar alguna bestia fiera, ó algun sonido hacia zumbido en los montes ó en los valles, luego tomaba de ello mal agüero diciendo, que significaba algun infortunio ó desastre que le habia de venir en breve, ó que habia de morir en la guerra ó de enfermedad, ó que le habian de hacer esclavo á él ó á alguno de sus hijos, ó que alguna desventura habia de venir por él, ó por su casa. Habiendo oído este mal agüero, luego iba á buscar á aquellos que sabian declararlos,á los cuales llamaban *Tonalpouhque.* Este agorero ó adivino, consolaba y esforzaba á este tal, diciéndole de esta manera: "Hijo mio pobrecito, pues que has ve-

nido á buscar la declaracion del agüero que viste,
y veniste á veer el espejo donde está la aclaracion
de lo que te espanta, sábete que es cosa adversa y trabajosa lo que significa este agüero; esto no es porque yo lo digo, sino porque así lo dejaron dicho y
escrito nuestros viejos y antepasados; por tanto, la
significacion de tu agüero és, que te has de ver en
pobreza y en trabajos, ó que morirás. Por ventura está
ya enojado contra tí aquel por quien vivimos, y no
quiere que vivas mas tiempo. Espera con ánimo lo
que te vendrá, porque así está escrito en los libros
de que usamos para declarar estas cosas á quienes acontecen; y no soy yo el que te pongo espanto
ó miedo, que el mismo Señor Dios quiso que esto te aconteciese y viniese sobre tí, y no hay que
culpar al animal, porque él no sabe lo qne hace,
pues carece de entendimiento y de razon; y tu pobrecito no debes culpar á nadie, porque el signo en
que naciste tiene consigo estos azares, y ha venido ahora á verificarse en tí la maldad del signo de
tu nacimiento. Esfuérzate porque por esperiencia lo
sentirás: mira que tengas buen ánimo para sufrirlo,
y entre tanto, llora y haz penitencia. Nota lo que
ahora te diré que hagas para remediar tu trabajo:
haz pues penitencia, busca papel para que se apa-
reje la ofrenda que hazde hacer; cómpralo é incienso blanco, y *vlli*, y las otras cosas que sabes
son menester para esta ofrenda. Despues que
hayas prevenido todo lo necesario, vendrás tal dia
que es oportuno, para hacer la ofrenda que es menester al señor dios del fuego. Entónces vendrás á
mí, porque yo mismo dispondré y ordenaré los papeles y todo lo demás en los lugares, y en el modo que ha de estar para hacer la ofrenda: yo mismo lo tengo de ír á encender y quemar en tu casa." De esta manera respondian los que oían el agüero
arriba dicho.

CAPITULO II.

Del agüero indiferente que tomaban de oír cantar á un ave que llaman Oacton, y de lo que hacian los mercaderes que iban de camino en este caso.

El segundo agüero que tenian, era cuando oían cantar, ó charrear á una ave que llaman *Oactli oacton*. Este agüero era indiferente, pues que á las veces pronunciaba bien, y á las veces mal: teníanle por bueno cuando cantaba como quien *rie*, porque entónces parecia que decia *yeccan, yeccan*, que quiere decir *buen tiempo, buen tiempo*. Cuando de esta manera cantaban no tenian sospecha de que vendria algun mal, antes se holgaban de oirle, porque tenian que alguna buena dicha les habia de suceder; pero cuando oían á esta ave que cantaba ó charreaba como quien rie con gran risa, y con alta voz, y que su risa salia de lo íntimo del pecho como quien tiene gran gozo, y gran regocijo, entónces enmudecíanse y desmayaban, ninguno hablaba al otro, todos iban callados y cabizbajos, porque entendian que algun mal les habia de venir, ó que alguno de ellos habia de morir en breve, ó que habia de enfermar alguno de ellos, ó que les habian de cautivar aquellos á cuyas tierras iban. Esto por la mayor parte acontecia en algunos valles profundos, ó en algunos grandes arroyos, ó en algunas grandes montañas, ó grandes páramos. Si los caminantes que esto oían eran mercaderes ó tratantes, decian entre sí. *„Algun mal nos ha de venir, alguna avenida de algun rio ó creciente nos ha de llevar á nosotros, ó á nuestras cargas, ó habemos de caer en manos de algunos ladrones que nos han de robar, ó saltear; ó por ventura alguno de nosotros ha de enfermar, ó le hemos de dejar desamparado; ó por ventura nos han de comer bestias fieras, ó nos ha de atajar alguna guerra para que no podamos pasar.* Cuando platicaban estas cosas entre si, aquel que era principal entre ellos comenzaba á esforzar y consolar á los otros menores, y deciales de esta manera yendo andando. „Hijos y hermanos mios, no conviene que ninguno de vosotros se entristezca ni desmaye, porque el agüero que habeis oído ya lo teniamos entendido cuando partimos de nuestras casas, y de nuestros parientes, y sabiamos que veniamos á ofrecernos á la muerte, y sus lágrimas y lloros que en nuestra presencia derramaron, bien las vimos, porque se acordaron y nos dieron á entender que por ventura en algun despoblado, ó en alguna montaña ó barranca habian de quedar nuestros huesos, y sembrarse nuestros cabellos, y derramarse nuestra sangre, y esto nos ha venido, y no conviene que nadie se haga de pequeño corazon como si fuese muger temerosa y flaca. Aparejaos como varones para morir: orad á nuestro señor dios, no cureis de pensar en nada de esto, porque en breve sabremos por esperiencia lo que nos ha de acontecer: entónces lloraremos todos, porque esta es la gloria y fama que hemos de dar, y dejar á nuestros mayores y señores los mercaderes nobles y de gran estima de donde descendemos; porque no somos nosotros los primeros, ni los postreros á quien estas cosas han acontecido, que muchos antes que nosotros, y á muchos despues de nosotros les acontecerán semejantes casos pues por esto esforzaos como valientes hombres, hijos mios". Donde quiera que llegaban á dormir aquel dia, ora fuese debajo de algun árbol, ó debajo de alguna laja, ó en alguna cueva, luego juntaban todos sus bordones ó cañas de camino que llevaban, y los ataban todos juntos en una gavilla. Éntónces decian que aquellos *topiles*, así todos atados juntos, eran la imágen de su dios *Yacatecutli*, (que es el de los mercaderes y tratantes,) y luego delante de aquel manojo de topiles ó báculos con grande humildad y reverencia se herian las orejas derra-

mando sangre, y se ahugeraban la lengua pasando por
ella mimbres, los cuales ensangrentados los ofrecian
á la gavilla de aquellos báculos que estaban todos
atados, y todos ellos proponian de recibir en pacien-
cia por honra de su dios cualquiera cosa que les
aconteciese. De allí adelante no curaban de pensar
mas en que alguna cosa les habia de acontecer
adversa por el agüero que habian oído de aquel
ave que se llama *oactli*, y pasando el termino de
aquel agüero, si ninguna cosa les acontecia conso-
lábanse, tomaban aliento y esfuerzo, porque su espanto no tuvo efecto; pero algunos de la compañia
que eran medrosos y de poco esfuerzo, todavia iban
con temor de que alguna cosa les habia de acontecer, y así ni se alegraban, ni hablaban, ni podian recibir consolacion, é iban como desmayados y pensativos: iban meditando en lo que no les habia acontecido antes acerca de la significacion de aquel agüero, que por ventura les aconteceria adelante, y ninguno se determinaba en lo que podia acontecer, porque como arriba se dijo, este agüero es indiferente á
bien y á mal.

CAPITULO III.

Del agüero que tomaban cuando oían de noche algunos
golpes como de quien está cortando madera.

Cuando alguno de noche oía golpes como de
quien corta leña, tomaban mal agüero: á este llamaban *tooaltepuztli*, que quiere decir hacha nocturna. Por
la mayor parte este sonido se oía al primer sueño
de la noche, cuando todos duermen profundamente,
y ningun ruido de gente suena. Oían este sonido los
que de noche iban á ofrecer cañas y ramos de pino, los cuales eran ministros del templo, llamados
Tlamacazquez. Estos tenian por costumbre de hacer es-

6

te ejercicio ó penitencia en lo mas profundo de la noche, y entónces presentaban estas ofrendas en los lugares acostumbrados de los montes comarcanos; y cuando oían golpes como de quien hiende madero con hacha, (lo cual de noche suena lejos, estrepito-samente) espantábanse de aquellos golpes, y tomaban mal agüero, pues decian que estos golpes eran ilu-sion de *Tezcatlipuca*, con que espantaba y burlaba á los que andaban de noche, y cuando esto oía algun hombre animoso, esforzado y egercitado en la guerra no huía; mas antes seguia el sonido de los golpes, hasta ver que cosa era, y cuando veía algun bulto de persona, corria á todo correr tras él hasta asirle, y averiguar que cosa era. Dicese que el que asía á es-ta fantasma, con dificultad podia aferrarse, y así cor-rian gran rato andando á la *sacapella* de acá para allá. Cuando ya se fingia cansada la fantasma, espe-raba al que la seguia, y entónces parecia á esta que era un hombre sin cabeza, que tenia cortado el pescuezo como un tronco, y el pecho abierto, y te-nia á cada parte como una portecilla que le abria y cerraba, juntandose en el medio; y al cerrar de-cian que hacian aquellos golpes que se oían lejos, y aquel á quien habia aparecido esta fantasma, ora fue-se algun soldado valiente, ó algun Sátrapa del tem-plo animoso. En asiéndola y conociendola por la aber-tura del pecho, veìale el corazon, y asíale de él co-mo que se le arrancaba tirando. Estando en esto demandaba á la fantasma que le hiciese alguna mer-ced, ó le pedia alguna riqueza, ó esfuerzo y valentia para cautivar en la guerra á muchos, y á algunos dábalos la fantasma esto que pedian, y á otros no se los daba sino lo contrario como pobreza, miseria, y mala ventura, y así decian que estaba en mano de *Tezcatlipuca* dar cualquiera cosa que quisiese, adver-sa ó próspera: y la fantasma respondiendo á la de-manda decia de esta manera. „Gentil y valiente hom-

bre, amigo mio, fulano dejame, ¿qué me quieres? que
yo te daré lo que quisieres" y la persona á quien esta fantasma le habia aparecido decíala. „No te deja-
ré, que ya te he cazado" y la fantasma dábale una
punta ó espina de maguey, diciéndole... „Cata aquí esta espina, dejame"; y el que tenia á la fantasma asida por el corazon, si era valiente y esforzado, no se
contentaba con una espina, y no le dejaba hasta que
no le daba tres ó cuatro espinas: estas eran señal
de que sería próspero en la guerra, y tomaria tantos
cautivos cuantas espinas recibia, y que sería ademas
reverenciado en este mundo con riquezas, honras é insignias de hombre valiente. Tambien se decia que el que asia del corazon á la fantasma, y
se le arrancaba de presto sin decirle nada, echaba á
huir con él y se escondia y guardaba con gran
diligencia, envolviéndole y atando fuertemente con
algunos paños; y despues á la mañana, desen-
volviale y miraba que era aquello que habia arrancado; y si veía alguna cosa buena en el paño, como es pluma floja ó algodon, ó algunas espinas de
maguey, de una ó dos, tenia señal que le habia
de venir buena ventura, y prosperidad; y si por ventura hallaba en el paño carbones ó algun andrajo, ó pedazo de manta roto y sucio, en esto
conocia que le habia de venir mala ventura y miseria. Si aquel que oía estos golpes nocturnos era algun hombre de poco ánimo y cobarde, ni la perseguia,
ni iba tras ella, sino temblaba y cortábase de miedo, echábase á gatas porque ni podia correr ni andar, ni pensaba otra cosa, mas de que alguna desgracia le habia de venir por razon del mal agüero
que habia oído. Comenzaba luego á temer que le habia de venir enfermedad ó muerte, ó alguna desventura de pobreza y trabajos por razon de aquel mal
agüero.

CAPITULO IV.

Del mal agüero que tomaban del canto del buho, ave [ó sea tecolote.] [a]

Tambien cuando oían cantar al buho estos naturales de la Nueva España, tomaban mal agüero; ora estuviese sobre su casa; ora, estuviese sobre algun árbol cerca. Oyendo aquella manera de canto del buho, luego se atemorizaban, y pronosticaban que algun mal les habia de venir de enfermedad ó muerte, ó que se les habia acabado el término de la vida á alguno de su casa, ó á todos; ó que algun esclavo se les habia de huir, ó que habia de venir su casa y familia á tanto riesgo, que todos habian de perecer, y juntamente la casa habia de ser asolada, y quedar hecha muladar, y lugar donde se echasen inmundicias del cuerpo humano, y que quedase en refran de la familia y de la casa el decir: „*En este lugar vivió una persona de mucha estima, veneracion y curiosidad, y ahora no están sino solas las paredes; no hay memoria de quien aquí vivió.*" En este caso el que oía el canto del buho, luego acudia al que declaraba estos agüeros para que le dijese lo que habia de hacer.

CAPITULO V.

Del mal agüero que tomaban del chillido de la lechuza.

Cuando alguno sobre su casa oía chillar á la lechuza, tomaba mal agüero, y luego sospechaba que

(a) Aun creen los indios en este agüero, y lo tienen por tan cierto, que hay un adagio que dice:

El tecolote canta,   ello es abuso,
el indio muere,   pero sucede.

alguno de su casa habia de morir, ó enfermar, en especial si dos ó tres veces venia á chirrear allí sobre su tejado tenia por averiguado que habia de ser verdadera su sospecha; y si por ventura en aquella casa donde venia á chirrear la lechuza estaba algun enfermo, luego le pronosticaban la muerte, y decian que aquel era el mensagero del dios *Mictlantecuhtli* que iba y venia al infierno; por esto le llamaban *Yautequiba,* que quiere decir *mensagero del dios y de la diosa del infierno,* que andaban á llamar á los que les mandaban; y si juntamente con el chirrear le oían que escarbaba con las uñas, el que le oía, si era hombre luego le decia: *está quedo bellaco ogihundido, que hiciste adulterio á tu padre;* y si era muger la que oía decíale: *vete de ahí puto, haz ahugerado el cabello con que tengo de beber allá en el infierno: antes de esto no puedo ir.* Decian que por esto le injuriaban de esta manera para escaparse del mal agüero que pronosticaba, y para no ser obligados á cumplir su llamamiento. (a)

CAPITULO VI.

Del mal agüero que tomaban cuando veían que la comadreja, ó mostolilla atravezaba por delante de ellos cuando iban por el camino, ó por la calle.

De este animalejo que se llama comadreja, ó mostolilla, se espantaban, y tomaban mal agüero cuando la veían entrar en su casa, ó pasar por delante de sí, yendo por el camino, ó por la calle, y concebian en su corazon mala sospecha, de que les habia de venir algun mal, ó que si algun viage emprendiese, no le habia de suceder bien, que habia de caer en manos de ladrones, ó que le habian de matar, ó le habian de levantar algun falso testimonio, y por esto ordinariamente los que encontraban con este ani-

(a) Esta era una especie de exhorsismo,

10

malejo, les temblaban las carnes de miedo, y se estremecian, y se les espeluzaban los cabellos; algunos se ponian yertos ó pasmados, por tener entendido que algun mal les habia de acontecer. La forma de este animal acá en esta tierra es, que son como los de España, que tienen la barriga y pecho blanco, y todo lo demas bermejo.

CAPITULO VII.

Del mal agüero que tomaban cuando veian entrar algun conejo en su casa. (a)

Los aldeanos y gente rústica cuando veían que en su casa entraba algun conejo, luego tomaban mal agüero, y concebian en su interior que les habian de robar la casa, ó que alguno de ella se habia de ausentar y esconder por los montes, ó por las barrancas donde andan los cierbos y conejos. Sobre todas estas cosas iban á consultar á los que tenian oficio de declarar tales agüeros. Los conejos de esta tierra son como los de España, aunque no tienen tan buen comer.

CAPITULO VIII.

Del mal agüero que tomaban cuando encontraban con una sabandija ó gusano que llaman pinaviztli. (b)

Cuando quiera que esta sabandija entraba en casa de alguno, ó este la encontraba en el camino, luego concebia en su pecho que aquello era señal de que habia de caer en enfermedad, ó que algun mal le habia de venir, ó que alguno habia de afren-

(a) Iguales preocupaciones habia en España en el siglo 16 sobre este punto. D. Quixote al entrar en su aldea tomó mal agüero viendo huir una liebre que se agazapó debajo de los pies del rucio....*Malum signum, malum signum* (dice D. Quixote) *liebre huye, galgos la siguen, Dulcinea no parece...* ¿Qué nacion no ha sido supersticiosa?

[b] El padre Molina en su diccionario dice, *pinaviztli...Escarabajo* que tenian por mal agüero.

tar ó avergozarlo; y para remedio de esto, hacia la ceremonia que se sigue. Tomaba aquella sabandija y hacia dos rayas en cruz en el suelo, y poníala enmedio de ellas; escupíala, y luego decia estas palabras que se siguen, enderezandolas á aquella sabandija: *¿á qué has venido? quiero ver á qué has venido; y luego se ponian á mirar ácia que parte iría aquella sabandija,* y si iba ácia el norte, luego se determinaba, en que aquello era señal de que habia de morir el hombre que la miraba; y si por ventura iba ácia otra parte luego se creía que no era cosa de muerte aquella señal, sino de algun otro infortunio de poca importancia, y así la decia... *„anda vete donde quisieres, no se me dá nada de tí, ¿hede andar pensando por ventura en lo que quisieres decir? ello se parecerá antes de mucho, no me curo de tí....* y luego tomaba aquella sabandija, y poníala en la division de los caminos, y allí la dejaba, y algunos tomándola, pasábanla un cabello por medio del cuerpo, y colgabanla de algun palo, y dejábanla estar allí hasta otro dia; y si en él no la hallaba allí, comenzaba á sospechar que le habia de venir algun mal; y si por ventura cuando la iba á ver otro dia la hallaba allí, entónces consolábase, teniendo por cierto que no era agüero el echarle escupitina ó un poco de pulcre encima. Decian que esto era emborracharla, y algunas veces tenian este agüero por indiferente de mal y bien; porque creían que algunas veces el que encontraba con ella habia de encontrar con alguna buena comida. Esta sabandija es de hechura de araña grande, y el cuerpo grueso, tiene color vermejo y en partes obscuro de negro, casi es tamaña como un ratoncillo, no tiene pelos, es lampiña.

CAPITULO IX.

Del agüero que tomaban cuando un animalejo muy he-
diondo que se llama epatl, [a] entraba en su casa, ú
olian su hedor en alguna parte.

Tenian tambien por mal agüero cuando un
animalejo, cuya orina es muy hedionda, entraba en
su casa, ó paria en algun ahujero dentro de ella. En
tal caso, luego concebian mal pronóstico, como que
el dueño de la casa habia de morir, porque este
animalejo no suele parir en casa alguna, sino en el
campo, ó entre las piedras, ó en los maizales donde hay magueyes ó tunillos. Tambien decian que
este animalejo era imagen del dios *Tezcatlipuca*, así
es, que cuando espelía aquella materia hedionda
que era la orina, ó el mismo estiercol ó la ven-
tosidad decian: *Tezcatlipuca ha ventoseado.* Tiene
la propiedad este animalejo, que cuando topan
con él en casa ó fuera, no huye mucho, sino
anda zancadillando de acá para allá; y cuando el que
le persigue va ya cerca para asirle, alza la cola, y
arrójale á la cara la orina ó aquel humor que lan-
za muy hediondo; pero tan recio, como si lo echase con
una geringa, y dicho humor cuando se esparce, parece de muchos colores como el arco del cielo, y
donde dá queda aquel hedor tan impreso, que jamás se puede quitar, ó á lo menos dura mucho; ya
dé en el cuerpo; ya en la vestidura, y es el hedor
tan recio y tan intenso, que no hay otro tan vivo, ni tan penetrativo ni tan asqueroso con que com-
pararlo. (b) Cuando este hedor es reciente, el que

[a] O sea *Zorrillo*: vease la nota segunda de Clavijero, tóm.
1° pág. 36.
[b] Tiene ademas mucha electricidad, de modo que en las tinieblas de la noche el chisguete de orines que arroja, es de chispas
pequeñas y fosfóricas.

le huele no ha de escupir, porque dicen que si es—
cupe como asqueando, luego se vuelve cano todo
el cabello; por esto los padres y madres amonesta-
ban á sus hijos é hijas, que cuando oliesen este hedor no escupiesen, mas antes apretasen los labios.
Si este animalejo acierta con su orina á dar en los
ojos, ciega al que lo recibe; dicho animalejo es blanco por la barriga y pechos, y negro todo lo demas.

CAPITULO X.

Del mal agüero que tomaban de las hormigas, ranas, y ratones en cierto caso.

Cuando alguno veía que en su casa se criaban hormigas y habia hormigueros de ellas, luego
tomaba mal agüero, teniendo entendido, que aquello era señal que habian de tener persecucion los de
aquella casa de parte de algun malévolo ó envi-
dioso, porque tal fama habia, que las hormigas que
se criaban en casa, eran significacion de lo arriba
dicho, ó que los envidiosos ó malevólos los echaban dentro de casa por mal querencia, ó por hacer mal á los moradores deséandoles enfermedad ó
muerte, ó pobreza ó desasosiego. Esto mismo se
sentia si alguno en su casa hallaba ó veía alguna
rana ó sapo en las paredes ó en el tlapanco, ó entre los maderos de la casa tambien. Tenian entendido que las tales ranas las echaban dentro de casa
los malévolos y envidiosos, por mal querencia. El
mismo mal agüero tomaban cuando alguno veía en
su casa ciertos ratoncillos que tienen unos chillidos
distintos de los otros, y desasosiegan la casa; llaman á estos *tetzauhquimichzin.* En todos estos agüeros iban á consultar á los agoreros que declaraban
y daban remedio contra ellos.

CAPITULO XI.

*Que trata del agüero que tomaban, cuando de noche
veían estantiguas, [visiones ó fantasmas.]*

Cuando de noche alguno veía alguna estantigua,
se quietaba con saber que eran ilusiones de *Tezcatlipuca.*
Tambien tomaban mal agüero en pensar que aquello significaba que el que lo veía, habia de ser muerto en la guerra ó cautivo; y cuando acontecía que
algun soldado valiente y esforzado veía estas visiones, no temia, sino asíase fuertemente de la estantigua, y demandábala que le diese espinas de maguéy, que como se va dicho, son señas de fortaleza y valentía, y que habia de cautivar tantos hombres, cuantas espinas le diese; y cuando acontecía
que algun hombre simple y de poco saber veía las
tales visiones, luego las escupia, ó apedreaba con
alguna suciedad. A este tal, ningun bien le venia;
mas antes le sobrevenia alguna desdicha ó infortunio, y si algun medroso ó pusilánime las veía, luego se cortaba, se le quitaban las fuerzas, y se le
secaba la boca, de modo que no podia hablar, y poco á
poco se espantaba de la estantigua, para esconderse
donde no la viese mas; y cuando iba por el camino, pensaba que iba tras él para tomarle, y en llegando á su casa, abría de presto la puerta, y en
entrando, cerrábala luego y pasaba á gatas por encima de los que estaban durmiendo todo espanta-
do y espavorido.

CAPITULO XII.

*De unas fantasmas que aparecian de noche, que llaman
Tlacanexquimilli.*

Cuando de noche veía alguno unas fantas-

mas, que no tienen pies ni cabeza, (a) las cuales
andan rodando por el suelo, y dando gemidos como enfermo, las cuales sabian que eran ilusiones de
Tezcatlipuca; los que las veían, tomaban mal agüero,
y decian y tenian por cierto que habian de morir
en la guerra á poco de su enfermedad, ó que algun infortunio les habia de venir prontamente; y cuando estas fantasmas se aparecian á alguna gente baja y medrosa, echaban á huir, y perdian el espíritu de tal manera por aquel miedo, que creían
morirían en breve, y les acontecería algun desastre.
Si estas fantasmas aparecían á algun hombre valiente y osado, como son los soldados viejos, luego se
apercibia y disponia, porque andaban con sobresal-
to de noche, entendiendo que habian de topar alguna cosa y aun las salian á buscar por todos los
caminos y calles, deseando ver algo terrible, para
alcanzar de ella buena ventura, ó algunas espinas
de maguéy que son señales de esto; y si acaso le aparecia alguna de estas fantasmas, luego
le arremetia y se asía con ella fuertemente y deciala: ¿quien eres tú? háblame, mira que no dejes de
hablar, pues ya te tengo asida y no te tengo de soltar. Esto repetia muchas veces andando el uno con
el otro á la *sacapella*, y despues de haber peleado mucho, ya cerca de la mañana, hablaba la fantasma y
decia. „Déjame que me fatigas, dime lo que quieres,
y dártelo hé:" luego respondia el soldado y decia,
¿qué me has de dar? respondía la fantasma: „cata
aquí una espina:" respondia el soldado: „no la quiero, ¿para qué es una espina sola? no vale nada" y
aunque le daba dos ó tres, ó cuatro espinas, no la
queria soltar, hasta que le diese tantas cuantas él
queria; y cuando ya se las daba, hablaba la fantasma diciendo: „doite toda la riqueza que deseas pa-

[a] Así son todas las visiones, sin pies ni cabeza.

ra que seas próspero en el mundo.» Entónces el soldado dejaba á la fantasma, porque ya habia alcanzado lo que buscaba y deseaba [a]

CAPITULO XIII.

De otras fantasmas que se aparecian de noche.

Habia otra manera de fantasmas que de noche aparecian ordinariamente en los lugares donde iban á hacer sus necesidades. Si allí se les aparecia una muger pequeña, enana, que la llamaban *cuitlapaton*, ó por otro nombre *centlapachton*, luego tomaban agüero que habian de morir en breve, ó que les habia de acontecer algun infortunio. Esta fantasma se dejaba ver como una muger pequeña, y tenia los cabellos largos hasta la cinta: su andar era como de un anade ó pato. Cualquiera que veía esta estantigua, cobraba gran temor, y si la queria asir no podia, porque luego desaparecia, y tornaba á parecer en otra parte, casi allí junto; y si otra vez probaba tomarla, escabulliase, y todas las veces que lo intentaba se quedaba burlado, y así dejaba de porfiar. Otra manera de fantasma aparecia de noche, y era como *calaberna* ó calabera de muerto, presentábase de noche derrepente á alguno ó algunos, luego le saltaba sobre la pantorrilla, ó detras de él iba haciendo un ruido como calavera que iba saltando. El que oía este ruido, echaba luego á huír de miedo; y si por ventura se paraba aquel tras quien iba galopando, tambien se paraba la calavera; y si este tal se esforzaba á quererla cojer, ya que la iba á tomar, volábale dando un salto á otra parte; y si allí la iba á tomar, otra vez hacia lo mismo hasta tanto que ya el que iba tras ella se cansaba, y de cansado y de miedo, la dejaba y huía para su casa.

[a] ¡Que mentira sería ver eso!

Otra manera de fantasma aparecia de noche, que era como un difunto tendido, amortajado, y estaba quejándose y gimiendo. A los que aparecia esta fantasma, si eran valientes y esforzados, arremetian para asirse de ella, y lo que tomaban era un cesped ó terron. Todas estas ilusiones atribuían á *Tezcatlipuca:* tambien tenian por mal agüero las voces del pito, cuando le oían silvar en las montañas, que luego sospechaban que les habia de venir algun mal. Asímismo decian que *Tezcatlipuca* muchas veces se transformaba en un animal que llaman *coyotl* que es como lobo, y así transformado poniase delante de los caminantes como atajándoles el camino para que no pasasen adelante; y en esto entendia el viajador, que algun peligro habia adelante de ladrones ó robadores, ó que alguna otra desgracia le habia de acontecer continuando el camino.

EL EDITOR.

El estado actual de ignorancia y credulidad, consecuencia necesaria de aquella en todos los Indios es tal, que hoy tienen por ciertos y practican todos los abusos y errores que se han indicado y otros muchos. Todavia creen las Indias que cuando el *pajarillo saltapared* se presenta en sus chosas á comer arañas y gusanos, y purificar la casa de insectos viene á anunciarle á su marido que está amancebada, y le es infiel; con tal motivo tiemblan cuando aparece sobre sus jacalés y comienzan á chiflar, y lo apedrean y espantan como pueden. Asimismo creen en la prócsima muerte de alguno por el canto del Tecolote, y por lo comun tienen razon. Esta ave moradora de los cementerios y lugares de corrupcion, huele donde la hay, y se alampa á ver lo que pesca. Los Indios moribundos por su miseria y desaseo apestan, y asi es que los atraen; esta causa natural no la alcanzan ni por ella esplican el motivo de esta temible visita. Mientras no se ilustren, jamás saldrán de estos errores que traen terribles consecuencias. El desengaño en tal materia deben hacerlo los párrocos por quienes pongo esta nota.

FIN DEL LIBRO DE LOS AGÜEROS.

APÉNDICE DEL QUINTO LIBRO.

INTRODUCCION DEL AUTOR.

Aunque los agüeros y abusiones parecen ser de un mismo linage; pero los agoreros por la mayor parte atribuyen á las criaturas lo que no hay en ellas como es decir, que cuando la culebra ó comadreja atraviesan por delante de alguno que va camino, dicen que es señal que le ha de acontecer alguna desgracia en el mismo camino; y de esta manera de agüeros [ya está dicho en este líbro quinto. Las abusiones de que en este apéndice se trata, son al reves, pues que toman á mala parte las impresiones ó influencias que son buenas en las criaturas, como es decir, que el olor del jazmin indiano que ellos llaman *Umixuchitl*, es causa de alguna enfermedad, que es como almorranas, y tambien á la flor que llaman *cuitlaxuchitl*, la atribuyen falsamente, que cuando la muger pasa sobre ella le causa una enfermedad que tambien le llaman *cuetlaxuchitl*, que la produce en la clitoris mugeril. Y porque los agüeros y las abusiones son muy vecinos, pongo este tratado de las abusiones, por apéndice de este libro quinto de los agüeros; y en ellos no está tanto dicho, cuanto hay en el uso, ni tampoco en este apéndice están todas las abusiones de que usan mal, porque siempre van multiplicándose estas cosas que son malas, y hallarán así del uno como del otro algunas que no están aquí puestas.

APÉNDICE DEL QUINTO LIBRO.

CAPITULO I.

Del Omixuchitl.

Hay una flor que se llama omixuchitl de muy buen olor, que parece al jazmin en la blancura y en la hechura: hay tambien una enfermedad que parece como almorranas que se cria en las partes inferiores de los hombres y de las mugeres, y dicen los supersticiosos antiguos, que aquella enfermedad se causa, de haber olido mucho esta flor arriba dicha, de haberla orinado, ó de haberla pisado.

II. Del cuetlaxuchitl.

Hay una flor que se llama cuetlaxuchitl, con hojas de un árbol muy coloradas: hay tambien entre las mugeres una enfermedad, que se les causa en la clitoris mugeril, que tambien la llaman cuetlaxuchitl. Decian los supersticiosos antiguos, que esta enfermedad se causaba en las mugeres por haber pasado sobre esta flor arriba dicha, ó por haberla olido, ó por haberse sentado sobre ella; y por esto avisaban á sus hijos, que se guardasen de olerla, ó de sentarse, ó de pasar sobre ella.

III. De la flor ya hecha.

Decian los viejos supersticiosos, que las flores que se componen de otras muchas con que bailan, y que dan á sus convidados, que á nadie le es lícito oler el medio de ella, porque éste está reservado para Tezcatlipuca, y que los hombres solamente pueden oler las orillas.

Tóm. II.   4

IV. *De los maízes.*

Decian tambien los supersticiosos antiguos, y algunos aun ahora lo usan, que el maíz antes que lo echen en la olla para cocerse, han de resollar sobre él, como dándole ánimo para que no temá la cochura. Tambien decian que cuando estaba derramado algun maíz por el suelo, el que lo veía era obligado á cogerlo, y el que no lo cogia, hacia injuria al maíz, y se quejaba de él delante de Dios diciendo: *,,Señor, castigad á éste que me vió derramado y no me cogió, ó dadle hambre porque no me menosprecie.*

V. *De tecuencholhuilíztl, que quiere decir pasar sobre alguno.*

Decian tambien los supersticiosos antiguos, que el que pasaba sobre algun niño que estaba sentado ó echado, que le quitaba la virtud de crecer, y se quedaria asi pequeñuelo siempre; y para remediar esto, decian que era menester tornar á pasar sobre él, por la parte contraria.

VI. *Del atlilíztli, que quiere decir beber el menor antes del mayor.*

Otra abusion tenian sobre el beber: si bebian los hermanos y el menor bebia primero, decíale el mayor, ,,no bebas primero que yo, porque si bebes, no crecerás mas, sino quedarte has como estás ahora."

VII. *Del comer en la olla.*

Otra abusion tenian, si alguno comia en la olla haciendo sopas en ella, ó tomando la masamorra con la mano, decianle sus padres: ,,si otra vez haces esto, nunca serás venturoso en la guerra, ni nunca cautivarás á nadie".

VIII. *Del tamal cocido.*

Cuando se cuecen los tamales en la olla, si algunos se pegan en esta como la carne, decian que el que comia aquel tamal pegado, si era hombre nunca bien tiraria en la guerra las flechas, y su muger nunca pariria bien; y si era muger, que nunca bien pariria, pues que se le pegaria el niño dentro.

IX. *Del ombligo.*

Cuando cortaban el ombligo á las criaturas recien nacidas, si era varon, daban el ombligo á los soldados para que le llevasen al lugar donde se daban las batallas; decian que por esto sería muy aficionado el niño á la guerra; y si era muger, enterraban el ombligo cerca del hogar, y decian que por esto sería aficionada á estar en casa, y hacer las cosas que eran menester para comer.

X. *De la preñada.*

Decian que para que la muger preñada pudiera andar de noche sin ver estantiguas, era menester que llevase un poco de ceniza en el seno, ó en la cintura junto á la carne.

XI. *De la casa de la recien parida.*

Tenian que cuando alguna muger iba á ver á alguna recien parida, y llevaba algunos hijuelos consigo, en llegando á la casa, iba al hogar, y fregaba con ceniza todas las coyunturas de sus niños y las sienes: creían que si esto no hacian, á aquellas criaturas, quedarian mancas de las coyunturas, y que todas ellas les crugirian cuando las moviesen.

XII. *Del terremoto.*

Cuando temblaba la tierra, luego tomaban á sus niños con ambas manos por junto las sienes, y los levantaban en alto: decian que sino hacian aquello que no crecerian, y que los llevaria el temblor consigo. Tambien cuando temblaba la tierra rociaban con agua todas sus alhajas, tomando el agua en la boca y soplándola sobre ellas, y tambien por los postes y umbrales de las puertas de la casa. Creían que si no hacian esto, que el temblor llevaria aquellas casas consigo; y los que no lo hacian eran reprendidos de los otros, y luego que comenzaba á temblar la tierra, comenzaban á dar grita dándose con las manos en las bocas, para que todos advirtiesen que temblaba la tierra.

XIII. *Del tenamaztli.*

Decian que los que ponian el pie sobre las trebedes, que son tres piedras en cerco sobre que ponen las ollas sobre el fuego, que por el mismo caso serían desdichados en la guerra, que no podrian huir y que caerian en manos de sus enemigos; y por eso los padres y madres, prohibian á sus hijos que no pusiesen los pies sobre el *tenamaztli* ó trebedes.

XIV. *De la tortilla que dobla con el comal.*

Decian que cuando se doblaba la tortilla echándola en el comal para cocerse, era señal que alguno venia á aquella casa, ó que el marido de aquella muger que cosia el pan, si era ido fuera, venia ya, y habia coceado la tortilla porque se dobló.

XV. *De lamer el metatl.*

Decian que el que lamiese la piedra en que muelen que se llama *metatl*, se le caerían presto los dientes y muelas; y por esto los padres y madres prohibian á sus hijos que lamiesen los metates.

XVI. *Del que está arrimado al poste.*

Decian que los que se arrimaban á los postes, serian mentirosos porque los postes lo son, y hacen mentirosos á los que se arriman á ellos, y por esto los padres y madres prohibian á sus hijos que se arrimasen á los mismos.

XVII. *Del comer estando en pie.*

Decian que las mozas que comian estando en pie, que no se casarian en su pueblo, sino en pueblos agenos, y por esto las madres prohibian á sus hijas que comiesen estando paradas.

XVIII. *Del quemar de los escobajos del maíz.*

Donde quiera que habia alguna muger recien parida, no echaban en el fuego los escobajos ó granzones de maíz, que son aquellas mazorquillas que quedan despues de desgranado, que llaman *olotl.* Decian que si quemaban estos escobajos en aquella casa, la cara del niño que habia nacido, sería pecosa y hoyosa, y para que esto no fuese, habiendo *de* quemar estos granzones, tocábanlos primero en la cara del niño, llevándolas por encima sin tocar en la carne.

XIX. *De la muger preñada.*

Otra abusion dejaron los antiguos, y es, que la muger preñada se debia de guardar de que no viese á ninguno que ahorcaban, ó daban garrote, porque si le veia, decian que el niño que tenia en el vientre, nacería con una soga de carne á la garganta. Tambien decian asimismo, que si la muger preñada miraba al sol ó á la luna cuando se eclipsaba, la criatura que tenia en el vientre nacería divididos los bezos (a) ó labios, y por esto las preñadas, no osaban mirar al eclipse; para que esto no

(a) Todavia subsiste este error: cuando ven alguna criatura trozados los labios dicen.... *se lo comió el eclipse....* Otros creen que la luna los maltrata, y huyen de ella cuando está llena ocultándose.

aconteciese si mirase el 'eclipse, poniase úna navá-
juela de piedra negra en el seno, que tocáse á la
carne. Tambien decian que la muger preñada si mas-
case aquel betun que llaman *tezictli* [hoy chicle] la
criatura cuando naciese, padecería de lo que lla-
·man *motentzoponiz*, (*hoy mozezuelo*,) ó sea embárazo en
la respiracion, que mueren de ello las criaturas recien nacidas, (a) y cáusase, de que cuando mama la
criatura, si su madre la saca de presto la teta de
la boca, lastímase en el paladar y luego queda mortal. Tambien decian que la muger preñada si anduviese de noche, la criatura que naciese sería muy
llorona; y si el padre andaba de noche y veía alguna estantigua, la criatura tendría mal de corazon; y
para remedio de esto, la muger preñada cuando andaba de noche, poniase unas chinas en el seno, ó
un poco de ceniza del hogar, ó unos pocos de in-
ciensos de esta tierra, que llaman *estauhiatl;* tambien
los hombres se ponian en el seno chinas ó *picietl,*
[tabaco montés] para escusar el peligro del hijo que
estaba en el vientre de la madre; y si esto no hacian, decian que la criatura nacería con una enfermedad que llaman *aiomama*, ó con otra que llaman
cuetzpaliciviztli, ó con lobanillos en las inglés.

XX. *De la mano de la mona.*

Tenian esta abusion y aun todavia la hay: los
mercaderes y los que venden mantas, procuraban tener una mano de mona. Decian que teniéndola consigo cuando vendian, que luego se les vendía su mercadería, y aun ahora se hace esto; y tambien cuando no se vende su mercadería, á la noche viniendo
á su casa, ponen entre las mantas dos bainas de
chile, y dicen que les dan á comer chile, para que
luego otro dia se vendan.

(a) Esta enfermedad la curan echándole leche de pechos á la
criatura en la mollera.

XXI. *Del majadero y comal.*

El que jugaba á la pelota ponia el *metatl* y el comal boca abajo en el suelo, y el majadero ó *metlápil* colgábalo en un rincon, y con esto decian que no podria ser ganado, sino que habia de ganar. Tambien cuando abundaban ratones en casa, ponian el majadero fuera de ella; decian que si estubiese dentro no caerian ratones, porque el majadero los avisaria para que no cayesen.

XXII. *De los ratones.*

Decian que los ratones saben cuando alguno está amancebado en alguna casa, luego van allí, y roén los chiquihuites, esteras, y los vasos; y esto es señal que hay algun amancebado en la casa, y llaman á esto *tlaculli*; y cuando á la muger casada los ratones ahugeraban las enaguas, entendia su marido que le hacia adulterio; y si los mismos ahugeraban la manta al hombre, entendia la muger que le hacia este adulterio.

XXIII. *De las gallinas.*

Decian que cuando las gallinas estaban echadas sobre los huevos, si alguno iba ácia ellas calzado con cotáras, no sacarian pollos, y si los sacasen serian enfermos y luego se morian, y para remedio de esto, ponian junto el nido de las gallinas unas cotáras viejas.——

XXIV. *De los pollos.* [a]

Otra abusion: decian que cuando nacian los

[a] Cuando se dificulta por la temperatura fria ó humedad, el desprendimiento de los polluelos del cascaron, acostumbran las Indias quemar cerca de la gallina echada y clueca, unos granos de culantro, y en el momento comienzan los polluelos á pitar y romper el cascaron; yo he presenciado esta operacion hecha por una India de Popotla junto á Tacuba en México.

pollos, si algun amancebado éntraba en la casa donde estaban, luego los pollos se caían muertos las
patas arriba, y esto llaman *tlacolmiqui;* y si alguno
de la casa estaba amancebado, ó la muger ó el varon, lo mismo acontecia á los pollos, y por esto conocian que habia algun amancebado en cualquiera
casa.

XXV. *De las piernas de las mantas.*

Decian que cuando se tegía alguna tela, ya
fuese para manta, ya para enaguas, ó ya para vipil,
si la tela se aflojaba, de una parte mas que de otra,
aquel para quien era, era persona de mala vida, y
que se parecia, en que la tela se paraba bizcornada,

XXVI. *Del granizo.*

Cuando alguno tenia alguna sementera ó de
maíz, ó de chile, ó de chian ó de frisoles, si comenzaba á granizar, luego sembraba ceniza por el
pátio de su casa.

XXVII. *De los brujos.*

Decian que para que no entrasen los brujos
en casa á hacer daño, era bueno una navaja de
piedra negra en una escudilla de agua, puesta tras
de la puerta, ó en el patio de la casa de noche.
Decian que se veían allí los brujos, y en viéndose
en la agua con la navaja dentro, luego daban á
huír, y no osaban mas volver á aquella casa. [Hoy
creen que el modo de ligar á los brujos, es rodearlos de mostaza, ó echarles una raya de carbon.]

XXVIII. *De la comida del raton que sobra.*

Decían que la que comia lo que el raton habia roido, como pan, queso, ú otra cosa, que le le-
vantarian algun falso testimonio, de hurto, de adulterio, ó de otra cosa.

XXIX. *De las uñas.*

Decian que los que se cortaban las uñas las echaban en la agua, y que por esto el animalejo que se llama *avitzotl*, haria que les naciesen bien porque es muy amigo de comerlas.

XXX. *Del estornudo.*

Decian que cuando alguno estornudaba, era señal que otro decia mal de él.

XXXI. *De los niños ó niñas.*

Cuando comian ó bebian en presencia de algun niño que estaba en la cuna, ponianle un poco en la boca de lo que comian ó bebian; decian que con esto no le daría hipo cuando comiese ó bebiese.

XXXII. *De las cañas verdes de maíz.*

Decian que al que comia cañas de maíz verdes de noche, que le daria dolor de muelas ó dientes; y para que esto no aconteciese, el que comia alguna caña verde de noche calentábala al fuego.

XXXIII. *Del respaldar de los maderos.*

Otra abusion decian que si respaldaba ó se quebraba algun madero de los del edificio de la casa, era señal que alguno de los de ella habia de morir ó enfermar.

XXXIV. *Del metatl.*

Decian que cuando se quebraba la piedra de moler, que se llama *metatl* estando moliendo, era señal que la que molia habia de morir, ó alguno de la casa.

XXXV. *De la casa nueva, por quien sacaba fuego nuevo.*

Cuando alguno edificaba alguna casa nueva habiéndola acabado, juntaba los parientes y veci-

Tóm. II.   5.

nos, y delante de ellos sacaba fuego nuevo en la misma; y si el fuego salia presto, decian que la habitacion de la casa sería buena y apacible; y si el fuego tardaba en salir, decian que era señal de que la habitacion seria desdichada y penosa.

XXXVI. *Del baño ó temazcalli.*

Decian que si algun mellizo estaba cerca del baño cuando le calentaban, aunque estuviese muy caliente, le hacia enfriarse, y mucho mas si era alguno de los que se bañasen; y para remediar esto, repasaba con agua cuatro veces con su mano lo interior del baño, y con esto no se enfriaba, sino calentaba mas.

Acerca de los mellizos decian, que si entraban donde tenian *tochomitl,* (ó sea pelo de conejo) luego se dañaba la color, y lo que se teñia salia manchado especialmente lo colorado; y para remediar esto dábanle á beber un poco del agua con que teñian. Asimismo decian que si entraba un mellizo donde se cocian tamales, luego los aojaba [ó hacia mal de ojo] y tambien á la olla, pues no se podian cocer aunque estuviesen al fuego un dia entero, y salian ametalados, en parte cocidos, y en parte crudos: y para remediar esto, hacianle que él mismo pusiese el fuego á la olla, echando leña debajo de ella. Si por ventura echaban tamales delante de él en la olla para que se cociesen, el mismo mellizo habia de echar uno en la misma, y si no no se cocerían.

XXXVII. *De cuando los muchachos mudan los dientes.*

Decian que cuando mudaba un diente algun muchacho, su madre ó padre lo echaba en el ahugero de los ratones, ó mandábalo echar. Decian que si no lo echaba en dicho ahugero, no nacería, y que se quedaria desdentado.

Estas abusiones *empecen* (ó dañan la fé, y por

eso conviene saberlas, y predicar contra ellas: hanse puesto estas pocas, aunque hay otras muchas mas. Los diligentes predicadores y confesores, búsquenlas para entenderlas en las confesiones, y para predicar contra ellas, porque son como una sarna, que enferma á la fé católica. [a]

FIN DEL QUINTO LIBRO Y DE SU APÉNDICE.

EL EDITOR.

Los razonamientos de los *Tlamacazques* ó sacerdotes mexicanos, á quienes impropiamente denomina *Sátrapas* el P. Sahagun, (porque segun el diccionario de la lengua española,) este era un título de dignidad entre los antiguos Persas, que se daba á los gobernadores de las provincias están llenos de bellezas tanto en sus conceptos, como en el modo de espresarlos retóricamente; están indicados con el idioma del corazon, cuando se halla penetrado de lo que dice, y sobre todo de humillacion y gratitud ácia Dios, ante cuyos pies se descansa y corre como un torrente entre suspiros y lágrimas; es la elocuencia del alma siempre victoriosa, y siempre bella. Si entrásemos á hacer un cotejo, hallaríamos trozos dignos de la pluma de David, y de S. Pablo, cuando estos dos grandes hombres parece que se entraron en el santuario de la divinidad, y hablaron de su misericordia, gracia y justicia del Señor. El estilo es oriental, lleno de figuras y metáforas soberbias en tanto grado, que apenas pudiera esplicarse del mismo modo el celebrado autor de la economía de la vida humana, ó el famoso Osian. Verdaderamente eran sábios y elocuentes los mexicanos: faltábales solo el conocimiento de la verdadera religion purificada de fábulas, y aun pueden obtener el primer lugar en la ciencia moral para formar el corazon de los jóvenes como lo demuestran los razonamientos de los padres á sus hijos. compilados en este libro sesto. Hé aqui el juicio que de él han formado los sabios editores de los *Ocios* de los *españoles emigrados* en el tómo 1.° n.° 4 de 1824 pretendiendo dar idea de esta obra. „El libro sesto (dicen) trata de la retórica y filosofía mo-

[a] Compadezcamos la ignorancia de este pueblo que viviría atormentado con este cúmulo de errores que les haría molesta y empalagosa la vida.

ral, y teologia de la gente mexicana, donde hay cosas muy curiosas tocantes á los primores de su lengua, y cosas muy curiosas
y delicadas, tocante á las virtudes morales.... Las hay en verdad,
y es uno de los libros mas apreciables de esta obra. No habiéndose hallado escrituras de la antiguedad, no podia el autor desem-
peñar su objeto, sino copiando las arengas y oraciones que estaban en uso entre aquella gente, y que como fórmulas sabidas
de todos pudieron dictárselas los viejos; y esto hizo poniendo á
la larga las oraciones que los Sátrapas hacian á los dioses con
motivo de las guerras, pestilencias, sequías, y otras calamidades
públicas; en la muerte de los reyes, eleccion del succesor, y cuando un mal rey con su desgobierno ponia en peligro la república;
y las arengas que se pronunciaban con motivo de la confesion auricular, de los casamientos, partos, bautismos de niños, exhórta-
ciones de los padres á los hijos al tiempo de tomar estado &c,
&c, piezas todas *elocuentes, llenas de máximas morales, y de
imágenes de la Divinidad, tan sencillas como animadas, muy pare-
cidas á nuestro juicio, á las de los antiguos orientales*. „En comprobacion de esta verdad, nos presentan los Editores varios trozos
del capítulo 5 ° y otros." Previendo [añaden] el autor que estas
oraciones y arengas podian ser tenidas por ficciones suyas, dice
en el prólogo de este libro: „Algunos émulos que han afirmado que
todo lo escrito en estos libros.... *son ficciones y mentiras, hablan
como apasionados y mentirosos; porque lo que en este libro está
escrito, no cabe en entendimiento humano el fingirlo, ni hombre viviente pudiera fingir el lenguage que en él está*—Al fin se esplican
algunos adagios, acertijos, y locuciones metafóricas, con el objeto
de manifestar la escelencia del idioma mexicano."
Nos complacemos al ver estos elogios en la pluma de tan
sabios y buenos críticos, y cuando careciésemos de tan apreciable
testimonio, lo darian y mas relevante los que poseen este idioma,
que aunque notablemente adulterado con voces castellanas, todavia conserva su belleza y aticismo aun en las conversaciones familiares, y mas sencillas. Un amigo mio cura, que poseía el mexicano á maravilla, en comprobacion de esta verdad me contó la
anécdota siguiente. „Hallábame [me dijo] recostado en un petate, á
la orilla de un rio que pasa por mi curato, gozando de la fres-
cura de aquel sitio hermoso, ocultándome de la vista de las Indias que iban allí á labar en un pequeño bosquecito; pero oía claramente cuanto ellas hablaban sin ser visto. Una muger ya reacia
le preguntó en mexicano á otra, como le iba con su marido pues
sabia que estaba recien casada: ella le respondió „*muy mal nanita,
me mata de hambre, y cuanto maíz trae á mi casa me hace moler-
lo, y todos los dias se come un chiquivitl de tortillas*" entónces la
que le hablaba le dió este consejo... dale poço de comer á ese

perro, y lo tendrás manso... *Galgo mochihuas, manso macuepas...* ó de otro modo *ténlo flaquito, y lo verás mansito.*» Cayóle tanto en gracia al cura este dicho sazonado, que soltó la carcajada de risa y por ella fué descubierto de las Indias que se retiraron avergonzadas. [a]

Aunque las razones que dá el padre Sahagun me parecen bastantes para probar la autenticidad de los razonamientos de los mexicanos, entiendo que debemos tener á la vista lo que escribí en la obra intitulada, *Tezcoco en los últimos tiempos de sus antiguos reyes* pág. 213... Despues (dixe) de la Conquista, se encontraron muchas pinturas relativas á esto, que la corte de España *mandó se tradujesen al español, á cuyo efecto se dedicaron los mas hábiles profesores de los idiomas mexicano y castellano como el sábio D. Carlos de Siguenza y Góngora, y D. Fernando de Alba Ixtlilxochitl.* Presentaremos de estos preciosos monumentos algunos bellos trozos, comenzando por el razonamiento de un padre á su hijo, la respuesta de este á su padre; previniendo que las disertaciones del padre Clavijero se leen igualmente *aunque algo variadas en el lenguage....*

El padre Sahagun al fin de este libro 6.º pone la nota siguiente... *Fué traducido en lengua española* [por dicho padre] despues de treinta años que se escribió en la lengua mexicana en este año de 1577.

La variacion que se ha introducido no es de los conceptos, es del lenguage que varia segun los siglos como la moneda, y que es indispensable, sobre todo cuanto se quiere conformar la traduccion á los modismos y genio del idioma de que se hace la version.

Por semejantes motivos, y sin pretender prevenir el juicio de nuestros lectores, creemos que este libro será leido con aprecio por ellos, y servirá de apoyo á cuantas observaciones se han hecho por muchos escritores, para probar la sabiduria de nuestros Indígenas, y las equivocaciones groseras que contra ella han padecido, no solo los señores *Paw y Robertsont*, sino otros que les precedieron y obligaron al Vaticano de Roma á declarar solemnemente la racionalidad de los mexicanos, como si fuese un dogma religioso.

(a) El señor Vazquez Ruiz *que murió de medio racionero de la Stá. Iglesia de Puebla en* 1822.

Todas las naciones, por bárbaras y de obscuro
origen que hayan sido, han puesto los ojos en los
sábios y poderosos para persuadir, y tambien en los
hombres eminentes en las virtudes morales, en los
diestros y valientes, en los ejercicios, y mas en los
de su generacion que en los de otra. Hay de estos tantos ejemplos entre los griegos, latinos, españoles, franceses é italianos, que están los libros llenos de esta materia. Esto mismo se usaba en esta nacion Indiana, y mas principalmente entre los mexicanos, entre los cuales los sabios retóricos, virtuosos y esforzados, eran tenidos en mucho, y de
estos elegian para pontífices, señores, principales y
capitanes, por de baja suerte que fuesen. Estos regian las repúblicas, guiaban los ejércitos, y presi-
dian en los templos. Fueron cierto en estas cosas es-
tremados, devotísimos para con sus dioses, celosísi-
mos de sus repúblicas, y entre sí muy urbanos: para con sus enemigos muy crueles, para con los suyos humanos y severos; y pienso que por estas virtudes alcanzaron el imperio aunque les duró poco,
y ahora todo lo han perdido, como lo verá claro
el que cotejare lo contenido en este libro, con la
vida que ahora tienen. La causa de esto no la digo por estar muy clara. (a) En este libro se verá
muy á buena luz, que lo que algunos émulos han
afirmado, que todo lo escrito en estos libros antes
de este y despues de este, son *ficciones y mentiras, hablan como apasionados y mentirosos*, porque lo
que en este volúmen está escrito, no cabe en entendimiento de hombre humano el fingirlo, ni hombre viviente pudiera contradecir el lenguage que en
él está; de modo, que si todos los indios entendidos
fueran preguntados, afirmarían que este lenguage es
propio de sus antepasados, y obras que ellos hacian.

(a) La opresion y servidumbre de los Españoles.

LIBRO SESTO.

DE LA RETORICA, FILOSOFIA MORAL Y TEOLOGIA,

DE LA GENTE MEXICANA,

DONDE HAY COSAS MUY CURIOSAS TOCANTES A LOS PRI-MORES DE SU LENGUA, Y COSAS MUY DELICADAS TOCAN-TES A LAS VIRTUDES MORALES.

CAPITULO I.

Del lenguage y afectos que usaban cuando oraban al principal dios llamado TEZCATLIPUCA, *en tiempo de pestilencia para que se las quitase: es oracion de los sacerdotes, en la cual le confiesan por todopoderoso, no visible ni palpable, usan de muy hermosas metáforas y maneras de hablar.*

¡Oh valeroso señor nuestro debajo de cuyas alas nos amparamos, defendemos, y hallamos abrigo! tú eres invisible y no palpable, bien así como la noche y el aire. ¡Oh! que yo bajo y de poco valor, me atrevo á parecer delante de V. M.! Vengo á hablar como rústico y tartamudo: será la manera de mi hablar, como quien va saltando camellones, ó andando de lado, lo cual es cosa muy fea, por lo cual temo de provocar vuestra ira contra mí, y en lugar de aplacaros, temo de indignaros; pero V. M. hará lo que fuere servido de mi persona. ¡Oh señor que habeis tenido por bien de desampararnos en estos dias conforme al consejo que vos teneis así en el cielo como en el infierno! ¡Ay dolor! que la ira é indignacion de V. M. ha descendido en es-

tos dias sobre nosotros, porque las aflicciones grandes y muchas de vuestra indignacion nos han ane-
gado y sumido, bien así como piedras, lanzas y saetas, que han descendido sobre los tristes que vivimos en este mundo, y esto es la gran pestilencia
con que somos afligidos, y casi destruidos. ¡Oh señor valeroso y todopoderoso! ¡Ay dolor, que yá la
gente popular se vá acabando, y consumiendo! gran
destruccion y grande estrago hace ya la pestilencia
en toda la gente; y lo que mas es de doler, que
los niños inocentes y sin culpa que en ninguna otra
cosa entendian, sino en jugar con las pedrezuelas, y
en hacer montecillos de tierra, ya mueren como abar-
rados y estrellados en las piedras, y en las paredes, (cosa de ver muy dolorosa y lastimosa) porque ni quedan los que aun no saben andar ni hablar; pero tampoco los que están en las cunas. ¡Oh
señor que todo vá *abarrisco!* [a] los menores, medianos, mayores, viejos y viejas, y la gente de media
edad, hombres y mugeres, no queda *plante ni man-
te:* [b] ya se asola y destruye vuestro pueblo, vuestra gente y vuestro caudal; ¡óh señor nuestro, valerosísimo, humanísimo, y amparador de todos! ¿qué
es esto, qué vuestra ira é indignacion se gloría y
recrea en arrojar piedras, lanzas, y saetas? El fuego de pestilencia muy encendido está en vuestro
pueblo, como el fuego en la cabaña que vá ardiendo y humeando, que ninguna cosa deja enhiesta ni
sana: ejercitais vuestros colmillos despertadores, y
vuestros azotes lastimeros, sobre el miserable de vuestro pueblo flaco y de poca substancia, bien así como una caña hueca verde. ¿Pues qué es ahora señor mio valeroso, piadoso, invisible é impalpable, á
cuya voluntad obedecen todas las cosas, de cuya
disposicion pende el régimen de todo el órbe, á quien

[a] *Abarrisco* sin detencion, consideracion ni reparo.
(b) O como si dijéramos *no queda pelo ni hueso.*

todo está sujeto? ¿qué es lo que habeis determinado en vuestro divino pecho? ¿Por ventura habeis resuelto desamparar del todo á vuestro pueblo, y á vuestra gente? ¿Es verdad que habeis determinado el que perezca totalmente, y no haya mas memoria de él en el mundo, y que el sitio donde están poblados, sea una montaña de árboles, ó un pedregal despoblado? ¿Por ventura los templos, oratorios, altares, y lugares edificados á vuestro servicio, habeis de permitir que se destruyan y asolen, y no haya mas memoria de ellos? ¿Es posible que vuestra ira y castigo, y la indignacion de vuestro enojo, es del todo implacable, y que ha de proceder hasta llegar al cabo de nuestra destruccion? ¿Está yá así determinado en el vuestro divino consejo, que no se ha de hacer misericordia, ni habreis de tener piedad de nosotros, sino que se han de agotar las saetas de vuestro furor, en nuestra total perdicion y destruccion? ¿Es posible que este azote y este castigo no se nos dá para nuestra correccion y enmienda, sino para total destruccion y asolamiento, y que jamás ha de resplandecer el sol sobre nosotros, sino que estémos en perpetuas tinieblas y eterno silencio? ¿Y qué nunca mas nos habeis de mirar con ojos de misericordia, ni poco, ni mas? ¿De esta manera quereis destruir los tristes enfermos, que no se pueden revolver de una parte á otra, ni tienen un momento de descanso, y tienen la boca y dientes llenos de tierra y sarro? ¡Es gran dolor de decir que ya todos estamos en tinieblas, y no hay seso ni sentido para ayudar el uno al otro, ni para mirar el uno por el otro! Todos están como borrachos y sin seso, sin esperanza de ninguna ayuda; yá los niños chiquitos perecen de hambre, porque no hay quien les dé de comer ni de beber, ni quien les consuele ni regale, ni aun quien dé el pecho á los que aun maman: esto á la verdad acontece porque sus padres y ma-

Tóm. II.   6

dres se han muerto, y los dejaron huérfanos y desamparados sin ningun abrigo; padecen por los pecados de sus padres: ¡Oh señor nuestro todopoderoso, misericordioso y nuestro amparo! dado que vuestra ira y vuestra indignacion, saetas y piedras, han gravemente herido á esta pobre gente, sea esto castigo como de padre ó madre que reprehender á sus hijos tirándolos de las orejas, pellizcándolos en los brazos, azotándolos con ortiga, y derramando sobre ellos agua muy fria; y todo esto se hace para que se enmienden en sus mocedades y niñerias; pues ya es así que vuestro castigo y vuestra indignacion se ha enseñoreado, y ha prevalecido sobre estos vuestros siervos, sobre esta pobre gente; bien así como las gotas del agua, que despues de haber llovido sobre los árboles y cañas verdes, tocándoles el aire, caen sobre los que están debajo de ellas. ¡Oh señor humanísimo! bien sabeis que la gente popular es como niños, que despues de haber sido azotados y castigados, lloran y sollozan, y se arrepienten de lo que han hecho. Por ventura ya estas gentes pobres por razon de vuestro castigo, lloran, suspiran, y se reprenden á sí mismos, y están murmurando de sí: en vuestra presencia se acusan y tachan sus malas obras, y se castigan por ellas. ¡Señor nuestro humanísimo, piadosísimo, nobilísimo, y preciosísimo! baste ya el castigo pasado, y seales dado término para su enmienda: sean acabados aquí, sino otra vez cuando ya no se enmendaren: perdonadlos y disimulad sus culpas; cese yá vuestra ira y vuestro enojo, recogedla yá dentro de vuestro pecho para que no haga mas daño: descanse yá, y recójase vuestro coraje y enojo, que á la verdad de la muerte no se pueden escapar ni huír para ninguna parte. Debemos tributo á la muerte, y sus vasallos somos cuantos vivimos en el mundo; este tributo todos le pagan á la muerte, nadie dejará de seguirla porque es vuestro mensagero á la hora que fuere enviado, pues que esta muerte tiene hambre y sed de tragar á cuantos hay en el mundo, y es tan poderosa que nadie se le podrá escapar: entónces todos serán castigados conforme á sus obras. ¡Oh señor piadosísimo! á lo menos apiadaos y habed misericordia de los niños que están en las cunas, de los que aun no saben andar, ni saben otra cosa sino burlarse con las pedrezuelas y hacer montoncillos de tierra; habed tambien misericordia, señor, de los pobres misérrimos que no tienen que comer, ni con que cubrirse, ni en que dormir, ni saben que cosa es un dia bueno; todos sus dias pasan con dolor, afliccion y tristeza. No convendría, señor, que os olvidárades de haber misericordia de los soldados y hombres de guerra, que en algun tiempo los habreis menester, y mejor será que muriendo en la guerra vayan á la casa del sol, y allí sirvan comida y bebida, que no que mueran de esta pestilencia y vayan al infierno. ¡Oh señor valerosísimo, amparador de todos, señor de la tierra, gobernador del mundo y señor de todos! baste yá el pasatiempo y contento que habeis tomado en el castigo que está hecho: acábese yá señor este humo y esta niebla de vuestro enojo, y apáguese tambien el fuego quemante y abrasador de vuestra ira: venga la serenidad y claridad, comienzen yá las avecillas de vuestro pueblo á cantar y á escollarse al sol: dadles tiempo sereno, en que os llamen y en que hagan oracion á V. M. y os conozcan. ¡Oh señor nuestro valerosísimo, piadosísimo, nobilísimo! Esto poquito he dicho delante de V. M., y no tengo mas que decir, sino postrarme y arrojarme á vuestros pies, demandando perdon de las faltas que en mi oracion he hecho; por cierto no querria quedar en la desgracia de V. M., y no tengo mas que decir. (a)

(a) Bastante ha dicho: la divinidad no puede mostrarse insensible á clamores y ruegos tan eficaces, se ha herido la fibra de la compasion de un corazon todo lleno de clemencia.

CAPITULO. II.

De la oracion conque oraban al dicho TEZCATLIPUCA Y
TOALLIEHECATL, *demandándole socorro contra la pobreza.*

¡Oh señor nuestro valerosísimo, humanísimo y
amparador! vos sois el que nos dais vida y sois invisible, y no palpable; señor de todos, y señor de las
batallas: aquí me presento delante de V. M., que sois
amparador y defensor: aquí quiero decir algunas pocas palabras á V. M., por la necesidad que tienen
los pobres populares, y gente de baja suerte y de poco caudal en hacienda, y menos en el entender y discrecion, pues que cuando se echan en la noche, no
tienen nada, ni tampoco cuando se levantan á la mañana; pásaseles la noche y el dia en gran pobreza.
Sepa V. M. que vuestros vasallos y siervos, padecen
gran pobreza, tanto, cuanto no se puede encarecer
mas de decir, *que es grande su pobreza y desamparo:*
los hombres no tienen una manta con que se cobi-
gen, ni las mugeres encuentran unas enaguas con que
se envuelvan y tapen sus carnes, sino algunos andrajos por todas partes rotos, y que por todas partes
entra el aire y el frio. Con gran trabajo y gran cansancio pueden allegar lo que es menester para comer cada dia; andando por las montañas y páramos
buscando su mantenimiento, andan tan flacos y tan
descaecidos, que traen las tripas apegadas á las costillas, y todo el cuerpo repercutido: andan como espantados, y su cara y cuerpo son como imágen de
muerte, y estos tales si son mercaderes, solo venden
sal en panes, y chile deshechado, que la gente que
algo tiene, no cura de estas cosas, ni las tiene en
nada, y ellos la salen á vender de puerta en puerta,
y de casa en casa; y cuando estas cosas no se les
venden, asiéntanse muy tristes cerca de algun seto,
ó de alguna pared, ó en un rincon. allí están relamien-

do los bezos, [ó labios] y royendo las uñas de las
manos con la hambre que tienen: allí están mirando á una parte y á otra á la boca de los que pasan,
esperando que les digan alguna palabra. ¡O señor nuestro muy piadoso! otra cosa no menos dolorosa quiero decir, que la cama en que se echan no es para
descansar, sino para padecer tormento en ella: no
tienen sino un andrajo que echan sobre sí de noche;
de esta manera duermen, y en cama tal como está
dicho, arrojan sus cuerpos y los hijos que los habeis
dado: por la miseria en que se crian por la freza [a]
de la comida, y no tener con que cubrirse, traen la cara amarilla, y todo el cuerpo de color de tierra, y
andan temblando de frio; algun andrajo traen estos
en lugar de manta atado al cuello, y otro semejante
las mugeres atadas las caderas, y andan apegada la
barriga con las costillas que se les pueden contar los
huesos: andan zancadillando con flaqueza y no pudiendo andar; andan llorando, suspirando, y llenos de tristeza: toda la desventura junta está en ellos, en todo
el dia se quitan de sobre el fuego, allí hallan un
poco de refrigerio. ¡Oh señor nuestro humanísimo, invisible, impalpable! ¡suplicoos tengais por bien de apiadaros de ellos, y de conocerlos por vuestros vasallos
y siervos pobrecitos, que andan llorando y suspirando, llamandoos y clamando en vuestra presencia, y
deseando vuestra misericordia con angustia de corazon! ¡Oh señor nuestro en cuyo poder está dar todo
contento y refrigerio, dulcedumbre, suavidad, riqueza,
y prosperidad, porque vos solo sois el señor de todos
los bienes! suplicoos hayais misericordia de ellos, porque vuestros siervos son. Suplicoos señor que tengáis
por bien de que esperimenten un poco de vuestra ternura y regalo, y de vuestra dulzura y suavidad,
de que á la verdad tienen gran necesidad y trabajo.

(a) *Por lo inmundo de la comida.*

Suplicoos que levanten su cabeza con vuestro favor y
ayuda: suplicoos tengais por bien de que gozen algunos dias de prosperidad y descanso: suplicoos tengan algun tiempo en que su carne y sus huesos reciban alguna recreacion y holgura: tened por bien señor que duerman y descansen con reposo: suplicos
les deis dias de vida prósperos y pacíficos. Cuando
fuéredes servido, les podeis quitar, esconder y ocultar lo que les habeis dado, despues que lo hayan gozado algunos pocos dias, como quien goza de una
flor olorosa y hermosa, que en breve tiempo se mar-
chita, y esto cuando les fuere causa de soberbia, y
de presuncion y altivez, las mercedes que les habeis
hecho, y con ellas se hicieren briosos, presuntuosos
y atrevidos; entónces las podeis dar á los tristes, llorosos, angustiados, pobres y menestoros, que son humildes, obedientes, serviciales y familiares en vuestra casa, y hacen vuestro servicio con grande humildad y diligencia, y os dan su corazon muy deveras;
y si este pueblo por quien te ruego y suplico que le
hagas bien, no conociere el que le dieres, le quita-
rás el bien y echarle has la maldicion para que le
venga todo el mal, para que sea pobre, necesitado,
manco, cojo, ciego y sordo, y entónces se espertá-
rá y verá el bien que tenia, y en qué ha parado, y entónces te llamará y se acogerá á tí y no le oiras,
porque en el tiempo de la abundancia no conoció el
bien que le hiciste. En conclusion, suplicoos señor
humanísimo, y beneficentísimo, que tenga por bien V.
M. de dar á gustar á este pueblo las riquezas y haciendas que vos soleis dar, y de vos suelen salir, que
son dulces y suaves, y que dan contento y regalo,
aunque no sean sino por breve tiempo y como sueño que pasa; porque cierto, ha mucho tiempo que
anda triste, pensativo, y lloroso delante de V. M.,
por el angustia trabajo y afán que siente su cuerpo y corazon, sin tener descanso ni placer alguno,

y de esto no hay duda alguna, sino que á este pobre pueblo, menesteroso y desabrigado, le acontece todo lo que tengo dicho; y esto por sola vuestra liberalidad y magnificencia lo habeis de hacer, que ninguno es digno ni merecedor de recibir vuestras larguezas por su dignidad y *merecimiento, sino que por vuestra benignidad* [a] sacais debajo *del estiercol* [b] y buscais entre las montañas á los que son vuestros servidores, amigos y conocidos, para levantarlos á riquezas y dignidades. ¡Oh señor nuestro humanísimo! hágase vuestro beneplácito como lo teneis en vuestro corazon ordenado, y no tengamos que decir. Yo hombre rústico y comun, no quiero con importunacion y proligidad, dar fastidio y enojo á V. M., diciendo de donde proceda mi mal, mi perdicion y mi castigo: ¿á quien hablo? ¿dónde estoy? hállome hablando con V. M.: bien se que estoy en un lugar muy eminente, y que hablo con una persona de gran magestad, en cuya presencia corre un rio que tiene una barranca profundísima y precisa ó tajada; y así mismo está en vuestra presencia un resbaladero donde muchos se despeñan, ni hay quien no yerre delante de V. M., y yo tambien como hombre de poco saber, y muy defectuoso en el hablar atreviéndome á dirijir mis palabras delante de V. M., yo mismo me he puesto á peligro de caer en la barranca y sima de este rio. Yo señor con mis manos he venido á tomar ceguedad para mis ojos, y pudrimiento y tullimiento para mis miembros, y pobreza y afliccion para mi cuerpo, por mi bajeza y rusticidad; esto es lo que yo merezco recibir. Vivid y reinad para siempre, vos que sois nuestro se-

(a) *Non ex operibus justitiae quae fecimus nos, sed secundum misericordiam suam, salvos nos fecit....*

(b) De stercore erixens *pauperem....* Sentimientos conformes con los de S. Pablo y David en cuanto á la divina gracia *gratis data,* y en cuanto á la providencia.

ñor, nuestro abrigo y nuestro amparo, humanísimo,
piadosísimo, invisible é impalpable en toda quietud
y sosiego.

CAPITULO III.

*Del lenguage y afectos que usaban, cuando oraban al prin-
cipal dios llamado* TEZCATLIPUCA YAUTLNECOCIAUTLMONE-
NEQUI, *demandándole favor en tiempo de guerra contra
sus enemigos: es oracion de los Sátrapas que contiene
cosas muy delicadas.*

¡Señor nuestro humanísimo, piadosísimo, amparador y defensor, invisible é impalpable, por cuyo albedrio y sabiduria somos regidos y gobernados, debajo de cuyo imperio vivimos, y señor de las
batallas! es cosa muy cierta y averiguada, que comienza á prepararse y concertarse la guerra. El dios
de la tierra abre la boca con hambre de tragar la
sangre de muchos que morirán en esta lucha: parece que se quieren regocijar, el sol y el dios de la
tierra llamado *Tlaltecutli*, quieren dar de comer y
beber á los dioses del cielo y del infierno, haciéndoles convite con sangre y carne de los hombres,
que han de morir en esta guerra. Ya están á la mira los dioses del cielo y del infierno, para ver quienes son los que han de vencer, y quienes los que
han de ser vencidos; quienes los que han de matar, y quienes los que han de ser muertos, cuya sangre ha de ser bebida, y cuya carne ha de ser comida; de lo cual están ignorantes los padres y madres nobles, cuyos hijos han de morir. Asimismo lo
ignoran todos sus parientes y afines, y las amas que los
criaron cuando niños, y los dieron la leche conque
los alimentaron, por los cuales sus padres padecie-
ron muchos trabajos, buscándoles las cosas necesarias de comer, beber, vestir y calzar, hasta poner-

los en la edad en que ahora están; ciertamente no
adivinaban el fin que habian de tener los hijos que
con mucho trabajo crearon, ó si habian de ser cautivos ó muertos en el campo. Tened otro sí por bien,
ó señor nuestro, que los nobles que murieron en el
contraste de la guerra, sean pacífica y agradablemen-
te recibidos del sol y de la tierra, que son padre y
madre de todos, con entrañas de amor. Porque á
la verdad no os *engañeis* en lo que haceis, conviene á saber: en querer que mueran en la guerra, porque ciertamente para esto los enviasteis á este mundo, para que con su carne y con su sangre, den
de comer al sol y á la tierra. No te ensañes señor
ahora nuevamente contra estos en el ejercicio de
la guerra, porque en el mismo lugar donde estos morirán, ha muerto gran cantidad de gentes rojos, y
nobles, señores, capitanes, y valientes hombres, porque la nobleza y generosidad de los nobles, y mag-
nánimos en el ejercicio de la guerra, se manifiesta
y se señala, y allí dais señor á entender, de cuanta estima y preciosidad es cada uno, para que por
tal sea tenido y honrado, bien así como piedra preciosa y plumage rico. ¡Oh señor humanísimo, señor
de las batallas, emperador de todos cuyo nombre
es *Tezcatlipuca,* invisible é impalpable! suplicoos que
aquel ó aquellos que permitiéredes morir en esta
guerra, sean recibidos en la casa del sol en el cielo, con amor y honra, y sean colocados y aposentados entre los valientes y famosos que han muerto en la guerra: conviene á saber, los señores *Quit-*
zicquaquatzin, Maceuhcatzin, Tlacahuepantzin, Ixtlilcuecha-
vac, Ihuitltemuc con el señor Chavacuetzin, y con todos
los demas valientes y famosos hombres, que perecieron en la campaña antes de esta, los cuales están haciendo regocijo y aplauso, á nuestro señor el sol, con
el cual se gozan y están ricos perpetuamente de él,
que nunca se les acabará, y siempre andan chupan-

do el dulzor de todas las flores deleitables y suaves de gustar. Este es grande porte á los valientes y esforzados que murieron en la guerra, y con este se embriagan de gozo, y no se les acuerda, ni tienen cuenta con noche ni con dia, ni con años, ni con tiempos, porque su gozo y su riqueza es sin fin, y las flores que chupan nunca se marchitan, y son de gran suavidad, y con deseo de ellas se esforzaron á morir los hombres de buena casa. En conclusion, lo que ruego á V. M., que sois nuestro señor humanísimo, y nuestro emperador invictísimo és, que tengais por bien que los que murieron en esta guerra, sean recibidos con entrañas de piedad y de amor de nuestro padre el sol, y de nuestra madre la tierra, porque vos solo vivís y reinais, y sois nuestro señor humanísimo. No solamente ruego por aquellos muy principales, generosos y nobles, sino tambien por todos los demas soldados que son afligidos y atormentados en su corazon, y claman en vuestra presencia llamandoos, y que no tienen en nada sus vidas, pues que sin temor se arrojan á los enemigos con deseo de morir. Concededles siquiera alguna partecilla de lo que quieren y desean, que es algun reposo y descanso en esta vida; ó si acá en el mundo no han de medrar, señaladlos por servidores y oficiales del sol, para que administren comida y bebida á los del infierno, y á los del cielo; y aquellos que han de tener cargo de regir la república, ó han de ser *tlacateccatl, ó tlacochcalatl.* (a) Dadles habilidad para que sean padres y madres de la gente de guerra, que andan por los campos y por los montes, y suben los riscos, y descienden á las barrancas, y en su mano ha de estar el sentenciar á muerte á los enemigos y criminosos; y tambien el distribuir vuestras dignidades, que son los oficios y las armas de

---

(a) Es decir Comandantes, ó Capitanes generales de ejército.

la guerra, é insignias, como privilegiar á los que han
de traer barbotes y bellas en la cabeza, y orejeras,
pinjantes, brazaletes, y cueros amarillos atados á las
gargantas de los pies, y que han de privilegiar y declarar la manera de maxtles y mantas que á cada
uno conviene traer. Estos mismos han de dar licencia á los que han de usar y traer piedras preciosas,
como son *chalchivites y turquesas*, y plumas ricas en
los areytos, y quien ha de usar collares y joyas de
oro, todo lo cual son dones delicados y preciosos,
que salen de vuestras riquezas, y haceis merced á
los que hacen hazañas y valentías en la guerra. Ruego asímismo á V. M., hagais mercedes de vuestra
largueza á los demas soldados bajos; dadlos algun
abrigo y buena posada en este mundo; hacedlos esforzados y osados, y quitad toda cobardia de su corazon, para que con alegria, no solamente reciban la
muerte, sino que la deseen, y la tengan por suave y
dulce; y que no teman las espadas ni las saetas, sino que las tengan por cosa suave y dulce, como á
flores y manjares suaves; ni teman ni se espanten de
la grita y alaridos de sus enemigos. Esto haced con
ellos como con vuestros amigos; y por cuanto és V.
M. señor de las batallas, y de cuya voluntad depende la victoria, y á quien quereis ayudais, y á quien
quereis desamparais, y no teneis necesidad de que
nadie os dé consejo; y pues que esto es así, suplico á V. M. que desatineis y emborracheis á nuestros enemigos, para que se arrojen en nuestras manos, y sin hacernos daño, caigan todos en las de nuestros soldados y peleadores, que padecen pobreza y
trabajos. ¡Oh señor nuestro! tenga por bien V. M.,
pues que sois dios, y lo podeis todo y lo sabeis, y
entendeis en disponer todas las cosas, y en ordenar y disponer aquesta vuestra república, que sea rica,
próspera, ensalzada, honrada, y afamada en los ejercicios y valentías de la guerra, y que vivan y sean

prósperos aquellos en quien está ahora el ejercicio de
la guerra que sirven al sol; y si en adelante tuviére-
des por bien que mueran en la guerra, sea para que
vayan á la casa del sol con los varones famosos y
valientes, que allá están y murieron en la campaña.

CAPITULO IV.

Del lenguage y afectos que usaban cuando oraban al prin-
cipal dios llamado TEZCATLIPUCA, TEIOCOIANI TEHIMATINI
1.° proveedor de las cosas necesarias, demandando favor
para el señor recien electo para que hiciese bien su oficio.
Es oracion de los Sátrapas.

Hoy dia bien aventurado ha salido el sol, hanos alumbrado, y nos ha comunicado su claridad y
resplandor, para que en él sea labrada una piedra preciosa, un hermoso zafiro. Hanos aparecido
una nueva luz, hanos llegado una nueva claridad,
hásenos dado una hacha muy resplandeciente que
ha de regir y gobernar nuestro pueblo, y ha de tomar acuestas los negocios y trabajos de nuestra república; ha de ser imágen y substituto de los señores y gobernadores que ya pasaron de esta vida, los
cuales por algunos dias trabajaron en llevar consigo las pesadumbres de esta vuestra gente, y vinieron á poseer vuestro trono y silla, que es la principal diligencia de este vuestro pueblo, provincia y
reino, y la tuvieron y poseyeron en vuestro nombre
y persona algunos pocos dias. Aquellos ya son
idos, ya pasaron de esta vida, y dejaron la gran
carga que trageron acuestas, carga de gran peso y
fatiga, y que pocos la pueden sufrir. Ahora señor estamos maravillados, de como has puesto tus ojos
en este hombre rústico, y de poco saber N.... para
que algunos dias, ó por algun poco tiempo tenga el gobierno de vuestra república, y de vuestro pueblo, pro-

vincia, ó reino. ¡Oh señor nuestro humanísimo! ¿Tenéis por ventura falta de personas, y de amigos? no por cierto, que tantos teneis que no se pueden contar; ¿y en éste rústico y persona baja, cómo habeis puesto los ojos sobre él? ¿Es por ventura por yerro, ó por no conocerle, ó es porque le habeis puesto prestado, entre tanto que buscais otro que lo haga mejor que el hombre indiscreto, desatentado, sin provecho, y hombre que vive en este mundo por demas.? Finalmente damos gracias á V. M. por la merced que nos habeis hecho, y lo que en esto pretendeis, vos solo lo sabeis, quizás de antemano ya está proveido de este oficio: hágase vuestra voluntad, segun la determinacion de vuestro corazon: sirva por algunos dias y tiempos: bien podrá ser que aunque defectuosamente desempeñe en este oficio, ó por ventura dará desasosiego y pondrá espanto á sus súbditos, ó acaso hará las cosas sin consejo y sin consideracion, ó teniéndose por digno de aquella dignidad, pensará que mucho tiempo permanecerá en ella, ó se le volverá en triste sueño, ó le será ocasion de soberbia y de presuncion esta ocupacion y dignidad que V. M. le ha dado, y menospreciará á todos, ó andará con pompa y con fausto. V. M. sabe á qué se ha de inclinar de aquí á pocos dias, porque nosotros los hombres somos vuestro espectáculo, y teatro de quien vos os reís, y regocijais. Por ventura perderá su dignidad por sus niñerias, ó sucederá que por su descuido y pereza; pues á la verdad ninguna cosa se esconde á V. M. porque vuestra vista penetra las piedras y maderos, y tambien vuestro oído, ó acaso la perderá por la arrogancia, y jactancia interior de sus pensamientos, y por esta causa daréis con él en el muladar y en el estiercol, y su merecido será ceguedad, tullimiento, y estrema pobreza hasta la hora de su muerte, donde le pondreis debajo de vuestros pies; y pues que este pobre hom-

bre está colocado en este peligro y riesgo, suplicoos pues
que sois nuestro señor, y amparador invisible é impalpable, por cuya virtud vivimos, y debajo de cuya
voluntad y albedrio estamos, y que vos solo disponeis
y proveis en todo; que tengais por bien de haçer misericordia con él, pues está menesteroso, y es vuestro vasallo y siervo, y está ciego y privado de los ojos,
y os digneis de proveerle de vuestra luz y resplandor, para que sepa lo que ha de pensar, lo que ha
de obrar, y el camino que ha de llevar, para no errar
en su oficio segun vuestra disposicion y voluntad. V.
M. sabe lo que le ha de acontecer de dia y de noche
en su oficio: sabemos señor humanísimo, que nuestros caminos y obras no están tanto en nuestra mano, como en la del que nos mueve. Si alguna cosa
aviesa ó mal hecha hiciere, en la dignidad que le habeis dado, y en la silla en que lo habeis puesto que
es vuestra, donde está tratando los negocios populares, como quien laba cosas sucias, con agua muy clara y muy limpia, en la cual silla y dignidad tiene el
mismo oficio de labar vuestro padre y madre, de todos los dioses, el dios antiguo, que es el dios del fuego que está en medio de las flores, y en medio del albergue cercado de cuatro paredes, y está cubierto
con plumas resplandecientes que son como álas; lo
que este electo hiciere mal hecho con que provoque
vuestra ira é indignacion, y despierte vuestro castigo contra sí, no será de su alvedrio ó de su querer,
sino de vuestra permision, ó de alguna otra sugestion
vuestra, ó de otro; por lo cual os suplico tengais por
bien de abirle los ojos, y darle luz, y abridle tambien
las orejas, y guiad á este pobre electo; no tanto
por lo que es él, sino principalmente por aquellos á
quien ha de regir y llevar acuestas. Suplico que ahora desde el principio le inspireis lo que ha de hacer en su corazon, y el camino que ha de llevar,
pues que le habeis hecho silla en que os habeis

de asentar, y tambien le habeis hecho como flauta
vuestra para que tañendo signifique vuestra voluntad.
Hacedle señor como verdadera imágen vuestra, y
no permitais que én vuestro trono y estrado se
ensoberbezca ó altivezca; mas antes tened señor por
bien que sosegada y cuerdamente rija y gobierne á
aquellos de quien tiene cargo, que es la gente popular, y no permitais, que agravie ni veje á sus súbditos, ni sin razon y justicia eche á perder á nadie.
Tampoco permitais señor que mancille y ensucie vuestro trono y estrado con alguna injusticia, ó agravio;
que haciendo esto pondrá tambien mácula en vuestra honra, y en vuestra fama. Ya señor este pobre
hombre ha aceptado y recibido la honra y señorio que
V. M. le ha dado; ya tiene la posecion de la gloria
y riquezas: ya le habeis adornado las manos y los
pies, la cabeza, orejas y labios, con barbote, orejeras, brazaletas, y con cuero amarillo para las gargantas de los pies: no permitais señor que estos atabios, é insignias y ornamentos, le sean causa de altivez y presuncion; mas antes tened por bien, que
os sirva con humildad y llaneza. ¡Oh señor nuestro humanísimo! tened asímismo por bien que rija y gobierne vuestro señorio, que ahora le habeis encomendado con toda prudencia y sabiduria! plegaos de ordenar, que ninguna cosa haga mal hecha con que os
ofenda, y dignaos de andar con él, y guiarle en todo;
y si esto no habeis de hacer, ordenad desde luego
que sea aborrecido y mal querido, y que muera en
la guerra á manos de sus enemigos, que se vaya á la
casa del sol donde será guardado como una piedra
preciosa, y estimado su corazon por el señor sol, muriendo en la guerra como hombre valeroso y esforzado; pues muy mejor le será esto, que ser deshon-
rado en este mundo, y mal querido y aborrecido de
los suyos por sus faltas, ó defectos. ¡Señor humanísimo que proveis á todos de lo necesario! haced que

esto se ejecute así como es lo tengo rogado, y suplicado.

CAPITULO V.

Del lenguage y afectos que usaban cuando oraban al mayor de los dioses llamado TEZCATLIPUCA—TITLACAOAMOQUEQUELOA, *despues de muerto el señor, para que los diese otro. Es oracion del mayor Sátrapa donde se ponen muchas delicadezas.* [a]

Señor nuestro ya V. M. sabe como es muerto nuestro N.: ya lo habeis puesto debajo de vuestros pies: ya esta en su recogimiento, y es ido por el camino que todos hemos de ir y á la casa donde hemos de morar, casa de perpetuas tinieblas, donde ni hay ventana, ni luz alguna: ya está en el reposo donde nadie le desasosegará. Hizo aca su oficio en serviros algunos dias y años, no sin culpas y sin ofensas de V. M., y dístele en este mundo á gustar algun tanto de vuestra suavidad y dulzura, como pasándosela por delante de la cara, como cosa que pasa de presto. Esto es la dignidad del oficio en que le pusisteis, en que algunos dias os sirvió como está dicho, con suspiros, lloros y con oraciones devotas delante de V. M. ¡ay dolor! que ya se fué á donde está nuestro padre, y nuestra madre el dios del infierno, aquel que descendió cabeza abajo al fuego, el cual desea llevarnos allá á todos, con muy inportunoso deseo, como quien muere de hambre y de sed, el cual está en grandes tormentos de

(a) Esta oracion está copiada, aunque no en su totalidad, en el número 4 de los *Ocios de los españoles emigrados*; periódico mensal de julio de 1824, y presentado como modelo de elocuencia. Poseía allí este manuscrito, el Sr. D. Felipe Bouzá escelente marino, y lo vendió á un librero por 700 pesos fuertes, ó 135 libras esterlinas. En la idea que dá de él en dicho número padeció algunas equivocaciones.

dia y de noche, dando voces y demandando que vayan allá muchos. Ya está allá con él este N. y con todos sus antepasados, que primero fueron, y tambien gobernaron este reino, donde este tambien reinó, uno de los cuales fué *Acamapichtli*, otro fué *Tyzoc*: otro *Avitzotl*: otro el primero *Mocthecuzoma*: otro *Axáyacatl*, y los que ahora á la postre han muerto como el segundo *Mocthecuzoma*, y tambien *Mocthecuzoma Ilhuicamina*. Todos estos señores y reyes, rigieron, gobernaron, y gozaron del señorio y dignidad real, y del trono y sitial del imperio, los cuales ordenaron y concertaron las cosas de vuestro reino, que sois el universal señor y emperador, por cuyo albedrio y motivo se rige todo el universo, y que no teneis necesidad de consejo de ningun otro. Ya estos dichos dejaron la carga intolerable del gobierno que trageron sobre sus hombros, y lo dejaron á su succesor N. el cual por algunos pocos dias tuvo en pie su señorio y reino, y ahora ya se ha ido en pós de ellos al otro mundo, porque vos le mandasteis que fuese y le llamasteis, y por haberle descargado de tan gran carga, y quitado tan gran trabajo, y haberle puesto en paz y en reposo, está muy obligado á daros gracias. Algunos pocos dias le logramos, y ahora para siempre se ausentó de nosotros para nunca mas volver al mundo. ¿Por ventura fué á alguna parte de donde otra vez pueda volver acá? ¿para qué otra vez sus vasallos puedan ver su cara? ?Por ventura vendrános á decir hágase esto ó aquello? ¿Vendrá otra vez á ver á los cónsules, y regidores de la república? Verlehan por ventura mas? ¿Conocerle han mas? ¿Oirán por ventura mas su mandamiento y decreto? ¿Vendrá en algun tiempo á dar consuelo y refrigerio á sus principales, y cónsules? ¡Ay dolor, que del todo se nos acabó su presencia, y para siempre se nos fué! ¡Ay dolor, que ya se nos mató nuestra candela y nuestra lumbre, y la hacha que nos alumbraba, del todo la perdimos! ¡Dejó perpetua

Tom. II.   8

horfandad, y perpetuo desamparo á todos sus súbditos
é inferiores! ¿Tendrá por ventura cuidado de aquí adelante, del gobierno de este pueblo, provincia ó reino,
aunque se destruya y asole el pueblo, con todos
los que en él viven, ó el señorio ó reino? ¡O señor
nuestro humanísimo! ¿es cosa convenible, por ventura
que por la ausencia del que murió, venga al pueblo, señorio ó reino, algun infortunio en que sean destroza-
dos, desbaratados, y ahuyentados los vasallos que en
él viven, porque viviente el que murió estaba ampa-
rado debajo de sus álas, y tenia tendidas sobre él sus
plumas.? ¡Gran peligro corre este vuestro pueblo, señorio y reino, si no se elige otro con brevedad que
le ampare! ¿Pues qué es lo que V. M. determina de
hacer? ¿Es bien que esté á obscuras este vuestro pueblo? ¿Es bien que esté sin cabeza, y sin abrigo? ¿Que-
réisle por ventura asolar y destruir? ¡O pobrecitos de
macehuales que andan buscando su padre y su madre, y quien los ampare y gobierne, así como el niño pequeñuelo que anda llorando buscando á su madre, y á su padre cuando están ausentes, y reciben
gran angustia cuando no los hallan! ¡O pobrecitos de
los mercaderes, que andan por los montes, páramos y
zacatales; y tambien de los tristes labradores, que
andan buscando yerbezuelas para comer, raíces y leña
para quemar, ó para vender, de que viven! ¡O pobrecitos de los soldados y hombres de güerra, que andan buscando la muerte, y tienen ya aborrecida la vida, y en ninguna otra cosa piensan sino en el campo, y en la raya donde se dan las batallas! ¿á quien
apellidarán? cuando tomaren algun cautivo ¿á quien
le presentarán? ¿y si le cautivaren, á quien darán
noticia de su cautiverio, para que se sepa en su tierra que es cautivo? ¿á quién tomará por padre y
por madre para que en estos casos semejantes le
favorezca, pues que ya es muerto el que hacia esto, el que era como padre y madre de todos? no

habrá ya quien llore ni quien suspire por los cautivos, porque no habrá ya quien dé noticia de ellos
á sus parientes. ¡O pobrecitos de los pleiteantes, y
que tienen litigios con sus adversarios que les toman sus haciendas! ¿Quien los juzgará, pacificará y
los limpiará de sus contiendas y porfias; bien así como el niño cuando se ensucia, que si su madre no
le limpia, estáse con su suciedad? ¿y aquellos que
se revuelven unos con otros, y se abofetean, apuñean
y aporrean ¿quién pondrá paz entre ellos? ¿y aquellos que por estas causas andan llorosos y derramando lágrimas, quien los limpiará las lágrimas, y reme-
diará sus lloros? ¿podránse ellos remediar así mismos
por ventura? ¿Y los que merecen muerte, sentenciar-
se han ellos por ventura? ¿Quien pondrá el trono de
la judicatura? ¿Quien tendrá el estrado del juez, pues
no hay ninguno? ¿Quien ordenará y dispondrá las cosas necesarias al bien del pueblo, señorio y reino?
¿Quien elegirá á los jueces particulares, que tengan
cargo de la gente baja por los barrios? ¿Quien mandará tocar el atambor y pífano para juntar gente
para la guerra? ¿Y quien reunirá y acaudillará á los
soldados viejos, y hombres diestros en la pelea? ¡Señor nuestro y amparador nuestro! tenga por bien V.
M. de elegir, y señalar alguna persona suficiente para que tenga vuestro trono, y lleve á cuestas la carga pesada del régimen de la república, regocige, y
regale á los populares, bien así como la madre regala á su hijo poniéndole en su regazo: ¿quien ale-
grará y regocijará al pueblo á manera del que tañe
á las obejas que andan remontadas, ó amotinadas para que se asienten? ¡O señor nuestro humanísimo! haced esta merced á N. que nos parece que es para
este oficio: elegidle y señaladle para que tenga este vuestro señorio y gobernacion ¡dadle como prestado vuestro trono y sitial, para que rija este señorio y reino por el tiempo que viviere! sacadle de la

bajeza y humildad en que está, y ponedle en esta honra y dignidad que nos parece es digno de ella! ¡O señor nuestro humanísimo! dad lumbre y resplandor de vuestra mano á esta república ó reino!. Lo dicho solamente vengo á proponer delante de V. M. aunque muy defectuosamente, como quien está borracho y vá zancadillando, y medio cayendo. Hágase como V. M. fuere servido en todo, y por todo.

CAPITULO VI.

Del lenguage y afectos que usaban orando á TEZCATLIPUCA, *demandándole tuviese por bien quitase del señorio, por muerte, ó por otra via, al señor que no hacia bien su oficio: es oracion ó maldicion del mayor Sátrapa, contra el señor.*

¡O señor nuestro humanísimo, que haceis sombra á todos los que á vos se allegan como el árbol de muy gran altura y anchura! sois invisible é impalpable, y tenemos entendido que penetrais con una vista las piedras y árboles, viendo lo que dentro está escondido, y por la misma razon veis y entendeis lo que está dentro de nuestros corazones, y veis nuestros pensamientos. Nuestras ánimas en vuestra presencia son como un poco de humo, y de niebla, que se levanta de la tierra: no se os pueden ahora esconder señor, las obras y maneras de vivir de fulano: veis y sabeis sus cosas, y las causas de su altivez y ambicion: que tiene un corazon cruel y duro, y usa de la dignidad que le habeis dado, así como el borracho usa del vino, y como el loco de los beleños; esto es que la riqueza, dignidad y abundancia que por breve tiempo le habeis dado, que se pasa como el sueño del señorio y trono vuestro que posee, esto le desatina y altiveze, desasosiega, y se le vuelve en locura, como el que come beleños que le enloquecen. Así á este la prosperidad le hace que á todos me-

nosprecie, y á ninguno tenga en nada; parece que
su corazon está armado de espinas muy agudas, y
tambien su cara; y esto bien se parece en su manera de vivir y en su manera de hablar, que ninguna cosa hace ni dice que dé contento á nadie: no
cura de nadie, ni toma consejo con nadie: vive segun
su parecer, y segun su antojo. ¡O señor nuestro humanísimo, y amparador de todos, y proveedor de
todas las cosas, y criador y hacedor de todos! esto
es muy cierto, que él se ha desbaratado, y se ha hecho
como hijo desagradecido á los beneficios de su padre,
y está hecho como un borracho que no tiene seso: las
mercedes que le habeis hecho, y la dignidad en que le
habeis puesto, han sido la ocasion de su perdicion.
A mas de lo dicho tiene otra cosa, harto re-
prehensible y dañosa, que no es devoto, ni ora á los
dioses, ni llora delante de ellos, ni se entristece
por sus pecados, ni suspira, y esto le procede de haberse desatinado en los vicios como borracho: anda
como una persona valdia y vacia, y muy desatinada:
no tiene consideracion de quien es, ni del oficio que
ejerce. Ciertamente deshonra y afrenta á la dignidad
y trono que ocupa que es cosa vuestra, y debia ser
muy honrada y reverenciada, porque de ella depende la justicia y rectitud de la judicatura que tiene,
para el sustento y buen regimiento de vuestro pueblo: vos que sois emperador de todos, y para que
la gente baja no sea agraviada, ni oprimida de los
mayores: asimismo de ella depende el castigo y humillacion de aquellos que no tienen respeto á vuestro trono y dignidad. Y tambien los mercaderes que
son á quien vos dais mas de vuestras riquezas, y
que discurren y andan por todo el mundo, por las
montañas y despoblados, buscando con lágrimas vuestros dones, mercedes y regalos, lo cual vos dais con
dificultad, y á quienes son vuestros amigos. Todo
esto recibe detrimento con no hacer él su oficio co-

mo debe, ¡oh señor! que no solamente os deshonra
en lo yá dicho; pero aun tambien cuando nos so-
lemos juntar á entonar los vuestros cantares, donde demandamos vuestras mercedes y dones, y donde sois alabado y rogado, y donde los tristes afligidos y pobres se esfuerzan y consuelan, y los que
son cobardes se alientan para morir en la guerra.
En este lugar santo y tan digno de reverencia, hace este hombre disoluciones, destruye la devocion,
y desasosiega á los que en este lugar os sirven y
alaban, en el cual vos juntais y señalais á los que
son vuestros amigos, como el pastor señala sus ove-
jas cuando se cantan vuestros loores. Y pues que
vos señor oís y sabeis ser verdad todo lo que he
dicho en vuestra presencia, no hay mas sino que hagais vuestra santa voluntad, y el beneplácito de vuestro corazon, remediando este negocio; á lo menos
señor, castigadle de tal manera, que sea escarmiento para los demas, para que no le imiten en su mal
vivir. Véngale de vuestra mano el castigo segun que
á vos pareciere; ora sea enfermedad; ora otra cualquiera afliccion, ó privadle del señorio para que pongais á otro de vuestros amigos, que sea humilde,
devoto y penitente, que teneis vos muchos tales, que
ni os faltan personas, cuales son menester para este oficio, las cuales os están esperando y llamando,
y los teneis conocidos por amigos y siervos, que lloran y suspiran en vuestra presencia cada dia. Elegid
alguno de estos para que tenga la dignidad de este
vuestro renio y señorio: haced esperiencia de alguno
de estos. ¿Cual de estas cosas ya dichas quiere V.
M. conceder, ó quitarle el señorio, dignidad y riquezas con que se ensoberbece, y darlo á alguno que
sea devoto y penitente, y os ruegue con humildad, y sea
hábil y de buen ingenio, humilde y obediente? ¿ó por ventura sois servido, que este á quien han ensoberbeci-
do vuestros beneficios caiga en pobreza, y en mise-

ría, como uno de los mas pobres rústicos, que apenas alcanzan que comer, beber y vestir, ¿ó por ventura place á V. M. de hacerle un recio castigo de que se tulla todo el cuerpo, ó incurra en ceguedad de los ojos, ó se le pudran los miembros? ¿O por ventura sois servido de sacarle de este mundo, por muerte corporal, y que se vaya al infierno, á la casa de las tinieblas y obscuridad, donde hemos de ir todos donde está nuestro padre, y nuestra madre la diosa, y el dios del infierno? Paréceme señor que esto le conviene mas, para que descanse su corazon y su cuerpo allá en el infierno, con sus antepasados que están ya en aquel lugar. ¡O señor nuestro humanísimo! ¿Que és lo que mas quiere vuestro corazon? vuestra voluntad sea hecha. A esto que ruego á V. M. no me mueve envidia ni odio, ni con tal intencion he venido á vuestra presencia; lo que me mueve no es otra cosa sino el robo y mal tratamiento que se hace á los populares, ý la paz y prosperidad de ellos. No querria señor provocar contra mí vuestra íra é indignacion, que soy un hombre bajo y rústico: bien sé señor que penetrais los corazones, y sabeis los pensamientos de todos los mortales.

CAPITULO VII.

De la confesion auricular que estos naturales usaban en tiempo de su infidelidad, una vez en la vida. (a)

Despues que el penitente habia dicho sus pecados delante del Sátrapa, luego él mismo hacia la oracion que se sigue delante de *Tezcatlipuca.* „¡O señor nuestro humanísimo, amparador y favorecedor de todos! ya habeis oído la confesion de este pobre pecador, con la cual ha publicado en vuestra presen-

(a) Veáse el capítulo 12 del lib. 1º

cia sus podredumbres y hediondeces; ó por ventura
ha ocultado algunos de sus pecados en vuestra presencia; y si es así ha hecho burla de V. M., y con
desacato y grande ofensa, se ha arrojado á una cima, y en una profunda barranca, y él mismo se ha
enlazado y enredado; él mismo ha merecido ser ciego, tullido, y que se lepudran sus miembros, y que
sea pobre y mísero. ¡Ay dolor! que si este pobre
pecador ha tenido tanto atrevimiento de hacer esta
ofensa á V. M. que sois señor y emperador de todos, y que teneis cuenta con todos, él mismo se ató
y se envileció, é hizo burla de sí mismo; y esto vuestra V. M. bien lo vé, porque veis todas las cosas por
ser invisible, é incorpóreo; é si esto es así, él de su
voluntad ha venido á ponerse, y meterse en el peligro y riesgo en que está, porque este es lugar de
justicia muy recta, y de estrecha judicatura: es como una agua clarísima, con que vos señor labais las
culpas de los que derechamente se confiesan; y si
por ventura ha incurrido en su perdicion, y en el
abreviamiento de sus dias; ó si por acaso ha dicho toda verdad, y se ha librado y desatado de sus
culpas y pecados, ha recibido el perdon de ellos en
que habia incurrido, como quien resbala, y cae en
vuestra presencia ofendiendoos en diversas culpas,
y ensuciándose así mismo, y arrojándose en una cima profunda, y en una poca de agua sin suelo; y como hombre pobrecito y flaco cayó, y ahora tiene dolor y descontento de todo lo pasado: su corazon
y su cuerpo reciben gran dolor y desasosiego; ya está muy pesaroso de haver hecho lo que hizo: ya tiene propósito muy firme de nunca mas ofenderos. En
presencia de V. M. hablo, que sabe todas las cosas, y
sabe tambien que este pobre, *no pecó con libertad entera del
libre albedrio,* porque fué ayudado é inclinado de la

condicion natural *del signo en que nació.* (a) Y pues
que así es, ó señor humanísimo amparador y favorecedor de todos, y puesto caso que gravemente os haya ofendido este pobre hombre ¿por ventura no apar-
tareis vuestra ira, y vuestra indignacion de él? dadle señor término, favorecedle y perdonadle, pues que
llora, gime y solloza, mirando delante de sí en lo
que mal hizo, y en lo que os ofendió: tiene gran tristeza, derrama muchas lágrimas, aflige su corazon el
dolor de los pecados, y no solamente se duele de ellos,
pero aun se espanta de los mismos. Y pues así, tambien
és cosa justa que vuestro furor é indignacion contra él se aplaque, y sus pecados se echen aparte.
Pues que sois señor piadosísimo, tened por bien de
perdonarle, y limpiarle: otórgale señor el perdon y
la indulgencia, y remision de todos sus pecados, cosa que desciende del cielo, como agua clarísima y
purísima para labarlos, con la cual V. M. purifica
y *laba todas* las mancillas y suciedades que los pecados causan en el alma: tened señor por bien que
se vaya en paz, y mandadle lo que ha de hacer.
Vaya á hacer penitencia, y á llorar sus pecados, y
dadle los *avisos* (b) necesarios para su buen vivir.
　　ᐧ Aquí habla el Sátrapa al penitente diciendo:
,,¡Oh hermano! haz venido á un lugar de mucho peligro, y de mucho trabajo y espanto, donde está una
barranca precisa, y de peña tajada, que nadie que
cae una vez en ella puede jamás salir: haz venido
asímismo al lugar donde los lazos, y redes están
asidos los unos con los otros, y tambien sobre puestos entre sí, de manera que nadie puede pasar

　　(a) La gracia sin la que no puede tener ni un pensamiento
bueno, y la perseverancia en el buen obrar.
　　(b) Con este concepto lo echa todo á perder el Sátrapa, y profesa la doctrina del fatalismo. El hombre peca con voluntad, es
tentado por su concupicencia lo es; pero no arrastrado irresistiblemente
á la culpa.

Tóm. II.　　　　9

sin caer en alguno de ellos, y no solamente lazos y
redes, pero hoyos como pozos. Tu mismo te arrojaste en la barranca del rio, y caiste en los lazos
y redes donde por ti mismo no es posible que sal-
gas: estos son tus pecados que no solamente son
lazos, redes y pozos en que has caído, pero tambien
son bestias fieras, que matan y despedazan el cuerpo, y el ánimo. ¿Por ventura has ocultado alguno, ó
algunos de tus pecados graves, enormes, sucios y
hediondos, los cuales ya están públicos en el cielo
en la tierra y en el infierno, y hieden hasta lo postrero del mundo? Ya has ahora presentádote delante del
humanísimo señor nuestro, y amparador de todos, al
cual ofendiste y enojaste, y provocaste su ira contra tí,
el cual mañana, ú en otro dia te ha de sacar de
este mundo, y ponerte debajo de sus pies, y te enviará á la universal casa del infierno, donde está tu
padre, y tu madre el dios, y la diosa del infierno,
abiertas las bocas con deseo de tragarte á tí, y á
cuantos hay en el mundo. Allí te será dado lo que
tú mereciste en este mundo, segun la justicia divina, y lo que le demandaste con tus obras de pobreza, miseria y enfermedad. De diversas maneras serás
atormentado y afligido por todo estremo, y estarás
zabullido en un lago de miserias y tormentos into-
lerables, y ahora aquí estás, y llegado es el tiempo
en que has hecho misericordia contigo mismo, en
hablar y comunicarte con nuestro señor, el cual ve
todos los secretos de los corazones; pues dí ahora
lo que has hecho, y los pecados gravísimos en que
has caído, como quien se despeña y se desbarran-
ca en un profundo, y en una sima sin suelo. Cuando fuiste criado y enviado á este mundo, limpio y
bueno fuiste criado (a) y enviado, y tu padre y ma-

(a) No hay nada de eso, venimos conquinados con la culpa
original.

dre *Quetzalcoatl,* te formó como una piedra preciosa,
y como una cuenta de oro de mucho valor; y cuando naciste eras como 'una piedra rica, y como
una joya de oro muy resplandeciente y muy pulida.
Pero por tu propia voluntad y albedrio te ensucias-
te, te amancillaste, y revolcaste en el estiercol, y en
las suciedades de los pecados y maldades que co-
metiste, y ahora has confesado. Hicístete como un
niño sin juicio y sin entendimiento, que con el estiercol, asqueroso, burlando y jugando se ensucia, así
te has ensuciado y hecho aborrecible, con los pecados con que te has deleitado y ahora has descubierto y manifestado todos ellos á nuestro señor que
es amparador y purificador de todos los pecadores;
y esto no lo tengais por cosa de burla, porque de
verdad has entrado en la fuente de la misericordia,
que es como agua clarísima con que lava las suciedades del alma, nuestro señor dios amparador y favorecedor de todos los que á él se convierten. Habias arrojádote al infierno, y ahora ya has vuelto á
resucitar en este mundo, como quien viene del otro:
ahora nuevamente has tornado á nacer, ahora nuevamente comienzas á vivir, y ahora mismo te dá lumbre, y nuevo sol nuestro señor dios: tambien ahora de nuevo comienzas á florecer, y á brillar como una piedra preciosa muy limpia que sale del vientre de su
madre donde se cria. Y pues que esto es así, mira
que vivas con mucho tiento, y con mucho aviso de
aquí en adelante, todo el tiempo que en este mundo
estuvieres bajo de la potestad y señorio de nuestro
señor dios humanísimo, beneficentísimo, y munificentísi-
mo: llora, ten tristeza, anda con humildad, con enco-
gimiento, y con cerviz baja y corbada, orando á nuestro dios; mira que no te ensoberbezcas dentro de
tí, porque si esto hicieres desapiadarás á nuestro señor el cual vé los corazones, y pensamientos de todos los mortales, ¿en qué te estimas? en qué te tie-

nes? cual es tu fundamento y raíz? ¿sobre que estribas? claro está que eres nada, y puedes nada, y vales nada, porque nuestro señor hará en tí todo lo que el quisiere, sin que nadie le vaya á la mano. ¿Por ventura enseñarte há aquellas cosas con que atormenta, y con que aflije, para que las veas con tus ojos en este mundo? no por cierto, porque los tormentos y trabajos espantables con que atormenta en el otro mundo, no son visibles ni los pueden ver los que viven aquí, ó te condenará y enviará á la casa universal del infierno, y tu casa donde ahora vives se caerá y estará destruida, y será como muladar de suciedades é inmundicias en la cual solias vivir muy á tu contento, esperando lo que de tí dispusiera nuestro señor y favorecedor, é invisible é incorpóreo, único, y cuando quisiere y por bien tuviere de rozarte las paredes de tu casa, y los setos y valles con que con mucho trabajo la habias cercado. Por lo cual te ruego, que te levantes y esfuerzes, á no ser de aquí adelante el que fuiste antes de ahora. Toma nuevo corazon, y nueva manera de vivir, y guárdate mucho á no tornar á los pecados pasados; mira que no puedes ver con tus ojos á nuestro señor dios el cual es invisible, é impalpable, y es *Tezcatlipuca* y es *Titlacaoa*, y es mancebo de perfecta perfeccion y sin tacha. Esfuérzate á barrer, limpiar, y á concertar toda tu casa, y si esto no haces deshecharás de tu compañia y de tu casa, y ofenderás mucho al humanísimo mancebo, que siempre anda por nuestras casas, y por nuestros barrios, asolazándose y recreandose, y trabaja buscando á sus amigos, para los consolar y consolarse con ellos. En conclusion te digo, que vayas y entiendas en barrer, y en quitar el estiercol, y barreduras de tu casa, y límpiala toda, y limpiate á tí mismo, *y busca un esclavo que sacrifiques delante de dios*, (a) y haz fiesta á los principales, y canten los loores de nuestro señor. Tambien conviene que hagas penitencia trabajando un año ó mas en la casa de dios, y allí te sacarás sangre, y punzarte haz el cuerpo con puntas de máguéy; y para que hagas penitencia de los adulterios y otras suciedades que hiciste, pasarás cada dia dos veces mimbres, una por las orejas, y otra por la lengua, y no solamente en penitencia de las carnalidades arriba dichas, pero tambien en penitencia de las palabras malas é injuriosas conque afrentaste é injuriaste á tus prójimos, con tu mala ingratitud que tuviste cerca de las mercedes que te hizo nuestro señor, y por la inhumanidad que tuviste cerca de los prójimos, en no hacer ofrendas de los bienes que te fueron dados de dios, ni en comunicar á los pobres de los bienes temporales que te fueron comunicados á tí por nuestro señor. Tendrás cargo de ofrecer papel y copal, y tambien de hacer limosnas á los hambrientos menesterosos, y que no tienen que comer, ni que beber, ni que vestir, aunque sepas quitártelo de tu comida para se lo dar, y procura de vestir á los que andan desnudos y desarrapados: *,,mira que su carne es como la tuya, y que son hombres como tú,* mayormente á los enfermos porque son imágen de dios. No hay mas que decirte, vé en paz, y ruega á dios que te ayude á cumplir lo que eres obligado á hacer, pues que él es favorecedor de todos.''

Adoraban á *Tlacolteutl* diosa de la lujuria los mexicanos, (b) especialmente los *Mixtecas y Olmecas:* di-

[a] Este razonamiento se parece al de Sócrates antes de morir, que haviendo dicho maravillas á sus discípulos, y probádoles la inmortalidad del alma, ecshortó á Criton, á que fuera á ofrecer un gallo á Esculapio.... Sacrifica *un esclavo*, es decir comete el crimen mas abominable para aplacar á un Dios que es todo humanidad, y aborrece altamente la efusion de sangre; ¡qué inconsecuencia!

(b) Vease la pág. 10 tóm. 1°.

cen que en tiempo de la infidelidad, los *Mixtecas* estando enfermos, confesaban todos sus pecados á un Sátrapa, y el confesor les mandaba hacer satisfacciones, pagar las deudas, hurtos, usuras y fraudes, y el Sátrapa: ora fuese médico; ora fuese adivino ó astrólogo, mandaba al enfermo que se confesaba, que pagase lo ageno que tenia en su poder.

Los *Cuextecas* adoraban y honraban á *Tlacolteutl*, y no se acusaban delante de ella de la lujuria, porque esta no la tenian por pecado. [a]

Los *Occidentales* como son los de *Michoacan*, no saben los viejos dar razon, si adoraban á esta diosa de la lujuria llamada *Tlacolteutl.*

Los *Chichimecas* no adoraban á *Tlacolteutl*, porque no tenian mas de un solo dios llamado *Mixcoatl*, y tenian su imágen ó estatua, y tenian otro dios invisible sin imágen llamado *Iooalliehecatl* que quiere decir dios invisible é impalpable, y favorecedor, amparador y todopoderoso, por cuya virtud todos viven, el cual por solo su saber rige, y hace su voluntad en todas las cosas.

CAPITULO VIII.

Del lenguage y afectos que usaban orando al dios de la lluvia llamado Tlaloc, el cual tenian que era señor y rey del paraiso terrenal, con otros muchos dioses sus sujetos que llamaban Tlaloques, y su hermana llamada CHICOME-COATL 1.ª *la diosa Ceres. Esta oracion usaban los Sátrapas en tiempo de seca para pedir agua á los arriba dichos: contiene muy delicada materia, están espresos en ella muchos de los errores que antiguamente tenian.*

¡Oh señor nuestro humanísimo, liberal dador y señor de las verduras y frescuras, y señor del paraiso terrenal, oloroso y florido, y señor del incien-

(a) Hoy no les faltan muchos sectarios á los *Cuextecas;*

so ó copal! ¡Ay dolor! que los dioses del agua vuestros súbditos, se han recogido y ocultado en su recogimiento, los cuales suelen dar las cosas necesarias, y son servidos *con ulli y auchtli* y con copal, y dejaron escondidos todos los mantenimientos necesarios á nuestras vidas, que son como piedras preciosas, esmeraldas y zafiros, y lleváronse consigo á su hermana la diosa de los mantenimientos, y tambien se llevaron consigo á la diosa del *chilli ó axi*. ¡Oh señor nuestro! duélete de nosotros que vivimos. En las casas de nuestro mantenimiento por tierra ba, todo se pierde y todo se seca, parece que está empolvorizado, y revuelto con telas de arañas por la falta del agua. ¡Oh dolor de los tristes macehuales y gente baja! ya se pierden de hambre, todos andan desemejados y desfigurados, unas orejas traen como de muertos: traen las bocas secas como esparto, y los cuerpos que se les pueden contar todos los huesos, bien como figura de muerte; y los niños *todos* andan desfigurados y amarillos de color de tierra; no solamente aquellos que ya comienzan á andar, pero aun tambien todos los que están en las cunas. No hay nadie á quien no llegue esta aflicion y tribulacion de la hambre que ahora hay; hasta los animales y aves padecen gran necesidad, por razon de la crecida seca que hay. Es grande angustia de ver las aves, unas de ellas traen las álas caídas y arrastrando de hambre; otras que se van cayendo de su estado que no pueden andar, y otras abiertas las bocas de sed y hambre, y los animales ¡ó señor nuestro!. es gran dolor de verlos que andan azcadillando y cayéndose de necesidad, y andan lamiendo la tierra, andan las lenguas colgadas y las bocas abiertas carleando de hambre y sed; la gente toda pierde el seso, y se muere por la falta del agua: todos perecen sin quedar nadie. Es tambien señor gran dolor, ver toda la haz de la tierra seca, ni pue-

de criar ni producir las yerbas, ni árboles, ni cosa
ninguna, que pueda servir de mantenimiento; solía
como padre y madre criarnos y darnos leche, con
los mantenimientos, yerbas y frutos que en ella se
criaban, y ahora todo está perdido; no parece sino
que los dioses *Tlaloques* lo llevaron todo consigo, y
lo escondieron donde ellos están recogidos en su casa, que és el paraiso terenal. ¡Señor nuestro! todas
las cosas que nos soliades dar por vuestra largueza,
conque viviamos y nos alegrábamos, y que son vida
y alegria de todo el mundo, y que son preciosas como esmeraldus y como zafiros, todas estas se nos
han ausentado y se nos han ido. ¡Señor nuestro, dios
de los mantenimientos, y dador de ellos, humaní-si-
mo, y píadosísimo! ¿qué és lo que habeis determinado hacer de nosotros? ¿Habeis nos por ventura desamparado del todo? ¿no se aplacará vuestra ira é
indignacion? habeis determinado que se pierdan todos vuestros siervos y vasallos, y que quede desolado y despoblado vuestro pueblo, reino, ó señorío?
¿Está ya determinado por ventura que esto se haga?
¿determinóse en el cielo, y en el infierno? ¡Oh señor!
siquiera concedednos esto, que los niños inocentes
que aun no saben andar, y los que están aun en
las cunas, sean proveidos de las cosas de comer,
porque vivan y no perezcan en esta necesidad tan
grande. ¿Qué han hecho los pobrecitos para que sean
afligidos y muertos de hambre? ningunas ofensas han
hecho, ni saben que cosa es pecar, ni han ofendido
á los dioses del cielo ni á los del infierno; y si nosotros hemos ofendido en muchas cosas, y nuestras
ofensas han llegado al cielo y al infierno, y los he-
dores de nuestros pecados se han dilatado hasta los
fines de la tierra; justo es que seamos destruidos y
acabados, ni tenemos que decir ni conque nos escusar, ni conque resistir á lo que está determinado
contra nosotros en el cielo y en el infierno. Hága-

se, perdámonos todos, y esto con brevedad; pero no sufrámos tan prolija fatiga, que mas grave es lo que padecemos, que si estuviésemos en fuego quemándonos. Cierto, que es cosa espantable sufrir la hambre, que es así como una culebra que con deseo de devorar, está tragando la saliva, y está carleando demandando de comer, y está silvando porque le den comida; es cosa espantosa ver la agonia que tiene demandando el alimento. Es esta hambre tan intensa, como un fuego encendido, que está echando de sí chispas ó centellas. Hágase señor lo que muchos años ha que oímos decir á los viejos y viejas que pasaron: caiga sobre nos el cielo, y desciendan los demonios del aire llamados *Tzitzimites*, los cuales han de venir á destruir la tierra con todos los que en ella habitan, y para que siempre haya tinieblas y obscuridad en todo el mundo, y en ninguna parte haya habitacion de gente. Esto los viejos lo supieron y ellos lo divulgaron, y de boca en boca ha venido hasta nosotros que se ha de cumplir en el fin del mundo, despues que ya la tierra estuviere harta de producir mas criaturas. ¡Señor nuestro,! por riquezas y pasatiempo tendrémos que esto venga sobre los que ecsistimos. ¡O pobres de nosotros! tuviérades yá por bien señor que viniera pestilencia, que presto nos acabara, la cual plaga suele venir del dios del infierno. En tal caso, por ventura la diosa de los mantenimientos, y el dios de las mieses, hubieran proveido de algun refrigerio, conque los que murieron llevasen alguna mochila para andar el camino ácia el infierno: ¡ojalá esta tribulacion fuera de guerra que procede de la impresion del sol la cual despierta como fuerte y valerosa en la tierra, porque en este caso tuvieran los soldados y valientes hombres, fuertes y belicosos, gran regocijo y placer por hallarse en ella, puesto que allí mueren muchos y se derrama mucha sangre, se hinche el campo de cuerpos muer-

tos, de huesos y calaveras de los vencidos, y se hinche tambien la haz de la tierra de cabellos de las
cabezas de los que allí se pelean cuando se pu-
dren! y esto no se teme con tener entendido, que
sus almas van á la casa del sol, donde se le hace
aplauso al mismo con voces de alegria, y se chupan las flores de diversas maneras con gran delectacion, donde son glorificados y ensalzados todos los
valientes y esforzados que murieron en la batalla; y
los niños chiquitos tiernos que mueren en la guerra, son presentados al sol muy limpios, pulidos y
resplandecientes, como una piedra preciosa; y para
ir su camino á la casa del astro bello, vuestra hermana la
diosa de los mantenimientos, los provee de su *itacatl*, ó
mochila que han de llevar, porque esta provision de las
cosas necesarias, és el refuerzo, el ayo, y el bordon
de toda la gente del mundo, y sin ella no se puede vivir. Pero esta hambre conque nos aquejas, ¡ó señor
nuestro humanísimo! és tan aflictiva y tan intolerable, que los tristes macehuales no la pueden sufrir
ni soportar, y mueren muchas veces estando sanos;
y no solamente este daño siente la gente toda, pero tambien todos los animales. ¡Oh señor nuestro piadosísimo! señor de las verduras, gomas, yerbas olorosas y virtuosas: suplicoos tengais por bien mirar
con ojos de piedad á la gente de este vuestro pueblo, reino ó señorío, que ya se pierde, ya peligra y se
acaba, ya se destruye y perece todo el mundo; hasta las bestias y animales se desaparecen y acaban sin remedio ninguno. Pues que esto pasa así
como digo, suplicoos tengais por bien de enviar á
los dioses que dan los mantenimientos, las lluvias
y temporales, y que son señores de las yerbas y de
los árboles, para que vengan á hacer sus oficios acá
al mundo. Abrase la riqueza y la prosperidad de vuestros tesoros: muévanse las sonajas de alegria que
son báculos de los señores dioses del agua, y to-

men sus cotaras de *vlli* para caminar con ligereza. Ayudad á nuestro señor el dios de la tierra, siquiera con una mollizna (llovizna) de agua, porque él nos cria y nos mantiene cuando la hay. Tened por bien señor de consolar al maíz, á los elotes, y á los otros mantenimientos muy deseados y muy necesarios, que están sembrados y plantados en los camellones de la tierra, y padecen gran necesidad y angustia por la falta de agua. Tened por bien señor que reciba la gente esta merced y favor de vuestra mano; que merezcan veer y gozar de las verduras y frescor que son como piedras preciosas, que el fruto y la sustancia de los dioses *Tlaloques* son las nubes que traen consigo, y esparsen sobre nosotros la pluvia. Tened por bien señor que se alegren y regocijen los animales, las yerbas, las aves, y pájaros de preciosas plumas, como son el *quechotl y caguan*, que vuelen canten, y chupen las yerbas y flores, y no sea esto con truenos y rayos significadores de vuestro enojo; porque si vienen nuestros señores *Tlaloques* con truenos y rayos, como los macehuales están flacos, y toda la gente debilitada de hambre, los espantarán, y atemorizarlos han, y si algunos están ya señalados para que vayan al paraiso terrenal, heridos y muertos con rayos, sean solos estos y no mas, y no se haga daño ni perjuicio á otro alguno ni á la demas gente que anda derramada por los montes y cabañas; ni tampoco dañen á los árboles, magueyes y otras plantas que nacen de la tierra, y son necesarias para la vida, mantenimiento, y comodidad de la gente pobre, desamparada y desdichada, que con dificultad pueden haber los alimentos para pasar la vida, los cuales de hambre andan con las tripas vacias y apegadas á las costillas. ¡Oh señor humanísimo y generosísimo, dador de todos los mantenimientos! tened señor por bien de consolar á la tierra, y á todas

las cosas que viven sobre la haz de ella. Con gran
suspiro y angustia de mi corazon, llamo y ruego á
todos los que sois dioses del agua, que estais en las
cuatro partes del mundo, (oriente, occidente, septentrion, mediodia ó austro,) y los que habitais en
las concavidades de la tierra, ó en el aire, ó en los
montes altos, ó en las cuevas profundas, que vengais á consolar á esta pobre gente, y á regar la tierra, porque los ojos de los que habitan en ella, así
hombres como animales y aves, están puestos sobre vos,
y su esperanza en vuestras personas. ¡O señores nuestros! tened por bien de venir.

CAPITULO IX.

*Del lenguage y afectos que usaba el señor despues de
electo para dar gracias á* TEZCATLIPUCA, *por haberle
elegido en señor, y demandarle favor y lumbre para hacer bien su oficio, donde se humilla de muchas
maneras.*

¡Oh señor nuestro humanísimo, amparador y
gobernador invisible é impalpable! bien sé que teneis
conocido, que soy un pobre hombre y de baja suerte, criado y nacido entre estiercol; hombre de poca razon y de bajo juicio, lleno de muchos defectos y faltas, que ni me sé conocer, ni considerar quien
soy. Habeisme hecho gran beneficio, merced y misericordia, sin merecerlo, pues que tomándome de
la basura, me habeis puesto en la dignidad y trono
real: ¿quien soy yo señor mio, y qué es mi valer
para que me pongais entre los que vos amais, conoceis, y teneis por amigos escogidos, y dignos de
toda honra, nacidos y criados para las dignidades
y tronos reales, pues para este efecto los criasteis
hábiles y prudentes, tomados de nobles y generosos
padres, criados y enseñados, y que fueron nacidos y

bautizados en signos y constelaciones en que nacen
los señores, y para ser vuestros instrumentos é
imágenes? para regir vuestros reinos estando dentro de ellos y hablando por su boca, y pronuncian-
do ellos vuestras palabras, y para que se confor-
men con el querer del antiguo dios y padre de
todos los dioses, que es el dios del fuego que
está en la alberca del agua entre almenas cercado de piedras como rosas, el cual se llama
Xiuhtecutli, quien determina, ecsamina, y conclu-
ye los negocios y litigios del pueblo y de la gente popular, como lavándoles con agua, al cual siempre acompañan y están en su presencia las personas generosas arriba dichas? ¡Oh humanísimo señor rector y gobernador! gran merced me habeis hecho: ¿acaso esto ha sido por interce-
sion y lágrimas que derramaron los pasados señores y señoras que tuvieron cargo de éste reino? cosa sería de gran locura, que yo pensase que por
mis merecimientos y por mi valer, me hayais hecho la gracia de haberme puesto en el regimiento muy pesado, dificultoso, y aun espantoso de
vuestro reino, que es como un fardo que se lleva
acuestas muy enorme, y que con gran dificultad lo cargaron los señores pasados que le rigieron en vuestro nombre. ¡Oh señor humanísimo, regidor y gobernador invisible é impalpable, criador y sabedor de
todas las cosas y pensamientos, y adornador de las
almas! ¿qué diré mas, pobre de mí? ¿qué modo tendré de regir y gobernar ésta vuestra república? ¿cómo tengo de llevar esta carga del gobierno de la
gente popular, yo que soy ciego y sordo, que aun
á mí no me sé conocer, ni aun me sé regir, porque estoy
acostumbrado á andar entre el estiercol, y mi facultad es buscar y vender yerbas para comer, y traer
leña acuestas para vender? lo que yo merezco señor és, ceguedad en los ojos, y tullimiento y pudri-

miento en los miembros: andar vestido de un andrajo y de una manta rota, éste es mi merecido y lo
que se me debia dar, y yo soy el que tengo necesidad de ser regido y traido á cuestas pues que teneis muchos amigos y conocidos, á quien podeis encomendar este cargo. Puesto que ya teneis determinado de ponerme en escarnio y burla del mundo,
hágase vuestra voluntad y disposicion, y cúmplase vuestra palabra: ¿Por ventura no conoces quien yo
soy, y despues que me hayas conocido, buscarás á
otro quitándome á mí del regimiento, tornándolo á
tomar en tí, y escondiendo en tí esta dignidad y esta honra, estando ya cansado y enhadado de sufrir-
me, y lo dareis á otro muy amigo y conocido vuestro que sea vuestro devoto, que llora y suspira, y así
merece esta dignidad? ¿ó por ventura es como sueño, ó como quien se levanta durmiendo de la cama esto que me ha acontecido? ¡Oh señor que estais presente en todo lugar, que sabeis todos los pensamientos, y distribuis todos los dones; plegaos de no
esconderme vuestras palabras é vuestras inspiraciones! Con brevedad y súbitamente somos nombrados
para las dignidades; pero ignoro el camino por donde tengo de ír: no sé lo que tengo de hacer: dignaos pues de no me esconder la lumbre y el espejo que me ha de guiar. No permitais señor que
yo descamine y yerre por las montañas y por los
riscos, á los que tengo de regir y llevar acuestas.
No permitais que los guie por veredas de conejos
y de venados: no permitais señor que se levante alguna guerra contra mí: ni tampoco que venga alguna pestilencia sobre los que tengo de gobernar,
porque no sabré lo que en tal caso he de hacer, ni por donde tengo de guiar á los que llevo
acuestas ¡oh desventurado de mí que soy inhábil é
ignorante! no querria que viniese sobre mí alguna
enfermedad, porque en este caso echaría á per-

der vuestro pueblo y gente, y se desolaría y pondría en tinieblas vuestro reino. ¿Qué haré pues señor y criador, si por ventura cayero en algun pecado carnal y deshonroso, y por esto echare á perder el reino? qué haré si por negligencia ó por pereza estraviare mis súbditos? ¿qué haré si desbarrancare y despeñare por mi culpa á los que tengo de regir? ¡Señor humanísimo, invisible é impalpable! ruegoos que no os aparteis de mí, idme visitando muchas veces, visitad esta casa pobrecita, porque te estaré esperando en ella. Con gran deseo os espero, y demando con grande instancia vuestra palabra é inspiraciones, conque sugeristeis é insuflasteis á vuestros antiguos amigos y conocidos, que rigieron con diligencia y rectitud vuestro reino, que es la silla de V. M. y honra, donde á un lado y otro, se sientan vuestros senadores y principales, que son como vuestra imágen y vuestra persona propia, y estos sentencian y hablan en las cosas de la república en vuestro nombre, y usais de ellos como de vuestras flautas hablando dentro de su interior y poniéndoos en sus caras y en sus oídos, y abriendo sus bocas para bien hablar: y en este lugar burlan y rien de nuestras boberías los negociantes, con los cuales estais vos holgandoos, porque son vuestros amigos y vuestros conocidos, y allí inspirais é insuflais á vuestros devotos, que lloran y suspiran en vuestra presencia y os dan de verdad su corazon! Por esto señor los adornais con prudencia y sabiduria, para que vean como en espejo de dos hazes, donde se representa la imágen de cada uno, y por la misma causa les dais una hacha muy clara sin ningun humo, cuyo fulgor se estiende por todas partes. Tambien por esta causa les dais dones y joyas preciosas, colgándoselas del cuello y de las orejas, así como se cuelgan las joyas corporales, que son el *nacochtl, el tentetl, el tlalpiloni* ó sea la borla de la ca-

beza, y *el matemecatl* (a) que es la correa adobada que
atan á la muñeca los señores, y con cuero amarillo ligado á las pantorrillas, y con cuentas de oro y
plumas ricas. En este lugar del buen regimen y
gobierno del reino, se merecen vuestras riquezas,
vuestra gloria, vuestros deleites, y suavidades. En
él mismo tambien se merece el sosiego y tranquilidad,
la vida pacífica y el contento, lo cual todo viene de vuestra mano. En él mismo por último se merecen las cosas adversas y trabajosas, como son enfermedades, pobrezas, y el abreviamiento de la vida, todo lo cual viene de vuestra mano, á los que en
este estado no hacen su deber. ¡Oh señor nuestro
humanísimo, sabedor de los pensamientos y dador
de los dones! ¿está por ventura en mi mano que soy
pobre hombre el modo de regir? ¿está en mi mano
la manera de mi vivir? y las obras que tengo de
hacer en mi oficio que es vuestro reino y dignidad
y no mia? Lo que vos quisiéredes que haga ayudán-
dome y lo que fuere la vuestra voluntad que haga
segun vuestra disposicion, eso haré. El camino que
me enseñáredes, ese seguiré. Lo que me inspira-
res y pusiéres en mi corazon, eso diré y hablaré.
¡Señor nuestro humanísimo! en vuestras manos me
pongo totalmente, porque yo no tengo posibilidad
para conducirme ni gobernarme; porque soy ciego, tiniebla, y un rincon de estiercol. Tened por bien señor de darme un poquito de luz, aunque no sea
mas de cuanto echa de sí una lucerna que anda
de noche, para ir en este en sueño y en esta vida dor-
mida, que dura como el espacio de un dia, donde hay
muchas cosas en que tropezar, y muchas en que
dar ocasion de reir, y otras que son como ca-

(a) Brazalete de oro. Parece quiere decir *es el brazalete liga-*
do con la correa adobada de cuero amarillo, que se ata á las pantorrillas con cascabeles de oro. Estas metáforas solo se percibe su
belleza en el idioma en que se esplican.

mino fragoso que se han de pasar saltando.. Todo esto ha de pasar en esto que me habeis encomendado dandome vuestra silla y dignidad. ¡Señor nuestro humanísimo! ruegoos que me vayais visitando con vuestra lumbre, para que yo no yerre, para que no me desbarate, y para que no me den grita mis vasallos. ¡Señor nuestro piadosísimo! ya me habeis hecho espaldar de vuestra silla y vuestra flauta sin ningun merecimiento mio: ya soy vuestra boca, cara, orejas, dientes y uñas, aunque soy un pobre hombre, quiero decir, que indignamente soy vuestra imágen y represento vuestra persona, y las palabras que hablare han de ser estimadas como las vuestras mismas, y mi cara ha de ser tenida como la vuestra, y mis oídos como los vuestros, y los castigos que hiciere, han de ser tenidos como si vos mismo los hiciéredes; por esto os ruego que pongais dentro de mi vuestro espíritu, y vuestras palabras á quien todos obedezcan, y á quien nadie pueda contradecir" (a)

El que dice esta oracion delante del dios *Tezcatlipuca*, está en pie é inclinado ácia á la tierra y los pies juntos; y los que son muy devotos están desnudos, y antes que comienze la oracion, ofrecen copal al fuego, ó algun otro sacrificio, y si están con su manta cubiertos, ponen la atadura de ella ácia los pechos, de manera que la parte delantera está desnuda, y algunos diciendo esta oracion están en cuclillas, y ponen el ñudo de la manta sobre el hombro, á esto llaman *moquichtlalia*.

[a] ¡Que pocos de los que reciben el cargo de regir á los hombres confiesan con esta noble franqueza su ineptitud para gobernarlos! por el contrario, todos se creen aptos para tamaña empresa, aunque se confesarian incapaces de hacer una olla ó una puerta porque ignoran los oficios mecánicos. Si esto no fuera cierto andariamos mejor gobernados.

CAPITULO X.

Del lenguage y afectos que usaban para hablar y avisar al señor recien electo. Es plática de alguna persona muy principal, ó de algun pilli, ó tecutli, el que mas apto era para hacerla.

¡Oh señor nuestro humanísimo, piadosísimo, amantísimo y digno de ser estimado mas que todas las piedras preciosas, y que todas las plumas ricas! Aquí estais presente, y os ha puesto nuestro soberano dios, por nuestro señor (á la verdad) porque han fallecido é ídose á sus recogimientos los señores vuestros antepasados, que murieron por mandado de dios. Partieron de este mundo el señor N. y N., y dejaron la carga del regimiento que traían acuestas, debajo de la cual trabajaron como los que van camino arriba, y llevan acuestas cargas muy pesadas. Estos por ventura acuérdanse ó tienen algun cuidado del pueblo que regian, el cual está ahora despoblado y á obscuras, y yermo sin señor por la voluntad de nuestro dios; por ventura tienen cuidado, ó miran su pueblo que está hecho una breña y una tierra inculta, y están las pobres gentes sin padre ni madre, huérfanos, que no saben ni entienden, ni consideran lo que conviene á su pueblo: están como mudos que no saben hablar, ó como un cuerpo sin cabeza. El último que nos ha dejado huérfanos, es el fuerte y muy valeroso señor N. al cual por breve tiempo y pocos dias le tuvo prestado este pueblo, y fué como cosa de sueño, así se le fué de entre las manos porque le llamó nuestro señor para ponerle en el recogimiento de los otros difuntos sus antepasados, que hoy están como en arca, ó en cofre guardados; así se fué para ellos, ya está con nuestro padre y madre, el dios del infierno que se llama *Mictlantecutli*: ¿por ventura volverá acá de aquel lugar adonde se fué? no es posible que vuelva: para siempre se fué y le perdió su reino: en ningun tiempo le verán acá los que viven ni los que nacerán: para siempre nos dejó: apagada está nuestra candela: fuésenos nuestra lumbre, y ya está desamparado, ya está á obscuras el pueblo y señorio de nuestro señor dios, que él regia y alumbraba, y ahora está á peligro de perderse y destruirse este mismo pueblo y señorio que llevaba acuestas, y que dejó en el mismo lugar que la carga que soportaba. Allí está donde dejó á su pueblo y reino pacifico, y sosegado, y así le tuvo todo el tiempo que le rigió pacíficamente, y poseyó el trono y silla que le fué dado por nuestro señor dios, y puso todas sus fuerzas, é hizo toda su posibilidad para tenerlo tranquilo y sosegado hasta su muerte. No escondió sus manos ni sus pies debajo de su manta con pereza, sino que con toda diligencia trabajó por el bien de su reino. Al presente tenemos gran consolacion y regocijo, ¡oh humanísimo señor nuestro! porque nos ha dado el dios por quien vivimos, una lumbre y resplandor del sol, que sois vos; él os señala y demuestra con el dedo, y os tiene escrito con letras coloradas: así está determinado allá arriba, y acá abajo, en el cielo y en el infierno, y que vos seais el señor, y poseais la silla, estrado y dignidad de este reino, ciudad ó pueblo, brotado á la raíz de vuestros antepasados, que la pusieron muy profunda, y plantaron de muchos años atrás. Vos sois señor el que habeis de llevar la pesadumbre de la carga de éste señorio, ó ciudad: vos sois el que habeis de succeder á vuestros antepasados los señores vuestros progenitóres, para llevar el peso que ellos llevaron: vos señor habeis de poner vuestras espaldas debajo de ésta carga grande, que es el regimiento de éste reino: en vuestro regazo y en vuestros brazos pone nuestro señor dios este oficio y dignidad de regir y gobernar á las gentes populares, que son muy antojadizas, y enojadizas. Vos por algunos años los habeis de sustentar y regalar como á niños que están en la cuna: vos habeis de poner en vuestro regazo, y en vuestros brazos á todos, y los habeis de alhagar, y hacerles el son para que duerman el tiempo que vivieredes en éste mundo. ¡Oh señor nuestro serenísimo, y muy precioso! ya se determinó en el cielo y en el infierno, y se averiguó y te cupo esta suerte: á tí te señaló, sobre tí cayó la eleccion de nuestro señor dios soberano. ¿Por ventura podraste esconder ó ausentar? ¿podraste escapar de esta sentencia? ¿ó por ventura te escabullirás, ó hurtarás el cuerpo á ella? ¿qué estimacion tienes de dios nuestro señor? ¿qué estimacion tienes de los hombres que te eligieron, que son señores muy principales, é ilustres? ¿en qué grado de aprecio tienes á los reyes y señores que te designaron, señalaron y ordenaron por inspiracion y ordenacion de nuestro señor dios, cuya eleccion no se puede anular, ni variar por haber sido por ordenacion divina, el haberte elegido y nombrado por padre y madre de este reino? pues que esto es así ¡oh señor nuestro! esfuérzate, anímate, pon el hombro á la carga que te se ha encomendado y confiado; cúmplase y verifíquese el querer de nuestro señor: ¿por ventura por algun espacio de tiempo llevarás la carga á tí encomendada, ó acaso te atajará la muerte, y será como sueño tu eleccion á este reino? Mirad que no seais desagradecido teniendo en poco en vuestro pecho el beneficio de dios, porque él vé todas las cosas secretas, y embiará sobre vos algun castigo como le pareciere, porque en su querer y voluntad está el que te aniebles y desvanezcas, ó te enviará á las montañas y á las cabañas, ó te echará en el estiercol y suciedades, ó te acontecerá alguna cosa torpe ó fea. Por ventura serás infamado de alguna cosa vergonzosa, ó permitirá Dios que haya discordias, y alborotos en tu reino, para que seas menospreciado, y abatido, ó por ventura te darán guerra otros reyes que te aborrecen, y serás vencido y aborrecido, ó quizás permitirá S. M. que venga sobre tu reino hambre y necesidad? ¿qué harás si en tu tiempo se destruye tu reino, ó nuestro Dios envia sobre tí su ira mandando pestilencia? ¿qué harás si en tu tiempo se destruye tu pueblo, y tu resplandor se convierte en tinieblas? ¿qué harás si se desolare en tu tiempo tu reino? ó si por ventura viniere sobre tí la muerte antes de tiempo, ó en el principio de tu reino, y antes que te apoderes de él te destruyere y pusiere debajo de sus pies nuestro señor todopoderoso? ¿ó si acaso súbitamente enviare sobre tí ejércitos de enemigos de ácia los yermos, ó de ácia la mar, ó de ácia las cabañas y despoblados, donde se suelen ejercitar las guerras y derramar la sangre que es el beber del sol y de la tierra; porque muchas é infinitas maneras tiene dios de castigar á los que le desobedecen? Asi pues, es menester, ó rey nuestro, que pongas todas tus fuerzas y todo tu poder para hacer lo que debes en la prosecucion de tu oficio, y esto con lloros y suspiros, orando á nuestro señor Dios invisible é impalpable. Llegaos, señor, á él muy deveras con lágrimas y suspiros para que os ayude á regir pacíficamente vuestro reino, porque es su honra; mirad que recibais con afabilidad é humildad á los que vengan á vuestra presencia angustiados y atribulados: no debeís decir ni hacer cosa alguna arrebatadamente: oíd con mansedumbre y por entero las quejas é informaciones que delante de vos se presenten: no atajeis las razones ó palabras del que habla, porque sois imágen de nuestro señor dios, y representais su persona, en quien está descansando, y de quien él usa como de una flauta, y en quien él habla, y con cuyas orejas el oye. Mirad señor que no seais aceptador de personas, ni castigueis á nadie sin razon, porque el poder que teneis de castigar és de dios, es como uñas y dientes de dios para hacer justicia, y sois egecutor de ella y recto sentenciador suyo; hagase pues la justicia, guardese la rectitud, aunque se enoje quien se enejare, porque estas cosas os son mandadas de dios, y nuestro señor no ha de hacerlas porque en vuestra mano las ha dejado. Mirad que en los estrados y en los tronos de los señores y jueces, no ha de haber arrebatamiento ó precipitacion de obras ó de palabras, ni se ha de hacer alguna cosa con enojo: mirad que no os pase ni por pensamiento decir... *yo soy señor, yo haré lo que quisiere*, que esto es ocasion de destruir y atropellar y desbaratar todo vuestro valor, toda vuestra estimacion, gravedad y magestad. Mirad que la dignidad que teneis, y el poder que se os ha dado sobre vuestro reino ó señorio, no os sea ocasion de ensoberbeceros y altivaros; mas antes os conviene muchas veces acordaros *de lo que fuisteis atras, y de la bajeza de donde fuisteis tomado para la dignidad* [a] *en que estais puesto sin haberlo merecido.* Debeis muchas veces decir en vuestro pensamiento ¿quien fuí yo antes, y quien soy ahora? yo no merecí ser puesto en lugar tan honroso y tan eminente como estoy, sino por mandado de nuestro señor dios, que mas parece cosa de sueño que no verdad. Mirad señor que no durmais á sueño suelto: mirad que no os descuideis con deleites y placeres corporales: mirad que no os deis á banquetes ni á bebidas en demasia: mirad que no gasteis con profanidad los sudores y trabajos de vuestros vasallos, en engordaros y emborracharos: mirad que la merced y regalo que nuestro señor os

(a) Este recuerdo le hizo Alejandro á Abdalomino cuando lo hizo Rey de Sydon, quitándole la azada de las manos con que cultivaba el campo, y con cuyos productos se mantenia.

hace en elegiros rey, no la convirtais en cosas de
profanidad, locura, y enemistades. ¡Oh señor rey y
nieto nuestro! dios está mirando lo que hacen los
que rigen sus reínos, y cuando yerran en sus oficios
danle ocasion de reírse de ellos, y él se rie y ca-
lla porque es dios, que hace lo que quiere, y hace burla de quien quiere; porque á todos nosotros nos tiene en el medio de la palma de su mano, y nos está remeciendo, y somos como bolas y globos redondos en su mano, pues andamos rodando de una parte á otra y le hacemos reir, y se sirve de nosotros
cuando jiramos de una parte á otra sobre su palma. ¡Oh señor y rey nuestro! ezforzaos á hacer vuestra obra poco á poco; acaso por nuestros pecados
no os merecemos, y vuestra eleccion nos será como
cosa de delirio, y se hará lo que nuestro señor quiere, que poseais su reino y su dignidad real por algunos tiempos, acaso os quiere probar y hacer esperiencia de quien sois, y si no hiciéredes vuestro deber
pondrá á otro en esta dignidad: ¿tiene por ventura
pocos amigos nuestro señor dios? ¿eres tú solo por
acaso su único querido? ¡cuantos otros tiene conocidos! ¡cuantos son los que le llaman! ¡cuantos los
que dan voces en su presencia! ¡cuantos los que lloran! ¡cuantos los que con tristeza le ruegan! ¡cuantos los que en su presencia suspiran! cierto que no
se podrán contar. Hay muchos generosos, prudentísimos, y de grande habilidad, y de los que ya han tenido y tienen cargos y están en dignidades, de muchos es rogado, y muchos en su presencia dan voces; bien tiene á quien dar la dignidad de sus reinos. Por ventura con brevedad y como cosa de ensue-
ño, te presenta su honra y su gloria; tal vez te da
á oler y te pasa por tus labios su ternura, su dulcedumbre, su suavidad, su blandura, y las riquezas que
solo él las comunica, porque solo él las posee. ¡Oh
muy dichoso señor! inclinaos y humillaos: llorad con

tristeza y suspirad, orad y haced lo que nuestro
señor quiere que hagais, el tiempo que él por bien
tuviere, así de noche como de dia: haced vuestro
oficio con sosiego, continuamente orando en vuestro trono y estrado, con benevolencia y blandura: mirad que no deis á nadie pena, fatiga ni tristeza. Mirad que no atropelleis á persona, no seais bravo para con ninguno, ni hableis á nadie con ira, ni es-
panteis á sugeto alguno con ferocidad. Conviene
tambien ¡oh señor nuestro! que tengais mucho cuidado en no decir palabras de burlas ó de donai-
re, porque esto causará menosprecio de vuestra persona: las burlas y chanzas no son para las personas que están en la alta dignidad vuestra. Tampoco
os conviene que os inclineis á las chocarrerias de
alguno, aunque sea muy vuestro pariente ó allegado; porque aunque sois nuestro prójimo en cuanto
al ser de hombre, en cuanto al oficio sois como
dios. Aunque sois nuestro prójimo y amigo, é hijo
y hermano, no somos vuestros iguales, ni os con-
sideramos como á hombre, porque ya teneis la persona, la imágen, la conversacion y familiaridad de nuestro señor dios, el cual dentro de vos habla y os enseña, y por vuestra boca se hace oír: vuestra boca es suya, vuestra lengua es su lengua, y vuestra cara es
la suya &c.; ya os adornó con su autoridad, y os
dió colmillos y uñas, para que seais temido y reverenciado. Mira señor que no vuelvas á hacer lo
que hacias cuando no eras señor, que reias y bur-
labas; ahora te conviene tomar corazon *de viejo, y
de hombre grave y severo.* Mira mucho por tu honra, por el decoro de tu persona, y por la magestad de tu oficio: que tus palabras sean raras y
muy graves, porque ya tienes otro ser, ya tienes
magestad, y has de ser respetado, temido, honrado
y acatado: ya eres precioso de gran valor, y persona rara á quien conviene toda reverencia, acata-

miento, y respeto. Guárdate señor de menoscabar y
amenguar, ni amancillar tu dignidad y valor, y la dignidad y valía de tu alteza y escelencia. Advierte el
lugar en que te hallas, que és muy alto, *y la caí-
da de él muy peligrosa.* Piensa que vas por una loma muy alta y de camino muy angosto, y que á la
mano izquierda y derecha, hay grande profundidad y
hondura, que no os es posible salir del cámino ácia
una parte y otra sin caer en un profundo abismo.
Debes señor tambien guardarte de lo contrario, no
haciéndote sañudo y bravo como bestia fiera, á quien
todos tengan temor. Sed templado en el rigor y ejercicio de vuestra potencia, y antes debes quedar atrás
en el castigo y ejecucion del que no pasar adelante. Nunca muestres los dientes del todo, ni saques
las uñas cuanto puedas. Tampoco te muestres espantoso, temeroso, áspero ó espinoso: esconde los dientes y las uñas: junta, regala, y muéstrate blando y
apacible á los principales y mayores de tu reino, y
de tu córte. Tambien te conviene señor, regocijar y
alegrar á la gente popular segun su calidad, condicion, y diversidad de grados que hay en la república: confórmate con las condiciones de cada grado
y parcialidad de la gente popular. Tened solicitud y
cuidado de los areytos y danzas, y tambien de los
aderezos é instrumentos que para ellos son menester, porque es ejercicio donde los hombres esforzados conciben deseo de las cosas de la milicia y de
la guerra. Regocija señor y alegra á la gente baja,
con juegos y pasatiempos convenibles, con lo cual
cobrareis fama y sereis amadó, y aun despues de la
vida quedará vuestra fama, amor y lágrimas, por
vuestra ausencia, en los viejos y viejas que os conocieron. ¡Oh felicísimo señor, y serenísimo rey, persona preciosísima! considerad que vais de camino, y
que hay lugares fragosos y peligrosos por donde tran-
sitais, que habeis de ir muy contento, porque las dig-

Tóm. II.   12

nidades y señorios tienen muchos barrancos, resbaladeros y deslizaderos, donde los lazos están muy espesos unos sobre otros, que no hay camino libre ni seguro entre ellos: y los pozos disimulados, que está cerrada la boca con yerba, y en el profundo tiene estacas muy agudas plantadas, para que los que cayeren se enclaven en ellas. Por todo esto conviene que sin cesar gimais, y llameis á dios y suspireis: mirad señor que no durmais á sueño tendido, ni os deis á las mugeres, porque son enfermedad y muerte á cualquier varon. Convieneos dar vuelcos en la cama, y habeis de estar en ella pensando en las cosas de vuestro oficio, y en dormir soñando los negocios de vuestro cargo, y las cosas que nuestro señor nos dió para nuestro mantenimiento, como son el comer y el beber, para repartirlo con vuestros principales y cortesanos, porque muchos tienen envidia á los señores y reyes, por tener lo que tienen de comer y de beber lo que beben; y por eso se dice que los reyes y señores *comen pan de dolor.* No penseis señor que el estrado real y el trono, es deleitoso y placentero; no es sino de gran trabajo y de mucha penitencia ¡Oh bienaventurado señor nuestro, persona muy preciosa! no quiero dar pena ni enojo á vuestro corazon, ni quiero caer en vuestra ira é indignacion; bástanme los defectos en que he incurrido, y las veces que he tropezado y resbalado, y aun caído en esta plática que tengo dicha; bástanme las faltas y defectos que hablando he hecho, yendo como á saltos de rana delante de nuestro señor invisible é impalpable, el cual está presente, y nos está escuchando, y ha oído muy por el cabo todas las palabras que he pronunciado imperfectamente, y como tartamudeando, con mala órden y con mal aire; pero con lo dicho he cumplido: á esto son obligados los viejos y ancianos de la república, para con sus señores recien electos. Asímismo, he cumplido con lo que debo á nuestro señor, el cual está presente y lo oye, y á él se lo ofrezco y presento. ¡Oh señor nuestro y rey! ¡vivais muchos años trabajando en vuestro oficio real! Hé acabado de decir. (a)

El orador que hacia esta oracion delante del señor recien electo, era alguno de los sacerdotes muy entendido y gran retórico, ó alguno de los tres sumos sacerdotes, que como en otra parte se dijo, el uno se llamaba *Quetzalcohatl*, el otro *Tetectlamacazqui*, y el tercero *Tlaloc*; ó por ventura la hacia alguno de los nobles y muy principales del pueblo muy elocuente, ó embajador del señor de alguna provincia muy entendido en el hablar, que no tiene empacho ni embarazo ninguno en lo que ha de decir; ó tal vez era alguno de los senadores muy sábio, ó algun otro muy fino retórico, á quien le acude el lenguage copiosamente, y lo que ha de decir á su voluntad. Esto és así necesario, porque al señor recien electo le hablan de esta manera, y porque el entónces recien nombrado, toma el poder sobre todos, tiene libertad de matar á quien quisiere, porque ya és superior: por esta causa dícesele entónces todo lo que ha menester para que ejecute bien su oficio, mas con mucha reverencia, humildad, y con gran tiento llorando y suspirando.

CAPITULO XI.

De lo que dice otro orador en acabando el primero, mostrando brevemente la alegria de todo el reino por su eleccion, y mostrando el deseo que todos sus vasallos tienen de su larga vida, y prosperidad: no lleva esta oracion tanta gravedad como la pasada.

¡Oh señor serenísimo, humanísimo, rey nuestro muy generoso y muy valeroso, mas precioso que

(a) Esta oracion por larga está empalagosa; pero contiene admirables reflecciones, excédela en mucho la que *Netzahualpilli* rey de Tezcoco dijo á Moctheuzoma segundo, cuando subió al trono

todas las piedras preciosas, aunque sea el zafiro! ¿Por
ventura es cosa de sueño lo que vemos? ¿Estamos
ébrios y trascordados viendo lo que nuestro señor
dios ha hecho con nosotros, dándonoste por rey y
señor, enviando sobre nosotros un sol nuevo muy resplandeciente, una luz como la del alba, y un milagro
y maravilla grande, y una gran fiesta de gran regocijo? ¡Oh señor que vos solo habeis merecido esta empresa de serlo de este reino, donde os ha puesto nuestro dios por rey, en el lugar que dejaron vuestros antiguos abuelos que os precedieron! ¡Oh! á vos
solo os ha tenido por digno de éste imperio nuestro señor dios, porque vosotros, señores nuestros, que sois
como piedras preciosas, chalchivites y zafiros, como
cuentas y joyas de oro, sois dignos de estas honras
y dignidades. Ahora señor, engrandeceis y sublimais
los aderezos y atavios del señorío y de éste reino,
conque los señores se suelen componer y adornar.
Señor nuestro, muchos dias há que este reino os tiene deseado, como quien con gran sed y hambre desea comer y beber, y como el hijo desea ver á sus
padres, estando ausente de ellos, que llora y se aflige;
así desea la gente de éste pueblo, que la rijais y go-
berneis. ¿Por ventura merecemos que algunos dias y
años, vean vuestra cara muy deseada vuestros vasallos y siervos, y os tengan como prestado, y go-
cen de vuestra persona y de vuestro gobierno? ¿O
por ventura por los pecados del pueblo, serémos huérfanos y privados de vuestra persona antes de tiempo, si por nuestros deméritos nuestro señor dios os
llama y lleva para sí, ó vos os fuéredes para vues-

de México: lease en mi obra intitulada *Tezcoco en los últimos tiempos de sus antiguos Reyes* pág. 256. Ella reune á la elocuencia la
precision, y los mas delicados primores del árte, manejados por un
sabio político y fino cortesano. Conócese por ella, que aquel fué
el reinado de la literatura y buen gusto de los mexicanos, y en
frase de los Poetas su siglo de Oro. Los sábios franceses la han
admirado. decia el P. Mier.

tro padre y madre los dioses del infierno? ¿O por ventura yendo á la guerra, y peleando en el campo donde suelen morir los valientes y esforzados, convidareis con vuestra sangre y con vuestro cuerpo á los dioses del cielo, y os ireis para vuestro padre y madre el sol y el dios de la tierra, donde están los hombres valientes y esforzados, como águilas y tigres, los cuales regocijan y festejan al sol que se llama *Yiacauh incuauhtleoanitl,* el cual se contenta mucho, y recibe gran recreacion en gustar la sangre de éstos que como valientes la derramaron? no sabemos lo que dios tiene determinado, esperemos su sentencia. ¡Oh señor! vivais pues muchos años para hacer prósperamente vuestro oficio; poned el hombro á la carga muy pesada y trabajosa, y tended vuestras álas y pechuga, para que debajo de ellas ampareis á vuestros súbditos que los habeis de llevar como carga. ¡oh señor! entre vuestro pueblo y gente, debajo de vuestra sombra, porque sois como el árbol que se llama *puchotl, ó avevetl,* que tiene gran sombra y rueda, bajo la cual muchos están puestos á su amparo, que para esto se os há puesto en este cargo. ¡Plegue á Dios haceros tan próspero en nuestro regimiento, que todos vuestros súbditos y vasallos sean ricos y bienaventurados! Con estas pocas palabras señor he besado vuestros pies y manos; he hablado á vuestra dignidad y á vuestro cuerpo, ¡oh bienaventurado señor! vivid y reinad por muchos años, ayudando á nuestro señor dios con este oficio: tomad mucho en horabuena vuestro reino y señorio encima de vuestros hombros. Hé dicho.

El que ora diciendo esta oracion, está en pie y descalzo: quítase las cotáras para comenzar á hablar: añúdase la manta sobre el hombro, que és señal de humildad, y el señor cuando le dice esta oracion, levántase ó pónese en cuclillas vuelta la cara ácia al que ora. En el tiempo de la oracion no vuelve la cabeza á ninguna parte, y tiene los ojos puestos en el orador. En la manera de estar sentado, muestra su magestad y gravedad; y acabada la oracion, responde algunas breves palabras, ó manda á algun orador suyo de los que están á su lado, que responda, y si habla el mismo señor dice lo que se sigue.

CAPITULO XII.

De lo que responde el señor á sus oradores humillándose, y dándoles gracias por lo que han dicho.

Gran misericordia y liberalidad ha hecho nuestro señor en haber elegido al hombre indigno, y que no lo merece. ¿Por ventura quiere hacer esperiencia de mí? y viendo que no soy para este oficio lo dará á otro, porque hay muchos que le llaman, y cada dia oran en su presencia y lloran, y con tristeza suspiran? El señor tiene muchos amigos á quienes ha conocido muy bien; veamos ahora lo que querrá ahora hacer: riase algun dia de mis boberias nuestro señor dios, que cuando quisiere tomará para sí su reino y dignidad, y me lo quitará y dará al que sabe que conviene, ó á alguno de los que se lo ruegan y demandan con ahinco. Ha hecho ciertamente nuestro señor liberalidad y magnificencia conmigo. ¿Es por ventura esto un sueño? hágase pues lo que manda y quiere: hágase asímismo lo que ordenaron, y votaron los señores que me eligieron. ¿Qué han visto en mí? han obrado como quien busca muger diestra en hilar y teger, que cierto no me conozco, ni entiendo á mi mismo, ni sé hablar á derechas dos palabras. Lo que puedo decir és, que me ha sacado de donde vivia de entre el estiercol y suciedades. Acaso no es para mí este estado en que me pone el señor dios, haciendo conmigo magnificencia y liberalidad. Conozco que me habeis hecho gran merced en lo que me habeis dicho; y ciertamente he oído cosas dignas de ser notadas y muy encomendadas á la memoria, por ser muy bellas y raras, así como piedras preciosas y zafiros, cuales son los consejos de padres y madres, que muy pocas veces se suelen decir, dignas de ser muy guardadas. Así me conviene á mí tenerlas, muy guardadas y estimadas, todo el tiempo que viviere, y tendrélas hé para mi consolacion en mi pecho, y para bordon de mi oficio en mi mano. No solamente á mí, pero á todo el pueblo y reino, has hecho muy buena obra, y haz orado á nuestro señor dios para que me favorezca. No soy digno, ni atribuyo á mi merecimiento una tan buena oracion, como laque habeis dicho: tambien habeis orado en favor de los reyes y señores antepasados, que gobernaron este reino, y fielmente hicieron sus oficios á honra de dios. Vivas pues en prosperidad y contento: lleveos dios á descansar y reposar, que bastante bien lo habeis hecho.

Respuesta del orador á quien habló el señor recien electo lo arriba dicho.

¡Oh señor nuestro preciosísimo! creo que os soy penoso, y os doy fastidio con mis proligidades, y soy causa de que os duela la cabeza, y estómago con mis boberias. Ruego á nuestro dios soberano y criador, que os dé mucha paz, sosiego y contento, todo el tiempo que viviéredes en esta vida, en el felicísimo estado en que estais puesto, el cual os está mirando desde el cielo, y tambien os miran desde el infierno y acá en el mundo todos vuestros vasallos, y tienen puestos sus ojos en vos. Dios sabe que tanto tiempo habeis de regir este reino que os ha dado; esperémos en él para ver cual es su voluntad, pues que él es gobernador supremo que

90

sabe los secretos, y dá todos de sus dones. ¡Oh felicísimo señor! deseo vivais y reineis por muchos años. (a)

CAPITULO XIII.

*De los afectos y lenguage que usa el que responde por el
señor á los oradores cuando el señor no se halla para
responder: es oracion de algun principal, amigo ó pariente del señor.*

    ¡Oh hombre sábio y venerable! por cierto que
habeis dicho palabras muy preciosas, y de grande
estima, las cuales dejaron muy guardadas y atesoradas como cosa muy preciosa los señores y reyes
que nos precedieron, porque son como palabras de
madres y padres de la república, y tan apreciables
como piedras ricas que se llaman *chalchivites y zafiros,* y otras: habeislas muy bien pronunciado en presencia de nuestro señor, y rey muy amado N.; el
cual es reliquia de los señores y principales que pasaron: hace encaminado vuestra oracion, á esforzar-
le y animarle para que desempeñe el oficio que le
ha sido dado, y tambien para honrarle conforme al
estado que tiene. Este servicio y honra no la echará en olvido el señor N., si no fuere que luego al
principio de su reino, le saque nuestro señor de este mundo, y le ponga entre las tinieblas de la muerte; y si por ventura tuviere dios por bien, que este
pobrecito dure algunos años en el gobierno de su
reino, y fueren dignos de tenerle por algunos tiempos sus vasallos, como á manera de sueño, él lo
gratificará y lo tendrá en la memoria para regirse

    (a) Los señores siempre traían consigo muy espertos oradores
para responder y hablar cuanto fuera menester, y esto desde el principio de su eleccion, los cuales siempre andaban á su lado, y cuando mandaba alguno de estos que respondiese decia lo que se
sigue.

asimismo como conviene: y si por ventura porque el estado de los señores es muy peligroso, y los tronos y estrados reales tienen grandes resbaladeros y dificultades, por razon de las palabras duras de los envidiosos, y de las saetas ó dardos de palabras, que arrojan los ambiciosos, que son así como bramidos que vienen de los pueblos y reinos circunstantes, donde están muchos amenazando, y amagando con piedras y saetas, de palabras soberbias y enviosas, le hicieren olvidar unas cosas tan ricas, necesarias, preciosas y tan dignas de ser encomendadas á la memoria; él lo hará en su daño, y si las guardare y tuviere presentes, y se aprovechare de ellas, á él le vendrá el provecho. El está ya colocado en el juego de la pelota: le han puesto guantes de cuero para herirle, y que la vuelva al que se la arrojó en el mismo juego, porque el negocio del regir, es bien semejante á dicho juego y al de los dados. ¡Oh dios! quien sabe lo que teneis determinado en este negocio, si por ventura será digno de perseverar en su dignidad y reino, ó si de presto le será quitado el cargo y honra del señorio, y si nuestro señor dios se lo dió solamente á oler y gustar, y que en breve pase como sueño! por ventura mañana ú otro dia se enojará dios, pues hace variar las cosas humanas, y rige como le parece los reinos y señorios. ¡Quien sabe si le quitará el reino que le ha dado, y tambien la honra que es propia suya, y de ningun otro! ¡quien sabe si lo desechará para que viva en pobreza y en menosprecio, como en el estiercol, y si por ventura vendrá sobre él lo que merecemos todos los hombres, á saber: enfermedad, ceguera, tullimiento ó muerte, y le pondrá debajo de sus pies, enviándole al lugar donde hemos de ir todos; por esto entenderémos que no tiene determinado dios que esté en honra y en dignidad.! ¡Bienaventurados los amigos y conocidos de

dios, que pacíficamente y con sosiego, despues de
muchos dias, mueren en sus señorios y en sus reinos! ¡Bienaventurados aquellos que con paz y quietud
viven y reinan en sus dominios orando á dios!
¡ Bienaventurados aquellos que son gloria y fama
de sus antepasados, padres, madres, abuelos y tatarabuelos, en los cuales floreció el señorio y reino que aumentaron y ensalzaron! ¡ Bienaventurados
aquellos que dejaron esta fama á sus succesores, y
bienaventurado ahora éste nuestro electo! ¿Acaso éste volverá atrás de su eleccion? ¿ Por · ventura
se esconderá,? ¿O se ausentará? ¿Acaso volverá
atrás, y dejará de cumplir la palabra de nuestro
señor dios y su querer, y tambien la voluntad del
pueblo que le eligió? ¿Qué conocimiento tiene de dios?
¿Es por ventura suficientemente avisado? ¿Conócese
así mismo? ¿Es acaso prudente? ¿Es sábio? ¿Alcanza
cumplidamente lo que ha de hablar? pienso que no;
¿por ventura andando el tiempo en presencia de algunos caerá? esto ni lo sabemos, ni quizá lo verémos, porque está en la mano de nuestro señor dios.
A nosotros pues nos conviene rogar por él, y tener confianza en el señor que lo hará bien... ¡Honrado orador!
habeis usado de liberalidad, y servido á nuestro pueblo habiendo animado y esforzado á nuestro señor
con vuestra oracion y palabras; idoos señor á descansar y reposar, que muy bien lo habeis hecho.

CAPITULO XIV

*En que se pone una larga plática conque el señor ha-
bla á todo el pueblo por la primera vez, ecsortándolo
á que nadie se emborrache ni hurte, ni cometa adulterio; ecsórtalos asimismo al culto de los dioses, á las
armas, y á la agricultura.* [a]

Oíd con atencion todos los que presentes estais, á quienes os há juntado nuestro señor dios aquí, to-

(a) Es una verdadera alocucion moral que hoy llaman *Proclama*.

dos los que regís y teneis cargo de los pueblos á mí sujetos: tú que tienes algun cargo de república, que has de ser como padre y madre de ella; y tambien todos los nobles y generosos que asistis aquí aunque no tengais cargo de autoridad. Tambien estais presentes vosotros los que sois valientes y esforzados, como águilas y tigres, que entendeis en el ejercicio militar; y vosotras mugeres nobles, y señoras generosas, á quienes yo deseo la paz de nuestro señor dios todopoderoso, criador, y gobernador de todos: quieroos esforzar y saludar ahora con algunas palabras que os voy á decir. Bien sabeis todos los presentes aquí, que yo soy electo señor por la voluntad de nuestro señor dios aunque indigno, y que por ventura por no saber bien hacer mi oficio, dios me quitará y pondrá otro; pero el tiempo que dios tuviere por bien que yo tenga este su cargo, aunque defectuosa y groseramente, haré lo que soy obligado para el buen régimen de éste vuestro reino, y no sin ofender muchas veces á nuestro señor dios. ¡Oh miserable de mí! ¡oh hombre sin ventura, que muchas veces he ofendido á nuestro señor dios por mi desgracia y miseria; y tambien juntamente con esto, he ofendido á los principales é ilustres del reino, que rijieron en él, que son mis antepasados, y fueron lumbre espejo, ejemplo, y doctrina para todo el reino! Ellos trajeron siempre en su mano una grande hacha de luz muy clara para alumbrar á todos: ellos fueron prudentísimos, sapientísimos, y animosísimos. Puestos en este regimiento por nuestro señor dios, no les dió su magestad saber de niños, ni corazon ni mutabilidad de tales: hízolos poderosos y valientes, para castigar los malos de su reino, y para defender al mismo de sus enemigos; adornólos finalmente de todas las cosas necesarias para su oficio; fueron personas á quienes él tenia conocidas por buenas, y fueron muy sus amigos y conocidos. A estos

tales he succesido yo para echarlos en verguenza y
en afrenta en el modo de hacer mi oficio con muchos defectos. Estos fueron los que comenzaron á
fundar todo lo que ahora ya está edificado: fueron nuestros abuelos, visabuelos, y tatarabuelos de donde hemos venido y procedido: ellos desmontaron y talaron
las montañas y las cabañas para poblar donde habita-
mos, y que primeramente tuvieron el cargo del regir, y pusieron el trono y estrado donde estuvieron
ejercitando la voluntad de nuestro señor dios todos los dias de su vida. ¡Oh miserable de mí, hombre de poco entendimiento, de poco saber y de gente baja, que no convenia que yo fuese elegido para
este oficio tan alto! ¿por ventura pasará sobre mí
como sueño, y en breve se acabará mi vida? ¿ó
pasarán algunos dias y años, en que llevaré acuestas esta carga que nuestros abuelos dejaron cuando murieron; carga grave y de muy gran fatiga en
quien hay causa de humillacion, mas que de soberbia y altivez? ahora antes de que yo muera, si por
ventura dios determinare de matarme, os quiero esforzar y consolar. Lo que principalmente os encomiendo es, que os aparteis de la borrachera, que no
bebais *vctli* porque es como beleño que sacan al
hombre de juicio, de lo cual mucho se apartaron y
temieron los viejos y viejas, y lo tuvieron por cosa
muy aborrecible y asquerosa, por cuya causa los senadores y señores pasados, ahorcaron á muchos, y á
otros quebraron las cabezas con piedras, y á otros
muchos azotaron. Este es el vino que se llama *vctli*
que es raíz y principio de todo mal y de toda perdicion, porque él y la embriaguez son causa de toda
discordia y disencion, de todas las revueltas y desasosiegos de los pueblos y reinos; es como un torbellino
que todo lo revuelve y desbarata: es como una tem-
pestad infernal que trae consigo todos los males juntos; de esta borrachera proceden todos los adulterios,

estupros, corrupcion de vírgenes, y violençia de parientas y afines: de la embriaguez proceden los
hurtos, latrocinios, y violencias: otro sí proceden las
maldiciones y testimonios, murmuraciones y detrac-
ciones, las vocerías, riñas y grita; todas estas cosas
causa el vctli y la borrachería. Es tambien causa el
vctli ó pulcre, de la soberbia, altivez, y de tenerse
en mucho, diciendo el que lo bebe con desenfreno,
que es de alto linage, y menosprecia á todos, y á
ninguno estima ni tiene en nada, y causa enemistades y ódios: los borrachos dicen cosas desatinadas
y desconcertadas, porque están fuera de sí. El borracho con nadie tiene paz, ni de su boca salen jamás palabras pacíficas sino destempladas, y que
turban la paz de la república. Esto dijeron
los viejos, y nosotros lo vemos por esperiencia.
La borrachera deshonra á los hombres nobles y generosos, y tiene en sí todos los males: no sin causa
se llama beleño y cosa que enagena del seso, como la yerba que se llama tlapatl ó omisitl. Muy bien
dijo el que aseguró que el borracho es loco y hombre sin seso, que siempre come el tlapatl y omisitl: éste tal con nadie tiene amistad, á nadie respeta; és
testimoniero, mentiroso, sembrador de discordias,
es hombre de dos caras y de dos lenguas: es como
culebra de dos cabezas que muerde por una y otra
parte; no solamente estos males ya dichos proceden
de la borrachería, muchos mas tiene, pues el borracho nunca tiene sosiego ni paz, jamás está alegre,
ni come, ni bebe con quietud ni en paz. Muchas veces lloran estos tales y siempre están tristes: son
vocingleros y alborotadores de las casas agenas: despues que han bebido, cuanto tienen hurtan de las
casas de sus vecinos, las ollas, los jarros, platos y
escudillas; ninguna cosa dura en su casa. ni medra
en ella; todo es pobreza y mala ventura: no hay allí
plato, ni escudilla, ni jarro; tampoco tiene que vestir-

se ni con que cubrirse, ni que calzar, ni en que dormir: sus híjos y todos los de su casa andan sucios,
rotos, andrajosos, y cubren sus hijas con algun andrajo roto sus verguenzas, porque el padre borracho
de ninguna cosa tiene cuidado, ni de la comida, ni
de los vestidos, ni de los de su familia. Por esta razon los reyes y señores que reinaron y poseyeron los
estrados y tronos reales, que vinieron á decir las palabras de dios á sus vasallos, mataron á muchos que-
brándoles las cabezas con piedras, y ahogándolos con
sogas. Ahora os amonesto y mando aquí á voces,
á vosotros los nobles y generosos que os hallais presentes y sois mozos, y á vosotros tambien los viejos que sois de la parentela real, que dejeis del todo la borrachera y embriaguez, conviene á saber, el
vctli y cualquiera cosa que embeoda y que aborre-
cieron mucho vuestros antepasados. El vino no es cosa que se debe usar, no pues morireis ciertamente si no
lo bebiereis; ruegoos á todos que lo dejeis, y, tambien á vosotros los valientes y esforzados, que entendeis en las cosas de la guerra, os mando que lo
dejeis. Tú que estás aquí ó adonde quiera que te ha-
lles que lo has ya gustado, déjalo, vete á la mano,
no lo bebas mas, pues que no morirás si no lo bebieres; y aunque se te pone este precepto, no te andan
guardando para que no le bebas: si le bebieres, harás lo que tu corazon desea, harás tu voluntad en
secreto y en tu casa; pero nuestro señor dios á quien
ofendes y que vé todo lo que pasa, aunque sea dentro de las piedras y de los maderos, y dentro de
nuestro pecho, todo lo sabe y todo lo vé, aunque
yo ni te veo ni sé lo que haces; mas dios que te
vé, publicará y echará tu pecado en la plaza: ma-
nifestarse há tu maldad, suciedad y todo cuanto eje-
cutes por via de hurto que hagas, ó por via de palabras injuriosas que digas. Por ventura te ahorca-
rás ó te echarás en algun pozo, ó te precipitarás de

alguna sima, ó hundirás en algun barrisco abajo, que este será tu fin; y si vocéares, gritares, ó bravéares, ó estando ya borracho te echares en el camino á dormir, ó en la calle, ó anduvieres á gatas de ébrio, serás al fin preso de la justicia, castigado, azotado, reprendido, y afrentado en presencia de muchos, y allí serás muerto ó te quebrarán la cabeza en una losa, ó te ahogarán con una soga, ó te asaetarán; ó por ahí te tomarán cuando comas ó cuando bebas, ó por ventura llegarán sobre tí cuando estuvieres en acto carnal con alguna muger agena, ó cuando estais hurtando en alguna casa las cosas que están guardadas en las cajas y petlacallis; y por esa misma causa te quebrantarán la cabeza con losa, ó te echarán arrastrando en la plaza, en el camino, ó en la calle, y así te infamarás á tí y á tus antepasados, y dirán de ellos: „¡ah! á este bellaco dejaron su padre y su madre mal castigado, mal disciplinado y mal criado, los cuales se llamaban N y N, y bien lo parece en las constumbres, como lo que se siembra nace semejante á la semilla; ó por ventura dirán" ¡ó mal aventurado de hombre deshonrador de sus mayores, los cuales dejaron y engendraron á un bellaco como éste, que ahora los deshonra y avergüenza! O quizás dirán ¡gran bellaqueria ha hecho este! ¿y aunque seas noble y del palacio dejarian de decir de tí? ¿y aunque seas generoso é ilustre? No por cierto; quieroos poner el ejemplo de un principal de *Cuauhtitlan* que era generoso, y se llamaba *Tlachinoltzin*. Este era ilustre, tenia vasallos y tenía servicio, mas el *uctli* le derrocó de su dignidad y estado porque se dió mucho al vino y se emborrachaba mucho. Todas sus tierras vendió y gastó emborrachándose, el précio de ellas: despues que hubo acabado de beber el précio de sus heredades, comenzó á beber el précio de las piedras y maderos de su casa; todo lo vendió para beber, y como no tuvo mas que vender, su muger trabajaba en hilar y en tejer, para con el precio comprar *uctli* para beber. Este sobredicho que era *tlacatecatl* [a] y muy esforzado, valiente y muy generoso, algunas veces acontecia que despues de borracho se tendía en el camino por donde pasaba la gente, y allí estaba todo lleno de polvo, sucio y desnudo: y aunque era gran persona, no dejaron de decir, reír, y mofarse de él y castigarle. La relacion y fama de este negocio llegó hasta México á los oídos de *Mocthecuzoma*, rey emperador y señor de esta tierra y él le atajó, porque mandó y encargó al señor de *Cuauhtitlan* que se llamaba *Aztatzon*, que obrase contra él aunque era hermano menor del dicho *Tlalchinotzin*, y no obstante de ser persona muy principal y *tlacatecatl*, no disimularon con él, ahogáronle con una soga, y así el pobre *tlacatecatl*, murió ahorcado solo porque se emborrachaba muchas veces. ¿Quien podrá decir los que fueron muertos por este vicio de nobles, señores y mercaderes? ¿y cuantos murieron de los populares por este mismo caso? ¿quién lo podrá decir ni contar? Y á vosotros que sois hombres osforzados, soldados valientes, preguntoos ¿ha mandado alguno de los señores que se beba *uctli*, que vuelve locos á los hombres? nadie por cierto. ¿Es por ventura necesario para la vida humana? no por cierto; pues cualquiera que tu seas, si te emborrachares no podrás escaparte de mis manos, te prenderé, te encarcelaré, porque el pueblo, señorio y reino, tienen muchos ministros para prender, encarcelar, y matar á los delincuentes, y te pondrán por ejemplo y espanto de toda la gente, pues que serás castigado, y atormentado conforme á tu delito, ó serás ahogado y echado en los caminos, y en las calles, ó serás con piedras muerto, y toda la gente se espantará de tí,

(a) O sea oficial general.

porque cuando seas echado por las calles, y cuando esto te acontezca, no te podré yo valer de la muerte ó del castigo, pues que tú mismo por tu culpa caiste, y te arrojaste en las manos de los verdugos y matadores, y provocaste la justicia contra tí. ¿Habiéndo tu hecho esto, como te podré yo librar? no es posible, sino que pasarás por la pena acostumbrada: por demas será mirarme ni esperar que yo te tenga de escapar, porque ya estás en la boca del leon. Aunque seas mi amigo, aunque seas mi hermano menor ó mayor, yo no te podré socorrer; porque ya eres hecho mi enemigo, y yo tuyo por la voluntad de nuestro señor dios, *el cual nos dividió,* [a] *y yo tengo de ser tu contrario, y pelear contra tí,* y te sacaré aunque estés debajo de la tierra, ó debajo del agua escondido. Mira ¡oh malhechor! que el *vctli* nadie te lo manda beber, ni conviene que lo bebas: mira que las cosas carnales son muy feas, y todos conviene que huyan de ellas, conviene que nadie hurte, ni tome lo ageno. Lo que habeis de desear y buscar son los lugares para la guerra señalados que se llaman *Tevatenpan, Tlachinoltenpan,* donde andan, viven y nacen los padres y madres del sol, que se llaman *Tlacatecatl·Tlacochcalcatl,* que tienen cargo de dar de comer y beber al sol, y á la tierra, con la sangre y carne de sus enemigos. Estos son los que tienen por riqueza la rodela y las armas, y allí merecen las oregeras ricas, y los bezotes preciosos, las borlas de la cabeza, las ajorcas de las muñecas, y los cueros amarillos de las pantorrillas. (b) Allí merecen, allí ha-

(a) Esta es la mas hermosa precision que puede formarse para hacer justicia sin ascepcion de persona, y sin respeto á los vínculos de la carne, sangre y amistad. Te hiciste enemigo de la ley y mio que yo ejecuto.

(b) Todas estas eran señales de distincion, honor y premio, como entre nosotros las cruces, las bandas, las espadas, ó el cordon de la legion de honor á que aspiran nuestros militares.

Tom. H. 14

llan las cuentas de oro, y las plumas ricas: todas estas cosas las ganan, y les son dadas con mucha razon porque son valientes: allí se gana la riqueza, y
el señorio que nuestro señor dios tiene guardado, y
los dá á los que lo merecen, y se esfuerza contra
sus enemigos. Tambien allí merecen las flores y cañas de humo, y la bebida y comida delicada, y los
maxtles y mantas ricas; y tambien las casas de señores, y los maizales de hombres valientes, y la reverencia y acatamiento que les és dada por su valentia: tambien son tenidos por padres y madres,
y por amparadores y defensores de su pueblo y pátria, donde se amparan y defienden los populares y
gente baja, como á la sombra de los árboles que se
llaman *puchotl y avebetl,* y se defienden del sol. Nota bien
tú que presumes de hombre, que aquel ó aquellos
que fueron ilustres, grandes y famosos por sus obras
notables, son como tú, y no de otro metal, ni de
otra materia que tú: son tus hermanos mayores y
menores: su corazon es como el tuyo, su sangre es
como la tuya, sus huesos como los tuyos, su carne
como la tuya; el mismo dios que te puso á tí el espíritu con que vives, y te dió el cuerpo que tienes, ese mismo dió aquel espíritu y cuerpo con que
viven, ¿Pues qué piensas, é imaginas? ¿crees que es
de madera, ó piedra su corazon y su cuerpo? tambien llora como tú, y se entristece, ¿hay alguno que
no ama el placer? Pero porque es recio su corazon
y macizo, se vá á la mano, y se hace fuerza para
orar á dios, para que su corazon sea santo y virtuoso: llégase devotamente á Dios todopoderoso con lloros y suspiros: no sigue el apetito de dormir: á la
media noche se levanta á llorar y suspirar, y llama
y clama á dios todopoderoso invisible, é impalpable: llámale con lágrimas: ora con tristeza: demándale con importunacion que le dé favor; de noche
vela: en el tiempo de dormir, no duerme, y si es

muger cuerda y sábia, duerme aparte: en otro lugar
de casa hace su cama, y allí vela y está esperando
cuando será hora de levantarse á barrer la casa, á
encender fuego, y por esto la mira dios con misericordia: por esto la hace mercedes aquí en este mundo, para que tenga de comer y beber, y que no sepa de donde le viene la abundancia. Lo que siembra en sus heredades crece, y multiplícase: si quiere
tratar en el mercado, todo lo que á él lleva se le vende á su voluntad. Tambien por esta causa de su velar y orar, le hace merced Dios de buena muerte, y
al varon le hace merced de que sea fuerte, valiente
.y vencedor en la guerra, y de que sea contado entre los soldados esforzados y animosos que se llaman
quauhpetlatlocelopetlatl; y tambien hácele merced de riquezas y deleites, y de otros regalos que él suele dar
.á los que le sirven, y tambien le dá honra y fama. ¡Oh
caballeros! ó señores de pueblos y provincias! ¿qué
haceis? no conviene que por razon de beber *uctli,* y
de estar envueltos en vicios carnales, haga burla de
nosotros la gente popular: ídoos á la guerra y á los
lugares de las batallas, que se llaman *tevatempan,* en
donde nuestro padre y nuestra madre el sol, y el
dios de la tierra, señalan, anotan y ponen por escrito, y almagran á los valientes y esforzados, que se
egercitan en la milicia, ¡Oh mancebos nobles, y criados en los palacios, entre la gente noble! ¡Oh hombres valientes, y animosos como águilas y tigres! ¿qué
haceis? qué habeis de ser? Ausentaos de los pueblos; id en pós de los soldados viejos á la guerra;
desead las cosas de la milicia: seguid á los valientes hombres que murieron en la campaña que están holgándose, deleitándose, y poseyendo muchas riquezas, que chupan la suavidad de las flores del
cielo, sirven y regocijan al señor sol, (que se llama *tiacauh, quauhtleonnitl y niaumicqui*) ¿No es posible que os vayais y os movais á ir tras de aque-

llos que ya gozan de las riquezas del sol? Levantaos,
idos ácia el cielo á la casa del sol: ¿no será posible por ventura apartaros de las borracherias y carnalidades en que estais envueltos? (b) Bien aven-
turados son aquellos mancebos, de los cuales se dice y hay fama, que ya han cautivado algunos en
la guerra, ó por ventura ellos fueron cautivados por sus
enemigos, y entrados en la casa del sol. N. y N.
nuestros sobrinos y parientes, ya están reposando,
y sus padres y madres llorando y suspirando por
ellos, y están derramando lágrimas; y si eres medroso y cobarde, y no te atreves á las cosas de la
guerra, vete á labrar la tierra y á plantar maizales,
serás labrador, y como dicen, serás *varon en la tierra*, y por aquí habrá misericordia de tí nuestro señor todo poderoso, y de lo que sembrares en los camellones gozarás despues que naciere, y se criare.
Siembra y planta en tus heredades de todo género
de plantas, como son maguéyes y árboles, y gozarán
de ello tus hijos y nietos en el tiempo de hambre,
y aun tú tambien gozarás de ello; comerás y beberás de tus trabajos ¡Oid con atencion vosotros los
los nobles y generosos! principalmente enderezo mis
palabras, á tí que eres ilustre y de sangre real. Ten
cuidado del ejercicio de tañer y de cantar en co-
ros, porque es ejercicio propio para dispertar los
animos á la gente popular, que se huelga dios de oir-
lo, porque es lugar á proposito para demandar á Dios,
cada uno lo que quisiere, y para provocarle á que
hable al corazon; porque cuando es llamado con devocion, para que dé su ayuda y favor, hace mercedes. En este ejercicio y en éste lugar, se meditan,
se consideran, é inventan los negocios y ardides

(b) Estas mismas preguntas hacia yo en el fondo de mi corazon á ciertos preciados de patriotas mirándolos pasear en México
cuando los españoles ocupaban nuestras costas.

de la guerra. Aunque habeis elegido á vuestro señor emperador, no vivirá para siempre, ni será su vida como vida de árbol ó de peña que dura mucho: ¿acaso nunca se morirá, ó ha de vivir para siempre? ¿por ventura no ha de haber otro señor despues de él? sí, que eleccion habrá andando el tiempo de otro señor, y de otros senadores, cuando murieren los que ahora son, y cuando por bien tuviere nuestro señor de ponerle en su recogimiento. ¿Estás por ventura contento? ¿está por ventura satisfecho tu corazon, porque haces y negocias lo que quieres? ¿ó por ventura estás puesto en un rincon, y no se hace cuenta de tí, y vives como solitario, apartado y olvidado? ¿Por ventura faltando los que ahora rigen la comunidad, irá á alquilar á alguno á otra parte ú á otro reino, para que le rija y posea el trono real, y tenga cargo de los valientes, esforzados y cautivos que entienden en el ejercicio militar? Mira, si te llegares á Dios, y te hicieres familiar de los que rigen, y te deleitares con ellos como en bodas, harás como hace la muger que se muestra en público ataviada y galana, para que la quieran y la deseen; y si te quieres estrañar y hurtar el cuerpo á tu comunidad, aunque te hagas vendedor de hortalizas, y leñador, que andes en los montes á traer leña, de allí te sacará dios, y te pondrá en los estrados, y te dará cargos de regir el pueblo ó señorio, y te hará que lleves acuestas ó en los brazos algun oficio de la república, ó la dignidad real: ¿En quien teneis puestos los ojos? ¿á quien esperais que os venga á regir? ¿qué haceis, ó hombres generosos é ilustres y de sangre real? ¿de quien huis? ¿de quien os apartais? ¿os apartais de vuestro pueblo y comunidad? Y vosotros, ó valientes hombres y esforzados, y padres de la milicia ¿nó sabeis que el reino y señorio tiene necesidad de dos ojos, de dos manos, y de dos pies? ¿no sabeis que necesita de padre y madre para

que le laben y le limpien, y de quien le enjugue las
lágrimas cuando llorare? tambien tiene necesidad
de personas que sean ejecutores de los mandamientos de los que rigen, [a] y estos que son ministros
de la guerra y de la república, irán por tí adonde estuvieres cogiendo yerbas, ó haciendo leña, ó camellones en los. sembrados, y te llevarán al trono y
al estrado real, para que tú consueles á la gente
popular en sus aflicciones y necesidades; y pondrán
en tus manos las cosas de la justicia, que és como una agua muy limpia para labar, y donde se puri-
fican las suciedades ó delitos de la gente popular. Tú
tendrás cargo de mandar castigar á los delincuentes,
y á tí te tomará por su cara, por sus orejas, boca
y pronunciacion nuestro señor dios que está en todo lugar, y tu hablarás sus palabras. Ruegoos, ó nobles y personas de palacio, y descendientes de la
sangre real, y tambien á vosotros hombres fuertes,
como águilas y como tigres que entendeis en las cosas de la milicia, que mireis por todas partes donde teneis algun defecto ó alguna mancha acerca de
vuestras costumbres. Mirad que tal está vuestro corazon, si es piedra preciosa ó zafiro, si está cual
conviene para el regimiento de la república, y si por
ventura estais sucios ó manchados, y vuestras cos—

(a) Para este negocio de ejecutar la justicia, habia dos personas principales, uno que era noble y del palacio, y otro capitan
y valiente que era del egercicio de la guerra. Tambien sobre los
soldados y capitanes, habia dos principales que regian, el uno que
era *Tlacateccatl* y el otro *Tlacochtecutli*: el uno de los dichos era
pilli, y el otro principal en las cosas de la guerra, y siempre pareaban un noble con un soldado para estos oficios. Tambien para capitanes y generales de las cosas de la guerra pareaban dos
uno noble ó generoso, y del palacio, y otro baliente, y muy egercitado en la guerra: el uno de estos se llamaba *Tlacaccatl* y el
otro *Tlacochcalcatl*: estos entendian en todas las cosas de la guerra, y en ordenar todas las cosas que concernirian á las cosas de
la milicia. Del autor.

tumbres son malas, porque os emborrachais y andais
como locos, y bebeis y comeis lo que no os conviene; no sois para regir, ni convenientes para los
estrados, ni para el señorío; y si por ventura sois
carnales y sucios, y dados á cosas de lujuria, no sois
para el palacio ni para vivir entre los señores: si por ventura sois inclinados á hurtar y tomar lo ageno, y hur-
tais y robais, no sois para ningun oficio bueno. Exá-
minaos, y miraos si sois tales, que merezcais llevar acuestas el pueblo y su regimiento y gobierno, y
para ser madre y padre de todo el reino. Por cierto si sois viciosos como arriba se dijo ¿sois por ventura para tal oficio? por cierto que nó, sino que
sois dignos de castigo y reprehension: mereceis ser
confundidos y afrentados, y andar azotados como persona vil; y tambien mereceis enfermedades, como ceguera ó tullimiento, y mereceis andar rotos y sucios, como un hombre miserable, por todos los dias
de vuestra vida, y que nunca tengais placer y descanso, ni contento alguno; dignos por cierto sois de
toda afliccion y de todo tormento. ¡Oh amigos y señores mios! estas pocas palabras os he dicho para
vuestra consolacion, y para animaros al bien, y esforzar vuestras voluntades; tambien con esto cumplo
con lo que debo á mí oficio, y cuando se ofrecie-
re en alguna vez que encontrareis con vuestros pecados, acordaos y decid, ya oímos lo que nos dijo, y
lo menospreciamos. Deseo que con paz y sosiego
os gobierne nuestro señor dios: ¡oh muy amados mios!
otra y otra vez os ruego, que noteis lo que habeis
oído. Deseo que poco á poco lo deseis y ejerciteis,
no haya nadie que se descuide: si por ser descuidados ó por menosprecio, dejareis y desentendiereis
estas cosas, ¿á quien podrais echar la culpa sino solo á
vosotros? Y los que pusiereis por obra estas cosas,
y las guardareis en vuestros corazones, y las apreta-
reis en vuestras manos, hareis bien con vosotros mismos y

misericordia. Con esto vivireis consolados sobre la
tierra, y aumentareis vuestra fama para con los viejos y ancianas personas: á los demas dareis buen
ejemplo para seguir la virtud. No tengo mas que decir sino que ruego á nuestro señor Dios que os dé
mucha paz, y sosiego.

CAPITULO XV.

*Despues de la plática del señor, se levanta otro principal
y hace otra al pueblo en presencia del mismo rei, en-
careciendo las palabras que este dijo, engrandeciendo su
persona y autoridad, y reprehendiendo con agrura los vicios que él tocó en su plática.*

¡Oíd con atencion los que presentes estais, hombres y mugeres! vuestro señor y rei os ha hablado
personalmente: él os ha pláticado cosas muy preciosas, morales y necesarias; ha sembrado en vuestra presencia *chalchivites y zafiros*, piedras muy raras y dignas de ser estimadas, que los señores y
grandes personas tienen atesoradas en su pecho, los
señores que sustentan la tierra con su doctrina y
leyes: ha abierto en vuestra presencia sus *petlacallis*, y cajas donde tiene depositadas sus riquezas,
y donde está acopiado el tesoro de los grandes y
sábios, para amonestar y doctrinar á sus vasallos;
y pues habeis oído y visto lo que ha dicho y hecho, no es razon que ninguno de cuantos aquí estais dejeis de considerar la obligacion en que os
ha puesto vuestro señor habiendoos hablado la misma persona del rei; y así sois obligados á guardar
lo que habeis oído, no obstante de que están presentes muchos senadores sábios y retóricos, que pudieran hablar en su nombre, porque ellos tienen este oficio y cargo de hablar al pueblo, y manifestar-
les las leyes que dicta el señor rei. Al presente os

ha dirijido la palabra por el sentimiento que tiene su corazon é interes que toma por vuestras costumbres y manera de vivir: tened por cierto ¡ó pueblo! y no dudeis, que él es vuestra verdadera madre, y sí, los que os dieron el ser, no os aman mas
que el señor que os ha hablado. El te dá doctrina y
luz para que vivas, y modo conque valgas; los que
te engendraron tal vez no te hicieron tamaño beneficio. ¡Oh pueblo! has venido aquí á conocer á tu verdadero padre y madre, á quien has de obedecer, amar,
y tener por tu verdadera riqueza y bienaventuranza;
tú que tienes padre y madre, que eres generoso é ilustre, ó de generacion de gente valerosa que se ejercita en la milicia, ó eres hijo de algun hombre rico, que has nacido y te has criado en regalo: ¿no
recibes las palabras y doctrina que te dá tu padre
y madre? pues hélo aquí en el mismo rey y señor, cuyas palabras debes de recibir y guardar en tu corazon, y tener su doctrina por espejo. A él debes obedecer, y si á él no prestas obediencia ¿á quien obe-
decerás? ¿quien vendrá en su lugar? ¿á quien espe-
ras para obedecerle? Si por ventura no recibieres esta doctrina, haz como te pareciere que sobre tí vendrá tu merecido; pues que estás en la ira de dios,
no es posible sino que sobre tí venga en breve, ó
que esté ya en el camino algun gran mal: quizá
viene sobre tí algun espantoso hado, ó algun trabajoso ó riguroso castigo de nuestro señor dios. Por
ventura haz merecido que antes de tiempo seas ciego ó tullido, ó que te pudras con alguna enfermedad, ó acaso andarás pobre y miserable, sucio y roto, y te verás y te desearás. Pues dime ahora ¿qué
es lo que quiere tu corazon? ¿quieres que te venga
á hablar nuestro señor dios en figura de hombre, y
con palabras de tal? ¿Entónces recibirás y tomarás
su consejo? ¿Entónces se satisfará tu corazon? ¡Oh
grandísimo bellaco! dí, ¿qué quieres? ¿qué piensas do

tí? ¿quien eres tú? aquí manifestamos lo que debes ser, y sacamos en público como de cofre y de caja: aquí derramamos y esparcimos delante de tí cuentas de oro, plumas ricas, piedras preciosas muy finas y muy raras, que no se suelen dar, ni se suelen decir, y que están atesoradas en los depósitos de los grandes señores, que solo ellos las poseen. ¡Oh hombre malvado! ¿por ventura por tí solo fué elegido y enviado tu señor y rey N., gran señor, muy regalado, muy querido y gran príncipe? y por tí solo derramamos y esparcimos los tesoros que tenia en su corazon? ¿Piensas perverso que son pocos los negocios en que entiende? ¿Sabes de qué naturaleza es el regimiento de cuanto poseés? ¿Sabes los trabajos que hay en el gobierno de la república? por cierto que no, ni lo consideras: sabe que todos los dias y noches de este mundo, no cesa de llorar por tí, y por otros bellacos como tu. Este señor y rey que aquí ves, todos los dias y noches anda de rodillas y de codos, orando y gimiendo por tí delante de dios, para saber como se habrá en regirte y llevarte acuestas los dias que viviere, y para saber en los años que le restan de la vida como te conducirá y guiará por camino derecho, y para saber que és lo que dios ha de hacer de tí, y que es lo que está determinado de tu persona, en los cielos y en el infierno; ó si por ventura estás desamparado y desechado. ¿Acaso tú tienes cuidado de las cosas adversas y espantables que han de venir, que no las vieron, pero temieron los antiguos y antepasados? (a) ¿Tienes cuenta y cuidado con los eclipses del sol, ó con los temblores de la tierra, ó con las tempestades de la mar, ó con los rompimientos de los montes? ¿La tienes de la angustia que se siente cuando vienen diversas tribulaciones y desasosiegos de todas partes, y cuando mirando á todas ellas no hay

(a) Esto dice relacion á las predicciones sobre la venida futura de los españoles en que meditaban los reyes de México.

fávor ninguno? ¿Proveerás por ventura tu, y es á tu cargo el pensar cuando se levantará guerra, cuando vendrán los enemigos á conquistar el reino, señorio ó pueblo en que vives? ¿Es á tu cargo el pensar con temor y con temblor, si por ventura se destruirá y asolará el pueblo, y habrá gran tribulacion y afliccion? ¿Cuando se verá la perdicion y destruimiento, que acontecerá á los pueblos, reinos y señorios, y cuando súbitamente quedará todo á obscuras y todo destruido, ó cuando vendrá tiempo *en que nos hagan á todos esclavos*, y andáremos sirviendo en los mas bajos servicios, como son arrastrar piedras y maderos, y servir á los enfermos? ¿Por ventura vendrá hambre donde haya tan gran mortandad de la gente popular, que se asolará y yermará el pueblo? Tambien hay cuidados y trabajos acerca de las cosas de guerra, en pensar que modo se tendrá para resistir á los enemigos para conservar el reino ó el pueblo, porque jamás cesan las peleas y *las* guerras donde se derrama mucha sangre y muere mucha gente. En estas cosas ya dichas entienden, piensan, se afligen y fatigan de noche y de dia los que rigen y gobiernan; y tu que estás aquí presente no tienes cuidado mas que de tí solo, pues te llevan acuestas y en brazos los que rigen. Grandes son ciertamente los trabajos de los señores, reyes y gobernadores; y mira que ahora que tu señor te habla y te ecsorta á la obediencia y al bien vivir, no le menosprecies ni le desdeñes dentro de tí; por el contrario, debes tenerle en mucho, pues que tiene por bien de hablarte y verte en persona; y nuestro señor dios le inspira lo que te dice, y esto has de tenerlo en mucho, y tenerte por indigno de oír sus palabras, las que debes guardar dentro de tí como oro en paño; tenlo como por mochila para todo el tiempo que vivieres en este mundo, y mira que no lo pierdas: ponlo dentro de tu corazon porque te será

vida y consuelo todo el tiempo que vivieres: has recibido gran beneficio, y acaso nunca otro tal recibieron ni tu madre, ni tu padre, ni en ningun otro
tiempo te será hecho otro igual. En conclusion, deseoos
á todos los que aquí estais, prosperidad y buena andanza, y por esta causa he dicho estas pocas palabras para vuestro provecho, y en servicio de nuestro señor y rey. Hijo, Dios te dé mucho reposo.

CAPITULO XVI.

*De la respuesta que hacia un viejo principal y sábio en
el árte de bien hablar respondiendo de parte del pueblo,
y agradeciendo la doctrina que contenia el razonamiento
del señor, y protestando la guarda de lo que les habia
dicho.*

¡Oh serenísimo y humanísimo señor nuestro!
ya os ha oído aquí vuestro pueblo y vuestros súbditos:
ya han notado las palabras muy preciosas y dignas
de encomendar á la memoria, que por vuestra boca
han salido, y nuestro señor dios os ha dado. Habeislas tenido atesoradas en vuestro pecho para esta
hora: ya han rogado por vos á nuestro señor, todos los principales, nobles y generosos caballeros
que estan aquí presentes, y son tan estimables como piedras preciosas, y los hijos y descendientes de
señores, reyes, senadores, hijos y criados de nuestro señor, é hijo *Quetzalcoatl,* los cuales en los tiempos pasados rigieron y gobernaron el imperio y señorios,
y para ello nacieron señalados, y elegidos de nuestro señor é hijo *Quetzalcoatl.* Todos han escuchado
las inapreciables palabras que por vuestra boca han
salido. Pienso y tengo para mí por cierto, que ellos
las notarán y pondrán por obra, seguirán por ellas
toda su vida, las tendrán escritas en su corazon, y
quedarán depositadas en lo mas íntimo de su al-

má, puesto que ya personalmente han visto y oído lo que se dijo, y quien les habló; hagan pues lo que les pareciere de ellas. Yo tengo por averiguado que se aprovecharán de tal doctrina, y que con ella, á beneficio de su entendimiento y voluntad, y haciendo lo que les habeis dicho, podrán parecer donde quiera, y aun ganar honra, fama y hacienda; y si por ventura tuvieren en poco y menospreciaren tan preciosa doctrina, allá se lo hayan, esta será señal de que están desechados, y de que Dios los tiene abandonados. Ya para con ellos está hecho el deber vuestro, porque vos señor habeis cumplido con lo que demanda vuestra dignidad y oficio real. Los que no sientan esto, irán como ciegos á dar cabezadas por los rincones y paredes, é irán al fin á caer en las barrancas; entónces cuando vieren sus caídas, yerros y desvarios, comenzarán á acordarse de vuestras preciosísimas palabras, y dirán para sí: *¡Oh desventurados de nosotros! ¡pluguiera á dios que nunca hubiéramos oído lo que oímos, ni que se nos hubiera dicho lo que se nos dijo! ¡Oh infelices! que por nuestra culpa hemos perdido lo que se nos dijo: ahora tenemos nuestro merecido: imposible nos es remediar este mal en que hemos caido!* ¡Oh señor, que gran merced han recibido y habeis hecho á vuestros vasallos y pueblo, así á los altos como á los medianos y á los mas bajos! ¡Señor! siquiera las miajas ó las sobras de lo que se ha dicho han cogido y gozado, y es lo que se les ha caído de la mesa á los que son ricos, y tienen abastanza de bienes, y son nuestros señores. Donde quiera que estuviere algun amigo y conocido de Dios, sin falta se aprovechará, y tomará para sí estos beneficios y mercedes, y será agradecido á nuestro Dios, y tomará esta doctrina para hacerse hijo suyo, conformándose con la voluntad del mismo Dios: por esto ganará alguna dignidad, ó en las cosas de la guerra, ó en las de los estrados y regimiento de la re-

112

pública; porque antiguo adagio *és, que los que andan á coger yerbas y leña para el fuego en las montañas, los escoge nuestro señor; y aunque estén en el estiercol, de allá los saca el todopoderoso dios, y los hace dignos para el reino, regimiento y gobernacion, y para que posean los estrados y sillas del reino, y para que rijan y guien al pueblo,* [a] y sean gobernadores y reyes, sean reverenciados y estimados, y sean padre y madre de toda la gente, y que ellos consuelen, limpien, y enjuguen las lágrimas á todos sus vasallos cuando están afligidos; y éste tal tomado y elegido de leñador y hortelano, juzgue y determine las causas, y sentencie los crímenes de muerte, y haga matar á los culpados del delito; porque éste tomó y guardó dentro de sí las palabras de nuestro señor, y las puso por obra, y las estimó y tuvo en provecho cuando las pronunció el señor, y rey que es imágen del mismo dios, y el mismo se las hizo hablar. Tambien están presentes los senadores y jueces que se hallan colocados á la diestra y siniestra de V. M. ¡Oh hombre y señor nuestro precioso! habeis, dicho y todos los que están presentes hemos oído, las leyes y consejos preciosos, maravillosos y raros, que les teniades guardados; grandes mercedes y beneficios habeis hecho á este pueblo, habiéndoles hablado como madre y padre á sus hijos: habeis llenado un deber para con vuestro pueblo: le habeis declarado y manifestado los secretos de vuestro corazon, y ellos todo lo han oído y recibido. Ruego á nuestro señor que todos los sientan y entiendan, y los pongan por obra donde quiera que fueren y estuvieren. ¡Plega á dios que con

(a) David ponderando la misericordia de Dios en escoger á sus selectos habia dicho.... *Ut colocet eum cum Principibus, cum Principibus Populi sui... De stércore erigens pauperem.* Tamaña bondad de Dios, ha sido notada y celebrada por los gentiles mexicanos.

lágrimas se acuerden de éste favor, y con él se consuelen cuando hicieren alguna cosa que no conviene! ¡Oh señor y rey nuestro! ¡Oh señores senadores y jueces! Tal vez ya os doy pena con la proligidad de mis palabras: seais muy bienaventurados: déos nuestro señor dios mucha paz y sosiego, y vivais por muchos años, rigiendo, gobernando, y ayudando á nuestro señor dios con vuestros oficios, el cual es invisible é impalpable.

CAPITULO XVII.

Del razonamiento lleno de muy buena doctrina en lo moral, que el señor hacia á sus hijos cuando ya habian llegado á los años de la discrecion, ecsortándolos á huir los vicios y á que se diesen á los egercicios de nobleza y bondad.

Hijos mios, escuchad lo que os quiero decir, porque yo soy vuestro padre, tengo cuidado y rijo esta provincia, ciudad ó pueblo, por la voluntad de los dioses, y aun lo que hago es con muchas faltas y defectos delante de dios, y de los hombres que morirán. Tú que estás presente, que eres el primogénito y mayor de tus hermanos, y tú que tambien estás presente, que eres el segundo, y tú que eres el tercero, y tú que estás allá á la postre, que eres el menor, sabed: que estoy triste y aflijido, porque pienso que alguno de vosotros ha de salir inutil y para poco, y alguno ha de salir de tan poca habilidad, que no sepa hablar, y que ninguno de vosotros ha de ser hombre, ni ha de servir á dios: ¡ah! no sé si alguno de vosotros ha de ser hábil, y ha de merecer la dignidad y 'señorio que yo tengo, (a) ó si por ventura ninguno de vo-

(a) El que fuere padre y supiere amar á sus hijos, entenderá que á todo padre de familia le ocurren estas reflecciones atormentadoras... ¿Qué será de vosotros? ¿Quien saldrá inútil y desaprove-

sotros lo será, ó si en mí se ha de acabar este oficio y dignidad que yo poseo. Acaso nuestro señor
ha determinado que esta casa en que vivo, la cual
edifiqué con muchos trabajos, se caíga por tierra,
y sea como muladar y lugar de estiercol, y que la
memoria se pierda, y no haya quien se acuerde de mi
nombre, ni haya quien haga mencion de mí; sino
que en muriendo me olviden todos. Oídme pues ahora que os quiero decir, como os sepais valer en este mundo, como os habeis de llegar á Dios para que
os haga mercedes: para esto os digo que los que lloran, se afligen, suspiran, oran y contemplan, y los
que de su voluntad con todo corazon velan de noche, y madrugan de mañana á barrer las calles y
caminos, á limpiar las casas y componer los petates é *ycpales*, y aderezar los lugares donde dios es
servido con sacrificios y ofrendas, y aquellos que
tienen cuidado luego muy temprano de ofrecer incienso á dios; los que hacen esto se entran á la presencia de dios, y se hacen sus amigos, y reciben de
él mercedes: el les abre sus entrañas para darles
riquezas, dignidades y prosperidad; como es que sean
varones esforzados para la guerra. En estos egercicios, y en estas obras conoce dios quienes son sus
amigos, y quien oró con devocion, y les pone en las
manos oficios y condecoraciones de la milicia, para derramar sangre en la guerra, ú honrar la judicatura donde se dan las sentencias, y los hace madres y padres del sol, para que ellos le den de comer y beber, no solamente al sol, que está encima
de nosotros; sino tambien á los dioses del infierno,
que estan debajo, y estos tales son reverenciados de
los soldados, y gente de la guerra: á ellos todos los
tienen por madres y padres, y esto porque tuvo

chado? ¿Quien será criminal? ¿En quien de mis hijos tendrá su
Pátria un enemigo que la oprima y afrente? Estas son reflecciones del corazon que sabe amar, y preveer.

por bien nuestro señor dios de hacerlos esta merced y no por sus merecimientos, (a) ó bien los dá habilidad para merecer la silla y estrado del señorio, y regimiento del pueblo, ó provincia, y pone en sus manos el cargo de regir y gobernar la gente con justicia y rectitud, y los coloca al lado del dios del fuego, que es el padre de todos los dioses, que reside en el albergue de la agua, y entre las flores, que son las paredes almenadas, envuelto entre unas nubes de agua. Este es el contiguo dios que se llama *Ayamictlan*, y *Xiuhtecutli*, ó por ventura los hace señores que se llaman *Tlacatecutli* y *Tlacochtecutli*, ó los pone en otra dignidad alguna mas baja. Segun que está la órden de la república en diversos grados, les da alguna dignidad para que sean honrados y acatados; ó les dá á merecer alguna cosa preciosa entre los senadores y señores, como es el oficio y dignidad que ahora yo tengo, y uso como soñado y sin merecimiento mio; no mirando nuestro señor cuan poco yo merezco. No tengo esta dignidad de mio, ni por mis merecimientos, y por mi querer: nunca yo dije, *quiero ser esto, quiero tener esta dignidad,* sino que lo quiso así nuestro señor, y esta es misericordia que se ha hecho conmigo, pues todo es suyo y todo lo dá, y todo viene de su mano, porque ninguno conviene que diga, *quiero ser esto ó quiero tener esta dignidad,* porque ninguno escoge la que quiere; solo dios dá lo que gusta, á quien le place, y no tiene necesidad de consejo de nadie sino solo su querer. Oíd otra tristeza y angustia que me aflige á la media noche cuando me levanto á orar y hacer penitencia. Mi corazon piensa diversas cosas, y anda subiendo y bajando como quien sube á los montes, y desciende á los va-

(a) *Non ex operibus justitiæ quæ fecimus nos, sed secundum misericordiam suam salvos nos fecit.* Todo es gratuito en Dios, nada de justicia y merecimiento.

lles, porque ninguno de vosotros me dais contento, ni ninguno de vosotros me satisface. Tu N. que eres el mayor, no muestras en tus costumbres ninguna mayoría ni mejoría: no veo en tí sino niñerías y puerilidades: no aparece en tí disposicion ninguna de hijo mayor ó de primogénito; y tu N. que eres el segundo, y tu N. que eres el tercero, tampoco veo en vosotros ninguna ·cosa de cordura, ni teneis cuidado de ser hombres, sino que parece que por ser menores, y porque dios os hizo el segundo y tercero, no cuidais de vosotros. ¿Qué será de vosotros en este mundo? mirad que descendeis de parientes generosos y de señores: y no de hortelanos ó leñadores. ¿Qué será, repito, de vosotros? ¿Quereis ser mercaderes que traen en la mano un báculo, y acuestas su carga? ¿Quereis ser labradores ó cabadores? ¿Quereis ser hortelanos ó leñadores? quieroos decir lo que habeis de hacer, oídlo y notadlo. Tened cuidano del areito, del atabal, y de las sonajas; cuidad de cantar, con esto despertareis á la gente popular, y dareis placer á nuestro señor dios, que está en todo lugar: con esto, le solicitareis para que os haga mercedes: con esto metereis vuestra mano en el seno de sus riquezas, porque el que se ejercita en tañer y cantar, solicita á nuestro señor dios para que le haga mercedes. Procurad de saber algun oficio honroso, como és el hacer obras de pluma y otros oficios mecánicos; tambien porque estas cosas sirven para ganar de comer en tiempo de necesidad. Mirad que mayormente tengais cuidado de lo tocante á la agricultura, porque la tierra cria todas las cosas, y no demanda que la den de comer ó beber, pues ella tiene el cuidado de criarlas: todos estos ejercicios procuraron saber y hacer vuestros antepasados; porque aunque eran hidalgos y nobles, siempre tuvieron cuidado de que sus heredades fuesen labradas y cultivadas, y nos dejaron dicho que de esta manera lo hicieron sus antepasados; porque si solamente tuviereis cuidado de vuestra hidalguia y nobleza, y no quisiereis entender en las cosas ya dichas, en especial en las de la agricultura, ¿con qué mantendreis á los de vuestra casa? ¿y con qué te mantendras á tí mismo? *En ninguna parte he visto que alguno se mantenga, por su hidalguia ó nobleza:* solamente conviene que tengais cuidado de las cosas necesarias al cuerpo, como son los mantenimientos, porque esto es el fundamento de nuestro vivir, y mas no sin mucha razon se llama *tonacaiutltomio,* que quiere decir *nuestra carne,* y nuestros huesos, porque con él vivimos, nos esforzamos, andamos, y trabajamos. Esto nos da alegria y regocijo, porque los mantenimientos de nuestro cuerpo hacen á los señores, y á los que tienen cuidado de la milicia; no hay hombre en el mundo que no tenga necesidad de comer, y beber, porque tiene estómago y tripas; ni hay ningun señor y senador que no coma y beba; ni hay soldados y peleadores, que no tengan necesidad de llevar su *mochila.* Los mantenimientos del cuerpo, tienen en peso á cuantos viven, y dan vida á todo el mundo, y con esto está poblado todo. Los mantenimientos corporales son la esperanza de todos los que viven para ecsistir. Mirad pues hijos que tengais cuidado de sembrar los maizales, de plantar maguéyes y tunas frutales, porque segun lo que digeron los viejos, la fruta es regocijo de los niños, que alegra, refrigera y mata la sed á los niños. ¿Y tú muchacho no deseas fruta? ¿pues de donde la has de haber si no la plantas, y crias en tus heredades?. Notad ahora pues hijos el fin de mi plática, y escribidlo en vuestra memoria y corazon: muchas cosas mas habia que decir; pero sería nunca acabar, solas dos palabras quiero añadir que son muy dignas de notar, y que los viejos nos las dejaron dichas y encomendadas. La una es que tengais gran cuidado de hacer os amigos de dios que está en todas partes, y es invisible é impalpable, y os conviene darle todo el corazon y el cuerpo: mirad que no os desvieis de este camino: mirad que no presumais: mirad que no seais altivos en vuestro corazon, ni tampoco os desespereis, ni os acobardeis en vuestro ánimo; sino que seais humildes de vuestro corazon y tengais esperanza en Dios, porque si os faltare esto, enojarse ha contra vosotros porque ve todas las cosas secretas, y os castigará como á él le pareciere y quisiere. Lo segundo que habeis de notar es, que tengais paz con todos, con ninguno os desvergonzeis, y á ninguno desacateis: respetad á todos, tened acatamiento á todos, no os atrevais á nadie, por ninguna cosa afrenteis á persona, ni deis á entender á nadie todo lo que sabeis: humillaos á todos aunque digan de vosotros lo que quisieren; callad, y aunque os abatan cuanto gustaren no respondais palabra: mirad que no seais como culebra, descomedidos con nadie, ni á nadie arremetais, ni os atrevais: sed sufridos y reportados, que Dios bien os vé y responderá por vosotros, y *él os vengará* (a) sed humildes con todos, y con esto os hará Dios merced y tambien honra. Lo tercero que debeis de notar és, que no perdais el tiempo que Dios os da en este mundo: no perdais dia ni noche, porque nos es muy necesario, tanto como el mantenimiento para el cuerpo. En todo tiempo suspirad y orad á Dios, demandándole lo que habeis menester: ocupaos en cosas provechosas todos los dias, y todas las noches: no os defraudeis del tiempo ni lo perdais, básteos lo dicho y con esto hago mi deber. ¿Por ventura se os olvidará, y se os perderá, ó lo gastareis de valde? haced como os pareciere: yo he hecho lo que debia ¿cual de vosotros lo tomará para sí? ¿por ventura tú que eres el

(a). *Mihi vindicta, et ego retribuam.*

mayor, y el primogenito, ¿ó tú que eres el segundo
ó tercero, ó por ventura tú que eres el menor de
todos serás avisado, remirado y entendido, ó como
dicen serás adivino, y entenderás los pensamientos
de los otros, y serás como quien vé de lejos las cosas, y las entiende, guarda y escribe en su corazon sin decirlas á nadie? Cualquiera de vosotros que
esto hiciere, hará gran bien para sí, y vivirá sobre
la tierra largo tiempo.

CAPITULO XVIII.

Del razonamiento que los señores hacian á sus hijas cuan-
do ya habian llegado á los años de discrecion, ecsortan-
dolas á muchas cosas: háblanlas muy tiernas palabras y
en cosas muy particulares.

Tú hija mia preciosa como cuenta de oro y
pluma rica, salida de mis entrañas, á quien yo en-
gendré, y que eres mi sangre y mi imágen: tú que
estás aquí presente, oye con atencion lo que te quiero decir, porque ya tienes edad de discrecion. Dios
criador te ha dado uso de razon y habilidad para
entender, el cual Señor está en todo lugar, y es
criador de todos; y pues que es así que ya entiendes y tienes uso de razon, para comprender como
son las cosas del mundo, y que en él no hay verdadero placer, ni verdadero descanso; mas por el contrario, hay trabajos, aflicciones, cansancios estrema-
dos, abundancia de miserias y pobrezas. ¡Oh hija
mia! que éste mundo es de lloros, aflicciones, y
descontentos, donde hay frios, destemplanza de aire
y grandes calores del sol que nos aflige, y es lugar de hambre y de sed. Esto es muy gran verdad
y por esperiencia lo sabemos: nota bien lo que te
digo hija mia, que este mundo es malo y penoso,
donde no hay placeres sino desazones: hay un re-

120

fran que dice que no hay placer *solo sin que no esté jun-*
to con mucha tristeza: que no hay descanso, que no es-
té junto con mucha afliccion acá en la tierra: este es
dicho de los antiguos que nos dejaron, para que nadie se aflija con demasiados lloros, y con excesiva
tristeza. Nuestro señor nos dió la risa, el sueño, el
comer, y el beber conque nos criamos y vivimos: dio-
nos tambien el oficio de la generacion conque nos
multiplicamos en el mundo: todas estas cosas dan
algun contento á nuestra vida por poco espacio, para que despues nos aflijamos con continuos lloros y
tristezas. Aunque esto es así, y este es el estilo del
mundo donde están algunos placeres mezclados con
muchas fatigas, no se echa de ver, ni aun se teme, ni aun se llora, porque vivimos en él, y hay
reinos, señorios, dignidades y oficios de honra, unos
cerca de los señorios y reinos, otros cerca de las
cosas de la milicia. Esto que está dicho es muy
gran verdad que pasa entre nosotros; mas nadie lo
considera, nadie piensa en la muerte, solamente se
considera lo presente, que es ganar de comer, beber, y buscar la vida, edificar casas, trabajar para
vivir, y buscar mugeres para casarse, y las mugeres
cásanse pasando del estado de la mocedad al de
la vejéz; esto hija mia es así como lo he dicho. Pues
nota ahora y oye con sosiego, que aquí está tu madre y señora, de cuyo vientre saliste como una piedra que se corta de otra, y te engendró como una
yerba que engendra á otra; así tu brotaste y naciste de tu madre. Has estado hasta aquí como dor-
mida, ahora ya has despertado; mira y oye y sábete, que el negocio de este mundo, es como tengo
dicho. Ruego á Dios que vivas muchos dias; pero
es menester que sepas como has de vivir, y como
has de andar tu camino, porque el de este mundo
es muy dificultoso; y mira hija querida, palomita mia,
que el camino de este mundo no es poco dificulto-

so, sino que es espantablemente dificultoso. Ten entendido hija primogénita, que vienes de gente noble, hidalga y generosa: eres de sangre de señores y senadores, que há ya muchos años que murieron, y reinaron, y pusieron el trono y estrado del reino, y dejaron fama y honra á las dignidades que tuvieron y engrandecieron su nobleza: hija mia, quiérote declarar lo que digo. Sábete que eres noble y generosa, considérate y conócete como tal: aunque eres doncellita, eres preciosa como *un chalchivite* y como un *zafiro*, y fuiste labrada y esculpida de noble sangre, de generosos parientes. Vienes de deudos muy principales é ilustres, y esto que te digo hija mia bien lo entiendes, porque ya no andas amontonando la tierra y jugando con las tejuelas y con el barro con otras niñas: ya entiendes, y disciernes, y usas de razon. Mira que no te deshonres á tí misma: mira que no afrentes á nuestros antepasados los señores y gobernadores: mira no hagas alguna vileza: mira repito que eres noble y generosa. Ves aquí la regla que has de guardar para vivir bien en este mundo, entre la gente que en él vive: mira que eres muger. Nota lo que has de hacer: de noche y de dia debes orar muchas veces, y suspirar al dios invisible é impalpable, que se llama *Yoallichecatl* demándale con clamores, y tendidos los brazos en el secreto de tu recogimiento: mira que no seas dormilona; despierta y levántate á la media noche, y póstrate de rodillas y de codos delante de él; inclínate y cruza los brazos; llama con clamores de tu corazon á nuestro señor dios invisible é impalpable, porque denoche se regocija con los que le llaman: entónces te oirá, y entónces hará misericordia contigo, entónces te dará lo que te convenga, y aquello de que fueres digna; y si por ventura antes del principio del mundo te fué dada alguna siniestra ventura algun hado contrario en que naciste, orando y ha-

ciendo penitencia como está dicho, se mejorará, y
nuestro señor dios la abonará, Mira hija [repito] que
de noche te levantes y veles, y te pongas en cruz:
echa de tí de presto la ropa, lávate la cara, manos y boca: toma de presto la escoba para barrer,
barre con diligencia, no te estés perezosa en la cama; levántate á lavar las bocas á los dioses, y á
ofrecerles incienso, y mira no dejes esto por pereza, que con estas cosas demandamos á dios y cla-
mamos á él, para que nos dé lo que cumple. Hecho esto comienza luego á hacer lo que es de tu
oficio, á hacer cacao, ó moler el maíz, ó á hilar ó
á teger: mira que aprendas muy bien como se hace la comida y bebida para que sea bien hecha;
quiero decir aquella comida y bebida para los señores, y que á solos ellos se dá, y por esto se llama
tetonaltlatocatlacualli. Obrando de este modo serás en-
riquecida donde quiera que dios te diere la suerte
de tu casamiento; y si por ventura vinieres á necesidad de pobreza, mira que aprendas muy bien y
con gran advertencia el oficio de las mugeres que
es hilar y teger. Abre bien los ojos para ver como
tienen una manera de tejer, y de labrar y de hacer las pinturas en las telas, como ponen las colores, y como juntan las unas con las otras para que
digan bien. (a) Las que son señoras y habiles en esta arte, aprenden bien como se urde la tela, y como se ponen los lizos en ella, como las cañas entre la una tela y otra, para que pase por enmedio
de la lanzadera. Mira que seas en esto muy avisa-

(a) Es menester refleccionar que las mugeres mexicanas no se
limitaban á ejecutar las haciendas domesticas, tenian ademas otros
nobles oficios como el de plateras de obra muy fina, en cuyo arte sobresalian, singularmente las de Cholula y Atzcapotzalco cerca
de México: de sus manos salieron de vaciadizo y cincel las obras
maestras que remitió Hernan Cortés. á España, y hoy llaman la
admiracion las pocas que han quedado en Europa.

da y muy diligente: no dejes de saber esto por negligencia ó por pereza, porque ahora que eres mozuela, y tienes buen tiempo para entender en ello, tu corazon está *simple y hábil*, y es como *chalchivite* fino y como *zafiro*, y tiene habilidad pues no está aun mancillado con algun pecado, sino puro, simple y limpio, sin mezcla de alguna mala afeccion; y tambien porque aun vivimos los que te engendramos, pues que tú no te hiciste á tí ni te formaste; yo y tu madre tuvimos este cuidado y te hicimos, porque esta es la costumbre del mundo: no es invencion de alguno, es ordenacion de nuestro señor Dios que haya generacion por via de hombre y de muger para hacer multiplicacion y poblacion, y entre tanto que somos y vivimos; y en nuestra presencia antes que muramos y que nos llame nuestro señor, conviénete mucho hija mia muy amada, mi paloma, mi primogénita, que entiendas en estas cosas dichas, y las sepas muy bien, para que despues de nuestra muerte, puedas vivir honrada y entre personas de honor; porque andar á coger yerbas, y vender leña, ó á vender axi verde, ó sal, ó salitre á los cantones (ó esquinas) de las calles, en ninguna manera te conviene, pues eres generosa, y desciendes de gente noble ó hidalga. Por ventura acontecerá lo que no pensamos, y lo que nadie piensa, que alguno se aficionará á tí y te mandará, y si no estás esperta en las cosas de tu oficio mugeril ¿qué sucederá entónces? ¿no nos darán con ello en la cara, y nos zaherirán:? nos dirán que no te enseñamos lo que era menester que supieses; y si por ventura entónces ya fuéremos muertos yo y tu madre, murmurarán de nosotros porque no te enseñamos cuando viviamos, y dirán.... *mal siglo hayan porque no enseñaron á su hija*, y tú provocarás contra tí riñas y maldiciones, y serás causa de tu mal. Y si ya fueres diestra en lo que has menester y has de hacer, no habrá ocasion entónces de que nadie te riña: no tendrá lugar la reprension, entónces con razon serás loada y honrada, y tendrás presuncion, y te estimarán como si estuvieras en los estrados de los que por sus hazañas en la guerra merecieron honra: presumirás de la rodela como los buenos soldados; y si por ventura ya fueres diestra en tu oficio, como el soldado en el ejercicio de la guerra, entónces donde estuvieres, acordarse hán de nosotros, y nos bendecirán y honrarán por tu causa: y si por ventura no hicieres nada bien de lo que has de hacer, maltratarte hán, y apalearte hán, y por tí se dirá, que *con dificultad te labarás, ó que no tendrás tiempo para razcarte la cabeza.* [a] De estas dos cosas solo Dios sabe cual te ha de caber, y para cual de ellas te tiene, ó que siendo diligente y sábia en tu oficio, seas amada y temida, ó que siendo perezosa, negligente y boba, seas maltratada y aborrecida. Mira hija mia que notes muy bien lo que ahora te quiero decir: mira que no deshonres á tus pasados, ni siembres estiercol y polvo encima de tus pinturas que significan sus buenas obras, y buena lóa: mira que no los infames ni te dés al deleite carnal: mira que no te arrojes sobre la inmundicia y hediondez de la lujuria; y si has de venir á esto, mas valía qne te murieras luego. Mira hija mia que muy poco á poco vayas aprovechando en las cosas que te tengo dichas; porque si pluguiere á nuestro señor que alguno te quiera y pida, no le deseches [b] nó

(a) De muchas de nuestras preciadas cortesanas se dice hoy esto: no cuidan mas que de lo exterior, su interior está como los sepulcros de los fariseos, blancos por de fuera, y engusanados por dentro. No se cuida del aseo de los hijos ni del marido: el bodegon suple por la cocina de la casa; así es que comen porcajos, se gasta mucho dinero, el marido no lo sufre, y la muger lo busca por la prostitucion... la muger es á la vez causa de la ruina de la casa, porque ó no tuvo buena educacion, ó no se aprovechó de la que le dieron... Medítese mucho sobre el razonamiento del Indio viejo.

(b) En esta parte pocos consejos necesitan las señoritas del dia; hoy se usa poco dar calabazas y que penen mucho los aman-

menosprecies la voluntad de nuestro señor, porque él
le envia; recíbele, tómale, no te escuses, *no le deseches* ni menosprecies, no esperes á tres veces que te
lo digan: no te hurtes, no te escabullas burlando. Aunque eres nuestra hija y vienes de parientes nobles y
generosos, no te jactes de ello, porque ofenderás á
nuestro señor, y apedrearte han con piedras de estiercol y de suciedad; quiero decir que permitirá que
caígas en verguenza y confusion por tu mala vida, y
tambien él se burlará de tí, y dirán de tí, *ya quiere, ya no
quiere....* Mira que no escojas entre los hombres el que
mejor te parezca, como hacen los que van á comprar las mantas al tianguiz ó mercado: recibe el que
te manda, y mira que no hagas como se hace cuando se crian las mazorcas verdes que son xilotes ó elotes, que se buscan las mejores y mas sabrosas. Mira que no desees algun hombre por ser mejor dispuesto, ni te enamores de él apasionadamente. Si fuere bien dispuesto el que te demandare, recíbele, y si
fuere mal dispuesto y feo, no le deseches, toma aquel
porque lo envia dios, [a] y si no le quisieres recibir, él burláráse de tí, deshonrarte há trabajando á
ver tu cuerpo por mala via, y despues te pregonará por mala muger. Mira hija que te esfuerzes, y mira muy bien que nadie se burle de tí: mira que no

tes; apenas abren la boca cuando es otorgada su solicitud. Los casamientos son pocos, porque la inmoralidad general enseña por dogma
que solo los bobos se casan.... Ya tengo ganas de que haya un casamiento, decia no ha muchos años (que yo lo oí) un sacristan de
la parroquia de Veracruz, porque de los casamientos tienen sus adelas.

(a) En esto hay mucho que decir. Si se presenta un feo y honrado, y un hermoso pero bribon, yo diré á la niña que prefiera
al primero; pero si se reunen ambas cualidades, entónces tomarlo
sin vacilar; mas cuidese mucho de que el matrimonio sea á gusto
de los padres, que pocas veces se equivocan en la calificacion y
la hacen con la imparcialidad que no puede tener la novia pretensa.

te des á quien no conoces, que es como viandante
que anda tuneando, y es bellaco. Mira hija que no
te juntes con otro, sino con solo aquel que te de-
mandó: persevera con él hasta que muera: no le dejes aunque el te quiera dejar, aunque sea un pobrecito labrador ú oficial, ó algun hombre comun de bajo linage. Aunque no tenga que comer no le menosprecies, no le dejes, porque poderoso es nuestro señor de prov eeros y honraros, y porque es sabedor
de todas las cosas, y hace mercedes á quien quiere. Esto que he dicho hija mia, te doy por tu doctrina para que te sepas valer, y con esto hago contigo lo que debo delante de. Dios; si. lo perdieres
y lo olvidares, sea á tu cargo que yo ya hice mi
deber. ¡Oh hija mia y muy amada primogénita! seas
bienaventurada, y nuestro señor te tenga en paz y
reposo.

CAPITULO XIX.

*En acabando el padre de ecsortar á la hija, luego delante
de él tomaba la madre la mano, y con muy amorosas
palabras la decia, que tuviese en mucho lo que su padre la habia dicho, y lo guardase en su corazon como cosa muy preciosa; y luego comenzaba ella á advertirla
de los atavios que ha de usar, y de como ha de hablar,
mirar y andar, y que no cure de vidas agenas, y que
el mal que de otros oyere, nunca lo diga. Mas aprove-
charian estas dos pláticas dichas en el púlpito, por el lenguage y estilo en que están, [mutatis mutandis] á los mozos,
y mozas, que otros muchos sermones.*

Hija mia muy amada, muy querida *palomita:*
(a) ya has oído y notado las palabras, que tu señor

(a) No cabe espresion mas dulce en el lenguage de los afectos
de un corazon maternal.

padre te ha dicho: ellas son palabras preciosas, y que raramente se dicen ni se oyen, las cuales han procedido de las entrañas y corazon en que estaban atesoradas, y tu muy amado padre bien sabe que eres su hija engendrada de él, eres su sangre y su carne, y sabe Dios nuestro señor que es así: aunque eres muger, é *imágen de tu padre*, (a) ¿qué mas te puedo decir, hija mia, de lo que ya está dicho? ¿qué mas puedes oír de lo que has oído de tu señor y padre el cual te ha hablado copiosamente lo que te cumple hacer y guardar, ni ningnna cosa ha quedado de lo que te conviene que no la haya tocado? pero por hacer lo que soy obligada para contigo, quiérote decir algunas pocas palabras. Lo primero que te encargo mucho és, que guardes, y que no olvides lo que tu señor padre ya dijo, porque son todas cosas muy preciosas; y las personas de su suerte, raramente publican tales cosas, y que son palabras de señores, y sábias, apreciables como piedras ricas, y muy labradas: mira pues que las tomes y guardes en tu corazon, y las escribas en tus entrañas. Si Dios te diere vida, con aquellas mismas palabras has de doctrinar á tus hijos é hijas, si Dios te los diere. Lo segundo que te quiero decir és, que mires *que te amo mucho, que eres mi querida hija*: acuérdate que te truje en mi vientre nueve meses, y de que naciste, y te criaste en mis brazos: yo te ponia en la cuna, y de allí en mi regazo, y con mi leche te crie. (b) Esto te digo porque sepas, que yo, y tu

(a) Este último concepto encierra la apologia de la honradez y *fidelidad* de la madre que habla.... *Eres imágen de tu padre*; tal vez esta señora probaria la amargura de los zelos, y supo aprovechar la vez de sincerarse.

(b) ¡Que recuerdos tan dulces! Mexicanos, gloriaos porque teneis la misma sensibilidad que los decantados Atenienses: bajo este lindo cielo no nacen sino seres sensibles, humanos y compasivos.... La discordia. el espíritu de partido, la ambicion de puestos ha venido á inutilizar tan bellas disposiciones.... ¡Llorad!

padre somos los que te engendramos, y ahora te hablamos doctrinándote. Mira que tomes nuestras palabras, y las guardes en tu pecho: Cuida que tus vestidos sean honestos y como conviene: mira que no te atavies con cosas curiosas y muy labradas, porque esto significa fantasía, poco seso y locura. Tampoco conviene que tus atavios sean muy viles, sucios ó rotos, como son los de la gente baja, porque estos andrajos son señal de gente víl, y de quien se hace burla. Tus vestidos sean honestos y limpios, de manera que ni parezcas fantástica, ni víl. Cuando hablares no te apresurarás en el hablar con desasosiego, sino poco á poco, y sosegadamente: cuando hablares no alzarás la voz, ni hablarás muy bajo, sino con mediano sonido, (a) ni adelgazarás mucho cuando hables, ni cuando saludes, ni hablarás por las narices, sino has que tus palabras sean honestas, y de buen sonido y la voz mediana. No seas curiosa en tus palabras. Mira hija que en el andar has de ser honesta: no andes con apresuramiento ni con demasiado espacio, porque és señal de pompa andar despacio, y el andar de prisa, tiene resabio de desasosiego y poco asiento. Andando llevarás un medio, que ni andes muy de prisa ni muy despacio; y cuando fuere necesario andar de prisa hacedlo así, por eso tienes discrecion. Para cuando fuere menester saltar algun charco, saltarás honestamente, de manera que ni parezcas pesada, torpe ni liviana. Cuando fueres por la calle, ó por el camino no lleves inclinada mucho la cabeza, ó encorbado el cuerpo, ni tampoco vayas muy levantada la cabeza;

(a) Sobre esto poco tiene que aconsejar esta buena madre: la voz de las mexicanas es como la de Cleopatra, de quien dice la historia que parecia el resultado de muchos instrumentos músicos, que hacen un horríble estrago en el corazon del que las escucha. Aquí naturaleza prodigó sus gracias sobre este seeso noble y encántador. La voz y los ojos los terribles tiranos de las Mexicanas.

porque es señal de mala crianza: irás derecha y la cabeza poco inclinada. No lleves la boca cubierta, ó la cara con vergüenza: no vayas mirando á manera de cegatona, ni hagas con los pies meneos de fantasia por el camino: anda con sosiego, y con honestidad por la calle. Lo otro que debes notar hija mia és, que cuando fueres por la calle no vayas mirando acá, ni acuyá, ni volviendo la cabeza á mirar á una parte ni á otra, ni irás mirando al cielo, ni tampoco irás mirando la tierra. A los que encontrares no los mires con ojos de persona enojada, ni hagas semblante de persona incomoda, sino que mira á todos con cara serena; haciendo esto no darás á nadie ocasion de enojarse contra tí. Muestra tu aspecto y disposicion como conviene, de manera que ni lleves el semblante como enojada, ni tampoco como risueña. Mira tambien hija, que no se te dé nada por las palabras que oyeres yendo por el camino, ni hagas cuenta de ellas, digan lo que dijeren los que van ó vienen. No cures de responder ni de hablar, mas haz como que no los oyes ni lo entiendes; porque haciendo de esta manera, nadie podrá decir con verdad que dijiste tal cosa. Mira tambien hija que nunca te acontesca afeitar la cara, ó poner colores en ella ó en la boca por parecer bien, porque esto es señal de mugeres mundanas y carnales. Los afeites y colores son cosas que las malas mugeres usan, las desvergonzadas que ya han perdido el pudor y aun el seso, que andan como locas y borrachas: estas se llaman *rameras*, y para que tu marido no te aborrezca, ataviate, lávate, y lava tus ropas, [a] ¡y

(a) La muger compuesta quita al marido de la otra puerta (adagio.) Aun la muger propia debe conservar cierta ilusion agradable: los hombres aman por representacion, y los angeles por conceptos: aun á los animales mostramos mas cariño en los aseados y limpios como en los perros, despreciando los sucios y carlanguientos que andan por la calle.

esto sea con regla y con discrecion, porque si cada
dia te lavas y tambien tus ropas, decirse há de ti que
eres *relimpia* y que eres demasiado regalada; llamar-
te han *tapepetzon tinemaxoch.* Hija mia, este es el
camino que has de llevar, porque de esta manera nos criaron tus señoras antepasadas de donde vienes. Las señoras nobles, ancianas, canas y abuelas &c.
no nos dijeron tantas cosas como yo te he dicho; no
nos decian sino algunas pocas palabras y nos hablaban de esta manera. „Oíd hijas mias: en este mundo es menester vivir con mucho aviso y recato: oye
esta comparacion que ahora te diré y guárdala, y
de ella toma ejemplo y dechado para bien vivir.
Acá en este mundo vamos por un camino muy angosto, muy alto, y muy peligroso, el cual es como
una loma altísima, y que por lo empinado de ella
vá un camino muy estrecho: á la una mano está gran
profundidad y hondura sin suelo, y si te desviares
del camino á una ú otra mano, caerás en aquel profundo; por tanto conviene con mucho tiento seguir
el camino. Hija muy tiernamente amada y palomita mia, guarda este ejemplo en tu corazon, y mira
que no te olvides, que este será como candela y como lumbre por todo el tiempo que vivieres en este
mundo. Solo una cosa hija mia me resta por decirte
para acabar mi plática: si Dios te diere vida, si vivieres algunos años sobre la tierra, mira que no des
tu cuerpo á algun hombre: mira que te guardes mucho
que nadie llegue á tí ni tome tu cuerpo: si perdieres tu
virginidad, y despues de esto te demandare por muger alguno, y te casares con él, nunca se habrá bien
contigo ni te tendrá verdadero amor, siempre se acor-
dará de que no te halló virgen, y esto será causa
de grande afliccion y trabajo: nunca estarás en paz,
siempre estará tu marido sospechoso de tí. ¡Oh hija
mia mi muy amada palomita! si vivieres sobre la tierra, mira que en ninguna manera te conozca mas que

un varon; y esto que ahora te quiero decir, guárdalo como mandamiento estrecho. Cuando fuere Dios servido de que tomes marido, estando ya en su poder no te altivezcas, mira que no le menosprecies ni des licencia á tu corazon para que se incline á otra parte: no te atrevas á él: mira que en ningun tiempo ni en ningun lugar le hagas traicion que se llama *adulterio:* mira que no des tu cuerpo á otro, porque esto hija mia muy querida y muy amada, es una caida en una sima sin suelo, que no tiene remedio ni jamás se puede sanar. Segun es el estilo del mundo, si fuere sabido, y si fueres vista, por este delito matarte hán, echarte han en una calle para ejemplo de toda la gente, donde serás por justicia machucada la cabeza y arrastrada; de estas dice un refran... *Probarás la piedra, serás arrastrada, y tomarán ejemplo de tu muerte:* de aquí succederá infamia y deshonra á nuestros antepasados, señores, y senadores de donde venimos y de donde naciste: ensuciarás su ilustre fama y su gloria, con la inmundicia y polvo de tu pecado. Asímismo perderás tu fama, tu nobleza y tu generosidad: tu nombre será olvidado y aborrecido: de tí se dirá el refran, *que fuiste enterrada en el polvo de tus pecados;* y mira bien hija mia, que aunque nadie te vea, ni tu marido sepa lo que pasa, te vé Dios que está en todo lugar, enojarse há contra tí, y tambien despertará la indignacion del pueblo contra tí, y se vengará como él quisiere, ó te tullirás por su mandado, ó cegarás, ó se te podrirá el cuerpo, ó vendrás á la última pobreza porque te atreviste y arrojaste á obrar contra tu marido, que por ventura te dará la muerte, ó te pondrá debajo de sus pies envíandote al infierno. Nuestro señor misericordioso es; pero si hicieres traicion á tu marido, aunque no se sepa, aunque no se publique, Dios que está en todo lugar, tomará venganza de tu pecado, y permitirá que nunca tengas con-

Tom. II.   18

tento, ni reposó, ni vida sosegada, y él provocará á
tu marido que siempre estará enojado contra tí, y
que siempre te hablará con enojo. Mira hija mia muy
amada á quien amo tiernamente, mira que vivas en
el mundo con paz, reposo y contento los dias que
vivieres; mira que no te infames, que no amancilles
tu honra, que no ensucies el lustre y fama de nuestros señores antepasados de los cuales vienes: mira
que á mí y á tus padres nos honres, y nos des fama con tu buena vida. Hágate Dios muy bienaventurada, hija mia primogénita, y llégate á Dios, el cual
está en todo lugar.

CAPITULO XX.

*Del lenguage y afectos que usaba el padre principal ó
señor, para amonestar á su hijo á la humildad y conocimiento de sí mismo, para ser acepto á los dioses y á
los hombres; donde pone muchas consideraciones al propósito con maravillosas maneras de hablar, y con delicadas
metáforas, y propísimos vocablos.*

Hijo mio muy amado y muy querido, nota lo
que te diré. Nuestro señor te ha traido en esta hora y lugar donde te quiero hablar acerca de lo que
debes guardar todos los dias de tu vida. Esto lo
hago porque eres mi hijo muy amado y muy estimado, mas que toda piedra preciosa, y mas que toda pluma rica que no tengo mas que á tí: tú eres
el primero, el segundo, el tercero y el postrero. He
pensado decirte algunas cosas que te cumple saber
por la obligacion que tengo, pues que soy tu padre
y madre; quiero hacer mi deber porque mañana ú
otro dia Dios me llevará, y me quitará de sobre la
tierra, porque es todo poderoso, porque estamos sujetos á la flaqueza humana y á la muerte, y nuestra vida sobre la tierra es muy incierta. Pues hijo

mio, nota y entiende lo que te diré; vivas muchos dias sobre la tierra en servicio de Dios, y seas bien-aventurado: mira que seas avisado, porque este mundo es muy peligroso, dificultoso, desasosegado, cruel y muy trabajoso. Por esta causa los viejos con mucha razon dijeron, que no se escapa nadie de las bajadas y subidas de este mundo, de los torbellinos y tempestades que en él hay: muy engañoso es el mundo, sí, riese de unos, gózase con otros, búrlase de todos; todo está lleno de mentiras, no hay verdad en él, y de todos escarnece. Quiérote decir hijo lo que te conviene mucho notar y poner por obra, que es cosa digna de ser estimada y guardada como oro en paño, y como piedras preciosas en cofre, porque lo dejaron como tal los viejos y viejas: los canos y ancianos, nuestros antepasados, que vinieron á este reino y señorío, conversaron entre la gente de este pueblo, y tuvieron dignidad y principados. Estos que fueron muy grandes señores, y tuvieron la dignidad del reino y senado, no se ensoberbecieron ni engrieron; mas antes se humillaron y anduvieron encorbados, é inclinados ácia la tierra, con lloros, lágrimas y suspiros: no se estimaron como señores, sino como pobres y peregrinos. Estos mayores de quienes desciendes, vinieron á grande humildad, y no en presuncion, soberbia, altivez, y deseo de honras; y á pesar de esto fueron reverenciados y tenidos en mucho, y poseyeron las dignidades del reino, fueron señores y capitanes, y tuvieron autoridad para matar y para hacer guerras, y mantuvieron al sol y á la tierra, con carne y sangre de hombres; y aunque por la misericordia de Dios fueron grandes, y reinaron sobre la tierra, y rigieron la república, que nuestro señor que está en todo lugar los encomendó, y juzgaron, y trataron las causas de la república, y consolaron y favorecieron á la gente popular; no por eso perdieron su humildad, ni se desvanecieron, ni hicieron co-

sas poco dignas de sus personas. No obstante que
eran ricos y poderosos, y poseyeron muchos bienes
que nuestro señor los dió, y gozaban de flores, de
perfumes, y de mantas ricas de todas maneras, y tenian grandes cosas, y gustaron de manjares y bebidas de todas maneras, y poseyeron armas, atavios
muy ricos y gloriosos, como son barbotes, ricas borlas para la cabeza, y orejeras muy ricas; de manera que hacian temblar á todos con su autoridad ¿por esto perdieron por ventura algo de su humildad y gravedad? ¿por ventura desvaneciéronse y ensalzáronse?
¿por ventura por esto menospreciaron á los que eran
sus inferiores ó tuviéronlos en poco? ¿por ventura por
esta causa se les alteró el seso, ó perdieron el juicio? No por cierto; antes eran bien hablados, muy
humildes, y de gran crianza: respetaban á todos, y se
abajaban hasta la tierra, y se mantuvieron como nada: cuanto mas eran honrados y estimados, tanto
mas lloraban, se entristecian, suspiraban, y se incli-
naban y humillaban. De esta manera hijo mio
vivieron en el mundo los viejos de quien descendemos tus abuelos, visabuelos y tatarabuelos, que nos
dejaron acá y de quienes descendiste. Pon los ojos en
ellos, mira sus virtudes, contempla su fama, y el resplandor y claridad que nos dejaron: mira el espejo
y dechado que ellos nos legaron, ponlo delante de tí, y
tenlo delante de tus ojos: mírate en él y verás quien
eres: mira que tu vida la hagas semejante á la suya: ponla delante de tus ojos, y luego conocerás las
faltas que tienes y las manchas que hay en tí. Otra
palabra quiero que oigas de mí, hijo muy amado, y
tambien nótala con gran diligencia: sábete que has
nacido en un tiempo muy trabajoso, y en tiempo de
mucha pobreza; porque yo tu padre estoy muy alcanzado, y tengo mucha penuria. Aunque nuestros antepasados fueron grandes y ricos, no heredamos de
ellos aquella riqueza ni valor; mas antes tenemos gran

falta de todas las cosas: la pobreza es la que se enseñorea y tiene sobre nosotros su principado: somos tus padres ancianos y viejos, y estamos muy necesitados. Hijo mio, si quieres ver que esto es así, mira el hogar de esta casa, mira donde se hace el fuego, y verás que no hay sino pobreza y grande necesidad, pues apenas alcanzamos abastanza de comida y bebida, y asímismo padecemos necesidad de vestuario, y por todas partes padecemos frio: [a] no tenemos conque nos cubrir; míranos, y verás que todos los huesos se nos parecen de flaqueza y necesidad de mantenimientos, y esto por la bondad de nuestro señor y por nuestros pecados. Mira á tus primos menores y á tus primas: mira si tienen abundancia, mira si están gordos y reacios, si tienen las cosas necesarias y si les sobran los mantenimientos y las vestiduras: ¿no los ves cuales andan en su pobreza? todos están llenos de cumplida miseria. En tal estado, en tanta desdicha, no hay oportunidad de levantar la cabeza ni tener brio, porque esto sería cosa de borrachos y de gente vil, tener presuncion ó altivez enmedio de tanta pobreza y miseria como hay dentro de esta casa, y como la tienen los que en ella moran. Es pues esta ocasion de humildad y de tristeza, y dé traer la cabeza baja porque en tal tiempo has nacido; y para que te lo diga todo, escúchame en tu primer hermano el cual es mayor que tu N.: ¿no le ves? ¿no tomas de él ejemplo de la manera que Dios le ha ensalzado, que ya usa del regimiento del pueblo, ya está en dignidad, ya tiene poder para juzgar las causas de la gente popular, y de sentenciar y castigar á los delincuentes; ya tiene autoridad para matar á los criminosos, y para reprehender y castigar, porque ya está en la dignidad

[a]- Pero poseían virtudes, efectiva riqueza superior al oro, plata y piedras que los indios tenian en grande estima.

136

y estrado, y tiene ya el principal lugar donde le puso nuestro señor? ya le llaman por estos nombres
tecactlato, tlacatecutli, por estos nombres le nombran todos los populares. ¿Este acaso está puesto en la dignidad por la falta de personas mas prudentes y mas
sábias para regir este señorio ó pueblo? ¿No hay personas nobles, de gran caudal, y de ilustre genealogia? ¿Ya todos han faltado? si hubiera uno tan solamente de aquellos, hubiera nuestro señor señalado
uno de ellos, y alguno de estos tomado de la república por rey y señor. No sé en que ha de parar
aquel mancebillo que está llorando por el oficio: por
ventura en él se perderá, ó por ventura le ha puesto nuestro señor hasta que parezca otro que mejor
lo desempeñe. No tiene por cierto falta de amigos y
conocidos nuestro señor: á este tu primo hermano,
antes que tomase el cargo, bien viste como vivia,
¿andaba burlando ó haciendo niñerias? ¿andaba como desvergonzado y desvaratado? ¿andaba muy erguido? ¿no era muy humilde? ¿no era muy reverente? cierto andaba inclinado, y sin muestra de ninguna pompa ni fantasía: oraba á nuestro señor Dios
con gran devocion: velaba de noche, y se postraba
de rodillas á la mediania de ella, á orar y á suspirar delante de Dios, y así está ahora en esta costumbre. Levantábase luego de mañana, y tomaba la
escoba y barría, y limpiaba con el aventadero los
oratorios, y ahora ¿que te parece como vive? ¿como anda? ¿anda soberbio ó fantástico? ¿acuérdase
por ventura que es señor? tan humilde es ahora y
tan obediente como antes, y así llora y suspira, y
ora con gran devocion: ¿no ves ahora que jamás dice, *yo soy Señor, yo soy Rey?* y así vela de noche ahora, y así barre, y así ofrece incienso como de antes.
Aunque tú eres primer hermano mayor, sobrepújate
hijo mio á este tu primo hermano mayor en todas
las buenas costumbres. Nota hijo esta palabra: que

lo que te tengo dicho te sea espina y aire frio que te aflija para que te haga humillar, y volver en tí. Mira que has nacido en tiempo de trabajos y aflicciones, (a) y te ha enviado Dios al mundo en tiempo de gran pobreza: mira que yo soy tu padre, y que vida pasamos yo y tu madre, que no somos tenidos en nada, ni hay memoria de nosotros. Aunque nuestros antepasados fueron grandes y poderosos, ¿dejáronnos aquella grandeza y potencia? no por cierto. Mira á tus parientes y afines, que no tienen ser ninguno en la república, sino que tambien viven en pobreza y como desechados; y aunque tú seas noble, generoso y de claro linage, conviene que tengas delante de tus ojos el modo como has de vivir. Nota que la humildad, el abajamiento de cuerpo y del alma, el lloro, las lágrimas y el suspirar; esta es la nobleza, este es el valer y la honra. Mira hijo que ningun soberbio, ni erguido, ni presuntuoso, ni bullicioso, ha sido electo por señor: ningun descortés, malcriado, deslenguado, ni atrevido en hablar: ninguno que habla lo que se le viene á la boca, ha sido puesto en el estrado y trono real; y si en algun lugar hay algun señor que dice chocarrerias, ó algun senador habla palabras de burla, luego le ponian un nombre, *tecucuecuechtli*, que quiere decir *truan*. Jamás á ninguno fué dado algun cargo noble de la república, que fuese atrevido, ó disoluto en hablar, ó en burlar. Estos tales se llamaban *quaquachictin*, que es nombre de hombres alocados, pero valientes en la guerra; tambien los llamaban á estos *otomiotlaotonxinti*, que quiere decir, otomis *trasquilados y alocados*. Estos eran grandes matadores; pero teníanlos por in-

(a) Estas reflèciones vienen hoy mejor que nunca á los mexicanos, en esto de revolucion en que del trono del poder al patíbulo hay menos de un paso. Cuantos hombres de intriga vemos levantados, y enorgullecidos que miran á los hombres de bien con orgullo y desprecio... ¡Miserables!

habiles para cosa de regir. Aquellos que dirigieron
en los tiempos pasados la república, y los egércitos
en las guerras, todos fueron gente muy dada á la
oracion y devocion, á las lágrimas y suspiros, muy
humildes y obedientes, muy pacíficos y reposados. Ya
sabes hijo mio, y bien tienes en la memoria, que
el señor és *como corazon del pueblo*: (a) á este le ayu-
daban dos senadores para lo que toca al regimiento del pueblo: uno de ellos era *pilli*, y otro criado
en las guerras: el uno de ellos se llamaba *Tlacatecutli*, y el otro *Tlocochtecutli*. Otros dos capitanes ayu-
daban al señor para las cosas de la milicia, el uno
de ellos era *pilli*, y criado en la guerra, y el otro no
era *pilli*: el uno de ellos se llamaba *Tlacateccatl*, y el
otro se llamaba *Tlacochcalcatl*. De esta manera hijo mio va el regimiento de la república, y estos cuatro ya dichos *Tlacatecutli*, *Tlacochtecutli*, *Tlacateccatle*,
y *Tlacochcalcatl*, no tenian estos oficios por heredad,
ó propiedad, sino que eran electos, por la inspiracion de nuestro señor dios, porque eran mas habiles para ellos. Nota bien lo que te digo, muy amado y muy estimado hijo, *que no te ensoberbezcas, ni te
altivezcas*, si por ventura fueres tomado para alguno
de los oficios ya díchos, (quizás Dios te llamará para alguno de ellos) ó te quedarás sin ninguno, y vi-
virás como hombre comun y popular; y si fueres llamado y elegido para alguno de dichos oficios, otra,
y otra vez te encargo, que no presumas de tí, ni te
estimes por grande, valeroso y principal, porque esto es cosa con que Dios mucho se enoja. Si acaso merecieres alguna dignidad, ó ser algo: si merecieres ser electo para algun oficio de los ya dichos, sé humilde, anda muy inclinado, baja la cabeza y recogidos los brazos: date al lloro, á la devocion, á la tristeza, suspiros, y á la voluntad de to-

(a) Igual definicion hace una ley de partida del Rey.

dos: **sé sugeto y humilde.** Nota hijo mio, que esto
que te he dicho de la humildad, sujecion y menosprecio de tí mismo, ha de ser de corazon delante
de nuestro señor Dios. Cuida que no sea fingida tu
humildad, porque entónces decirse ha de tí *titoloxó-
chton* que es *hipócrita.* Decirse ha de tí tambien, *ti-
tlanixiquipile* que quiere decir *hombre fingido* y simu-
lado: mira que nuestro señor dios vé los corazones
y todas las cosas secretas por muy escondidas que
esten, y tambien oye lo que revolvemos en nuestro
corazon todos nosotros, cuantos vivimos en este mundo; mira en fin que sea pura tu humildad, sin mezcla de ninguna soberbia, y que aquella delante
de Dios sea pura como una piedra preciosa muy fina, y que no seas hombre *de dos caras.*

CAPITULO XXI.

*Del lenguage y afectos que el padre, señor y principal
usaba para persuadir á su hijo al amor de la castidad,
donde pone cuan amigos eran los dioses de los castos con
muchas comparaciones y ejemplos muy aproposito; tratando
esta materia ofrece tocar otras muchas cosas gustosas de leer.*

Hijo mio muy amado: nota bien las palabras
que quiero decir, y ponlas en tu corazon, porque las
dejaron nuestros antepasados viejos y viejas, sábios
y avisados que vivieron en este mundo. Es lo que
nos dijeron, y lo que nos avisaron y encomendaron,
que lo guardásemos como en cofre, y oro en paño.
Mira hijo que los viejos nos dejaron dicho, que los
niños, las niñas, ó mancebitos y doncellas son muy
amados de Dios: apreciaos mucho nuestro señor que
está en toda parte, huélgase con ellos, y tiénelos por
amigos; por esto los viejos que eran muy dados al
culto divino, á la penitencia, á los ayunos, y á ofrecer incienso á los dioses, tuvieron en gran estima á
los niños y niñas que oraban; despertábanlos de noche al mejor sueño, y desnudábanlos, rociábanlos con

Tóm. II. 19

agua, y hacianlos barrer y ofrecer *copalli* á los dioses: lavábanles las bocas, y les decian que Dios recibia y oía de buena gana sus oraciones y servicios,
sus lágrimas, su tristeza y sus suspiros, porque tenian corazon limpio y sin mezcla de pecado, perfec-
tos y sin mancilla, como piedras preciosas, chalchivites ó zafiros: decian que por estos *sustentaba Dios
al mundo,* (a) y que ellos eran nuestros intercesores para con Dios. Otra manera de gente hay que son agra-
dables á Dios y á los hombres, y son los buenos Sátrapas que viven castamente, y tienen corazon limpio, puro, bueno, lavado, y blanco como la nieve:
ninguna mancilla tiene su manera de vivir, ninguna suciedad, ningun polvo de pecado hay en sus
costumbres; y porque son tales, son aceptos á Dios,
y le ofrecen incienso y oraciones, y le ruegan por
el pueblo. El señor decia: estos son los siervos de
mis dioses, porque eran de buena vida y de buen
ejemplo; y los ancianos, sábios, y entendidos en los
libros de nuestra doctrina, (b) dejaron dicho, que los
que son de limpio corazon, son muy dignos de ser
amados, porque son apartados de toda delectacion carnal y sucia; porque son preciosos los que de esta manera viven, los dioses los desean, los procuran, y los
llaman para sí, y tambien los que son puros de toda
mancilla y mueren en la guerra. Dijeron los viejos
que el sol los llama para sí, y para que vivan con
él allá en el cielo, para que le regocijen, canten en
su presencia, y le hagan placer. Estos están en continuos placeres con el sol, viven en continuos deleites, gustan y chupan el olor y zumo de todas las
flores sabrosas y olorosas: jamás sienten tristeza, ni
dolor, ni disgusto, porque viven en la casa del sol (c)

(a) *Hoc substineo propter electos.... Propter decem, non delebo.*
(b) El P. Mier nota que los Sátrapas estaban encargados de escribir la historia de su pueblo, y eran depositarios de la Sabiduria.
(c) El Himno de la gloria que S. Pedro Damiano compuso de
los dichos de S. Agustin, abunda en estas mismas ideas, leese

donde hay riquezas de deleites, y estos de esta manera que viven en las guerras, son muy honrados acá en el mundo; y este género de muerte es deseada de muchos, y no pocos tienen envidia á los que así mueren, y por esto todos desean esta muerte, porque los que así fallecen son muy alabados. Dícese que un mancebo generoso de Vetxotzingo [a] el cual se llamaba *Mixcoatl*, murió en la guerra de los mexicanos y ellos le mataron: un cantar hecho en su loor dice: *„¡Oh bienaventurado Mixcoatl! bien mereces ser loado en cantares, y que tu fama viva en el mundo, y que los que bailan en los areitos te traigan en la boca en derededor de los atabales y tamboriles de Vetxotzingo, para que regocijes y aparezcas á tus amigos los nobles y generosos tus parientes.*" Sigue otro cantar del loor de este mancebo, en que le alaban de la virginidad, limpieza, y pureza de su corazon: *„¡Oh glorioso mancebo, digno de todo loor, que ofreciste tu corazon al sol, limpio como un sartal de piedras preciosas que se llaman zafiros! otra vez tornarás á brotar: otra vez tornarás á florear en el mundo: vendrás á los areitos, entre los atambores y tambien los de Vetxotzingo, parecerás á los nobles y varones valerosos, y verte han tus amigos.*" Hay otro género de personas que tambien son amadas de Dios y deseadas, y estas son aquellas que son ahogadas en la agua con alguna violencia de algun animal de ella, como del *avitzotl*, [b] ó de la *teponaztli* ú otra alguna cosa: Tambien aquellos que son muertos de rayo, porque todos estos, dijeron los viejos, que porque los dioses los aman, los llevan para sí al paraiso terrenal para que viviesen con el dios llamado *Tlalocatecutli* que se sirve con *vlli* y con *yauhtli*, y es dios de las verduras; estos así muertos están en la gloria con el dios *Tlalocatecutli*, donde siempre hay ver-

traducido en liras en el primer tómo del Diario de México número 31 del año de 1804, de que fuí primer Editor, y es obra del sábio *P. Sartorio.*

(a) Hoy Huexocingo: (b) Especie de perrillo marino.

duras, maizales verdes, y toda manera de yerbas y flores; siempre es verano, siempre las yerbas están verdes, y las flores frescas y olorosas. Tambien de los mozuelos y mozuelas que mueren antes de tener esperiencia de pecados ningunos, y mueren en su inociencia, en su simplicidad y virginidad; dicen los viejos que estos reciben grandes mercedes de nuestro señor Dios, porque son como piedras preciosas, y porque van puros y limpios á la presencia de Dios. Oye otra manera de gente que son bienaventurados y amados, y los llevan los dioses para sí, y son los niños que mueren en su tierna niñez; son como unas piedras preciosas. Estos no van á los lugares de espanto del infierno, sino á la casa del dios que se llama *Tonacatecutli* que vive en los vergeles que se llaman *tonacaquauhtitlan*, donde hay todas maneras de árboles, flores y frutos, y andan allí como *tzintzones* que son avecitas pequeñas de diversas colores, que vagan chupando las flores de los árboles. A estos niños y niñas cuando mueren, no sin razon los entierran junto á las troxes, donde se guarda el maíz y los otros mantenimientos; porque esto quiere decir que están sus ánimas en lugar muy deleitoso y de muchos mantenimientos, porque murieron en estado de limpieza y simplicidad, como piedras preciosas y muy finos zafiros. [a] Tambien tendrás entendido, que los niños muy bonitos, hermosos y amables, cuando están en su simplicidad, y en su inocencia, son preciosos como piedras turquezas, y zafiros. Tambien otro género de personas son amadas y deseadas de los dioses, y son los hombres, y mugeres de buena condición, y

(a) Mis lectores no estrañen las repetidas comparaciones que los Indios hacian de lo bello, útil y hermoso, con los *chalchivites* ó esmeraldas, zafiros &c. porque estas producciones de la naturaleza formaban sus grandes tesoros, así como hoy lo forman principalmente en la Europa el oro y la plata. Fulano, decimos, es como un oro... Fulana es hermosa como una plata... Fulano tiene un talento claro como un brillante.

de buena vida, y de quien todos se confian, y á
quien todos honran, que no hay en ellos ninguna cosa reprensible, y viven pacificamente, (a) de todas
partes son amados de todos, y pacificos con todos.
Nota pues ahora amado hijo, por si Dios te diere
vida en este mundo, la manera en que has de vivir en
él; mira que te apartes de los deleites carnales, y
en ninguna manera los desees. Guárdate de todas las
cosas sucias, que manchan y tiznan á los hombres,
no solamente en los ánimos, pero tambien en los
cuerpos, causando enfermedades y muertes corporales: dejáronnos dicho los antiguos que en la niñez, y
en la juventud hace dios mercedes, y dá dones: en
este mismo tiempo señala, á los que han de ser señores, reyes, gobernadores ó capitanes. Tambien en
el tiempo de la niñez y adolescencia, dá Dios sus riquezas y delectaciones: en el tiempo de la adolescencia y simplicidad, se merece la buena muerte. Nota hijo mio lo que te digo, mira que el mundo ya
tiene este estilo de engendrar y multiplicar, y para
esta generacion y multiplicacion, ordenó Dios que
una muger usase de un varon, y un varon de una
muger; pero esto conviene se haga con templanza,
y con discrecion: no te arrojes á la muger, como el
perro se arroja á lo que ha de comer: no te hagas
á manera de perro en comer y tragar lo que le dán,
dándose á las mugeres antes de tiempo. Aunque tengas apetito de muger resístete, resiste á tu corazon
hasta que ya seas hombre perfecto y recio; mira que
el maguéy, si lo abren de pequeño para quitarle
la miel, ni tiene sustancia, ni dá miel, sino piérdese.
Antes de que lo abran para sacarle la miel, lo dejan crecer, y venir á su perfecion, y entonces se saca la miel en sazon oportuna; de esta manera de-

(a) Jesucristo formó un gran panegírico de esta gente privile-
giada, llamándola *bienaventurada* en el sermon de la Montaña con
que abrió su predicacion.

bes hacer tú, que antes que llegues á muger, crezcas
y embarnezcas, y seas perfecto hombre, y entónces
estarás hábil para el casamiento, y engendrarás hijos de buena estatura, recios, ligeros, hermosos y de
buenos rostros, (a) y tú serás recio, y hábil para
el trabajo corporal, y serás ligero y diligente; y si
por ventura destempladamente, y antes de tiempo te
dieres al deleite carnal, en este caso dejaron dicho
nuestros antepasados, que el que se arroja así al
deleite carnal queda desmedrado, nunca es perfecto
hombre, y anda descolorido, y desainado. Andarás
como cuartanario descolorido, y enflaquecido, serás como un muchacho mocoso, desvanecido, enfermo y de
presto te harás viejo arrugado; y cuando te casares,
serás así como el que coge miel del maguéy, que no
mana porque le ahugeraron antes de tiempo, y el
que chupa para sacar la miel de él, no saca nada,
y aborrecerle hán y deshecharle hán; así te hará tu
muger, que como estás ya seco, acabado y no tienes que darle, dices no puedo mas, y aborrecerte há,
y desecharte há, porque no satisfaces á su deseo,
y buscará otro porque ya tú estás agotado; y aunque no tenia tal pensamiento, por la falta que en tí
halló, hacerte ha adulterio; y esto porque tú te des-
truiste dándote á las mugeres, y antes de tiempo te
acabaste. Nota otra cosa hijo mio, que ya que te cases en buen tiempo, y en buena sazon tomes muger, mira que no te des mucho á ella, porque te
echarás á perder. Aunque sea tu muger, *y es tú cuer-*
po, convienete tener templanza en usar de ella, bien
así como el manjar, que es menester tomarlo con
sobriedad; quiero decir que no seas destempládo para con tu muger, sino que tengas templanza en el....
Mira que no sigas al deleite carnal, porque pensa-

(a) Estas mácsimas las redujeron á práctica los Espartanos, y
su generacion fué la mas hermosa que honró la especie humana.

rás que no te deleitas en lo que haces, y que no hay otro
mal en ello; sábete que te matas, y te hace gran daño, en frecuentar aquella obra carnal. Dijeron los viejos que serás en este caso, como el maguéy chupa-
do que luego se seca, y serás como la manta, que
cuando la laban hínchase de agua; pero si la tuer-
ces reciamente luego se seca: así serás tú, que si fre-
cuentas la delectacion carnal, aunque sea con tu
muger solamente, te secarás y así te harás mal acondicionado, y mal aventurado, y de mal gesto; ni á
nadie querrás hablar, ni nadie querrá hablar contigo,
y andarás afrentado. Nota un ejemplo cerca de este negocio. Un viejo muy viejo, y muy cano, fué preso por adulterio, y fuele preguntado ¿como era que
siendo tan viejo, no cesaba del acto carnal? Respondió que entónces tenia mayor deseo y habilidad para ello, porque en el tiempo de su juventud no llegó á muger, ni tampoco en aquel tiempo tuvo esperiencia del acto carnal, y que por haberlo comenzado despues de viejo, estaba mas potente para esta obra. Quiérote dar otro ejemplo, y nótale muy bien
para que te sea todo como mochila, para que vivas castamente en este mundo. Siendo vivo el señor
de Tezcoco, llamado *Netzahualcoyotzin*, fueron presas
dos viejas, que tenian los cabellos blancos como la
nieve de viejas, porque adulteraron, é hicieron traicion á sus maridos, que eran tan viejos como ellas,
y unos mancebillos sacristanejos, tuvieron acceso á
ellas. El señor *Netzahualcoyotzin*, cuando las llevaron á
su presencia para que las sentenciase, preguntólas
diciendo: abuelas nuestras: ¿„Es verdad que todavia
teneis deseo del deleite carnal? ¿aun no estais hartas
siendo tan viejas como sois? ¿qué sentiais cuando
erais mosas? decídmelo pues que estais en mi presencia, por este caso." Ellas respondieron. Señor nuestro y rei, oiga vuestra alteza: „vosotros los hombres,
cesais de viejos de querer la delectacion carnal, por

haber frecuentádola en la juventud, porque se acaba la potencia, y la simiente humana; pero nosotras las mugeres nunca nos hartamos ni nos enhadamos de esta obra, porque es nuestro cuerpo como una sima, y como una barranca honda, que nunca se hincha, recibe todo cuanto le echan, y desean mas, y demanda mas; y si esto no hacemos, no tenemos vida". Esto te digo hijo mio, para que vivas recatado, y con discrecion, y que vayas poco á poco, y no te des prisa en este negocio tan feo, y tan perjudicial.

CAPITULO XXII.

En que se contiene la doctrina que el padre principal, ó señor daba á su hijo acerca de las cosas, y política esterior: conviene á saber: como se habia de haber en el dormir, comer, beber, hablar y en el trage, y en el andar, mirar, oir; y que se guarde de comer comida de mano de malas mugeres, porque dan hechizos.

Hijo mio: ya te he dicho muchas cosas que son necesarias para tu doctrina y buena crianza, para que vivas en este mundo como noble, hidalgo y persona que viene de mayores, ilustres y generosos; réstame el decir otras algunas, que te conviene mucho saber y encomendar á la memoria, las cuales recibimos de nuestros antepasados, y porque esto seria hacerlos injuria, no te las he de decir todas. Lo primero es, que seas muy cuidadoso de despertar y velar, y no duermas toda la noche, porque no se diga de tí que eres dormilon, perezoso y soñoliento. Mira que te levantes á la media noche á orar, suspirar, y á demandar á nuestro señor que está en todo lugar, que es invisible é impalpable, y tendrás cuidado de barrer el lugar donde estan las imágines, y de ofrecerlas incienso. Lo segundo, tendrás cuidado de cuando fueres por la calle ó por el camino que vayas sosegadamente, ni con mucha prisa, ni con mucho espacio, sino con honestidad y madurez; á los que no lo hacen así, llámanlos *ixtotomaccuecuetz*, que quiere decir persona que vá mirando á diversas partes *como loco*, y persona que vá andando sin honestidad y sin gravedad, como libiano y bullicioso. Asimismo dicen de los que van muy despacio *vivilaxpulxocotezpulheticapuc*, que quiere decir persona que vá arrastrando los pies, que anda como persona pesada, y que no puede andar de gordo, ó como muger preñada que vá andando haciendo meneos con el cuerpo. Por el camino ni irás cabizbajo, ni tampoco irás inclinada la cabeza de lado, ni mirando ácia los lados, porque no se diga de tí que eres bobo, tonto, mal criado, y mal disciplinado, y que andas como muchacho. Lo tercero que debes notar es acerca de tu hablar; conviene que hables con mucho sosiego, ni hables apresuradamente ni con desasosiego, ni alzes la voz, porque no se diga de tí que eres vocinglero y desentonado, bobo, alocado ó rústico: tendrás un tono moderado, ni bajo ni alto en hablar, y sea suave y blanda tu palabra. Lo cuarto que debes notar es, que en las cosas que vieres ú oyeres, especialmente si son malas, las disimules y calles como si no las oyeras, y no mires curiosamente á alguno á la cara, ni notes con curiosidad los atavios que trae, y la manera de su disposicion: tampoco mires con curiosidad el gesto y disposicion de la gente principal, mayormente de las mugeres, y sobre todo de las casadas, porque dice el refran que el *que curiosamente mira á la muger adúltera* con la vista, [a] y algunos fueron punidos con pena de muerte por esta causa. Lo quinto que debes notar es, que te guardes de oír las cosas que se dicen que no te cumplen, especialmente vidas agenas y nuevas; dígase lo que se dijere, no tengas cuidado de ello, haz como si no lo oyeras, y si no

[a] Es doctrina del evangelio.   *Tóm. II.*   **20**

te puedes apartar de donde se oyen estas cosas ó
de donde se hablan, no respondas ni hables otras
semejantes, oye, y no cures de hablar. Cuando
algunos hablan de vidas agenas, y dicen algunos
pecados que son dignos de castigo, y tú llegas
á oírlos, en especial si tú tambien hablares alguna palabra acerca de aquel negocio ó pecado, á tí
te será achacado y atribuido: lo que se dice á tí,
te lo pondrán acuestas, y serás preso y aun castigado por ello, y segun dice el refran, *pagarán justos
por pecadores;* á tí te lo echarán todo, todos se es-
cusarán, y á tí solo echarán la culpa; todos los otros
que oyeron y dijeron aquellas palabras ó que les toca, quedarán en paz, y tú serás llevado á juicio. Por
lo ya dicho hijo mio muy amado, conviene que
abras muy bien los ojos, y andes con mucho aviso, para que no mueras por tu necedad y por tu poco saber; mira muy bien por tí. Lo sesto hijo mio en que
debes ser avisado es, que no esperes á que dos veces te llamen: á la primera responde luego y levántate, y vé á quien te llama; y si alguno te enviare
á alguna parte, vé corriendo: si te mandaren tomar
alguna cosa, tómala de presto sin tardanza. Sé muy
diligente y muy ligero; no seas perezoso; has de ser
como el aire ligero; mira que en mandándote la cosa luego la hagas, no esperes á que dos veces te
lo manden, porque esperar á dos veces ser mandado ó ser llamado, es cosa de bellacos y perezosos,
de personas viles y de ningun valor, y por tal serás
tenido y por mal mandado, y por soberbio, y por el
mismo caso conviene que te quiebren en la cabeza
ó en las espaldas lo que habias de traer. Lo sétimo de que te advierto hijo es, que en tus atavios seas
templado y honesto, no seas curioso en tu vestir ni
demasiado fantástico: no busques mantas curiosas ni
muy labradas, ni tampoco traigas atavios rotos y viles porque es señal de pobreza y de bajeza, y per-

sonas á quien nuestro señor tiene desechadas, y son sin provecho y miserables, que andan por las montañas y por las cabañas buscando yerbas para comer, y leña para vender. No conviene que imites á estos tales porque son burladores, y su manera de vivir es cosa de burla: traete honestamente y como hombre de bien: ni traigas la manta arrastrando de manera que vayas tropezando en ella por via de fantasía; tampoco añudarás la manta tan corta que quede muy alta, en esto tendrás el medio, ni tampoco traigas la manta añudada por el sobaco; y aunque estas cosas veas que otros las hacen, no los imites. Los soldados que se llaman *cuahicque*, son tenidos en mucho en la guerra, porque pelean como desatinados, y no tienen en nada la vida, sino que buscan la muerte por via de valentía; y tambien los truhanes y chocarreros, y los bailadores y los locos, luego toman cualquier trage nuevo que ven, traen las mantas arrastrando, y andan tropezando en ellas, añúdanlas debajo del sobaco, y traen el brazo desnudo y andan de fantasía, haciendo desaires, arrastrando los pies y requebrándose en el andar: traen unas cotaras tambien de fantasía mas anchas y largas que son menester, y con las correas muy anchas y muy copiosamente atadas. Mira hijo que tú seas avisado, templado, y honesto en las mantas y en los maxtles, de manera que todo sea de buena manera y bien puesto. Lo octavo que quiero que notes hijo mio es, la manera que has de tener en el comer y en el beber: seas avisado hijo, que no comas demasiado á la mañana y á la noche; sé templado en la comida y en la cena, y si trabajares, conviene que almuerzes antes que comienzes el trabajo; la honestidad que debes tener en el comer es esta. Cuando comieres no comas muy aprisa ni con demasiada desenvoltura, ni des grandes bocados en el pan, ni metas mucha vianda junta en la boca,

150

porque no te añuzques ni tragues lo que comes como perro: comerás con sosiego y con reposo, y beberás con templanza cuando bebieres. No despedazes el pan ni arrebates lo que está en el plato: sea sosegado tu comer porque no des ocasion de reir á los que están presentes: si te añuzcares con el manjar, é hicieres alguna cosa deshonesta para que burlen de tí los que comen contigo, adrede te darán cosas sobradas por tener que reir contigo, porque eres gloton y tragon. Al principio de la comida labarte has las manos y la boca, y donde te juntares con otros á comer, no te sientes luego; mas antes tomarás el agua y la jícara para que se laben, los otros, y echarles has agua á las manos, y despues de esto, cojerás lo que se ha caido por el suelo y barrerás el lugar de la comida, y tambien despues de comer lavaraste las manos y la boca, y limpiarás los dientes. Hete dicho hijo estas pocas palabras, aunque hay mucho que decir acerca de la honestidad que se ha de tener en el bien vivir, de lo cual hablaron muchas cosas los antiguos, así hombres como mugeres, nuestros antepasados; pero no lo podrás tener todo en la memoria. Una cosa te quiero decir que te conviene mucho tener presente, porque es mucho digna de notar, que es sacada de los tesoros y cofres de nuestros mayores, dijeron: el camino seguro por donde debemos caminar en este mundo, es muy alto, muy estrecho y desviado, á cualquiera parte de este camino no podemos sino caer en una profunda barranca, [a] y despeñarnos de una gran altura. Esto quiere decir que es necesario que todas las cosas que hiciéremos y dijéremos, sean regladas por la providencia; lo mismo hemos de guardar en lo que oyéremos y en lo que pensáremos &c

(a) De esta comparacion se usa en diversas partes de esta Obra, es de las comparaciones clásicas y comunes de los mexicanos, de que hay muchas repetidas y *monotonas.*

Esto quiero que notes mucho, que no comas de presto la comida que te dieren, sino mira primero lo que se te dá á comer, porque hay muchos peligros en el mundo, y hay muchos enemigos que aborrecen á la persona de secreto. Guárdate que no te den á comer ó á beber alguna cosa ponzoñosa; mayormente te debes guardar, de esto, de los que te quieren mal, y mas de las mugeres, en especial de las que son malas. No comerás ni beberás lo que te dieren, porque muchas veces dan hechizos en las comidas y en las bebidas para provocar á la lujuria; y esta manera de hechizos, no solamente empeze al cuerpo y al alma; pero tambien mata, porque se desaina el que lo bebe ó lo come, frecuentando el acto carnal hasta que muere. (a) Dícese que los que toman de su voluntad la carne del *mazacoatl,* que es *una culebra con cuernos,* [b] tómanla muy templado y muy poco, y si la toman destempladamente, podrán tener acceso á cuatro, cinco y á mas mugeres, á cada una cuatro ó cinco veces, y los que esto hacen mueren, porque se vacían de *toda la sustancia de su cuerpo y se secan,* y se mueren deshechos, chupados, y andando; de esta manera al fin mueren en breve tiempo con gran fealdad, y desemejanza de su cuerpo y de sus miembros. Nota bien hijo, que si alguno te diere algo de comer ó beber de quien tienes sospecha, no lo comas ni lo bebas, *hasta que primero coma y beba de ello quien te lo dá:* (c) sé avisa-

(a) No es crimen desconocido entre nosotros este, pues sabemos el abuso que se hace de las cantáridas de que no usaban (segun parece los americanos) aunque las hay en Misantla tan activas como las de Asia. Sin duda usaban de yerbas cuyas averiguacion toca á los Botánicos.

[b] *Mazocoatl* en el diccionario del padre Molina, es culebra *gorda y grande,* no se como traduzca esta palabra el padre Sahagun *con cuernos:* suspendamos el juicio, y respetemos sus profundos conocimientos en la lengua mexicana para cuya inteligencia escribió un calepino.

(c) Es precaucion muy justa, y medio el mas aproposito para averiguar el veneno.

do, mira por tí en este mundo. Ya has oído lo que
te he dicho, guarda en todas las cosas el medio.

CAPITULO XXIII

De la manera que hacian los casamientos estos naturales.

Aquí se trata de la manera que hacian los
casamientos en estas partes los padres de algun mancebo. Cuando ya le veían que era idóneo para casarse, juntaban á todos los parientes, y estando juntos decia el padre del mancebo. „A este ´pobre de
nuestro hijo, ya es tiempo de que le busquemos su
muger, porque no haga alguna travesura, porque no
se revuelva por ahí acaso con alguna muger,
que ya es hombre." Dicho esto llamaban al moso
delante de todos, y decia el padre. „Hijo mio aquí
estás en presencia de tus parientes, habemos hablado
sobre tí, porque tenemos cuidado de tu persona, pobrecito, ya eres hombre, parécenos que será bien bus-
carte muger con quien te cases: pide licencia á tu
maestro, para apartarte de tus amigos los mancebos
con quienes te has criado: oígan esto los que tienen cargo de vosotros que se llaman *Telpuchtlatoque:*"
oido esto el mancebo, respondia. „Tengo en gran
merced y beneficio, eso que se me ha dicho habeis
hecho conmigo misericordia, en haber tenido cuidado de mí: dadoos habré pena y fatiga, hágase lo
que decis, porque tambien lo quiere así mi corazon:
ya es tiempo que yo comienze á esperimentar los
trabajos y peligros del mundo, ¿pues qué tengo de
hacer? Hecho esto luego aparejaban de comer, haciendo tamales, moliendo cacao, y haciendo sus gui-
zados que se llaman *molli,* y luego compraban una
hacha conque cortan leña y maderos: luego embiaban á llamar á los maestros de los mancebos, que
se llamaban *Telpuchtlatoque,* y dábanlos á comer, y
regalábanlos cañas de humo. Concluido esto y terminada la comida, sentábanse los viejos parientes del

mancebo, y los del barrio, y ponian delante de todos la hacha, de que los mancebos usan estando en
poder del maestro. Luego comenzaba á hablar uno
de los parientes del mancebo, y decia. „Aquí estais
presentes señores y maestros de los mancebos, no
recibais pena, porque vuestro hermano N. nuestro
hijo, se quiere apartar de vuestra compañia: ya quiere tomar muger: aquí está, esta hacha, és señal de
como se quiere apartar ya de vuestra compañia, segun es la costumbre de los mexicanos, tomadla y
dejad á nuestro hijo." Entónces respondia el maestro de los mancebos llamado *Telpuchtlatoque*, diciendo.
Aquí hemos oído todos nosotros, yo y los mancebos
con quien se ha criado vuestro hijo algunos dias,
como habeis determinado de casarle, y de aquí adelante se apartará de ellos para siempre; hágase como mandais." Luego tomaban la hachuela y se iban
y dejaban al moso en su casa de su padre: hecho
esto juntábanse los parientes del moso, viejos y viejas, y conferian entre sí, cual mosa le vendria bien,
habiendo determinado la que le habian de demandar aquellas matronas viejas, que tenian por
oficio intervenir en los casamientos, habiéndolas rogado los parientes del moso, que fuesen á hablar de
su parte, á la que tenian señalada ya sus parientes.
A otro dia de mañana iban á la casa de la mosa,
y hablaban á los parientes de ella, para que diesen
su hija al moso: esto hacian con mucha retórica, y con gran parola. Habiendo oído los parientes de la mosa la mensageria de las viejas, respondian escusándose, *como haciéndose de rogar*, que
la mosa aun no era para casar, ni era digna de
tal mancebo. En esto pasaban pláticas de mucha
ronceria: acabada su plática, los de parte de la mosa con las viejas despedíanse diciendo que vendrian
otro dia, que mirasen de espacio lo que les cumplia;
y así el dia siguiente iban muy de mañana á la ca-

154

sa de la mosa, y hacian sus pláticas acerca del negocio, y tambien las despedian con *rencerias* de los
padres de la joven, y como se iban las viejas, decian los parientes de ella que viniesen otra vez.
Al cuarto dia volvian las viejas, á oír la respuesta
y determinacion de los padres de la mosa, los cuales hablaban de esta manera. „Señoras mias, esta
mosuela os dá fatiga puesto que la buscais con tanta
importunacion para muger de ese mancebo, que habeis dicho: no sabemos como se engaña ese moso
en la demanda, porque ella no es para nada, y es
una bobilla; pero pues que con tanta importunacion
hablais de este negocio, es necesario que teniendo la muchacha tios, tias, parientes y parientas,
será bien que todos juntos vean lo que les parece:
veamos lo que dirán, y tambien será bien que la
muchacha entíenda esto; venios pues mañana y llevareis la determinacion y conclusion de este negocio." El dia siguiente despues de haberse ido las
viejas, júntanse los parientes de la muchacha, y háblan-
se sobre el negocio sosegada y pacificamente, (a) y
los padres de la niña, despues de haber concluido
el negocio, entre todos dicen. „Está bien; pues, con-
cluyese que el moso será muy contento de oír lo que
se ha determinado, será gustoso de casarse con ella aunque sufra por esto pobreza y trabajo, pues que parece que
está aficionado á esta muchacha, aunque no sabe
aun hacer nada, ni es esperta en hacer su oficio
mugeril. Y luego despues de esto los padres de la
mosa hablaban á los padres del mancebo diciéndoles.
„Señores: Dios os dé mucho descanso, el negocio
está concluido, conciértese el dia en que se han de
juntar." Despues de apartados los unos de los otros,
los parientes ancianos del moso, preguntaban á los
adivinos cual era un dia bien afortunado para el ne-

(a) Hé aquí lo que llaman en Francia *junta de familia.*

gocio: decian que cuando reinaba el caracter que se llama *Acatl*, ó el otro que se llama *Ozomatli*, ó el otro que se llama *Cipactli*, ó el otro que se llama *Quauhtli*, ó el otro que se llama *Calli*, cualquiera de estos era bien acondicionado para este negocio. Despues de esto, luego comenzaban á preparar las cosas necesarias para el dia de la boda, que se habia de hacer en algun signo de los arriba dichos. Aparejábanse las ollas para cocer el maíz y el cacao molido que llaman *cacaoapinolli*, [a] las flores que eran menester, las cañas de humo que se llaman *yetlilli*, y los platos que se llaman *molcaxitl*, y los vasos que se llaman *zoquitecomatl*, y los *chiquivitl* [ó canastas]. Comenzaban á moler el maíz y ponerlo en los *apaztles* ó lebrillos: luego hacian tamales toda la noche y todo el dia por espacio de dos ó tres; no dormian de noche sino muy poco, trabajando en lo arriba dicho. El dia antes de la boda, convidaban primero á la gente honrada y noble, y despues á la otra gente como eran los maestros de los mancebos, y á los mancebos de quien tenian cargo, y luego á los parientes del novio y de la novia. El dia de la boda, de mañana entraban los convidados en la casa de los que se casaban. Primeramente entraban los maestros de los mancebos con su gente, y bebian solamente cacao y *pulcre*, y todos los viejos y viejas entraban á comer al medio dia: entónces habia gran número de gente que comian y servian dando comida, flores, y cañas de perfumes. Muchas de las mugeres llevaban mantas y las ofrecian: otras que eran pobres ofrecian maíz: todo esto ofrecian delante del fuego, y los viejos y viejas bebian *uctli* ó pulcre, y lo hacian en unos vasos pequeñitos *templadamente*. Algunos bebian tres ó cuatro, otros cinco de aquellos vasos, y de allí no pasaban. Los vie-

[a] Hoy chocolate.

Tóm. II.   21

jos y viejas con tantos como vasos se emborrachaban, y este vino era adobado. A la tarde de este
dia, bañaban á la novia y labávanla los cabellos, y
componianla los brazos y las piernas con pluma colorada, y ponianla en el rostro margagita pegada. A
las que eran mas muchachas ponianlas unos polvos
amarillos que se llaman *tecozahuitl*, y despues de compuesta de esta manera, ponianla cerca del hogar en
un petate como estrado, y allí le iban á saludar todos los viejos de parte del moso, y decian de esta manera. „Hija mia que estas aquí, por vos son
honrados los viejos y viejas y vuestros parientes: ya
sois del número de las mugeres ancianas: ya habeis
dejado de ser mosa, y comenzais á ser vieja, ahora dejad ya las mocedades y niñerias. No habeis de
ser desde aquí adelante como niña ó como mosuela, conviene que hableis y saludeis á cada uno como es regular. Habeis de levantaros de noche, barrer la casa, poner fuego antes que amanezca: os habeis de levantar cada dia. Mira hija que no avergonzeis ni deshonreis á los que somos vuestros padres y madres; vuestros abuelos que ya son difuntos, no os han de venir á decir lo que os cumple
porque son ya muertos; nosotros lo decimos en su
nombre. Mira pobrecita que te esfuerzes, ya te has
de apartar de tu padre y madre, mira que no se incline tu corazon mas á ellos; [a] no has mas de
estar con tu padre ni con tu madre, ya los has *de
dejar del todo*: hija nuestra deseamos que seas bienaventurada y próspera." Oído esto la novia, respondia con *lágrimas* [b] al que la habia hablado. „Se-

(a) Hé aquí á tu varon por quien dejareis á vuestro padre y
madre por unirte á él dice Dios en el Génesis. Vease si tenian
ó no los Mexicanos idea de la union moral é indisoluble del matrimonio.

(b) Por lo comun quieran ó no, siempre las derraman aunque
sientan el mayor placer en lo que afectan negar; hácenlo por pudor, y por no parecer libianas y fáciles. Cojera de perro, juramen-
to de tahur, y lágrimas de muger no hay que creer. (adagio)

ñor mio, persona de estimacion: haveisme hecho merced todos los que habeis venido, se ha mostrado vuestro corazoñ benigno, y por mi causa habeis recivido pena y trabajo por honrarme. Las palabras que se me
han dicho, téngolas por cosa preciosa y de mucha
estima: habeis hecho como verdaderos padres y madres en hablarme y aconsejarme: agradezco mucho el
bien que se me ha hecho." Cuando ya era á la puesta del sol, venian los parientes del moso á llevar
á la nuera con muchas viejas honradas y matronas,
y en entrando en la casa donde estaba la novia, decian luego: „Por ventura os seremos causa de temor con nuestro tropel: sabed que venimos por nuestra hija, queremos se vaya con nosotros, y luego se
levantában todos los parientes de la mosa, y una
matrona que para esto iba preparada, aparejaba una
manta grande que se llama *tlilquemitl* tomándola por las
esquinas, tendiala en el suelo, y sobre ella se ponia de
rodillas la novia, luego la tomaba acuestas y encendian hachones de teas que para esto estaban aparejados, y esta era la señal que ya la llevaban á casa de su marido. Iban todos ordenados en dos rencles ó filas, como cuando van en procesion acom-
pañándola; pero los parientes de la moza iban en torno de ella en grupo, y todos llevaban los ojos puestos en la novia, y los que estaban á la mira por
las calles, decian á sus hijas: ¡Oh bienaventarada mosa! (a) mírala, mírala cual vá.... Bien parece que ha
sido obediente á sus padres, y ha tomado sus consejos; tu nunca los tomas y las palabras que
se te dicen para tu provecho: las amonestacio-
nes que se te dan, todas las entiendes al reves, y no
las pones por obra. Esta mosa que ahora se casa con esta honra, parece que es bien criada y

(a) De cuantas podria decirse ¡Oh infelíz mosa! ¿en que manos habeis caído por vuestra desventura? ¡Que pocos son los buenos matrimonios! Este albur se corre, y por lo comun se pierde.

bien doctrinada, y tomó bien los consejos y doctrinas de sus padres y madres honrándolos, no los des-
obedeció, sino que antes los ha honrado como parece
ahora." Habiendo llegado la novia á la casa del novio, luego ponian á los dos juntos al hogar, la muger á la mano izquierda del varon, y este á la
mano derecha de la muger, y la suegra de la novia luego salia para dar dones á la nuera: vestiala
un vipilli y poniala á los pies un *cueitl* (saya ó enaguas) todo muy labrado, y la suegra del novio luego daba tambien dones á su yerno; cubriale una manta añudada sobre el hombro, y poniale un maxtle junto á
sus pies. Hecho esto las casamenteras ataban la manta
del novio, con el *vipilli* de la novia, y la suegra de la
novia iba y lavaba la boca á su nuera, y ponia tamales en un plato de madera junto á ella; y tambien uno con *molli*, que se llama *tlatonilli*. Luego daba á comer á la novia cuatro bocados, los primeros que comian; (a) despues daba otros cuatro al
novio, y luego á ambos juntos los metian en una cámara, y las casamenteras los echaban en la cama
y cerraban las puertas, y dejábanlos á ambos solos:
salíanse todos de la cámara, y las viejas casamenteras que se llaman *titizi*, que eran como ministras
del matrimonio, estábanlos guardando, y allí bebian,
no sé iban á sus casas, y toda la noche estaban allí.
Habiendo hecho esto cuatro dias arreo, (ó continuos) hacian una ceremonia, y era que la estera sobre que habian dormido, que se llamaba *petatl*, la sacaban al medio del patio, y allí la sacudian con cierta ceremonia, y despues tornaban á ponerla en el
lugar donde habian de dormir. En este tiempo comian, y bebian dentro de casa, los parientes de la

(a) Es menester no olvidar que el pudor de las jovenes mexicanas era tal que jámas decian *si* cuando se les preguntaba si querian casarse, ellas mostraban su voluntad y deferencia con otros ac-
tos; (dice Veytia) pero jámas decian *si* paladinamente.

novía, con los de el novio, y allí se trataban todos como cuñados y afines, y como tales se hablaban y conocian. Despues de esto íbanse todos á
sus casas muy contentos, y las viejas parientas del
novio, hablaban á la novia diciendo de esta manera. „Hija mia, vuestras madres que aquí estamos,
y vuestros padres os quieren consolar: esforzaos hija, [a] y no os aflijais por la carga del casamiento que
tomais acuestas. Aunque es pesada, con la ayuda de
nuestro señor la llevareis. Rogadle que os ampare; plegue á él que vivais muchos dias, y subais por la
cuesta arriba de los trabajos; quizás hija mia lle-
gareis á la cumbre de ellos sin ningun impedimento ni fatiga que Dios os envie, no sabemos la que S. M.
tendrá por bien de hacer: esperad en él. Veis aquí
cinco mantas que os dá vuestro marido, para que
con ellas trateis en el mercado, y con ellas com-
preis el *chilli*, la *sal*, el *ocote* y la *leña* con que habeis de guisar la comida. Esta es la costumbre que
dejaron los viejos y viejas; trabajad hija y haced
vuestro oficio mugeril sola: ninguno os ha de ayudar: ya nos vamos; sed bien aventurada y próspera como te deseamos." Despues de esto la suegra
del recien casado, hablábale de esta manera. „Aquí
estais hijo mio, que sois nuestro tigre, águila, pluma rica y nuestra piedra preciosa: ya sois nuestro
hijo muy tiernamente amado. Entended que ya sois
hombre casado, y tienes por muger á nuestra hija: no os parezca esto cosa de burla, mirad que ya
es otro mundo en donde ahora os hablais: ya estais en

(a) El que hubiere visitado los conventos de monjas de México, y oído hablar á las Religiosas, notará que usan esto mismo lenguage, y es igual el estílo de ellas: en nada ha cambiado en
esta parte de caracter la Nacion. Esto prueba la originalidad de
estos razonamientos, llenos de ternura y sensibílidad, de aquella
sensibílidad peculiar y característica de las modestas, suaves, y
compasivas señoritas mexicanas: palabras dulces á las que puede
aplicarse aquello de.... *Sobre la miel ática.*

vuestra libertad: [a] otra manera de vivir habeis tomado de la que habeis tenido hasta ahora. Mirad
que seais hombre, y que no tengais corazon de niño: no os conviene de aquí adelante ser moso tra-
vieso, ni andar en los buréos que andan los mancebos, ni en los amancebamientos y burlerias de mo-
sos y chocarrerias, porque ya sois del estado de los
casados [que es *tlapalivi.*] Comenzad á trabajar en
llevar cargas acuestas por los caminos, de *chilli,* sal
salitre y peces, andando de pueblo, en pueblo. En-
señaos á los trabajos y fatigas que habeis de sentir
en el corazon y cuerpo, durmiendo en los rincones,
en las habitaciones agenas, y en las portadas de las
casas que no conoceis. Haceos á los peligros de pasar los arroyos, de subir las cuestas, y de atravesar los
páramos: haceos tambien á los trabajos de pasar los
soles y frios, dó habeis menester de templar el calor del sol con el aventadero de plumas que habeis
de llevar en la mano. Acostumbraos á comer pan seco, con maíz tostado: no penseis en lujo, ni que de
aquí adelante habeis de vivir en regalo y en delica-
dez, porque habeis con vuestro sudor de ganar la comida: á nadie se le viene á casa lo que ha de comer y beber, á nadie se le cae delante lo que ha
de menester: no se junta la hacienda sin trabajo: es
menester trabajar con todas las fuerzas, para alcanzar la misericordia de Dios. No hay otra cosa que
os decir, quedad en buena hora."

CAPITULO XXIV.

En que se pone lo que hacian cuando la recien casada
se sentia preñada.

Despues que ya la recien casada se siente
preñada, hacelo saber á sus padres, y estos luego apare-

(a) Es decir, emancipado y libre de la autoridad y sugecion de
la familia,

jan comida, bebida, flores olorosas y cañas de humo. Luego convidan y juntan á los padres y madres del casado y de la casada, con los principales del pueblo, y todos reunidos comen y beben. Despues de haberlo así hecho pónese en medio de todos un viejo de parte del casado asentado en cuclillas, y dice de esta manera. „Oíd todos los que estais presentes por el mandamiento de nuestro señor que está en todo lugar: quiero deciros algunas palabras rústicas y groseras, á vosotros nuestros afines, pues que aquí os ha juntado nuestro señor el cual se llama *Yoalliehecatl*, que quiere decir *tiniebla* y aire, y que está en todo lugar, el cual os ha dado vida hasta estos dias: vosotros que sois sombra, abrigo y como un árbol que se llama *puchotl*, que hace gran sombra, ó como el árbol que se llama *abebetl*, que así mismo á su sombra se abrigan los animales. De esta manera sois señores amparadores, y abrigadores de todos los menores, y gente baja, que moran en las montañas y en los paramos. Abrigais así mismo á los pobrecitos soldados y gente de guerra, porque os llaman y tienen por padres, y por sus consoladores, por ventura teneis trabajos, y algunos desasociegos y os damos pena, y os embarazamos para entender en muchos negocios, en que os ocupa nuestro señor, y tambien os ocupan en los oficios de la república de que estais encargados. Quizás os seremos penosos con nuestras palabras con que os queremos saludar, y hablar acerca de vuestros oficios y gobierno. Oíd pues señores que estais presentes, y todos los demas que tambien aquí estais, viejos y viejas: sabed pues todos, que nuestro señor ha hecho misericordia, porque á la señora N. mosa, y recien casada, ha puesto dentro de ella una piedra preciosa, y una pluma rica, puesto que ya está preñada la mosuela. Parece que nuestro señor ha colocado dentro de ella una criatura, pues que será ahora la voluntad de

Dios si merecerá este mancebo gozar de la merced de S. M. y vuestra hija N., será merecedora por ventura de que venga á luz lo que ha concebido; y los viejos de adonde ellos vienen que ya son difuntos, que vivieron en este mundo algunos pocos dias, y los viejos y viejas que ya están en su recogimiento en la cueva, y en el agua, en el infierno donde están descansando, y no se acuerdan de lo que acá pasa, porque fueron para nunca mas volver, ni tarde, ni temprano, nunca mas los veremos. Pluguiera á Dios que esto aconteciera en su presencia, para que oyeradeis las palabras de vuestra salutacion de su boca, pues ahora no hay viejos que autoricen, ni canas que resplandezcan ¿quién os podrá saludar? ¿quién pronunciará en vuestra presencia algunas palabras dignas de ser oídas? ahora lo que se dice en vuestra presencia, señores, es una manera de tartamudear, y hablar sin órden ni concierto que se ofrece á vuestras orejas. No dudamos sino que nuestro señor quiere dar un hijo ó hija, á vuestros hijos pobrecitos: solo esto he dicho, y solo esto habeis oído, descansad y holgad en prosperidad y buena andanza. [a]

Cuando arengan siempre son oradores los que hablan: el segundo orador dice lo siguiente.

Hijos mios y señores, no queremos daros fastidio, ni causaros dolor de cabeza y de estómago:

(a) Un banquete, una reunion de família, y un tan largo y empalagoso razonamiento para decir que la recien casada ya está *preñada,* y anunciar esta nueva á sus deudos como hoy lo hacen los monarcas de Europa con sus esposas; prueba el refinamiento político de la Nacion mexicana. Cotéjese ya esta conducta con la fria insensibilidad que mostraban cuando se trataba de sacrificar á los de su especie á los dioses apurando toda la crueldad, y este contraste nos llenará de asombro. El guardar armonía en las costumbres, y ser constantemente humanos en todas circunstancias, solo es dado al verdadero cristiano.

no queremos daros ocasion de alguna mala disposision: ya habeis oído y entendido dos ó tres palabras, y es que nuestro señor Dios que en todo lugar reside, quiere dar fruto de generacion á la mozuela recien casadilla. Hágase la voluntad de S. M. esperemos lo que quiere hacer. Reposad y holgad hijos mios.

Aquí responde el que es saludado, ó alguno en su nombre, y dice así.

„Seais muy dichosos y prósperos los que aquí habeis venido siendo enviados por nuestro señor Dios que está en todo lugar; diré algunas cosas que no son de regocijo, sino de lloro y lágrimas, aqui donde nos ha juntado nuestro Dios. Aquí hemos oído ahora cosas muy delicadas y muy preciosas, dignas de ser tenidas en mucho, y que no somos dignos de oírlas ni verlas. Por cierto mas convenia que las oyeran los viejos y viejas, ¿mas como los podremos traer aquí cuando ya son muertos é idos á la cueva del agua? nuestro señor los llevó para sí, estos fueron nuestros antepasados, los cuales fueron tambien sombra y abrigo, y como unos grandes árboles que se llaman *puchotles y abebetl*, debajo ve cuya sombra se ampararon los que entónces vidian, los cuales nos escondieron sus manos y sus pies debajo de sus mantas, y que estendieron sus álas para amparar con diligencia á sus súbditos y vasallos, parientes y amigos, y estos fueron el señor N, y la señora N.; ¡pluguiera á Dios que este negocio se tratará en su presencia y viviendo ellos! Ojalá que ellos hubieran oído y sabido esta obra tan maravillosa que nosotros oímos y entendimos ahora que nuestro señor quiere hacer en nuestra presencia, demostracion de que nos quiere dar una piedra preciosa y una pluma rica: esto és, la criatura que nuestro señor ha comenzado á poner en el vientre de la mozuela recien casada; y si ellos esto vieran y oyeran, no hay duda sino que lloraran de placer, é hicieran muchas gracias por este gran beneficio. Pero nuestro señor que está en todas partes nos ha dejado de esta manera en pobreza, que ni hay viejos ni personas que puedan satisfacerse con semejantes casos. ¿Quien pues podrá llorar y dolerse? ¿Y quien podrá suficientemente admirarse de lo que pasa? No hay otros sino los que ahora tenemos cargo y gobernamos, que somos como muchachos de poco saber y de poco valer, que no hacemos cosa á derechas, [a] todo lo desperdiciamos, y todo lo dañamos. ¿Quien nos podrá responder? ¿Quien podrá orar en respuesta de lo que habeis dicho? Si fuera en presencia de vuestros padres que aquí hemos nombrado y acordadonos de su antiguedad y saber, ellos por cierto hubieran suficientemente respondido á lo que habeis dicho, y no con pocas lágrimas se maravillaran de lo que habeis orado; pero por falta de ellos nosotros pobres, y menguados de saber, diremos algunas pocas palabras imperfectas y bárbaras como balbutiendo, sin orden ni modo, para responder á lo que habeis dicho. Lo que ahora al presente se ofrece decir és, que nuestro señor que está en todo lugar, ha abierto el cofre y la caja de sus misericordias, que solo él la posee. ¿Por ventura merecemos ó merecerían nuestros padres que ya son pasados de este mundo, que los ha quitado el señor de sobre la tierra, y les ha puesto en el lugar de la obscuridad que no tiene ventana ni por donde le entre luz? ¿Por ventura florecerá y brotará lo que ellos dejaron plantado, así como maguéy profundamente, que fué el deseo que tuvieron que se multiplicase

(a) ¡De cuantos de nuestros gobernantes pudieramos hoy decir esto mismo! mas por nosotros lo dice la nacion que llora y reciente sus estravios, locuras é ignorancia.

su generacion? no sabemos la joya, ó precioso sartal
de flores conque ha adornado nuestro señor á esta
mozuela, porque la merced que nos ha hecho, está en ella escondida como en un cofre; acaso no
mereceremos ni seremos dignos de verla y gozarla,
y será como delirio que se pasa en vano: ¡Oh si
nuestro señor ahora tendrá por bien de sacar á luz
esta fiesta y esta maravilla! ¿si saldrá al mundo,
y será posible que le veamos, ó se pasará como
sueño? y porque pienso que con mi proligidad ofen-
do vuestras cabezas y estómagos dandoos pena, paréceme lo mas acertado que calle; oremos á Dios, y
esperemos en su misericordia. Tal vez merecemos
que venga á luz esta criatura, ó acaso en su edad
tierna, ó quizás la perderemos antes de salir al mundo; y así no quiero decir mas, sino rogar á nuestro
señor que está en todo lugar, que dé reposo á vuestros huesos, y á vuestro ánimo todo contento. Despues de esto, el orador endereza sus palabras á la
preñada, y si es muger noble, dícela de esta manera.

CAPITULO XXI.

*Del lenguage que usaban dando la enhorabuena á la pre-
ñada hablando con ella: es plática de alguno de los parientes de él; avisábanla en ella muchas cosas, y acabándola de hablar, hablaba luego á sus padres de los mozos, y alguno de ellos responde á los oradores: tambien
la preñada habla á su suegro y suegra.*

¡Nieta mia muy amada y preciosa como chalchivite y zafiro, noble y generosa! ya es cierto ahora que nuestro señor se ha acordado de vos, el cual
está en toda parte, y hace mercedes á quien quiere:
ya está claro que estais preñada, y que Dios os
quiere dar fruto de generacion, y poneros un joyel

y daros una pluma rica: y acaso lo han merecido vuestros suspiros y lágrimas, y el haber estendido vuestras manos delante de nuestro señor Dios, y las peticiones y oraciones que habeis ofrecido en presencia de S. M., el cual es llamado *tiniebla y aire* en las vigilias de la media noche. Por ventura habeis velado y trabajado en barrer y ofrecer incienso en su presencia; por estas buenas obras ha hecho con vos misericordia, y esta fué la causa porque se determinó en los cielos y en el infierno, antes del principio del mundo, que se os hiciese esta merced. Por tales motivos nuestro señor *Quetzalcoatl* que es criador y hacedor, os ha hecho esta merced; así lo ha determinado el que reside en el cielo, un hombre y una muger que se llama *Ometeculli, Omeciatl:* mirad hija mia que no os ensobervezcais por la merced que se os ha hecho, ni digais dentro de tí, *ya estoy preñada por mi merecimiento:* no atribuyais esta merced á ellos, porque si esto hiciéredes, no se le podrá esconder á nuestro señor lo que dentro de vos pensáreis, porque no se le oculta ninguna cosa, aunque esté dentro de las piedras y de los árboles, y por esto se enojará contra vos, y os enviará algun castigo, de manera que perdámos lo que dentro de vos está, quitándole la vida, ó permitiendo que nazca sin sazon, ó muera en su ternura; ó por ventura os dará nuestro señor alguna enfermedad á vos para que murais; porque el cumplimiento del deseo que tenemos del hijo y generacion, por sola la misericordia de Dios se nos cumple; y si nuestros pensamientos son contrarios á esta verdad, pensando que se hace por nuestros merecimientos, nosotros nos defraudamos de la merced que nos está hecha. Quizás entónces hija por tu soberbia, no merecerás que salga á luz lo que ya está principiado, lo que viene yá. Esta es la voluntad de Dios, que hace brotar en tí la generacion de tus visabuelos y tatarabuelos, y tus padres que te echaron acá: voluntad de Dios es que engendre y produzca fruto el maguéy que ellos plantaron hondamente, para que lo que naciere sea imágen de ellos, á los cuales el mismo señor los escondió y llevó para sí: él quiere que levanten la cabeza, y en alguna manera resuciten los que nacerán de la posteridad. Lo que ahora hija muy tierna es necesario que hagas és, que te esfuerzes, que hagas cuanto quepa en tu posibilidad acerca de pedir, llorar y suspirar, delante de nuestro señor: trabaja tambien en barrer, en desembarazar, componer, y limpiar los altares y oratorios de vuestra casa, á honra de nuestro señor Dios: procura asimismo de ofrecer le incienso que se llama *tenamactli:* vela de noche, mira que no durmais demasiado, ni te des á la dulzura del sueño, mayormente procura suspirar de corazon y decir: ¿qué será de mí desde aquí á cuatro ó cinco dias? porque somos flacos y muy quebradisos. Oye otra cosa hija mia que te encomiendo mucho, mira que guardes mucho la criatura de Dios que está dentro de vos, que no seais causa de alguna enfermedad por vuestra culpa, que impida la merced que nuestro señor os ha hecho en haberos dado un hijo que es como un joyel conque os ha adornado: guardaos de tomar alguna cosa pesada en los brazos, ó de levantarla con fuerza, porque no empezcais á vuestro hijo: no useis el baño demasiadamente, para que no la mateis con el calor escesivo de él. Otra cosa os aviso, y esta quiero que la oiga nuestro hijo, vuestro marido N. que está aquí, porque somos viejos sabemos lo que conviene. Mirad los dos que no os burleis el uno con el otro, porque no estropeis á la criatura, ni useis mucho del matrimonio porque podrá ser que hagais daño al feto; y así es que saldrá cuando naciere, manco, ó liciado de los pies, de las manos ó de los dedos (a) ....

Apartaos hija de mirar cosas que espantan ó
dan asco; este es consejo de los viejos y viejas que nos precedieron. ¡Oh hijita mia, chiquitita
palomita! estas pocas palabras he dicho, para esfor-
zaros y animaros; son palabras de los viejos antiguos vuestros antepasados, y de las viejas que aquí
están presentes, con las cuales os enseñan todo lo
que es necesario, para que sepais y veais que os
aman mucho, y que os tienen como una piedra preciosa y pluma rica: ninguna cosa os han escondido, y en esto hacen como sábios y esperimentados.
Seais hija muy bienaventurada y próspera, y vivais
con mucha salud y contento, y viva tambien con sani-
dad y con salud, lo que teneis dentro en vuestro vientre:
esperemos todos en nuestro señor, lo que sucederá
mañana ú otro dia, y lo que de vos determinará. Seais
muy bienaventurada, y ruego venga á luz lo que está en vuestro vientre. (b)

*Despues de haber acabado el orador, vuelve la plática á
los padres y madres de los casados diciendo.*

Aquí estais presentes señores y señoras, de
quienes son estas preciosas y ricas plumas, cuales
son estos recien casados, los cuales fueron cortados
de vuestras entrañas, y de vuestros cuellos y gargantas. Aquí están presentes N. y N. que nacieron

(a) Consultando á la decencia, se han omitido varias espresio-
nes, que solo pueden tolerarse en la candorosa pluma del P. Sahagun.

[b] Es de admirar la prudencia conque los Mexicanos anuncia-
ban y prevenian á sus hijas de ciertos peligros que nuestros padres les ocultaban por una escrupulosidad imprudente, y por la
que algunos perdieron la vida. La niña que ignoraba lo que era
la mestruacion, si no se cuidaba en este periodo, quedaba enferma
para toda su vida, infecunda é inservible, y en cada mes se veia á
la muerte.

de vuestros cuerpos como uñas y cabellos. Hemos recibido de nuestro señor Dios un tesoro y una riqueza, porque hemos sabido lo que está en el cofre y en el arca encerrado: esta es la criatura que está en el vientre de la mosa, la cual no nos es dado ver: por ventura no somos merecedores de que nuestro señor nos publique á nosotros este negocio; porque aquellos que fueron dignos de él, ya nuestro señor los quitó de sobre la tierra, que fueron los viejos sábios y antiguos que fallecieron, y ahora en su presencia los que vivimos, decimos y hacemos boberias y niñerías, porque no nos es posible tornarlos acá, pues ni están en lugar donde pueden volver, ni los esperamos en ningun tiempo, y sabemos que no han de venir mas; no harán mas el oficio de padres y madres entre nosotros, porque para siempre se fueron; ya los puso nuestro señor en sus cajas y cofres; para siempre desaparecieron y nunca mas volverán; y los que ahora vivimos gozamos por ellos en su ausencia, aquello que ellos habian de gozar y oír. Ahora empero al presente ¿qué querrá nuestro señor hacer pues que de nuestra parte no hay ningun merecimiento? ¿Por ventura otorgársenos há esta merced que ahora estamos soñando? ¿Hablamos una cosa muy obscura y muy dudosa, y no sabemos que merced se le ha hecho á esta vuestra piedra preciosa, á esta vuestra pluma rica que es nuestra nieta y vuestra hija? ¡plegue á Dios que en vuestro tiempo y en vuestra presencia, gocemos de la luz y del alba del dia, que nuestro señor hará cuando pareciere! ¡plega á Dios que veamos y conozcamos que cosa es aquella que nos dará nuestro señor! Pero es mucho menester que vosotros, señores y señoras, que aquí estais, hagais vuestro oficio de padres y madres con mucha diligencia; conviene que exhorteis mucho á vuestros hijos aunque son ya adultos, pero él es joven y ella muchacha, no saben aun de cuan-

ta importancia sea este negocio,por que aun se burlan
y juegan como niños segun la costumbre del
mundo, es mucho menester que sean exhortados y
avisados. Por eso os ruego señores y señoras, que
hagais vuestro deber en informarlos con toda diligencia, con palabras eficaces, para que lloren, y se
entristezcan y suspiren. ¿Por ventura verificarse há
en nos esta merced que Dios nos quiere hacer? ¿Saldrá como sueño, ó nuestro señor se enojará y mu-
dará su disposicion? No sabemos lo que querrá hacer,
perseverad en hablarlos para que hagan lo que les
conviene.

*Aquí responden al orador, el padre y la madre de la
mosa.*

Señores: gran merced nos habeis hecho, pues
habeis trabajado con vuestro corazon y cuerpo: habeis fatigado vuestro estómago y cabeza. ¡Quiera
Dios que este trabajo que por nosotros habeis tomado ahora, no os sea causa de enfermedad, ó de
alguna mala disposicion! habeis hecho oficio de padres y madres, en haber dicho lo que habeis espre-
sado, antes que nuestro señor os saque de esta vida, y que dejeis el oficio de doctrinar é informar
á los que poco saben; y entre tanto que teneis el
de hacer sombra y amparar á la gente, como hace
el árbol llamado *puchotl,* y el llamado *abebetl,* á
cuya sombra se acogen no solamente los hombres,
sino tambien los animales; y entre tanto que os dura la posesion del mando que tomasteis de vuestros
antecesores y lo llevais acuestas, como quien lleva
una carga muy pesada ó un lio de ropa, la cual os
dejaron aquellos que nuestro señor llevó para si, y
nuestros señores y mayores que ya fallecieron y dejaron su carga sobre vuestras espaldas y vuestros
hombros, que es el regimiento muy pesado de la re-

pública que se ha de llevar á brazos, como la madre lleva á su niño. Hemos aquí oído y visto como habeis abierto vuestra caja y cofre, y habeis sacado las palabras que hemos oído como de padres y madres, que hubisteis de los antiguos y viejos nuestros señores antecesores y padres, y habeislo guardado y atesorado en vuestras entrañas y garganta, donde está cogido, doblado y ordenado, como vestiduras preciosas, y ahora lo habeis sacado para avisar y enseñar á vuestros hijos, que tienen necesidad de esa doctrina y crianza, los cuales están aquí presentes: muchos son de poco saber, y estos aun ignoran todo lo que les cumple, y aun viven en este mundo pareciendo que son personas y no lo son, sino que como han venido nuevamente al mundo, piensan que en él hay placeres sin peligro, y hay seguridad sin engaños, y que tranquilamente pueden dormir, que no tienen necesidad de ningunos trabajos, ni de buscar á Dios para que los ayude ofreciendo incienso de noche, y levantándose á barrer; no piensan nada de lo de adelante, ni dice su corazon ¿qué será de nosotros mañana ó ese otro dia? ¿ni que dispondrá de nosotros nuestro señor que está en todo lugar? y así viven descuidados; ni curan de saber si serán dignos de gozar del don de Dios que ahora parece como sueño. Tal semeja el preñado de esta mosa, y á este propósito la habeis hablado, y dicho maravillosas doctrinas, tocando todas las cosas necesarias de saber, sin dejar ninguna; y no solamente ellos han oído tan gran doctrina, sino nosotros los que somos viejos, y ancianos, hemos recibido de nuevo los consejos y advertencias de nuestros padres y madres, y otra vez nos habeis doctrinado como á vuestros propios hijos. Tenémoslo por muy gran merced, y hemos recibido en ello muy gran beneficio, y tendremos guardadas estas observaciones tan maravillosas, como quien tiene en la mano, y en el puño apretados los consejos de sus padres y madres: así habeis dicho vuestra plática, y para oírla nos hemos aquí juntado, mediante nuestro señor por amor de esta muchacha de poca edad, la cual estimais como piedra preciosa, y pluma rica, y como vuestras propias barbas, uñas, y como á rosa que ha brotado de vuestros antepasados que ya fallecieron, y nuestro señor los ha puesto escondido, y ausentado de este mundo; porque S. M. os quiere hacer merced de daros una piedra preciosa, y pluma rica, cual es una criatura que quiere perfeccionar, y acabar en el vientre de esta muchacha. Esta es la causa porque nuestro señor por quien todos vivimos os ha traído aquí, y esto ya lo teneis muy bien entendido: señores no tenemos mas que decir, porque todavia aun ahora este negocio está como cosa de sueño. Por ventura merecerán estos nuestros muchachos que aquí están, gozar lo que deseamos. Acaso lo sacará nuestro señor á luz á este mundo, aunque estamos á obscuras, y hablamos en tinieblas; esperamos en Dios que es lo que tendrá por bien de hacer, pues él es el que rige y gobierna todas las cosas que á todos nosotros convienen. Señores nuestros, deseamos vuestra prosperidad como á hijos, descansad ya: nuestro señor os dé todo contento.

Aquí habla la preñada, respondiendo á lo que los viejos oradores dijeron.

Señores nuestros y padres muy amados, por mi causa habeis recibido trabajo en el camino, porque hay caidas y tropiesos, viniendo con tener muchos negocios y ocupaciones que nuestro señor os ha encargado. Por mi causa los habeis dejado por darme contento, descanso y placer con vuestras palabras, consejos y avisos muy preciosos y raros, que aquí he yo oído, como de padres y madres muy ama-

dos, las cuales teneis atesoradas en vuestras entrañas y en vuestra garganta, como cosa muy preciosa y deseable. No las olvidaré, ni yo ni mi marido, el cual aquí está, que es vuestro siervo y criado N., á los cuales ambos, nuestro señor nos ha juntado: ¿por ventura con descuido lo olvidará, y la razon porque habeis venido? Es verdad que ya nuestro
señor tiene por bien de nos querer dar una piedra
preciosa, y pluma rica, y que tendrá por bien de sacar á luz lo que está comenzado si le place, ó quizás perderé este beneficio, y no gozaré de mi criatura: no sé lo que nuestro señor habrá determinado
de hacer en este negocio. Por cierto unicamente sé
que en mí no hay merecimiento para que venga á
luz, y nazca al mundo: ignoro si la verá para que
se conozca la merced que se me ha hecho. Aquí está presente vuestro siervo y criado: él y yo, siempre
andamos juntos, .como travados de las manos; quien
sabe si lo verá y conocerá la cara, de lo que de su
sangre se ha hecho, que es lo que tengo en el vientre: no sé si verá á su imágen que es la criatura que
está en mí, ó si el señor que está en todo lugar se
reirá de nosotros, deshacíendole como agua, ó dándole alguna enfermedad en su edad tierna, ó nacerá
sin tiempo, y nos dejará con el deseo de sucesion,
porque ni nuestro lloro, ni nuestra penitencia merece otra cosa; esperemos sin embargo en nuestro señor aunque no lo merecemos. Padres mios, y señores mios muy amados, deseoos todo reposo y todo contento.

CAPITULO XXVI.

En que se pone lo que los padres de los casados ha-
cian cuando ya la preñada estaba en el sétimo ú octa-
vo mes.

Cuando ya la preñada estaba en dias de parir, juntábanse la segunda vez los parientes, viejos
y viejas, y aparejaban la comida y bebida: despues
que habian comido y bebido, llamaban á la partera
que les parecia ser tal; y para este efecto, primero
se hablaban los padres de los casados, y levantábase á hablar un viejo de la parte del moso ó de
la mosa, y decia de esta manera. „Señores padres y
madres de estos casados que aquí estais presentes, ya
esta muchacha está en dias de parir, y anda fatigada con su preñado, porque ya llega el tiempo donde se manifestará lo que fuere la voluntad de Dios:
¿qué sabemos si morirá? Conviene pues señores, que
la ayudeis: conviene que reciba algunos baños; que
entre en nuestra madre el horno del baño, que se
llama *Yoalticitl,* (que és la diosa de los baños,) sabe-
dora de los secretos, en cuyas manos todos nos criamos: ya és tiempo, y conviene que la pongais en
las manos, y sobre las espaldas de alguna buena partera, diestra én su oficio, que se llama *ticitl,* y sea
rogada y hablada, como es costumbre. Los que sois
padres y madres de la mosa, que oiga vuestras palabras conque como padres y madres, la roguéis para que tome este negocio á su cargo, pues que estais presentes, y sois los padres y madres de estas
piedras preciosas, y plumas ricas, y no os ha apartado Dios de ellos: despues de vuestra vida, y en
vuestra ausencia no teneis obligacion de mirar por
ellos; y despues de vuestra muerte, despues que nuestro señor os haya llevado, ¿donde os irán á buscar?
Y pues que Dios os hace merced en que seais vi-

ros, haced vuestro deber." Dicho esto luego salia allí
la partera, que al efecto estaba buscada, y poníanse
junto á ella los viejos y viejas, y luego una de
estas comenzaba á hablar á la partera de esta manera.

CAPITULO XXVII.

*De como una matrona parienta del moso, hablaba á la
partera para que se encargara del parto de la preñada,
y de como la partera respondia aceptando el ruego, y de
los avisos que daba á la preñada para que su parto no
fuera dificultoso.*

Señora aquí estais presente, y os ha traido
nuestro señor que está en todo lugar, persona honrada y digna de veneracion; tambien aquí están presentes los viejos y viejas vuestros mayores: sabed
pues señora que esta mosuela está preñada, la cual
es muger casada con N. y tambien está aquí vuestro siervo. Sus padres y sus parientes os la presentan y encomiendan, porque nuestro señor que rige el mundo, quiere hacer con ellos misericordia en
darles una piedra preciosa, y una pluma rica, que es
la criatura que ya tiene dentro del vientre de la madre que está aquí, que es esta mosa vuestra sierva
que se llama N., la cual está casada con vuestro
siervo y criado N. Este la pone en vuestras manos,
en vuestro regazo, y sobre vuestras espaldas; y tambien los viejos y viejas, parientes, padres y madres
de ella, os encomiendan esta su hijita ahora. Señora, metedla en el baño como sabeis que conviene,
que es la casa de nuestro señor llamado *Xuchical-
tzin,* adonde se arrecian y esfuerzan los cuerpos de
los niños, por la madre y abuela, que es la señora
diosa llamada *Yoalticitl.* Entre pues esta moza en el
baño por vuestra industria, porque ya ha llegado al
tiempo de tres ó cuatro meses que ha concebido.

¿Qué os paréce, señora, de esto? No queremos que por nuestro poco saber la pongamos en ocasion de enfermedad: ¿por ventura aun no es tiempo de enderezarle la criatura ni llegar á ella? Estas palabras habeis oído en obsequio de nuestra muy amada. Deseo contento á vuestro corazon y á vuestro cuerpo con toda salud: no hay otra persona mas hábil pata hablaros con aquella cortesia y concierto de palabras que vos señora mereceis; y si la hubiera, no las escondieran estos viejos y viejas, padres y madres de los casados que aquí están, que han brotado y procedido de los abuelos y antepasados, señores y progenitores de esta señora N., y de su marido vuestro siervo y criado N. Ellos ignoran lo que en su ausencia se hace, porque ya están en el recogimiento y encerramiento que nuestro señor los puso: son ya idos á reposar á la casa donde todos hemos de ír, la que está sin luz y sin ventanas, donde ya están dando descanso á su dios, y padre de todos nosotros, que es el dios del infierno *Mictlantecutli:* ¡ojalá estuvieran ellos presentes á este negocio, pues ellos lloraran y se afligieran por lo que ahora tenemos nosotros como sueño, que es la fiesta grande, y la maravilla que nuestro señor les quiere dar! Si ellos vivieran, os hablaran y rogaran segun vuestro merecimiento; pero por estar ausentes, nosotros sus succesores hacemos niñerias y muchachadas, en pronunciar palabras tartamudeando aquí en vuestra presencia, sin órden ni concierto, trabajando de presentaros nuestra necesidad. Así pues os rogamos señora que tengais compasion de esta jóven, y que hagais tambien con ella vuestro oficio y facultad, pues que nuestro señor os ha hecho maestra y médica, y por su mandado ejercitais este oficio. Señora, no tenemos que decir mas de lo que habeis oído: déos Dios muchos dias de vida, para que le sirvais y ayudeis en este oficio que os ha dado.

*Aquí habla la partera que apareja á las mugeres pre-
ñadas, para que paran con facilidad, y la partea al tiempo del parir y dice.*

Aquí estais presentes señores y señoras, y aquí
os ha juntado nuestro señor que rige todo el mundo. Aquí estais vosotros viejos y viejas, padres, madres, y parientes de estas piedras preciosas y ricas
plumas, que han tenido principio de vuestras personas, como la espina del árbol, como los cabellos
de la cabeza, como las uñas de los dedos, como los
pelos de las cejas, y de la carne que esta sobre el
ojo. Tambien estais aquí presentes señores los que
sois padres de la república, y nuestros señores que
teneis las veces de Dios sobre la tierra por ordenacion del mismo Dios, y teneis las personas y oficio de *Xumotl* y de *Cipactli*, teniendo cargo de declarar las venturas de los que nacen. He oído y entendido vuestras palabras, vuestro lloro, y la angustia conque estais fatigados, llorosos, y angustiados,
por causa de vuestra piedra preciosa y de vuestra
pluma rica, que es ésta niña que es pedazo de vuestro cuerpo y primogénita, ó por ventura la postrera
que habeis engendrado, por cuya causa ahora llamaís
y dais voces á la madre de los dioses, que es la
de las medicinas y médicos, y es madre de todos nosotros, la cual se llama *Yoalticitl* que tiene poder y autoridad sobre los temascales que se llaman
Xuchicalli, lugar en que esta diosa vé las cosas secretas, y adereza las desconcertadas en los cuerpos
de los hombres, y fructifica las cosas tiernas y blandas, en cuyas manos, regazo y espaldas, poneis y
echais esta vuestra piedra preciosa, y esta vuestra pluma rica; y tambien lo que tiene en el vientre, es la merced que Dios le ha hecho, que es hembra ó varon que le ha dado, el cual ordena todas las cosas y sabe que es lo que está en su vien-

178

tre. Esto solo digo ahora, yo que soy una vieja mí-
serable y malaventurada: no sé que os ha movido á
escogerme á mí, que ni tengo discrecion ni saber,
ni sé hacer nada agradable á nuestro señor, pues soy
boba y tonta: (a) y viven hoy, y florecen muchas siervas de nuestro señor, muy sábias, prudentes, espe-
rimentadas y muy amaestradas, á las cuales ha enseñado nuestro Dios con su espíritu é inspiraciones, y las ha dado autoridad para ejercitar este oficio, y ellas tienen discípulas enseñadas que son como ellas y su imágen, y estas lo saben y lo ejer-
citan, de lo cual me habeis aquí hablado. No
sé como habiendo copia de las que tengo dicho, me
habeis señalado á mí. Pienso que esto ha sido por
mandamiento de nuestro señor que está en todo lugar y es un abismo, y se llama tiniebla y viento: ¿por ventura es por mi mal para que acabe mi
vida? ¿por ventura ya tengo enfadado á nuestro señor y á los hombres, y por esto me quiere acabar? y aunque se dice que soy médica, ¿acaso por
mi saber ó por mi experiencia podré curar y partear á esta piedra preciosa y á esta pluma rica? ¿ó
podré saber como es la voluntad de Dios, ó que son
nuestros merecimientos de darnos y de hacernos merced que salga á luz lo que está dentro de vuestra
hija preciosa y bella como pluma rica? y aunque soy
partera y médica ¿podré yo por mi esperiencia ó
industria poner mano en este negocio que és lo secreto del cuerpo de esta mi hija muy amada que
está aquí presente, y por cuya causa estais penados
y congojados? ¿por ventura Dios no me ayudará aunque haga lo que es de mí, aunque haga mi oficio?
quizás lo haré con presuncion y al revés, poniéndola de lado ó de soslayo, ó romperé la bolsa en
que está la criatura. ¡Oh desventurada de mí! ¿por

(a) ¡Que pocas hacen esta confesion! Las mas se tienen por
entendidas.

ventura será esto causa de mi muerte? Por todo lo
cual ¡oh hijos mios, señores y señoras, preciosos y
nietos mios! muy acaso esto no sale de vosotros, sino de nuestro señor Dios por vuestros lloros! y pues
así es, ahora cumplámos la voluntad de nuestro señor Dios, y hágase lo que vosotros mandais, pon-
gámos el hombro á este negocio, comenzemos á obrar
en el servicio de esto que Dios ha enviado, de esto que nuestro señor nos ha dado, de lo cual ha
recibido don y merced esta señora mosita y nuestra regaladita: ¿pues qué hemos de decir? No podemos asegurar que ya tenemos la merced, sino que
nuestro señor nos la quiere otorgar porque hablamos
de cosa muy obscura como el infierno. ¿Qué podemos pues decir determinadamente? esperemos en aquel
por quien vivimos: esperemos lo que sucederá adelante: esperemos lo que está determinado en el cielo y en el infierno desde antes del principio del mundo. Veamos que es lo que se determinó y que se dijo de nosotros, que suerte nos cupo, si por ventura
será próspera como es la luz y la mañana cuando
nuestro señor amanece. Por ventura veremos la cara de esta criatura preciosa como una rica pluma
que nuestro señor nos quiere dar, ó si tamañito como está perecerá, tal vez en su ternura morirá,
ó por ventura irá juntamente con él mi hija regalada y muy amada que lo tiene en su vientre. Yo
creo que os doy pena, señores y señoras mias, y con
mi prolijidad os causo dolor de estómago y de cabeza. ¡Oh señores mios y señoras é hijos mios! comenzemos á responder á lo que quiere nuestro señor que está en todo lugar: caliéntese el baño que
es la casa florida de nuestro Dios, entre en él mi
hija, entre en el seno de nuestra madre, la cual se
llama *Yoalticitl.* (a)

(a) Por lo comun todas las parteras son habladoras; pero esta echó el pie atrás á todas, y ademas son boquiflojas pues cuentan quienes paren, ó están preñadas.

Aquí responden la madre y parientes de la casada á la partera.

„Muy amada señora y madre nuestra espiritual: [a] haced señora vuestro oficio, responded á la señora y diosa nuestra que se llama *Luylaztli*, y comenzad á bañar á esta muchacha: metedla en el baño que es la flor de nuestro señor que le llamamos *temazcalli*, donde está, y donde cura y ayuda la abuela, que es diosa del *temazcalli* que se llama *Yoalticitl*". Oído esto la partera, al punto ella misma comenzaba á encender fuego para calentar el baño, y luego metia en él á la mosa preñada y la palpaba con las manos en el vientre para enderezar la criatura; y si por ventura estaba mal puesta, volviala de una parte á otra; y si la partera se hallaba mal dispuesta, ó era muy vieja, otra por ella encendia el fuego del baño. Despues de sacada, la palpaba la barriga, y esto hacia muchas veces, aun fuera del baño, y esto se llamaba *palpar á secas*; y porque es costumbre que á los que se bañan los hieran las espaldas con ojas de maíz cocidas en la misma agua del baño, esto mandaba algunas veces la partera, que no se hiciese cuando se bañaba la preñada. Tambien mandaba otras veces, que no se calentase mucho el agua, porque decia habia peligro de escalentarse ó tostarse el feto, si estaba la agua muy caliente, y así se pegaria de tal manera, que no podria nacer bien: por esta causa mandaba que no golpeasen en las espaldas, ni el agua fuese muy caliente porque no peligrase la criatura. Tambien mandaba la partera que no se calentase mucho la preñada al fuego ni la barriga ni las espaldas, ni tampoco al sol, por dicho peligro de que no se tostase la criatura: prevenia tambien á la preñada que no durmiese entre dia, porque no fuese disforme en la cara el niño que habia de nacer. Otros mandamientos ó

(a) No sé de donde le venga esta cualidad, será porque en el bautismo hacia de sacerdotiza.

consejos daba la partera á la embarazada, para que
los guardase entretanto que duraba la preñez; por
ejemplo, que no comiese aquel betun negro que se
llama *tzictli* [ó chicle] porque la criatura por esta
causa no incurriese en el peligro que se llama *ne-
tentzoponiliztli*, y que no se hiciese el paladar duro,
y las encias gruesas, porque no podria mamar, y se
moriría. Tambien mandaba que no tomase pena ú enojo, ni recibiese algun espanto, porque no abortase ó
recibiese daño la criatura: asímismo prevenia á los de
la casa que lo que quisiese ó se le antojase á la preñada luego se lo diesen porque no recibiese daño la
criatura, sino se le diese luego lo que se le habia
antojado. Mandaba igualmente á la preñada que no mirase lo *colorado*, porque no naciera de lado la criatura: que no ayunase la preñada, porque no causa-
se hambre á la criatura: que no comiese tierra ni
tampoco *tizatl* porque naceria enferma la criatura ó
con algun defecto corporal, porque lo que come y
bebe la madre, aquello se incorpora en la criatura,
y de aquello toma la sustancia. Decia asímismo la partera á la preñada, que cuando estuviese recien preñada de un mes, ó de dos ó de tres,
que tuviese cuenta con su marido templadamente,
porque si del todo se abstuviese del acto carnal, la
criatura saldria enferma y de pocas fuerzas cuando naciese. Ordenaba tambien que cuando se aprocsi-
maba el tiempo de parir, que se abstuviesen del
acto carnal......................................(a)

(a) La decencia, pudor y respeto que debo á mis lectores,
no me permite presentarles las veinte y cuatro lineas que suprimo
de este capítulo escritas con la franqueza y senciléz carac-
teristica del padre Sahagun, á fuér de fiel historiador: bastame
decir que se reducen á recomendar la partera á la preñada, la
parsimonia y sobriedad que debia guardar con su esposo en el
uso del matrimonio durante la preñez, y mucho mas cuando estuviese procsima al parto; ora sea para que no se le dificultase;
ora porque la vista del feto no diese mal cobro de su continen-

Digamos aquí una cosa digna de saber, que tiene dependencia de cuando el niño muere dentro de su madre, que la partera con una nabaja de piedra que se llama *itztli*, (ú obsidiana) corta el cuerpo muerto dentro de la madre, y á pedazos le saca; con esto libran á la madre de la muerte. Tambien manda la partera á la madre que no, llore, ni tome tristeza, ni nadie le dé pena porque no reciba detrimento la criatura que tiene en el vientre: igualmente mandaba que á la preñada la diesen de comer suficientemente y buenos manjares, calientes y bien guisados, con especialidad cuando á la preñada le viene su purgacion, ó como dicen la regla, y esto llaman que la criatura se laba los pies, porque no se halle ésta en vacio, ó, haya alguna vaciedad ó falta de sangre ó humor necesario, y así reciba algun daño. Tambien mandaba la partera á la preñada, que no trabajase mucho ni presumiese de diligente, ni hacendosa, mientras que estaba preñada, ni tampoco lovantase alguna cosa pesada, ni corriese, ni temiese, ni se espantase de nada, porque estas cosas causan aborto. Estas cosas dichas son los mandamientos ó consejos que daba la partera á la preñada.

Aquí habla la partera.

¡O hijos mios muy amados, y señores que aquí estais presentes! no sois niños ni muchachos, sois personas sábias y prudentes, y todos somos entendidos los que aquí nos hablamos, y veis cuantos y cuan grandes peligros de muerte hay en lo interior de las mugeres. Esta mosuela preñadilla, aun no sabe ni tie-

cia á los que lo observasen despues de dado á luz. Esto está en la naturaleza, pues vemos que los animales son contenidos y respetan á las hembras cuando las reconocen preñadas. y aun en la vaca se admira la total resistencia que muestra al becerrito para darle la teta luego que se siente gravida.

ne esperiencia de las cosas; mirad que tengais mucho cuidado de ella, que no haya negligencia: mirad mucho por ella, tened mucho cuidado para que no caiga en algun peligro, y para que no le acontezca alguna cosa por donde le venga algun mal á la criatura que tiene en su vientre. Aquí estoy yo que me llamo médica y para esto lo soy, para informar de las cosas que son peligrosas en este caso; y si por ventura alguno de estos peligros nos aconteciere ¿tengo yo acaso algun remedio para evitarlo? ¿podré hacer algo para remediarlo? ¿tengo por ventura poder absoluto para librar de la muerte? Solamente podemos ayudar á nuestro señor con avisos y medicinas, y conformarnos con su voluntad. Lo que nosotros podemos hacer es, como ojear las moscas con mosqueadero al que tiene calor. ¿Podremos mandar, hágase esto ó aquello? ¿Podrémos decir nazca bien la criatura, y diciéndolo será luego hecho? ¿Podremos tomar por nuestro querer la misericordia de Dios que está en todo lugar? Esto por cierto nos es imposible, y que las cosas se hagan segun nuestro querer. Pues resta ahora que todos nosotros roguemos á nuestro señor, y esperemos en él para que se haga su voluntad, la cual ignoramos y no tenemos merecimientos para que se haga lo que queramos: ninguna otra cosa nos es mas necesaria que llorar y derramar lágrimas. Señores y nietos mios muy amados, seais muy bienaventurados, no tengo mas que decir.

CAPITULO XXVIII.

De las diligencias que hacia la partera, llegada la hora del parto, para que la preñada pariese sin pena, y de los remedios que la aplicaba si tenia mal parto.

Llegado el tiempo del parto, llamaban á la partera los hijos é hijas de los señores nobles, y de los ricos y mercaderes. Cuatro ó cinco dias antes que pariese la preñada, estaba con ellos la comadre aguardando á que llegase la hora del parto. Cuando comenzaban los dolores del parto, ellas mismas segun dicen, hacian la comida de la parida, ó para la preñada; y cuando ya esta sentia los dolores del parto, luego le daban un baño, y despues la daban á beber la raiz de una yerba molida que se llama *cioapactli*, que tiene virtud de empeller, ó rempujar ácia fuera la criatura; y si los dolores eran recios, aun todavia dábanla á beber tanto como medio dedo, de la cola del animal que se llama *tlaquatzin* (a) molida, con esto paria facilmente, porque la cola de este animal tiene gran virtud para empeller. Una vez un perro á hurto comió uno de estos animales que se llaman *tlaquatzin*, y luego echó el perro por el sieso todas las tripas y los higados que no le quedó nada en el cuerpo; de la misma manera si alguno comiere ó bebiere molido una cola entera de uno de dichos animales, luego echará por debajo todos los estantinos; y si despues de haber bebido la preñada las dos cosas arriba dichas no paria, luego la partera, y los que estaban con ella tomaban congetura que habia de morir la que estaba de parturienta y comenzaban á llorar, y la partera comenzaba á decir: hijos mios, é hijas, ¿qué es la voluntad de nuestro señor que nos ha de acontecer ahora? Muy

(a) Hoy llaman *Tlacuachi.*

peligroso está este negocio, roguemos á nuestro señor que está en todo lugar, que ninguna cosa nos suceda" y luego la partera lebantaba en alto á la preñada tomándola con ambas manos por la cabeza, meneandola, y dábala en las espaldas con las manos, ó con los pies, y deciala de esta manera. „Hija mia esfuerzate, ¿qué te haremos? no sabemos ya que te hacer: aqui están presentes tu madre y parientes, mira que tú sola has de hacer este negocio: haz fuerza con el caño de la madre, para que salga la criatura. Hija mia muy amada, mira que eres muger fuerte, esfuerzate, y haz como muger varonil; haz como hizo aquella diosa que parió primero, que se llamaba *Cioacoatl, y Quilaztli* [esta es Eva, que es la muger que primero parió.] Y si pasaba una noche y un dia, y no paria la paciente, luego la metian en el baño, y en él la palpaba la partera y le enderezaba la criatura. Si por ventura se habia puesto de lado ó atravezada, enderezábala para que saliese derechamente; y si esto no aprovechaba, y con todo esto no podia parir, luego ponian á la paciente en una cámara cerrada, con sola la partera que estaba con ella, y allí la partera oraba y decia muchas oraciones, llamando á la diosa que se llama *Cioacoatl, y Quilaztli*, que decimos ser *Eva*, y tambien llamaba á la diosa, que se llama *Yoalticitl*, é invocaba tambien á otras no se que diosas. La partera que era hábil, y bien diestra en su oficio, cuando veía que la criatura estaba muerta dentro de su madre porque no se meneaba, y que la paciente estaba con gran pena, luego metia la mano por el lugar de la generacion á la parturienta, y con una navaja de piedra, cortaba el cuerpo de la criatura y sacábalo á pedazos. [a]

(a) Si no sabian hacer las parteras mas de lo aqui dicho, es preciso confesar que no sabian palabra de su oficio. Hoy no estamos muy adelantados en este arte, pues el gobierno no ha he-

CAPITULO XXIX.

De como á las mugeres que morian de parto las canoni-
zaban por diosas, y las adoraban como á tales, y toma-
ban reliquias de su cuerpo; y de las ceremonias que ha-
cian antes que las enterrasen, donde hay cosas que los con-
fesores hay harta necesidad que las sepan. Á éstas que
así morian de parto llamaban MOCIOAQUEZQUE, *y de es-*
tas sale el llamar al occidente Cioatlampa.

Y si por ventura los padres de la paciente
no permitian á la partera que despedazase la criatura, la partera la cerraba muy bien la puerta de la
cámara donde estaba; y la dejaba sola; y si esta
moria de parto llamábanla *Mocioaquezque,* que quiere
decir *muger valiente.* Despues de muerta lavábanla todo el cuerpo, y jabonábanla los cabellos y la cabeza, y vestíanla de las vestiduras nuevas y buenas
que tenia; y para llevarla á enterrar, su marido la
llevaba acuestas adonde la habian de sepultar. La
muerta llevaba los cabellos tendidos, y luego se juntaban todas las parteras viejas, y acompañaban el
cuerpo: iban todos con rodelas y espadas, y dando
voces como cuando vocean los soldados al tiempo
de acometer á los enemigos, y salianlas al encuentro los mancebos que se llaman *telpupuchtin,* y peleaban con ellas por tomarlas el cuerpo de la muerta,
y no peleaban como de burla, ó como por via de

cho establecer, como debiera, una escuela *de Partear* que cursasen
precisamente todas las parteras bajo la enseñanza de sábios ciru-
janos. Son muchos los infanticidios que por esta ignorancia se come-
ten; gran parte de las comadres públicas son unos verdugos que
miran con horror las parturientas, y temen ponerse en sus manos,
pues las infieren graves daños hasta arañarlas y picarlas, para
irritarlas. Esto llama imperiosamente la atencion del ayuntamiento
en cuyas atribuciones está esta como ramo de la *Igiene,* ó salud pública.

juego, sino deveras. Iban á enterrar esta difunta á
la hora de la puesta del sol, como á las avesmarias;
enterrábanla en el pátio del *Cú* de unas diosas, que
se llamaban mugeres celestiales ó *Cioapipiltin*, á quienes
era dedicado el *Cú;* y en llegando al pátio, metian-
la debajo de tierra, y su marido con otros amigos,
guardábala cuatro noches *arreo* ó continuas, para que.
nadie hurtase el cuerpo, y los soldados visoños velaban por hurtar aquel cuerpo, porque le estimaban
como cosa santa ó divina. Si estos soldados cuando
peleaban con las parteras vencian y le tomaban el
cuerpo, luego cortaban el dedo de enmedio de la
mano izquierda, y esto en presencia de las mismas
parteras; y si de noche podian hurtar el cuerpo, cortaban el mismo dedo y los cabellos de la cabeza de
la difunta, y guardábanlo como unas reliquias. La razon porque los soldados trabajaban en tomar el dedo y los cabellos de esta difunta, era, porque yendo á la guerra, los cabellos ó el dedo metianlo dentro de la rodela, y decian que con esto se hacian
valientes y esforzados, para que nadie osase tomar-
se con ellos en la campaña, para que nadie tuviese miedo, para que atropellasen á muchos, y para que prendiesen á sus enemigos. Decian que para
esto daban esfuerzo los cabellos y el dedo de aquella difunta que se llamaba *Macioaquezque*, y que tambien cegaban los ojos de los enemigos. Tambien
procuraban unos hechiceros que se llamaban *toma-
macpalitotique* de hurtar el cuerpo de esta difunta, para cortarle el brazo izquierdo con la mano, porque
para hacer sus encantamientos decian, que tenia virtud el brazo y mano, para quitar el ánimo de los que
estaban en la casa donde iban á hurtar, pues de tal manera los desmayaban, que ni podian menearse ni hablar, aunque veían lo que pasaba; y aunque la muerte de estas mugeres que se llamaban *Macioaquezque.*
daba tristeza y lloro á las parteras cuando moriá.

pero los padres y parientes de ella alegrábanse, porque decian que no iba al infierno sino á la casa del sol, y que este por ser valiente la habia llevado para sí. Lo que decian los antiguos acerca de las que iban á la .casa del sol es, que todos los valientes hombres que morian en la guerra, y todos los demas soldados que en ella morian, todos iban á dicha casa del sol, y todos habitaban en la parte oriental de él, y cuando salia este astro, luego de mañana se aderezaban con sus armas, y le iban á recibir haciendo estruendo y dando voces. Con gran solemnidad iban delante de él peleando, con pelea de regocijo, y llevábanlo asi hasta el puesto de mediodia que llaman *nepantlatonatiuh.* Lo que acerca de esto dijeron los antiguos de las mugeres que morian en la guerra, y las que del primer parto fallecian, que se llaman *macioaquezque,* que tambien se cuentan con los que mueren en la guerra; todas ellas van á la casa del sol, y residen en la parte occidental del cielo, y asi aquella parte occidental, la llamaron los antiguos *cioatlampa* [ú ocaso] que es donde se pone el sol, porque allí es la habitacion de las mugeres: y cuando este sale á la mañana, ibanle haciendo fiesta los hombres hasta llegado habia el mediodia, y luego las mugeres se aparejaban con sus armas, y de allí comenzaban á guiarle haciéndole regocijo, todos á punto de guerra: dejábanle los hombres en compañia de las mugeres, y de allí se esparcian por todo el cielo y los jardines de él, á chupar flores hasta otro dia. Las mugeres partiendo de mediodia, iban haciendo fiesta al sol, descendiendo hasta el occidente: llevábanle en unas andas hechas de *quetzales* ó plumas ricas, llamadas *quetzales apanecaiutl:* marchaban delante de él dando voces de alegria, y peleando haciéndole fiesta, dejábanle donde se pone el sol, y allí le salian á recibir los del infierno, y llevaban al mismo. Dijeron los antiguos que cuando comienza la noche, comenzaba á amanecer en el infierno, y entónces despertaban y se levantaban de dormir los muertos que están allí, y tomando al sol los del infierno, las mugeres que le habian llevado hasta allí, luego se esparcian y descendian acá á la tierra, y buscaban husos para hilar, y lanzaderas para tejer, petaquillas, y todas las otras alhajas que son propias para tejer y labrar. Esto hacia el demonio para engañar, porque muchas veces aparecian á los de acá del mundo, en forma de aquellas mugeres que se llaman *mocioaquezque*, y se representaban á los maridos de ellas, y les daban enaguas y vipiles, y así á las que mueren de parto las llaman *mocioaquetza* despues de muertas, y dicen que se volvieron diosas; por lo que cuando una de tal muere, luego la partera la adora como diosa antes que la entierren, y dice de esta manera: „¡Oh hija mia muy amada! valiente, hermosa, y tierna palomita, señorita mia: os habeis esforzado y trabajado como valerosa, habeis vencido y hecho como vuestra madre la señora *Cioacoatl* ó *Quilaztli:* habeis peleado denodadamente: habeis usado de la rodela y de la espada como terrible y esforzada, la cual os puso en la mano vuestra madre la señora *Cioacoatlquilaztli.* Despertad pues, y levantaos hija mia, que ya es de dia, ya ha amanecido, ya han salido los albóres de la mañana, ya las golondrinas andan cantando, y todas las otras aves. Levantaos hija mia y componeos: id á aquel buen lugar, que es la casa de vuestro padre y madre el sol, que allí todos están regocijados, contentos y gozosos: idoos para vuestro padre [el sol,] y que os lleven sus hermanas las mugeres celestiales, las cuales siempre están contentas, regocijadas, y llenas de gozo con el mismo, á quien ellas dan placer, pues es madre y padre nuestro. Hija mia muy tierna, señorita mia, habeis trabajado y vencido varonilmente, no sin gran trabajo

habeis obtenido la gloria de vuestra victoria y
valentia; gran pena habeis sufrido, y gran penitencia habeis hecho. La buena muerte que tuviste,
se tiene por bienaventurada y por muy bien emplea-
da en vos: ¿porque por ventura tuviste muerte infructuo-
sa y sin gran merecimiento y honra? no por cierto,
sino de mucha honra y provechosa: ¿quien recibe
tan gran merced? ¿quien recibe tan dichosa victoria
como vos, porque habeis ganado con vuestra muerte la vida eterna, gozosa y deleitosa con las diosas
que se llaman *Cioapipiltin*, diosas celestiales? Pues
idos ahora, hija mia muy amada, poco á poco para
ellas, y sed una de las mismas: id para que os reciban
y esteis siempre en su compañia, para que regocijeis
con vuestras voces, y alegreis á nuestro padre y madre el sol: acompañadle siempre adonde quiera que
fuere á recrear. ¡Oh hija mia muy amada y mi señora! ya nos has dejado, y por indignos de tanta
gloria nos quedamos acá los viejos y viejas: arrojaste por ahí á vuestro padre y madre, y fuisteos. Esto cierto no fué de vuestra voluntad, sino que fuiste
llamada, y siguiendo la voz del que os llamó ¿que
será de nosotros en vuestra ausencia? ¡hija mia, perdernos hemos como huérfanos y desamparados! per-
maneceremos como viejos desventurados y pobres!
la miseria se glorificará en nosotros. ¡Oh señora mia!
dejaisnos acá para que andemos de puerta en puerta, y por esas calles con pobreza y miseria. ¡Oh señora nuestra! rogámoste que os acordeis de nosotros
allá donde estuviéredes, y tengais cuidado de pro-
veer la pobreza en que estamos, y padecemos en este mundo. El sol nos fatiga con su gran calor, el aire con su frialdad, y el yelo con su tormento:
todas estas cosas aquejan y augustian nuestros miserables cuerpos hechos de tierra: enseñorease de
nosotros la hambre, y no podemos valernos con ella.
¡Hija mia muy amada! ruégote que nos visites desde

ぁllá, pues que sois muger valerosa y señora; pues que ya estais para siempre en el lugar del gozo y de la bienaventuranza, donde eternamente habeis de vivir y estais con nuestro señor: ya le veis con vuestros ojos, y le hablais con vuestra lengua: rogadle ahora por nosotros, habladle para que nos favorezca, y con esto quedamos descansados.»

CAPITULO XXX.

De como la partera hablaba al niño en naciendo, y las palabras que le decia de alhago, regalo, ternura y amor. Tambien se ponen muy claras palabras que la ventura, ó buena fortuna conque cada uno nace, antes del principio del mundo, le está por los dioses asignada ó concedida, y la partera gorgeando con la criatura pregúntale que suerte de ventura le ha cabido.

Llegada la hora del parto, que se llama *hóra de muerte,* cuando ya queria parir la preñada, lavábanla toda, y jabonábanla los cabellos de la cabeza; luego aparejaban una sala, ó cámara donde habia de parir, y padecer afliccion y tormento; si la preñada era muger principal ó rica, estaban con ella dos ó tres parteras para hacer lo que fuera menester, y ella mandase. Cuando ya los dolores apretaban mucho á la parturienta, luego la metian en el baño, y hacian todas las demas cosas, como arriba se dijo, hasta que le daban á beber el pedazuelo de cola del *tlaquatzin,* ó *tlaquatl,* con la cual paria, y nacia la criatura facilmente, y entónces ya tenian preparado todo lo que habia menester la criatura, como son pañales, y otro paño para recibirla cuando naciese. Nacida esta, luego en el acto la partera daba unas voces á manera de los que pelean en la guerra, y en esto significaba la partera que la paciente habia vencido varonilmente, y que ha-

bia *cautivado un niño:* [a] luego hablaba la partera
á la criatura, si era varon, de este modo. „Seais muy
bien llegado, hijo mio muy amado; [y si era hembra
decia] *señora mia muy amada,* seais muy bien llegada, trabajo habeis tenido, haos embiado acá vuestro padre humanísimo, que está en todo lugar, criador y redentor: habeis venido á este mundo donde
vuestros parientes viven en penas y fatigas, donde
hay calor destemplado, frios y aires, donde no hay
placer, ni contento, pues que es lugar de trabajos,
fatigas y necesidades. Hija mia, no sabemos si vivireis mucho en este mundo, quizá no os merecemos
tener, ni sabemos si vivireis hasta que vengas á conocer á tus abuelos y abuelas, ni si ellos te gozarán algunos dias. No sabemos la fortuna que te ha
cabido, ni que son los dones y mercedes que os ha
hecho vuestro padre y madre el gran señor y la gran
señora, que están en los cielos. No sabemos que traes,
ni que tal es vuestra fortuna, si traes alguna cosa con
que nos gocemos: ignoramos si te lograrás, si nuestro señor te prosperará y te engrandecerá, el cual
está en todo lugar. Tampoco sabemos si teneis algunos merecimientos, ó si por ventura habeis nacido como mazorca de maíz aneblada, que no es de ningun
provecho, ó si traes alguna mala fortuna contigo que
te incline á suciedades y á vicios ó si serás ladrona ¿Qué
es aquello con que fuiste adornada? ¿qué es aquello
que recibiste como cosa atada en paño antes que
el sol resplandeciese? Seais muy bien venida hija mia,
gozámonos con vuestra llegada muy amada doncella, piedra preciosa, pluma rica, cosa muy estimada:
ya habeis llegado, descansad y reposad, porque aquí
estan vuestros abuelos y abuelas, que os están esperando. Habeis llegado á sus manos, y á su poder;
no suspireis ni lloreis, pues que sois venida: ya ha-

(a) A este punto llevaban los Mexicanos la ilusion del cautiverio.

beis llegado tan deseada: con todo eso tendreis trabajos, cansancios y fatigas, porque esto es ordenacion de nuestro señor, y su determinacion, que las cosas necesarias para nuestro vivir, las ganemos y adquiramos con trabajos y sudores, que comamos y bebamos con fatigas y penas. ¡Hija mia! estas cosas, si Dios os da vida, por esperiencia las sabreis. Seais muy bien venida, [repito] seais muy bien llegada, guárdeos y ampáreos, adórneos y provéaos el que está en todo lugar, el que es vuestro padre y madre, que es padre de todos; aunque sois nuestra hija, no os merecemos por cierto; por ventura tamañita como sois, os llamará el que os hizo; acaso sereis como cosa que de repente pasará por delante de nuestros ojos, y que en un punto os veremos, y os dejaremos de vér, ¡hija mia muy amada! esperemos en nuestro señor." Habiendo dicho estas cosas la partera, cortaba al instante el ombligo á la criatura, y luego tomaba las pares en que venia envuelta, y enterrábalas en un rincon de la casa, y el ombligo de la misma guardábanle, y poníanlo á secar, y llevábanlo á enterrar al lugar donde peleaban, si era varon.

CAPITULO XXXI.

De lo que la partera decia al niño cuando le cortaba el ombligo.

Hijo mio muy amado, y muy tierno: cata aquí la doctrina que nos dejaron nuestro señor *Yoaltecutli*, y la señora *Yoalticitl*, tu padre y madre. De medio de tí cortó tu ombligo: sábete y entiende, que no es aquí tu casa donde has nacido, porque eres *soldado*, (a) y criado: eres ave que llaman *quechol*. Eres pájaro

(a) Caracter esencial de los Mexicanos.

que llaman *zaquan*, (ó sea *tzacua*) (a) y tambien eres ave
y soldado del que está en todas partes; pero esta casa
donde has nacido, no es sino un nido, es una posada donde has llegado, es tu salida para este mundo: aquí bro-
tas y floreces, aquí te apartas de tu madre, como el
pedazo de la piedra donde se corta: esta es tu cuna, y lugar donde reclines tu cabeza, solamente
es tu posada esta casa: tu propia tierra otra es: para otra parte estás prometido; que es el campo donde se hacen las guerras, donde se traban las batallas, para allí eres enviado, tu oficio y facultad es
la guerra, tu obligacion es dar á beber al sol sangre de los enemigos, y dar de comer á la tierra, que
se llama *Tlaltecutli*, con los cuerpos de tus contrarios: tu propia tierra, tu heredad y tu suerte, es la
casa del sol en el cielo: allí has de alabar, y regocijar á nuestro señor el sol que se llama *Totona-
metlinmanye*: por ventura merecerás, y serás digno de
morir en este lugar y recibir en él muerte florida.

(a) *Tzacua*, de este pájaro se habla repetidas veces en esta
história, porque los Indios lo hacian miembro de comparacion ó semejanza en sus alocusiones. El es pájaro madrugador, el cual nada tiene de notable en su plumage ni en su voz, pero sí en sus
propiedades. De todas las aves no diré mas (dice Clavijero) es la
última que descansa por la noche, y la primera que anuncia la
venida del sol. Una hora antes de amanecer un pájaro de estos
colocado en la rama que pasó la noche con otros muchos de su
especie, empieza á llamarlos en voz alta y sonora, y repite con
tono alegre hasta que alguno le responde. La *Tzacua* es del tamaño del gorrion, y muy semejante en les colores á la calandria;
pero es mas maravilloso en sus propiedades. Vive en sociedad: cada árbol es para ellos una poblacion, compuesta de muchos nidos
que cuelgan de las ramas. Una *Tzacua* hace de gefe y guarda del
pueblo, reside en el alto del árbol de donde vuela de un nido
á otro; despues de haber cantado un poco, vuelve á su residencia,
y así visita todos los nidos, mientras callan todos los que est·n
en ellos. Si vé venir acia el árbol algun pájaro de otra especie,
le sale al encuentro, y con el pico y álas le obliga á retroceder;
pero si vé acercarse un hombre ú otro objeto voluminoso, vuela
gritando á un árbol inmediato, y si entre tanto vienen del cam-

Y esto que te corto de tu cuerpo, y de en medio
de tu barriga, es cosa suya, es cosa debida á *Tlaltecutli*, que es la tierra y el sol; y cuando se co-
menzare la guerra á bullir, y los soldados á se juntar, ponerla hemos en las manos de aquellos que son
soldados valientes, para que la den á tu padre, y
madre, la tierra y el sol: enterrarla han enmedio del
campo, donde se dan las acciones de guerra, y esto es la señal de que eres ofrecido, y prometido al
sol y á la tierra, esta es la señal que tú haces de
tu profesion de hacer este oficio en la guerra, y tu
nombre estará escrito en el campo de las batallas,
para que no se eche en olvido ni tampoco tu persona: esa es la ofrenda de espina de maguéy, y caña
de humo y de ramos de *acxoatl*, la cual se corta de
tu cuerpo y es cosa muy preciosa: con esta ofrenda se
confirma tu penitencia y tu voto, y ahora resta que

po otras *Tzacuas* de la misma tribu sale á recibirlas y mudando
el tono de la voz las obliga á retirarse; pero cuando observa que
es pasado el peligro, vuelve á la acostumbrada visita de los nidos. En Mechoacan abundan las *Tzacuas*: por tales observaciones
que sin duda tenian sobre ellos, los Indios les merecen grandes
recuerdos y comparaciones con el soldado que está en todas
partes.

El *Quechotl* ó *Tlauhquechtl* es pájaro acuático, grande, que
tiene las plumas de un bellisimo color de grana, ó un blanco son-
rosado, menos las del cuello que son negras. Habita en la playa
del Mar y margenes de los rios, no come mas que peces vivos,
sin tocar jamás carne muerta.

El *Tlacuiloltototl*, ó pájaro *pintado*, merece con razon este nombre, pues en sus hermosisimas plumas lucen el rojo, el
azul turquí, el morado, el verde y el negro. Tiene los ojos negros
con la iris amarilla, y los pies cenicientos.

El *Tzinizcan* es del tamaño de un palomo: tiene el pico
encorbado, corto, y amarillo: la cabeza y cuello semejantes al palomo; pero hermoseados con visos verdes y brillantes; el pecho y
vientre rojo, ecepto la parte inmediata á la cola que está man-
chada de blanco y azul: la cola en la parte superior es verde, en
la inferior negra: las álas negras y blancas, los ojos negros con
el iris amarillo rojizo. Tambien habita cerca del mar.

El *Hauhtototl* es muy semejante en los colores al *Tlacui-*

196

esperemos el merecimiento, dignidad y provecho, que
nos vendrá de tu vida y de tus obras: hijo mio muy
amado, vive y trabaja: deseo que te guie, te provea
y te adorne, aquel que está en todo lugar. Si la
criatura era hembra, hablaba la partera de esta manera cuando le cortaba el ombligo. „Hija mia y
señora mia, ya habeis venido á este mundo, acá os
há enviado nuestro señor, el cual está en todo lugar:
habeis venido al lugar de cansancios, de trabajos
y congojas, donde hace frio y viento. Notad hija mia,
que del medio del cuerpo corté y tomé tu ombligo, porque así lo mandó y ordenó tu padre y madre *Yoaltecutli*, que es señor de la noche, y *Yoalticitl*
que es la diosa de los baños. Habeis de estar dentro de casa, como el corazon dentro del cuerpo; no
habeis de andar fuera de ella; no habeis de tener
costumbre de ír á ninguna parte: (a) habeis de ser
la ceniza conque se cubre el fuego en el hogar: habeis de ser las traudes donde se pone la olla: en
este lugar os entierra nuestro señor: aquí habeis de
trabajar, y vuestro oficio ha de ser traer agua, y mo—

oltototl; pero mas pequeño.

El *Huitzuzilin* es el celebre y maravilloso *Chupamirto* ad-
mirable por su pequeñez y ligereza singular, hermosura de sus plumas, corta dosis de alimento con que se nutre, y largo sueño en
que se vé sepultado durante el invierno. Este sueño (dice Clavijero) ó por mejor decir inmovilidad ocasionada, por el entorpeci-
miento de sus miembros, está ya acreditada jurídicamente. En
ellos hay el mismo fenómeno que en las golondrinas y otros animales que tienen la sangre fria, aunque en ninguno dura tanto
como en el *Chupamirto*, que en algunos paises está privado de todo movimiento desde octubre, hasta abril. Sin embargo en febrero
de 1828 aparecieron en México. (Yo los ví) B.

He puesto estas anotaciones, que algunos las tendrán por
agenas en este lugar, para que mis lectores perciban el gusto de
las comparaciones de los Indios con estos animales en los elocuentes razonamientos que presenta el padre Sahagun.

(a) Sería muy bueno repetirles este razonamiento á millares
de señoritas que no dejan dia sin salir á vagar por las calles,
abandonando su familia y son huéspedes en su casa.

ler el maíz en el metate: allí habeis de sudar junto la ceniza y el hogar." Dicho esto, la partera enterraba junto este el ombligo que habia cortado á la niña: decian que esta era señal que la infan-
tita no saldria de casa, solamente habia de vivir en
ella, y no convenia que fuese á ninguna parte. Tambien
esto significaba que habia de tener cuidado de hacer la comida, bebida, y las vestiduras como mantas &c., y que su oficio habia de ser *hilar, y tejer.*

CAPITULO. XXXII.

*De como la partera en acabando de hacer lo arriba di-
cho, luego lavaba la criatura, y de la manera que hacian
aquel lavatorio, y lo que la partera rezaba mientras que
lavaba la criatura: eran ciertas oraciones enderezadas á
la diosa del agua que se llama* CHALCHIUHTLIYCUE.

Acabando la partera su principal operacion cortaba
el ombligo á la criatura, luego la lavaba, y lavándola hablaba con ella y decia si era varon: „hijo mio, llegaos á
vuestra madre la diosa del agua llamada *Chalchiuhtliycue:* tenga ella por bien de os recibir y de lavaros,
y de apartar de tí la suciedad que tomaste de tu padre y
madre: tenga por bien de librar tu corazon, y de hacerle bueno y limpio: tenga por bien de te dar buenas costumbres." Luego la partera hablaba con la misma agua y [*apostrofando*] decia. „Piadosísima señora
nuestra *Chalchiuhtliycue,*aquí ha venido á este mundo este
vuestro siervo, al cual ha enviado nuestra madre,
y nuestro padre que se llaman *Ometecutli,* y *Omecioatl*
que vive sobre los nueve cielos, que és el lugar de
la habitacion de estos dioses. No sabemos cuales
son los dones que trae: no sabemos que le fué dado antes del principio del mundo: no sabemos cual
es la ventura conque viene envuelta: no sabemos si
es buena ó si es mala, ni que tal sea su mala for-

tuna: no sabemos que daño ó que vicio trae consigo esta criatura contrahido de su padre y madre: ya está en vuestras manos, lavadla y limpiadla como sabeis que conviene, porque en vuestras manos se deja: purificadla de la suciedad que ha sacado de sus padres, y las mancillas y excrecencias llévelas el agua, y deshálas, y limpia toda inmundicia que en ella hay. Tened por bien señora, que sea purificado y limpio su corazon y su vida, para que viva pacífica y sosegadamente en este mundo: lleve el agua toda la suciedad que en ella está, porque esta criatura se deja en vuestras manos, que sois madre y hermana de los dioses: en vuestras manos se queda, porque vos sola sois la que mereceis y sois digna del don que teneis, para limpiar desde antes del principio del mundo. Tened por bien señora, de hacer lo que os rogamos, pues ha venido á vuestra presencia." Síguense otras oraciones conque la partera oraba á la diosa del agua, y decia así. *„Señora nuestra, venido há á vuestra presencia esta criatura: ruegoos que la recibais."* Dicho esto la partera tomaba el agua, y echaba sobre ella *su resuello* [a] y luego la daba á gustar á la criatura, y tambien la tocaba el pecho con ella, y el cerebro de la cabeza, á manera de cuando se pone el óleo y crisma á los niños, y deciale de esta manera. „Hijo mio muy amado, [y si era muger decia: hija mia muy amada] llegaos á vuestra madre y padre la señora *Chalchivitlycue,* y *Chalchiuhtlatonac:* tómeos ella, porque ella os ha de llevar acuestas y en los brazos en este mundo:" y luego metia en la agua á la criatura, y decia: *„entra hijo ó hija mia en la agua que se llama* metlalac *y* tuspalac: *láveos ella, límpeos el que está en to-*

(a) Cotéjense estas ceremonias con las del bautismo católico, y tal vez se hallará que en él tuvieron su origen convertido, despues en abominacion.

do lugar, y tenga por bien de apartar de vos, *todo el mal que traes contigo desde antes del principio del mundo. Váyase fuera, apártese de vos el mal que os han pegado vuestro padre y vuestra madre;*" [b] y acabando de labar á la criatura la partera, luego la envolvia, y cuando esto hacia decia lo que se sigue. ¡Oh piedra preciosa! ¡oh pluma rica! ¡oh esmeralda, ó zafiro! .fuiste formada en el lugar donde están el gran Dios y la gran Diosa, que son sobre los cielos: formoos y crioos vuestra madre y vuestro padre que se llama *Ometecutli y Omeciatl,* muger celestial y hombre celestial: has llegado á este mundo, lugar de muchos trabajos y tormentos, donde hay calor y frio destemplado, y vientos, donde es lugar de hambre, sed y de cansancio, de frio y de lloro: no podemos decir con verdad que es otra cosa sino lugar de llanto, y de tristeza y de enojo. Veis aquí tu oficio que es el lloro, las lágrimas, tristeza y el cansancio: venido habeis ¡hijo mio muy amado, ó hija mia muy amada! descansad, reposad en este suelo, remédieos, y provéaos nuestro señor que está en todo lugar." Cuando la partera decia estas cosas, no hablaba recio, sino como rezando bajo, y luego hablando alto, llamaba á la parida y deciala.

CAPITULO XXXIII.

Del razonamiento que hacia la partera á la recien parida, y de las gracias que los parientes de la parida la hacian por su trabajo, y de lo que ella respondia.

Hija mia muy amada, muger valiente y esforzada, habeislo hecho como águila y como tigre: esforzadamente habeis usado en vuestra batalla de la rodela, é imitado á vuestra madre *Cioacoatl y Qui-*

(b) El pecado original de nuestros padres.

lazlli, por lo cual nuestro señor os há puesto en los estrados y sillas de los valientes soldados. ¡Oh hija mia! águila valerosa, habeis hecho todo vuestro poder, y puesto todas vuestras fuerzas, para salir con la empresa de madre; esforzaos poco á poco: esperemos lo que disponga nuestro señor que está en todo lugar. Ignoramos si por ventura vuestra muerte y la de vuestra criatura distarán la una de la otra durando mas el hijo que la madre; ó tal vez vivirá vuestro hijo y vos ireis delante, ó este chiquito como és, lo llamará para sí el que lo hizo. Mira hija, que no te engrias porque tienes hijo: [a] teneos por indigna de haberlo recibido, rogad siempre á Dios con lloros que le dé vida. Habiendo ya acabado su obra la partera, sentábase luego junto las viejas, y luego una de estas parienta de la parida, sentábase frente de ella, y comenzaba á saludarla, dándola plácemes porque habia salido bien con su obra, y decia de esta manera: [b] „señora é hija muy amada, y persona muy preciosa, prósperamente habeis obrado y ayudado á la señora *Cioacoatl* y *Quilaztli:* todos estamos muy contentos y gozosas, porque ha venido á luz,

[a] Esta especie de orgullo está en la naturaleza: el hombre al considerarse autor de un hijo, naturalmente se envanece, como que ha dilatado la esfera de su ecsistencia...., ¡Padres! humillaos y temblad; acaso ese hijo que os recrea será un dia enemigo de su Dios y de su patria; para que esto no suceda 'ni os avergonzeis de haberle engendrado, decídios á educarlo, y alimentarlo con la sana doctrina de Jesucristo que preserva á los hombres del pecado y infierno.

[b] Por supuesto la parida no estaria en disposicion de oír con gusto semejante razonamiento, pero los ceremoniosos y empalagosos mexicanos los hacian en todas ocasiones y circunstancias: aun hoy dia se nota que encontrándose dos indios ó indias en un camino á distancia de menos de media cuadra comienzan á saludarse, siguen andando, y no terminan sus razonamientos hasta no perderse de vista. Reducense á preguntarse por su padre, madre, hijos, parientes &c. todo insubstancial y vago.—No conocen el laconismo y precision de la lengua *Malla de Yucatán.*

ha salido al mundo la criatura de nuestro señor, que ya ha muchos dias estamos esperando que nos la diese, y deseábamos saber que fin habria este negocio, y en que manera obraria *Cioacoatl y quilaztli* ¿qué hiciéramos si no hubiera sucedido prósperamente vuestro parto, ó hija mia? ¿qué hiciéramos si ahora hubieras muerto juntamente con lo que tenias en el vientre? ¿qué pudiéramos decir, ó que pudiéramos hacer, ó á quien nos pudiéramos quejar? Y pues que nuestro señor Dios nos ha hecho grandes mercedes en que el parto fuese bueno, ya vemos con nuestros ojos la piedra preciosa y la pluma rica: ya ha llegado como de lejos pobrecita y fatigada, no sabemos si vendrá á colmo, ni si vivirá algunos dias, porque esto nos está tan dudoso, como lo que soñamos durmiendo. Sea pues cualquiera cosa lo que nuestro señor haga de la criatura, vos habeis hecho bien el oficio, descansad y tomad placer; haga Dios su voluntad; esperémos lo que querrá hacer por la mañana ú otro dia: no sabemos lo que será de nosotros ni de la criatura que nació. Seais muy dichosa, señora preciosa, no quiero mas alargarme en palabras, por no dar fastidio á vuestra cabeza ni á vuestro estómago, vivais muchos dias y en mucho contento: nuestro señor os dé todo contento y paz." Responde la partera y dice: „señoras nuestras de gran valor, aquí estais sentadas por la voluntad de nuestro señor que está en todo lugar. Bien he visto el trabajo que habeis tenido todos estos dias pasados, pues que ni habeis dormido ni reposado, esperando con mucha angustia el suceso del parto, y lo que nuestra madre y señora *Cioacoatl, y Quilaztli*, haria en este negocio. Asímismo esperábades con angustia y trabajo como se esforzaria y se habria varonilmente vuestra hija tiernamente amada: esperábades tambien con mucha angustia ver como saldria, y echaria fuera, lo que tenia en el

vientre, cosa á la verdad muy pesada, y muy lastimosa, y aun cosa mortal; por cierto este negocio es
una batalla en que peligramos las mugeres, porque
es como tributo de muerte, que nos echa nuestra madre *Cioacoatl, y Quilaztli.* Pero doy muchas gracias
ahora á nuestro señor, pues ha tenido por bien que
medianamente esta mosa haya dado á luz su niño
ó hijo muy amado; y porque nuestra hija valerosamente se ha esforzado, nuestro señor echó aparte
este negocio prósperamente por su voluntad: dichosa ha sido vuestra hija joven tierna, y tambien su
marido mozuelo. Aquí en vuestra presencia ha nacido la criatura de nuestro señor, que es como una
cosa preciosa, y una pluma rica, y en su cara habeis puesto vuestros ojos. Es por cierto este niño,
como una planta, que dejaron echada sus abuelos
y abuelas: es como un pedazo de piedra preciosa,
que fué cortada de los antiguos, y ha muchos dias
que murieron; hánosla dado nuestro señor; pero no
tenemos certidumbre de su vida; sino como un sueño
que soñamos: ya ven nuestros ojos que lo que ha
nacido es como una piedra preciosa y pluma rica,
que ha brotado en nuestra presencia. Lo que puedo ahora decir es, que nuestro señor *Quetzalcoatl,*
que es criador, ha puesto una piedra preciosa y pluma rica en este polvo, en esta casa pobre hecha de cañas;
y puedo tambien decir, que ya ha adornado vuestra garganta, cuello y mano con un joyel de piedras preciosas, y de plamas ricas de rara preciosidad, y que raramente se hallan, ni aun cuando se
solicitan para comprar: tambien puedo decir que ha
puesto en vuestras manos un manojito de plumas
ricas, que se llaman *quetzalli,* de perfecta hechura
y color. Y en agradecimiento de este tan gran beneficio, conviene que respondais con lloros, y oraciones devotas á nuestro señor, que está en todo lugar: suspirad y llorad, hasta saber su voluntad; si

por ventura vivirá esta piedra preciosa, y esta pluma rica, de que ahora hablamos como soñando, la cual pues ignoramos si crecerá, si se criará, si vivirá algunos dias, y años, ó si será imágen y retrato, honra y fama de los viejos y viejas que ya pasaron, de los cuales desciende: tampoco sabemos si por ventura resucitará la suerte, y levantará la cabeza de sus abuelos y abuelas. Deseo señores mios que vivais, y que en vuestra presencia acontezca, y con vuestros ojos contempleis en qué estado le pondrá nuestro señor: ignoramos si S. M. nos ha dado una mazorca de maíz aneblada de que no hay prevecho ninguno, ni si es una cosa inútil, lo que hoy nos ha dado, ni si tamañito y tiernecito como agua lo llevará para sí, y lo llamará y vendrá por el que lo hizo. ¡Señores mios bienaventurados! orad con todas vuestras fuerzas, y suspirad, y presentaos á nuestro señor que está en todo lugar: no plegue á Dios que os acontezca alguna presuncion, ó altivez interior, en que penseis que por vuestros merecimientos os ha sido dado este niño; si esto fuere así, nuestro señor verá vuestros pensamientos, y os privará de lo que os ha dado, y os desatará de la garganta la piedra preciosa conque os habia adornado. Seais señores é hijos mios muy prósperos, y bienaventurados; solamente balbutiendo y tartamudeando, y con desorden, he dado esta respuesta á las palabras paternales y maternales conque me habeis hablado: deseoos mucho descanso y reposo: nuestro señor tenga por bien de os dar, y de haceros muy bienaventurados, como pido y deseo, ó señores mios de gran valor.

CAPITULO XXXIIII.

Que entre los señores principales y mercaderes, usaban los unos á los otros dar la enhorabuena del primogenito, enviando dones, y quien de su parte hablase á la criatura, saludándola, y á la madre, padre y abuelos: enviaban á hacer esto á algun viejo honrado, sábio y bien hablado, el cual principalmente hablaba al niño con lenguage muy tierno y amoroso, lleno de mil diges. Esto hacian por dar contento á los padres del niño.

Despues de que ya se sabe que la señora N. parió, luego los amigos y parientes de los pueblos circunstantes, van á visitar al niño y á la madre, y á los parientes, y primeramente en la visitacion hablan al niño recien nacido, y para saludarle, descúbrele la madre para que esté patente al que le habla si es hijo de señor, ó persona muy principal de genealogia, de grandes señores, ó si es generoso, dícele de esta manera, (si es varon el que habla y viejo principal.) „¡Oh nieto mio, y señor mio, persona de gran valor, precio y de gran estima! ó piedra preciosa, esmeralda, zafiro ó pluma rica, y uña de alta generacion! seais muy bien venido, y bien llegado: habeis sido formado en el lugar mas alto, donde habitan los dos supremos dioses, que es sobre los nueve cielos: os echó S. M. de vaciadiso, como una cuenta de oro: haos abugerado como una piedra preciosa muy rica y labrada, vuestro padre y madre, el gran señor y señora, y juntameute con ellos nuestro hijo *Quetzalcoatl:* ¡ay dolor! que habeis sido enviado á este mundo, lugar de cansancios, fatigas, dolores y descontentos, y donde está el sumo trabajo y afliccion, donde los dolores y angustias se enseñorean y se glorifican: ¡ay dolor! que has venido á este mundo no para gozarte, ni tener contento, sino para ser atormentado y aflijido, en los huesos y en la carne. Habeis de trabajar, afanaros y cansaros: para esto habeis sido enviado á este mundo: bien sabemos que fuiste adornado, y compuesto de dones antes de la creacion, para ser estimado, honrado y amado. Muchos dias ha señor mio, que habeis sido deseado, y no solamente dias sino años: todo este tiempo pasado, lloraron y suspiraron por vos, vuestros vasallos y siervos, y los de vuestro reino: por ventura. el pueblo, señorio ó reino, no merecerá gozaros algun tiempo; á dicha verá y reverenciará algunos dias ó años vuestra cara, y os poseerá como de prestado: acaso habeis sido enviado para llevar acuestas la república, para guardar y concertar el reino de aquel que está en todo lugar: ó tomareis señor vos la carga que dejaron nuestros señores los príncipes, senadores y personas que pasaron, rigieron, gobernaron y pacificaron este reino á nuestro señor. Vos habeis señor de poner el hombro y las espaldas, para llevar sobre vos al pueblo y á la república, y habeis de sufrir el trabajo y cansancio de esta carga, porque la habeis de llevar acuestas: vos habeis de hacer sombra y amparo, y debajo de vuestro gobierno y á vuestra sombra ha de estar toda la república, ó reino. ¡Oh señor nuestro serenísimo, persona de gran valor! ¿por ventura serémos dignos, y mereceremos teneros como prestado algun dia? ¿por ventura merecerá el pueblo, ó señorio, ó reino gozar de vos? Quizás no tiene merecimiento alguno, ni es digno de gozaros; acaso así tamaño como estais os hareis pedazos como piedra preciosa, ú os quebrareis como pluma rica! ¿vendrá por vos vuestro padre el que os crió? ¿será esta su voluntad? ¿por ventura. quedará el reino en soledad y en tinieblas, ó acaso quedará yermo y desolado? si esto ya dicho hace nuestro señor: ¡oh señor nuestro muy precioso, persona de gran valor, seais en hora buena venido! seais muy bien llegado,

reposad, descansad, pues habeis sido tan deseado."
[a] Y luego el orador enderezaba su plática y oracion á la señora recien parida, y decia de esta manera. „¡Oh señora nieta é hija mia, paloma muy tierna y muy amada! ¿como estais? como os sentís? ¡gran
fatiga habeis padecido! ¡gran trabajo habeis tenido!
habeios igualado é imitado á vuestra madre la señora *Cioacoatlquilaztli:* muchas gracias damos á nuestro señor en este momento, porque ha tenido por
bien que viniese y saliese á luz esta preciosa piedra
y este rico *quetzatl,* llegado á la uña y al cabello de
nuestros señores que ya fallecieron y se fueron: brotado há y florecido su planta, y la generacion de los
señores cónsules y reyes: salido há y se ha manifestado! la espina de maguéy y caña de humo, que dejaron plantada profundamente nuestros señores y reyes pasados que fueron famosos valientes. De vos señora se ha cogido una piedra preciosa: de vos ha
tomado un plumage rico nuestro hijo *Quetzalcohuatl:*
sea nuestro señor alabado, porque con prosperidad
apartó de vos el peligro, y os libró en la batalla en
que peleasteis contra la muerte en el parto: afortu-
nadamente os sobrepujará en dias el niño recien nacido: ¿por ventura será la voluntad de nuestro señor
que viva, ó morirá él primero? ¿tierno como está hará pedazos el señor del mundo á esta piedra preciosa, á este sartal de joyas? ¿nos le vendrá á tomar
y á llevar el que le crió? ¿por ventura pasará de
repente delante de los ojos de su reino ó señorio,
y nos dejará como burlados, porque por nuestros pecados no le mereceremos gozar? ¡Oh! hágase la voluntad de nuestro señor! haga él lo que fuere servido; pongamos en él toda nuestra esperanza. Pien-

(a) No nos admiremos del orgullo con que son tachados los
últimos reyes mexicanos por los historiadores, supuesto que desde
la cuna eran saludados con este lenguage asiático y de bajeza, propio para enorgullecerlos é infatuarlos.

so señora que os doy fatiga, y causo pesadumbre; no querria motivaros alguna mala disposicion ó accidente, dolor ó trabajo, como que aun estais enferma y delicada. Deseo señora, vuestra vida y prosperidad por muchos tiempos, porque sois señora mia de gran valor: esto poquito tartamudeando y como quien balbute, he pronunciado con desorden y desconcierto para saludaros y para daros el parabien: seais muy bienaventurada y próspera, señora nuestra muy amada.» Dicho esto, el orador luego enderezaba su oracion á los que tenian cargo del niño, viejos y viejas, y decia de esta manera: „señores y señoras los que aqui estais y teneis por bien de tener cargo de nuestro nieto que es nuestra piedra preciosa y nuestra pluma rica que ahora nuevamente ha llegado, y se ha manifestado un sartal de cuentas de oro, el cual es cabello y uña de sus antepasados. Por algunos dias tiene necesidad este niño de vuestra ayuda y servicio; trabajad con todas vuestras fuerzas para servirle; mirad que es gran negocio el que teneis entre manos: ¿quien pensais que os ha puesto en este trabajo? por cierto ninguno otro sino nuestro señor que está en todo lugar: á vosotros se os da licencia para que le veais, tengais y goceis de él como de una gran fiesta y de una gran maravilla, que con lloros y suspiros desearon ver aquellos que pasaron de este mundo, y los llevó nuestro señor para sí, que ni le vieron ni le gozaron, y el es el cabello y uña de sus antecesores, y ahora nosotros vemos y en nuestra presencia nuestro señor hace la fiesta y el milagro que ellos desearon. Vosotros gozais de la piedra preciosa y de la pluma rica que desearon los antiguos, que hoy es vuestra gloria, vuestro regocijo, el precioso sartal y collar de zafiros gruesos y redondos que de chalchivites muy finos, y largos como cañutos, y otros de otra manera muy verdes y muy finos gozais. Así mismo po-

208

seis, un manojito de plumas ricas muy perfectamente adornadas, y de bellísimo color. Aquí estais estimados como padres de estos niños: gozad pues, y sea esta piedra preciosa vuestra riqueza: sealo este manojito de plumas ricas, un pedazo de piedra preciosa cortada de sus antepasados nobilísimos, ésta su uña y su cabello que de aquellos procede: teneos vosotros por padres de tal hijo, tened cuidado de noche de llorar y orar para que se crie: importunad á nuostro señor con vuestras lágrimas: llamad devotamente á nuestro Dios que está en todo lugar, el cual hace todo lo que quiere, y se burla con nosotros: ¿qué scrá si nuestro señor envia sobre nosotros eclipse ó truenos? ¿qué será si nos le viene á tomar? ¿qué será si el señor Dios por quien vivimos nos envia lloro y tristeza? Aunque somos indignos, esperemos lo que ahora soñamos que nuestro nieto vivirá: esperémos pues lo que sucederá mañana ó ese otro dia, ó que és lo que querrá hacer el que lo crió, cuyo él es con brevedad. Antes que pase mucho tiempo, sabremos que es lo que nuestro señor querrá hacer de él. Tambien aquí está presente nuestra hija y señora, piedra de mucho valor y muy amada, la cual pasó gran trabajo y temible batalla con la muerte, y ella salió con victoria de la misma, que está muy flaca. Mirad que tengais mucho cuidado de ella, y os lo suplico para que arrecie y se fortalezca con vuestro cuidado: mirad que no reciba algun detrimento su salud, pues que para esto estais aquí puestas en su servicio. ¡Oh señores é hijos mios! deseo que seais dichosos y vivais mucho tiempo.» Despues de esto el orador endereza su oracion al padre del niño y le dice. „¡Oh señor nuestro y nieto mio, persona valerosa y preciosa! acaso os ofenderé y seré embarazo para vuestras ocupaciones y ejercicios, importunandoos con unas pocas palabras conque os quiero saludar. En-

tendido tengo señor, que sois el trono ó espaldar de
la silla, y la flauta de nuestro señor que está en todo lugar, que se llama *noche y viento:* vuestros trabajos señor de gran peso, son los estrados de la judicatura y gobierno de la república, en los cuales trabajaron con un afán intolerable vuestros antecesores,
cuya carga despues que la dejaron, vos la llevais
acuestas dejándola en vuestras manos, y vos sois ahora el que teneis cargo de regir este pueblo, señorio
ó reino, en persona de nuestro señor. Al presente
vos sois el que gobernais y residis en los estados y
estrados donde se honra Dios; con unas pocas palabras mal concertadas y mal pronunciadas, os vengo á saludar, y por mejor decir vengo á resbalar,
tropezar, y caer en vuestra presencia, con deseo de
dar contento y esforzar vuestro corazon, vuestra cara, vuestros pies y vuestras manos, porque ha tenido por bien y ha hecho misericordia nuestro piadoso Dios que está en todo lugar, y por quien vivimos;
en enviar á este mundo una piedra preciosa y una
pluma rica, que es vuestra imágen, cabellos, uñas,
y pedazo cortado de vos mismo. ¡Oh señor nuestro!
verdaderamente ha nacido vuestra imágen y retrato,
habeis brotado, habeis florecido. ¡Sea bendito nuestro
señor por ello! nació y vino á vivir á este mundo:
descendió y fué enviado del lugar de los supremos
dioses, que residen sobre los nueve cielos, para que
lleve acuestas el pueblo de nuestro señor, y sin falta que trae merecimientos para ello. Por ventura vivirá, se criará, y tendrá larga vida, servirá á Dios
mucho tiempo, y será conocido de todo el pueblo,
reino ó señorio; y quizás merecerá la república go-
zarle, y se amparará debajo de su sombra ó abrigo.
¡Oh señor nuestro humanísimo é hijo mio muy amado, persona de gran valor! si fuera mas prolijo en mis
palabras, daría fastidio á vuestra cabeza y estómago, y seria impedimento y embarazo para vuestras

ocupaciones de la república: deseo que vivais muchos años en el oficio superior que teneis. Con estas pocas palabras he saludado, y dado el parabien á vuestra real persona y oficio: vivid pues ¡oh nieto mio y sugeto de gran valor!

CAPITULO XXXV.

Del parlamento que hacian los embajadores enviados de los señores de otros pueblos, á saludar á la criatura, y á sus padres, y de lo que respondian de parte de los saludados.

¡Oh señor nuestro, persona valerosa y nieto mio muy amado! teneis vida y ser, y obrais: ¡ah! no querria embarazaros en vuestras ocupaciones; he venido á vuestra presencia, delante de quien estoy aquí en pie: hame enviado, y me ha encaminado acá vuestro hermano el señor N. que rige tal pueblo, y dijome::::: *anda vé á N. mi hermano que vive y gobierna, salúdale de mi parte porque he oido* que nuestro señor ha hecho misericordia con él en darle un hijo, que es su hechura: dile que *desde acá le saludo* [a] *porque ha nacido y ha llegado á este mundo su piedra preciosa, y su pluma rica, que es planta y generacion de nuestros señores y reyes, que pasaron y dejaron raza como pedazos de sí mismos, que son sus cabellos y sus uñas, y es su sangre é imágen: ha brotado, ha florecido la fama y gloria que ha de resucitar la memoria y la gloria de sus antepasados abuelos y visabuelos, y les ha dado nuestro señor su imágen y retrato; no sabemos lo que querrá hacer nuestro señor; ignoramos lo que piensa ó lo que dice, no sabemos si le prosperará, ni si te-*

(a) Esta misma formula usó Moctheuzoma cuando respondió al parabien que le dió á nombre de Maxiscatzin, su enviado, presentándose á felicitarlo por su ecsaltacion al imperio mexicano. Vease su vida.

*nemos meritos para gozar de esta piedra preciosa, y de
este sartal de zafiros, ni tampoco si se creará, si vivirá
algun tiempo, si servirá á nuestro señor algunos años,
si llegará á regir el pueblo, si la república le merecerá;
tampoco sabemos si antes que llegue á edad lo llamará y
llevará Dios para sí,* pues que es su señor y su padre; lo que ahora conviene es *que esperemos la determinacion de Dios por quien vivimos que está en todo lugar*"
estas pocas palabras habeis oído con que os salu-
da N. ¡Oh señores nuestros! señor nuestro, persona valerosa y rey! deseo que vivais mucho tiempo, y
ejerciteis vuestro oficio." Habiendo dicho esto el mensagero, levantábase luego uno de los viejos que estaban presentes, y respondia por el niño y por los
padres del niño, tambien por los viejos que estaban presentes, y por las viejas, y decia de esta manera: „señor [a] mio seais muy bien venido: habeis
venido á hacer. misericordia, con el trabajo de nuestro corazon: habeis venido á traer mensage de salutacion de padre y madre, segun era la costumbre de
los antiguos, viejos y viejas, el cual está atesorado y
muy bien doblado en vuestras entrañas y garganta;
cosa cierto rara, pues habeis dicho palabras de salutacion al niño recien nacido, el cual aunque no ha-

(a) Es de advertir que todavia se usa esta clase de cumplido
y felicitacion entre los Indios, principalmente en el estado de Oaxaca donde se conserva pura la raza. Luego que nace algun hijo al
juez del partido, comisionan ó vá el mismo gobernador vestido de
gala y demas oficiales de república á hacer. igual felicitacion llevando algun obsequio: muéstranse tan idalgos y cortesanos, comb
generosos. ¡Ilustres vástagos de los nobles Aztecas! yo no puedo fi-
jar sobre vosotros mi vista sin conmoverme: en el momento me
ocurren las ideas de vuestra antigua grandeza, y de vuestra esclavitud y degradacion. ¡Yo quisiera veros indemnizados de tantos ultrajes! recibid mi corazon harto condolido de vuestros infortunios!
Lo mismo me pasa cuando veo sus danzas en la colegiata de Guadalupe, ne puedo soportar aquel espectaculo de sensibilidad y ternura, brota un torrente de lágrimas de mis ojos, y bendigo al autor del grito de Dolores. 19

bla, enderezais vuestras palabras á nuestro señor y
á él orais, el cual está en todo lugar, y es el padre y criador, y el señor de este niño. Cual sea su
voluntad no lo sabemos, ignoramos si le lograremos
y si tendremos merecimientos para ello: no sabemos
si se criará ni si vivira, ni si nuestro señor le dará
algun tiempo para que le sirva, y para que sea imagen y retrato, y para que levante la fama y el loor
de nuestros señores sus progenitores los señores y
senadores sus antepasados, ni sabemos si carece-
rá de merecimiento y dignidad. No sabemos si chiquito como 'es le llevará nuestro señor, porque no solamente los viejos y viejas mueren, mas antes todos los
dias de esta vida mueren aquellos á quien llama nuestra madre, y nuestro padre el dios del infierno que se
llama *Mictlantecutli*. Unos que están en la cuna, otros
que ya son mayorcillos, y andan burlando con las
tejuelas; otros que ya quieren andar, otros que ya
saben bien andar; tambien van mugeres de media
edad, y hombres de edad perfecta, y de esta manera no tenemos certidumbre de la vida de este niño, soñámosla, y deseamos que la goze dilatada esta piedra preciosa. ¿Por ventura tenemos merecimientos para que nos sea dado este niño? ¿vino acaso
de paso por delante de nosotros? ¡Señor mio! habeis usado de humanidad y cortesia, en haber dicho
las palabras de madre y padre, preciosas y maravillosas que hemos oído; y tambien habeis saludado
y consolado á los que están presentes, que son padres, madres, viejos y viejas de canas venerables, en
cuya presencia ha nacido esta criaturita, que es cabellos y uñas de nuestros señores antepasados, los
cuales llevó para sí nuestro señor. Todos los que
aquí estamos hemos oído vuestra oracion, maravillosa, rara y preciosas palabras, ciertamente de padre y madre: habeis abierto en nuestra presencia
el cofre de vuestro pecho, sacando de él, y derraman-

do piedras preciosas y muy raras, las cuales nuestro señor puso en vuestro pecho y en vuestra boca, ¡plega á Dios que no las perdamos, siendo como son cosas de nuestro señor, porque somos olvidadizos, y perdemos las cosas preciosas; y tambien el señor N. [que aquí está presente persona de gran valor, que rige y gobierna, por algunos dias le tiene nuestro señor, puesto que entre tanto que parece otro que lo haga mejor] ha oído y entendido vuestro razonamiento adornado de piedras preciosas y muy maravillosas, de madre y padre que habeis dicho, y que dentro de vos las ha puesto el señor Dios que. está en todo lugar, y por eso no me maravillo de lo que habeis dicho, porque ya ha muchos dias que pronunciais las maravillas que os dá nuestro señor en este oficio y en este egercicio, os habeis hecho viejos y canos, venerables con estos dones suyos; el que está en todo lugar, os ha hecho singulares y de sabiduria rara: habeis hecho merced á nuestro señor muy tiernamente amado N. ¿quien será ahora bastante para responder á la salutacion maternal y paternal que habeis pronunciado? No hay viejos, no tiene nuestro señor entre nosotros algunos antiguos, todos los há nuestro señor yermado y acabado, no hay sino muchachos que ahora viven: Estas pocas palabras que no tienen ni principio ni cabo concertado, sino muy desbaratadas, he dicho yo que no debiera, respondiendo á la oracion de madre y padre que habeis hecho. Descansad señor nuestro, y reposad; descansen vuestros pies y aun vuestras manos, porque habeis muy bien trabajado." Aquí habla otra vez el orador que fué enviado á saludar y á dar el parabien con su oracion, demandando perdon de las faltas de las palabras de antes que habia dicho, y dice de esta manera. „Con mis proligidades y palabras bajas pienso que os fuí penoso y os he causado. alguna indisposicion; por tanto no quiero deciros mas: deseoos todo contento y descanso señores nuestros." Despues de esto uno de los viejos que allí están presentes, ó alguno de los mas honrados y principales, responde y ora por el señor que fué saludado y dice: „señor mio muy noble: haos enviado acá el señor, persona muy valerosa, el que rige y gobierna en tal pueblo, y trugistes sus palabras y su salutacion, la cual hemos oido es muy maravillosa, muy preciosa, y de mucha erudicion: trugistes guardado y apretado en vuestro puño una cosa muy rara y muy curiosamente compuesta, donde ninguna falta ni fealdad hay; es como cosa preciosa sin tacha ni raza; es como un zafiro muy fino, con la cual habeis saludado y orado, delante de estos señores y principales, y la causa ha sido, porque ha nacido una piedra preciosa, y una pluma rica que nuestro señor ha enviado, porque ha nacido un chalchivite, y ha crecido una rica pluma de nuevo, y tambien el señor N. que aquí está presente nuestro señor, desde acá besa los pies y las manos del señor N., y se postra en su presencia, deseando que haga todo su deber en el oficio de su gobierno y reino, y en el negocio de regir la república, que se ha de llevar acuestas, como carga muy pesada, desea que con todas sus fuerzas haga su deber. Con estas pocas palabras se ha respondido á la salutacion que se ha hecho de parte de nuestros señores que acá os enviaron." Habla otra vez el mensagero y dice: „Ya he dicho y pronunciado aquí la salutacion de nuestros señores que me enviaron acá, por ventura olvidé algo, ó se me pasó de la memoria que no dije; ahora ya he oido y entendido la respuesta, conque nuestros señores que están presentes responden; quiero llevar sus palabras á la presencia de mi señor."

Cuando pare alguna muger de la gente comun, saludan al niño, á la madre, á los viejos y viejas, y al padre del niño por el mismo estilo que queda dicho atrás: salvo que, á los unos saludan como *á señores* y gente principal, y á los otros como *á gente comun*, y al niño hablan como á quien ha de regir, gobernar, y ser señor, teniendo la edad cumplida para semejantes cargos necesaria; y á los niños de la gente comun, como á quien ha de buscar lo necesario con trabajo, sudor, y afan, diciéndolos á los unos y á los otros, á cada uno en su grado, muchas cosas segun su estado respectivo. En este negocio de saludar á los niños que están en la cuna y á sus padres, no tienen medida, porque *dura diez, y veinte dias* el saludarlos, cuando los niños felicitados son principales y señores. Los que saludan dan los presentes de mantas ricas, y si la criatura es hembra, dan enaguas ó vipiles hasta veinte ó cuarenta, y esto llaman *ixquemitl*, que quiere decir *ropa para envolver* al niño. Entre los que no son señores sino gente honrada ó rica, llevan una manta y un *maxtli*, ó unas enaguas y un vipil si es hembra la que nació: y los que son de baja suerte, usan hacer esta salutacion presentando comida y bebida.

CAPITULO XXXVI.

De como los padres de la criatura hacian llamar á los adivinos, para que dijesen la fortuna que consigo traia la criatura, segun el signo en que habia nacido.

Despues de haberse dado á luz la criatura, luego procuraban de saber el signo en que habia nacido, para saber la ventura que habia de tener; á este propósito iban luego á buscar y á hablar al adivino que se llama *Tonalpouhqui*, que quiere decir, *el que sabe conocer la fortuna de los que nacen.* Primeramente este adivino preguntaba la hora en que habia nacido,

216

[a] y el que iba á buscarle sé la decia: luego el adivino revolvia los libros y buscaba el signo, segun la relacion del que iba á informarle: luego preguntaba si habia nacido de noche ó de dia, ó si habia nacido á la media noche: si habia nacido antes de ella, contaba el signo que reinaba en el dia pasado; y si habia nacido despues de la media noche, se atribuía al signo que decian regia en el dia siguiente despues de aquella media noche; pero si nacia en el punto de ella, atribuía el nacimiento de la criatura á ambos caracteres del dia pasado, y al dia que venia partian por el medio, y si nacia cerca del dia ó despues de nacido el sol, atribuía el nacimiento al caracter que regia en aquel dia, y á los demas que llevaba consigo. Despues que el adivino era informado de la hora en que nació la criatura, miraba luego en sus libros el signo en que nació, y todas las casas ó caracteres de dicho que son trece, y si el signo es mal afortunado, por ventura alguna de las trece casas que están contiguas á este signo. Si es de buena fortuna ó la señala buena, hablaba á los padres de la criatura, y á los viejos y viejas, y deciales: „En buen signo nació vuestro hijo: será señor ó senador, rico ó terrible hombre, ó será belicoso, y en la guerra valiente y esforzado: tendrá dignidad entre los que mandan la milicia: será matador y vencedor" ó por ventura les decia: „No nació en buen signo el niño, nació en signo desastrado; pero hay alguna razonable casa que es de la cuenta de este signo, la cual templa y abo-

(a) En México conozco á un menguado de estos que sabe de memoria *el Lunario perpetuo*, y algunas personas por burlarse de él, le hacen igual consulta; él se reviste de un aire de circunspeccion muy magestuoso, y hace antes de todo igual pregunta, entónces en tono de Oráculo pronuncia su fallo: cuando alguno le dice que ha nacido en octubre hace un gesto, porque de este mes tiene un pésimo concepto. *¡O míseri homines! - ¡O cuantum enim est rebus inane!*

nã la maldad de su principal, y luego les señalaba el dia en que se habia de bautizar, y decia: „De
aquí á cuatro dias se bautizará:" y si del todo el
signo no es contrario, y no tiene alguna casa que
le abone, anunciábalos de la fortuna que tendría el
miño, porque le nació en signo mal afortunado, y
que su fortuna mala no se podia remediar, y decia:
„Lo que acontecerá á esta criatura és, que será vicioso, carnal, y ladron: su fortuna es desventurada:
todos sus trabajos y ganancias se volverán en humo, por mucho que trabaje, se afane y atesore: ó
será perezoso y dormilon; ó les decia que sería gran
borracho; ó les decia, poco vivirá sobre la tierra: ó
les decia mirad, que está su signo indiferente, medio bueno y medio malo: luego buscaba un dia que
fuese favorable, y no le bautizaban al cuarto dia:
hecho todo esto se hacia el bautismo, en algun dia
que fuese favorable, ó en uno de los doce que se cuentan en el primer caracter. Al adivino por esta adi-
vinanza le daban á comer y de beber, y algunas mantas y muchas cosas, como gallinas, y una carga de
comida.

CAPITULO XXXVII.

*Del bautismo de la criatura, y de todas las ceremonias
que en él se hacian, del poner el nombre á la criatura,
y del convite de los niños &c.*

Al tiempo de bautizar la criatura, luego aparejaban las cosas necesarias para el *bateo* (ó bautismo:) hacianle una rodelita y un arquito, y sus saetas
pequeñitas en número de cuatro, una de las cuales
miraba al oriente, otra al occidente, otra al mediodia, y la otra al norte ó septentrion: hacianle tam-

bien una rodelita de masa de bledos, y encima ponian un arco y saetas, y otras cosas hechas de la misma masa. Hacian tambien comida de mulli, [hoy *mole*] ó potage con frisoles y maíz tostado, y su mastelejo y su manteca, y á los pobres no les hacian mas del arco y las saetas, su rodelilla, algunos tamales y maíz tostado; y si era hembra la que se bautizaba, aparejábanla con todas las alhajas mugeriles, que eran aderezos para tejer é hilar, como huso, rueca, lanzadera, su petaquilla y vaso para hilar &c.: tambien su vipilejo y sus enaguas pequeñitas. Despues de haber aparejado todo lo necesario para el bautismo, luego se juntaban todos los parientes y parientas del niño, viejos y viejas, y llamaban á la partera que era la que bautizaba á la criatura que habia parteado, y juntábanse todos muy de mañana antes que saliese el sol, y en saliendo este astro, ya que estaba algo altillo, la partera demandaba un apaxtle ó lebrillo nuevo lleno de agua, y luego tomaba el niño entre ambas manos, y los circunstantes tomaban todas las alhajuelas que estaban aparejadas para el bautismo, y ponianlas en el medio del pátio de la casa. Para bautizar el niño, poniase la partera con la cara ácia el occidente, y luego comenzaba á hacer sus ceremonias y á decir: „¡oh águila! ¡oh tigre! ¡oh valiente hombre nieto mio! has llegado á este mundo, y te ha enviado tu padre y madre el gran señor y la gran señora: tu fuiste criado y engendrado en tu casa, que es el lugar de los dioses supremos que están sobre los nueve cielos: hízote merced nuestro hijo *Quetzalcoatl* que está en todo lugar; ahora júntate con tu madre la diosa del agua que se llama *Chalchivitlycue.*" Dicho esto, luego le daba á gustar del agua, llegándole los dedos mojados á la boca, y decia de esta manera. „*Toma, recibe, ves aquí con lo que has de vivir sobre la tierra, para que crezcas y reverdezcas: esta es por quien tenemos y nos mereció las* cosas *necesarias, para que podamos vivir sobre la tierra, recívela:*" despues de esto, tocábala los pechos con los dedos mojados en la agua, y deciale: "Cata aquí el agua celestial: cata aquí el agua muy pura, que laba y limpia vuestro corazon, que quita toda suciedad, recívela: tenga ella por bien de purificar y limpiar tu corazon." Despues de esto echábale el agua sobre la cabeza diciendo. "*¡Omictomx! ¡oh hijo mio! recibe y toma el agua del señor del mundo que es nuestra vida, y es para que nuestro cuerpo crezca y reverdezca: es para labar y para limpiar: ruego que entre en tu cuerpo y allí viva esta agua celestial azul, y azul clara. Ruego que ella destruya y aparte de tí, todo lo malo y contrario que te fué dado antes del principio del mundo, porque todos nosotros los hombres somos dejados en su mano, porque es nuestra madre Chalchivitlycue,*" Despues de esto lavaba la criatura con el agua por todo el cuerpo, y decia de esta manera. "*Adonde quiera que estes, tu que eres cosa empecible (ó cosa que puede dañar) (a) déjale, que eres cosa empecible al niño, déjale y vete, apártate de él, porque ahora vive de nuevo, y nuevamente nace este niño: ahora otra vez se purifica y se limpia, y otra vez le forma [b] y engendra nuestra madre Chalchivitlycue.*" Despues de hechas las cosas arriba dichas, tomaba la partera al niño con ambas manos, y levantábalo ácia el cielo y decia. "*Señor, veis aquí vuestra criatura que habeis enviado á este lugar de dolores, de aflicciones, y de penitencia, que es este mundo; dadle señor vuestros dones y vuestras inspiraciones, pues vos sois el gran Dios, y tambien con vos la gran diosa*". Cuando esto decia estaba mirando ácia el cielo, tornaba un poco á poner el niño en el sue-

(a) *Quod nocere potest* dice el Diccionario de la lengua española.

(b) Notense estas palabras, y cotéjense con las del Evangelio que hablan de la regeneracion del bautismo.... *Nisi quis renatus fuerit ex aqua et Spiritu Sancto.*

lo, y volvia la segunda vez á levantarle ácia el cielo y decia de esta manera. „*Señora que sois madre de los cielos y os llamais Citlalatonac, á vos se enderezan mis palabras y mis voces, y os ruego imprimais vuestra virtud: cualquiera que ella sea dadla, é inspiradla á esta criatura*" y luego la tornaba á poner; y despues por tercera vez tornábala á levantar ácia el cielo y decia: „*¡O señores dioses celestiales que estais en los cielos! aqui está esta criatura, tened por bien de infundirle vuestra merced y vuestro soplo, para que viva sobre la tierra*" y luego la tornaba á poner y de aí á un poquito la volvia á levantar ácia el cielo la cuarta vez, y hablaba al sol y decia: „*¡Señor sol y Tlaltecutli, que sois nuestra madre y nuestro padre! veis aqui esta criatura que es como una ave de pluma rica, que se llama* Zaquan ó Quechotl: *vuestra es, y he determinado de os la ofrecer á vos señor sol, que tambien os llamais totonametl y pintado como tigre de pardo y negro, que sois valiente en la guerra: mirad que és vuestra criatura y es de vuestra hacienda y patrimonio, que para esto fué criada para os servir, para os dar comida y bebida: es de la familia de los soldados y peleadores, que pelean en el campo de las batallas:*" y luego tomaba la rodela, el arco y el dardo que estaban allí aparejados, y decia de esta manera: „*Aquí están los instrumentos de la milicia conque sois servido, conque os alhagais y deleitais. Dadle el don que soleis dar á vuestros soldados, para que pueda ir á vuestra casa llena de deleites, donde descanzan y se gozan los valientes soldados que mueren en la guerra, que están ya con vos alabandoos. ¿Será por ventura este pobrecito macehuatl uno de ellos? ¡Oh señor piadoso! haced misericordia con él.* Y todo el tiempo que estas ceremonias se están haciendo, está ardiendo un hachon de teas grandes grueso. Acabadas todas estas ceremonias, ponen nombre al niño de alguno de sus antepasados, para que levante la fortuna y suerte de aquel cuyo nombre le dan. Este nombre le pone la partera ó sacerdotiza que le bautizó; pongo por caso que le pone por nombre *yautl*, comienza á dar voces y habla como varon con el niño, y dícele de esta manera. „*Yautl* (que quiere decir) *¡oh hombre valiente! recibe, toma tu rodela, toma el dardo, que estas son tus recreaciones, y regocijos del sol:*" y luego le ponia la mantilla atada sobre el hombro y le ceñian un *maxtle.* En este tiempo que estas cosas se hacian, juntábanse los mosuelos de tõdo aquel barrio, y acabadas todas estas ceremonias, entran en la casa del y toman la comida que allí les tenian aparejada, y á esta llaman *el ombligo del niño* [a] y salian huyendo con ella, é iban comiendo la comida que habian arrebatado, y luego comenzaban ú voces, á decir el nombre del niño, y si era su nombre *youtl* iban diciendo *¡oh yautl, oh yautl! vete ácia el campo de las batallas, ponte en el medio donde se hacen las guerras, ¡oh yautl oh yautl! tu oficio es regocijar al sol y á la tierra, y darlos de comer y de beber: ya eres de la suerte de los soldados que son águlas y tigres, los cuales murieron en la guerra, y ahora están regocijando y cantando delante del sol:* é iban tambien diciendo: „*¡oh soldados! ¡oh gente de guerra, venid acá, venid á comer el ombligo de yautl!*" Estos muchachos representaban á los hombres de guerra, porque robaban y arrebataban la comida que se llamaba *el ombligo del niño.* Despues que la partera ó sacerdotiza, habia acabado todas las ceremonias del bautismo, metian al niño en casa, é iba delante de él el hachon de teas ardiendo, y así se acababa el bautismo.

(a) En México se acostumbra dar por los padrinos, medios reales nuevos que llaman dar el *bolo* del bautismo.

CAPÍTULO XXXVIII.

Del Bautismo de las niñas en cuanto toca á algunas particulares ceremonias que se hacian.

El bautismo de las hembras es conforme á lo que arriba se dijo de los varones, salvo que á las hembras aparejan las vestiduras y alhajas de mugeres, y conforme á ellas hacen sus oraciones, como arriba en los aderezos de varones se hicieron; y cuando lava las manos, el cuerpo y los pies, á cada cosa hace su oracion, á las manos porque no hurte, y al cuerpo, é ingles, porque no sea carnal, y así de las demas partes; y cuando dice las oraciones habla muy bajo, que casi no se entiende lo que dice. En acabando de hacer todas sus ceremonias, envuelbe á la niña con sus mantillas, y luego la meten en casa, y la echan en la cuna que ya está aparejada, y la partera habla á la cuna, y dice de esta manera. „Tú que eres madre de todos, que te llamas *Yoalticitli,* que tienes regazo para recibir á todos! ya ha venido á este mundo esta niña, que fué criada en lo alto, donde residen los dioses soberanos sobre los nueve cielos: ha venido porque la embió nuestra madre y padre, el gran señor y señora, á este mundo para que padezca fatigas y trabajos: en tus manos se encomienda y se pone, porque tú la haz de criar, porque tienes regazo, así es que la han enviado nuestra madre y nuestro padre los dioses celestiales, *Yoaltecutl, Iacuviztli, Iamamializtli.*" Habiendo dicho esto con baja voz, luego dice á la cuna, „¡Oh tu que eres su madre! recíbela ¡oh vieja! mira que no empezcas [ó dañes] á esta niña: tenla en blandura". [a] Dicho esto pone luego á la

(a) Recuerdo á mis lectores la fórmula de los Romanos, cuando hacian sufragio por los difuntos: llegábanse á su sepultura, y tomando de su superficie una poca de tierra, la esparcian diciendo...

niña en la cuna, y los padres de la niña, toman aquellas palabras para cuando la echan en la cuna que dice: ¡oh madre suya! recibe á esta niña que te entregamos. Hecho esto, luego se regocijan, comen y beben el *uctli*, ó vino de esta tierra, y á esto llaman *pillaoano*, y tambien le llaman *tlacoculaquilo*, que quiere decir posicion ó colocacion de la criatura en la cuna

CAPITULO XXXIX.

De como los padres y madres, deseando que sus hijos, é hijas viviesen, prometian de los meter en la casa de religion, que en cada pueblo habia dos, una mas estrecha que otra, así para hombres, como para mugeres, donde los metian en llegando á edad convenible.

Despues que el niño se iba criando, los padres que tenian deseo de que viviese; para que su vida se conservase, prometíanlo al templo donde se servian los dioses, y esto á la voluntad de los padres, ó los prometian de meter en la casa que se llamaba *Calmecac*, ó en la otra que se llamaba *Telpuchcalli*; si le prometian á la casa *Calmecac*, era para que hiciese penitencia, sirviese á los dioses, viviese en limpieza, en humildad y castidad, y para que del todo se guardase de los vicios carnales. Si era muger era servidora del templo que se llamaba *Cioatlamacazque*, y habia de ser sugeta á las que regian esta religion, y vivir en castidad, guardarse de todo deleite carnal, y vivir con las virgenes religiosas que se llamaban las *hermanas*, que moraban en el monasterio dicho *Calmecac*, donde vivian encer-

Sit vobis terra levis.... Seate la tierra leve; tan natural cosa es recomendar lo que mas amamos á la persona á quien la confiamos, aunque sea inanimada como la cuna ó el sepulcro, lugares destinados para nuestra mansion y descanso.

radas: cuando el niño ó niña era prometido de meterle en el monasterio, los padres hacian fiesta á los parientes, y dábanlos de comer y beber. Si el padre y la madre querian meterlo en el monasterio que llamaban *Telpuchcali*, embiaban á llamar al que allí era mayor que le llamaban *Telpuchtlatoque*, comian y bebian, y daban dones como maxtles, mantas y flores por via de amistad. El principal de aquella religion despues de haber comido, bebido y recibido dichos dones, tomaba en brazos á la criatura hembra ó varon en señal que ya era su súbdito todo el tiempo que estuviese por casar, y de que ya era de aquella religion, ó manera de vivir: ahugerábanle el bezo de abajo, y allí le ponian una piedra preciosa por barbote, y la niña que ya estaba prometida al *Telpuchpan*, entregábanla á la muger que tenia cargo de las otras. Cuando ya era grandecilla, habia de aprender á cantar y danzar, para que allí sirviese al dios que se llama *Moyucoya, Tezcatlipuca, y Yautli;* y aunque era de esta religion la mozuela, estaba con sus padres y madres. Si era de la religion del *Calmecac*, metíanla en el monasterio de este nombre para que estuviese allí hasta que se casase sirviendo á *Tezcatlipuca*. A su entrada daban comida á las religiosas mas antiguas de aquella casa, las cuales se llamaban *quaquacuiltin*, que quiere decir mugeres que tenian los cabellos cortados de cierta manera. Estas tomaban la niña, ó mosuela, y hacíanlo saber al ministro del templo que se llamaba *Quetzalcoatl:* este nunca salia del templo, ni entraba en casa ninguna, porque era muy venerable y muy grave y estimado como dios: solamente entraba en la casa real. Sabedor éste de que la mosuela entraba en aquella religion, luego la llevaban al monasterio donde la habian prometido: conducíanla por la mano, y en brazos, y presentábanla al dicho dios *Quetzalcoatl*, al cual servian las de esta órden, y decian de esta manera cuando se la ofrecian. „¡Oh señor humanísimo amparador de todos! aquí están estas siervas, que os traen una nueva sierva vuestra la cual prometen y ofrecen su padre y madre para que os sirva; bien conoceis á la pobrecita que es vuestra: tened por bien de recibidla, para que algunos dias barra y atavie vuestra casa de penitencia y lloro, donde las hijas de los nobles meten la mano en vuestras riquezas, orando y llamandoos con lágrimas y con gran devocion, y donde con oraciones demandan vuestras palabras y vuestra virtud. Tened por bien señor de hacerla merced y de recibirla, ponedla señor en la compañia, y número de las mugeres vírgenes que se llaman *Tlamacazqui*, que hacen penitencia, y sirven en el templo, y traen cortados los cabellos. ¡Oh señor humanísimo, y amparador de todos! tened por bien de hacer con ella aquello que sea vuestra santa voluntad, haciendola las mercedes que vos sabeis que la convienen.» Dicho esto, si la mosuela era grandecilla, sajábanla las costillas y el pecho en señal de que era religiosa, y si era aun pequeña echábanle un sartal al cuello, que se llama *yacualli*. Y la niña hasta tanto que llegaba á la edad convenible para entrar en el monasterio, traía aquel sartal en señal del voto que habia de cumplir. Todo este tiempo estaba en la casa de sus padres; pero de que llegaba á la edad para entrar en el monasterio, metíanla en aquella religion del *Calmecac*, [ó casa de penitencia:] y tambien la mosuela en siendo de edad, la ponian entre las religiosas de esta misma religion. [a]

(a) La oracion antecedente la trae traducida al castellano D. Carlos Sigüenza y Góngora, en su Paraiso occidental, ó sea historia. de la fundacion del convento de J. M. de México, y tambien la que pronunciaba la rectora despues del Super-Intendente ó *Tecuacuilli* del templo. La he puesto en la obra muchas veces citada... Texcoco en los últimos ttempos de sus antiguos Reyes pág. 206.

CAPITULO XXXX.

De como en llegando el tiempo de meter á su hijo, ó hija donde le habian prometido, se juntaban todos los parientes ancianos, y avisaban al muchacho ó muchacha del voto que sus padres habian hecho, y del lugar donde habia de entrar, y vida que habia de hacer.

El padre del mosuelo ó de la mosuela, despues de haverle llevado al *Calmecac* delante de los maestros, y maestras, que le habian de criar, hablábanle de esta manera. „Hijo mio, ó [hija mia] aquí estas presente donde te ha traído nuestro señor que está en todo lugar, y aquí están tu padre y madre que te engendraron; y aunque es así que son tu padre y madre, que te dieron ser, mas verdaderamente son tus padres los que te han de criar, y enseñarte las buenas costumbres, y te han de abrir los ojos y oídos para que oígas y veas: ellos tienen autoridad para castigar, para herir, y para reprender á sus hijos que enseñan. [a] Oye pues ahora, y sábete que cuando eras tierno y muy niño, te prometieron y ofrecieron tus padres, para que morases en esta casa del *Calmecac*, para que aqui la barrieras y la limpiaras por amor de nuestro señor é hijo nuestro *Quetzalcoatl*, y por esta causa ahora tu padre y madre que aquí estamos, te venimos á poner en este lugar donde has de estar, y de donde eres hijo propio. Oye hijo mio muy amado: has nacido y vives en este mundo, donde te embió nuestro señor: no veniste como estas ahora, ni sabias andar, hablar ni hacer alguna cosa antes de ahora. Hate criado tu madre, y por tí padeció muchos trabajos, guar-

(a) ¡Ojalá y que nuestros preceptores la usaran hoy, no estaría nuestra juventud tan insolentada y desmoralizada: nuestros legisladores no han de ser mas humanos que Dios, y en la sagrada escritura se manda hacer uso del azote sobre el niño discolo.

dábate cuando dormias, y limpiabate las suciedades que echabas de tu cuerpo, y manteniate con su leche; y ahora que eres aun pequeñuelo, ya vas entendiendo y creciendo. Ahora vas á aquel lugar á que te ofrecieron tu padre madre, que se llama *Calmecac*, casa de lloro y tristeza, donde los que allí se crian son labrados y ahugerados, como piedras preciosas, y brotan y florecen como rosas. De allí salen como piedras preciosas y plumas ricas, sirviendo á nuestro señor, y allí reciben sus misericordias. En aquel lugar se crian los que rigen que son señores, senadores y gente noble, que tiene cargo de los pueblos: de allí salen los que poseen ahora los estrados, y sillas de la república, donde los pone y ordena nuestro señor que esta en todo lugar. Tambien los que están en los oficios militares que tienen poder de matar, y derramar sangre allí se criaron. Por esto conviene hijo mio muy amado, que vayas allí muy de voluntad, y que no tengas afeccion á ninguna cosa de su casa; no pienses hijo dentro de tí, ni digas *vive mi padre y madre, viven mis parientes, florece y abunda en mi casa donde naci: hay riquezas y mantenimientos: tengo bien de comer y beber: el lugar donde naci, es lugar deleitoso y abundante:* no te acuerdes de ninguna de estas cosas. Oye lo que has de hacer, que es barrer, y coger las barreduras, y aderezar las cosas que están en casa: haste de levantar de mañana, velarás de noche, [a] lo que te fuere mandado harás, y el oficio que te dieren tomarás; y cuando fuere menester saltar, ó correr para hacer algo, hacerlo haz: andarás con ligereza, no seas perezoso, no serás pesado; lo que te mandaren una vez hazlo luego: cuando te llama-

(a) Don Carlos Siguenza cuando traduce este mismo razonamiento dice hermosamente: „barrerás estos patios por donde se pasea el Dios de la magestad *acompañado del silencio....* Personificar el silencio es una figura bella, atrevida y digna de Pindaro.

228

ren una sola vez, irás con diligencia, no esperes
que te llamen dos veces. Aunque no te llamen á
tí, vé adonde llaman luego corriendo, y harás de
presto lo que te mandaren hacer, y lo que sabes
que quieren se haga, hazlo tú. Mira hijo que vas,
no á ser honrado, no á ser obedecido y estimado,
sino á ser mandado, has de ser humilde y menos preciado y abatido; y si tu cuerpo cobrare brio ó soberbia, castígale y humillale, mira que no te acuerdes de cosa carnal. ¡Oh desventurado de tí, si por
ventura consintieras dentro de tu corazon algunos
pensamientos malos, ó sucios! perderias tus merecimientos y las mercedes que Dios te hiciera, si ad-
mitieras tales pensamientos: por tanto conviene hacer toda tu diligencia, para desechar de tí tales
apetitos sensuales, y briosos. Nota lo que has de
hacer que es cortar cada dia espinas de maguéy
para hacer penitencia, y ramos para enramar los
altares, y tambien habeis de hacer sacar sangre
de vuestro cuerpo, con la espina de maguéy, y
bañaros de noche, aunque haga mucho frio; mira
que no te hartes de comida, sé templado, ama y
egercita la abstinencia y ayuno. Los que andan flacos, y se les parecen los huesos, no desea su
cuerpo, ni apetece las cosas de la carne; y si alguna vez
viene este deseo de presto pasa, como una calentu-
ra de enfermedad. No te cubras, ni uses de mucha
ropa, endurézcase tu cuerpo con el frio, porque á
la verdad vas á hacer penitencia, y á demandar
mercedes á nuestro señor, á procurar sus riquezas
y á meter la mano en sus cofres; y cuando fuere
tiempo de ayuno, mira que no lo quiebres, has
todo lo que hacen los otros, no lo tengas por pesado, apechugate con el ayuno y con la penitencia,
y tambien hijo mio has de tener mucho cuidado de
entender los libros de nuestro señor: allégate á los
sábios y hábiles, y de buen ingenio. ¡Oh hijo muy

amado! mira que ya entiendes, ya tienes discrecion no eres como gallina. Nota otro aviso conque cumplimos contigo los viejos y sábios que somos, guárdale muy bien dentro de tí, mira que no lo olvides,, y si te rieres de ello, serás malaventurado. Muchas otras cosas te serán dichas, y oirás allá donde vas porque es casa donde se aprenden muchas verdades, esto que te digo lo juntarás con lo que allá oyeres que es la doctrina de los viejos: si alguna cosa oyeres, ó te fuere dicha, y no la entendieres derechamente, mira que no te rias de ella. ¡Oh hijo mio muy amado! tiempo es de que vayas á aquella casa donde estás prometido, comienza á egercitar la escoba y el incensario." Síguese la plática conque habla á la mosuela cuando la llevaban al *Calmecac.* Los viejos cuando hablaban al mosuelo, no hacen pláticas prolijas, sino cortas y en buena manera; mas las viejas cuando hablan á las mosuelas, hacen las pláticas largas porque las que hablan habian estado en el monasterio y así eran bachilleras: dice de esta manera la vieja que habla á la mosuela que va á entrar en el monasterio. „¡Hija mia muy amada chiquitita, delicada palomita la mas amada! ya habeis oído y entendido las palabras de vuestros padres que aquí estáu: cosas singulares os han dicho, y raras como piedras preciosas muy resplandecientes, y como plumas ricas muy verdes, muy anchas y muy perfectas, que las tenian guardadas en su pecho y en su garganta: lo que yo ahora quiero hacer és, ayudar á los que han hablado antes de mi, y tomar la mano por ellos, aunque son padres y madres y como tales han hablado, y son discretos y sábios, y son como candela, lumbre, y como espejo. Oye hija mia muy amada: cuando eras chiquita y tiernecita, aquí están los que te engendraron y te ofrecieron á nuestro señor, el cual está en todo lugar, para que seas una de

las perfectas hermanas de S. M., de las hermosas
vírgenes que son como piedras preciosas, y como
plumas ricas; ofreciéronte para que entres y vivas donde están, en su guarda y recogimiento con las religiosas vírgenes del *Calmecac;* y ahora que ya eres
de edad de discrecion, ruégote que de todo tu corazon cumplas el voto que ellos por tí hicieron. Mira que no le desbarates, ni deshagas ó destruyas,
pues que ya eres adulta y no eres niña sino que
entiendes, y mira que no vienes á alguna casa de
malas mugeres donde se vive mal; vienes á la casa de Dios donde es llamado y adorado con lloros y con lágrimas, y es casa de devocion, y donde nuestro señor comunica sus riquezas á sus siervas, y ellas rehinchan las manos de sus dones, y donde se demanda y se busca con penitencia su amor
y su amistad. En este lugar quien llora, es devota,
suspira, se humilla, y se llega á nuestro señor, hace gran bien para sí, porque nuestro señor le dará sus dones, y le adornará y hallará merecimientos
y dignidad, porque Dios señor á ninguno menosprecia ni deshecha, antes por el contrario, el que
menosprecia y desdeña el servicio de nuestro señor,
él mismo se hace barranco y sima en que caiga, y
nuestro señor le herirá y apedreará con podredum-
bre del cuerpo, y con ceguedad de los ojos ó con
otra enfermedad, para que viva miserable sobre la
tierra, y se enseñoree de él la miseria, la pobreza,
la última afliccion y desventura. Por lo cual hija
mia muy amada, te aconsejo, que de tu voluntad,
con toda paz, vayas y te juntes con las vírgenes
muy amadas hermanas de nuestro señor, que se llaman *las hermanas de penitencia* que lloran con devocion en aquel santo lugar: vé aquí lo que has de
hacer, vé aquí lo que has de guardar. Nunca te has
de acordar ni has de llegar á tu corazon, ni jamás
has de revolver dentro de tí cosa ninguna carnal;

ha de ser tu voluntad, deseo, y corazon, como una piedra preciosa, y como un zafiro muy fino: haste de hacer fuerza á tu corazon y á tu cuerpo, para olvidar y echar muy lejos de tí toda delectacion carnal: has de tener cuidado asimismo continuamente, de barrer y limpiar la casa de nuestro scñor, y tambien has de tener cuidado de la comida y bebida de nuestro Dios, que está en todo lugar; y aunque es verdad que no tiene necesidad de comer y de beber, como los hombres mortales, tiénela solamente de ofrendas; por lo cual debes apechugarte con el trabajo de moler y de hacer *cacaoatl* para ofrecer. Haz de tener cuenta con la obediendia: no esperes que dos veces seas llamada: la buena doctrina y el buen aprovechamiento, en la vi:tud, reverencia, temor, humildad y paz, *hacen la verdadera nobleza, y la verdadera generosidad:* mira hija que no seas disoluta, ó desvergonzada ó desbaratada. Vivan las otras como quisieren, no sigas el mal ejemplo ni las malas costumbres de las otras, y esto debes de notar mucho, que te humilles y te encorbes: procura con todas tus fuerzas de te llegar á nuestro señor, llámale y dale voces con toda devocion. Hija mia muy amada, nota lo que te digo, no te demandarán cuenta de lo que las otras hacen en este mundo, de nuestras obras hemos de darla, hagan los otros lo que quisieren: ten cuidado de tí misma, mira que no te desvies del camino derecho de nuestro señor: mira que no tropieces en alguna ofensa suya: con lo dicho cumplen contigo tus madres y padres, y tus hermanos mayores. Hija mia vete en hora buena á la casa de tu religion."

CAPITULO XXXXI.

De algunos adagios que esta gente Mexicana usaba.

Mensagero del Cuervo.

Este refran se dice, del que es enviado á alguna mensagería ó con algun recado y no vuelve con la respuesta. Tomó principio este refran segun se dice, porque *Quetzalcoatl* rey do *Tula* vió desde su casa dos mugeres que se estaban labando en el baño, ó fuente donde él se bañaba, y luego envió á uno de sus corcobados para que mirase quienes eran las que se bañaban, y aquel no volvió con la respuesta: envió otro page suyo con el propio mensage, y tampoco volvió con la respuesta; envió al tercero, y todos ellos estaban viendo á las mugeres que se lavaban, y ninguno se acordaba de volver con la respuesta, y de aquí se comenzó á decir: *moxoxolotitlani* que quiere decir, fué, y no volvió mas. (a)

El que todo lo sabe.

Dícese este refran por via de mofar, del que todo lo sabe y entiende, y en todo habla, y en todo se entremete: búrlanse de él y dicen *tomachixoa*, como si dijesen es un bachiller, ó lo que dice, *petrus in cunctis.*

Entremetido en todo. (b)

Dícese este refran del que entra donde no habia de entrar á mirar, y del que echa mano de lo que no es á su cargo, y se entremete á hacer lo que los otros hacen, sin ser á su cargo.

Aun hay lugar de escapar de este peligro.

Este refran se dice del que estando borracho mató á alguno, y despues que vuelve en sí, ya está preso por el homicidio y dice, *aun no estoy enrredado del todo: aun puédome desenredar, porque estaba borracho cuando maté, y no supe lo que me hice; y por esto pienso que he de escapar de esta red ó de este lazo.*

Es un Merlin.

Este adagio se dice, de aquel que responde con facilidad, [c]

(a) Entre nosotros alude al Cuervo que mandado por Noé de la Arca para que reconociese la tierra, no volvió como despues lo hizo la Paloma. Los asceticos dicen que el Cuervo es símbolo del pecador, que con su ingratitud no corresponde á los llamamientos de la divina gracia. Sobre esto desatina *Cornelio Alapide.*

(b) Entre la gente popular se dice... *Mete cuchara.*

(c) Entre nosotros alude al sábio Merlin, de que habla Cervantes en su Quijote.

á cualquiera cosa que le pregun-
tan aunque sea dificultosa; y tambien que tiene medios aptos para cualquiera cosa.

Hay dias mal afortunados.

Este refran se dice cuando no
hay posibilidad de hacer alguna
cosa, que otros dias se hace con
facilidad.

*Costumbre es en el mundo, que
unos suban y otros bajen.*

La declaracion de este refran,
clara está, y así decian: florece
en el mundo como el manzani-
llo que se llama *texócotl* ó te-
jocote, que tiene manzanas maduras, otras que van madurán-
do, y otras que florecen: á este
modo dicen del mundo.

*A nadie menosprecies, por vil
que parezca.*

Este refran se dice, porque
los que parecen viles y de menosprecio, tienen algunas virtudes dignas de precio y honra.

La gota caba la piedra.

Este refran se dice de los que
porfian ó perseveran en salir con
alguna cosa que parece es dificultosa; asi como el que no tiene habilidad para alguno de los
oficios mecánicos, y queriéndole
aprender, porfia y sale con él,
por esto dicen *la perseverancia
hace mucho.*

Salta como granizo de albarda.

Este refran tiene clara su significacion.

Lobo en piel de obeja ó doblado.

Este refran se dice de aquellos que en su manera de hablar, de mirar y de andar, son
como simples y llanos, y dentro
son maliciosos, engañadores, y
aborrecedores, dicen uno, y hacen otro.

*Tiene algun trasgo (ó duende) que
le ayuda.*

Dícese este refran, de aquellos que no parece que hacen
nada y están ricos, y de aquellos que trabajan poco en aprender, y en comparacion de los
que trabajan mucho en aprender,
ó en ganar la vida, saben mas,
y tienen mas.

Cara sin verguenza ó cara de palo.

Esto se dice de aquellos que
no tienen empacho, de hablar y
parecer entre las personas sábias,
siendo ellos de poco saber y de
bajo quilate.

Porfiado.

Este se dice de los que confian mucho de lo que dicen, y
lo que los otros dicen, nunca
les parece bien.

Gloriase de las niñerias, ó jáctase.

Este refran se dice de aquellas personas que segun su edad
debiendo de haber dejado las niñerias no las dejan, sino siempre las llevan adelante, y antes
se deleitan en ellas.

*Arranco mi misma sementera, ó lo
que yo siembro.*

Este se dice de aquellos que
tienen algun amigo, y por po-

ca ofensa luego riñen y descompadran con él; y si alguna cosa sabian de sus secretos, luego la echan en la plaza, ó les dan públicamente con ella en la cara.

Come otra vez lo que habia desechado, de la boca ó del cuerpo.

Este refran se dice de aquel que dio á otro algo dado, y despues se lo tornó á pedir.

Tiene la viga en el ojo y no la vé, ó no vé sus fealdades y suciedades.

Este se dice de aquel que tiene la cara sucia y no la vé, y mas propiamentte del que es necio y se tiene por sábio, es pecador, y se tiene por justo.

No se palpa asimismo.

Es lo mismo de arriba.

No hace ni entiende, cosa á derechas.

Este refran se dice de los tontos y bobos.

Arbol sin fruto, ó trabajo sin premio.

Este refran se dice de aquellos que trabajaron por alcanzar alguna cosa, y despues de mucho trabajo, ni la alcanzaron, ni salieron con ella.

Arrebatador ó arañador.

Este refran está claro por el *ladron.*

Mi gozo en el pozo, donde esperaba agradecimiento me vino confusion.

Este refran se dice, cuando alguno hace bien á otro, y el que recibió el beneficio responde con desagradecimiento; entónces se dice: *mis cabellos abrieron mi cara.*

Hablar por rodeos.

Esto se dice cuando alguno no queriendo decir la verdad, habla por rodeos, para que no se entienda lo que quiere encubrir, y satisfaga al que le pregunta, sin decir verdad.

¿Con qué cara me miras?

Este se dice de aquel que quiso engañar á otro y no pudo, y despues de descubierto su atrevimiento, el que le entendió dícele, *¿donde está tu cara?* como si dijese *¿con qué ojos me miras desvergonzado?*

El me lo pagará.

Este se dice cuando uno afrenta á otro y se huye, entónces dice el afrentado *cannoiacauh,* que quiere decir, no se me escapará que no me la pague.

Nuestra espinilla ó el remedio de nuestra afliccion.

Este se dice por via de mofa, de aquel que se alaba falsamente de haber hecho algunas valentias, y es como decir: blasona del arnes este fanfarron.

Todo lo sabe.

Este refran clara está su significacion, que es dicho por el que se jacta de saber, y haber visto muchas cosas.

Por mi lanza lo gané.

Este refran se dice, el que ganó ó mereció alguna cosa muy bien ganada y muy bien merecida, y otro le contradice ó se la quiere retomar, dice en su defension *nemiuh*, como si dijese, es mi sudor y mi trabajo.

No pueden ser las dias, mas negras que el Cuervo.

Esto se dice de aquel que echó su caudal todo en alguna mercaderia, y se le perdió en la mar, ó de otra manera. para encarecer su pérdida dice: *icnopillot omomelauh*, el mal ha venido todo junto.

Iba por lana, volví trasquilado, y tropecé en la piedra.

Este se dice del que iba á negociar alguna merced con alguna persona de suerte, y cayó en su desgracia y no recabó nada.

Pensé de ganar algo, y perdí lo que llevaba.

Acontecióme como á la mariposa, que de noche se llega á la candela por amor de la luz que la deleita, y quémase en ella. Tambien se aplica á muchas cosas este refran, las cuales están claras.

Tóm. II.   31.

Cara de cenizado.

Este se dice de aquel que hizo algun mal, piensa que nadie lo sabe, y sábenlo todos.

Derrama solaces desbaratados de amigos, ó de amistad.

Este refran se dice de aquel que es malquisto por su mala condicion; y cuando entra donde están muchos en algun regocijo, se salen todos, unos por acá, y otros por allá.

Trabajo sin fruto.

Este refran, bien clara tiene su significacion.

Gran baladron.

Tambien este tiene clara la significacion.

Malcontentadizo.

Tambien este refran la tiene clara, y á estos tales los responden; con mucho menos que esto se contenta el pajarito *huitzitzilin* (ó chupamirto) dícese por via de mofa.

Largo en hablar.

Dícese este refran. á contrario sensu, de los que apenas les pueden sacar una palabra cuando es menester, por ser cortos en hablar, y por esto le dicen ser cortos en palabras por ser demasiadamente callados.

Boca de Golondrino.

Este refran se dice por los muy parleros. (a)

No es ñudo ciego que no se puede deshacer, flojamente está atado.

Este refran se dice de aquel á quien acusan de alguna cosa, ó le arguyen, de que con facilidad se puede responder ó remediar.

Otros no sé cuantos adagios ó refranes hay, que en el lenguage mexicano deben ser algo, *por la energia* de los vocablos ó de la lengua, y en el nuestro son *disparates,* y muy disgustados y enfadosos, como se verá por los que aquí están escritos, los cuales son los que con menos enfado se pueden leer; y aun no sé si habrá alguno que sufra acabar de leerlos. (b)

CAPITULO XXXXII.

De algunos acertijos ó especies de enigmas ó adivinanzas de los muchachos que usa esta gente mexicana.

Que cosa, y cosa es una jícara azul sembrada de maíces tostados, que se llaman momochtl: este es el cielo que está sembrado de estrellas.

¿Qué cosa y cosa que va por un valle, y lleva las tripas arrastrando? esta es el ahuja cuando cosen con ella, que lleva el hilo arrastrando.

¿Que cosa y cosa, un teponaztli de una piedra preciosa y señido con carne viva? es la orejera hecha de piedra preciosa que está metida en la oreja.

¿Qué cosa y cosa, diez piedras que las tiene alguno acuestas? estas son las uñas que están sobre los dedos.

¿Que cosa y cosa, que se toma en una montaña negra, y se mata en una estera blanca? Es el piojo que se toma en la cabeza, y se mata en la uña.

¿Que cosa y cosa una caña hueca que esta cantando? Es el sacabuche. (Instrumento músico que trajeron los españoles.)

¿Qué cosa y cosa, un negrillo que va escribiendo con vidriado? Son los caracolitos negros que cuando van andando dejan el camino por donde van, vidriado con unas babitas que dejan.

(a) Este proloquio tiene lugar en México; aquí no se sabe guardar un secreto.

(b) Los adagios son *peculiares* de los Idiomas en que se usan; pierden infinito al trasladarse á otra lengua, y muy pocos censervan su original bellezá, y propia significacion. En fin, tienen su *aticismo* peculiar que no puede contrahacerse: siempre preferiré los de Cervantes en su Quijote.

¿Que cosa y cosa, que en todo el manda encima de nosotros se encorba? Son los penachos del maíz cuando se van secando, y encorbando.

¿Qué cosa y cosa una vieja monstruosa debajo de tierra que anda comiendo y royendo? Es el topo.

¿Qué cosa y cosa, una cosita pequeñita de plata está atada con una hebra de hilo de color castaño? Es la liendre, que está como atada al cabello.

¿Qué cosa y cosa, espejo que está en una casa hecha de ramos de pino? Es el ojo que tiene las cejas como ramada de pino.

¿Qué cosa y cosa, un cerro como loma, y que mana por dentro? Son las narices.

¿Que cosa y cosa que muele con pedernales, y allí tiene un cuero blanco echado, y está cercado con carne? Es la boca que tiene los dientes conque mazca, y la lengua tendida en medio, está cerrada con carne, son los labios.

¿Qué cosa y cosa una vieja que tiene los cabellos blancos de heno, y está cerca de la puerta de casa? Es la trox del maíz.

¿Qué cosa y cosa que dice: salta tú que yo saltaré? Es la mano del teponaxtli conque lo tienen.

¿Qué cosa y cosa, piedra blanca y de ella nacen plumas verdes? Es la cebolla.

¿Qué cosa y cosa, que tiene los cabellos canos hasta el cabo, y cria plumas verdes? La misma cebolla.

¿Qué cosa y cosa, que entramos por tres partes, y salimos por una? La camisa.

¿Qué cosa y cosa, que le rascan las costillas y está dando gritos? Es el hueso, que se usa en los areitos por sonajas.

¿Qué cosa y cosa, que entra en la montaña, y lleva la lengua sacada? Es la hacha.

¿Qué cosa y cosa, está arrimado á la azotea el bellaco cabeza de olla? La escalera que se arrima para subir á la azotea.

¿Qué cosa y cosa van guiando las plumas coloradas, y van tras ellas los cuerbos? Es la chamosquina de las sábanas.

¿Qué cosa y cosa, que tiene cotaras de piedra, y está levantado á la puerta de casa? Son las postes colaterales de la puerta.

¿Qué cosa y cosa, una piedra almagrada va saltando? Es la pulga.

¿Qué cosa y cosa. que va por un valle, y va dando palmadas con las manos como la muger que hace pan? Es la mariposa que va volando.

CAPITULO XXXXIII.

De algunas metáforas delicadas con sus declaraciones.

Dañas el lustre y preciosidad de la piedra preciosa, y párasle como piedra áspera, y abollada: manoseas, desparpajas ó sobajas la pluma rica. Por metáfora se dice cuando alguno profana alguna cosa santa ó maltrata, ú deshonra alguna persona honrada, ó do gran valor, como los que sin debida reverencia, reciben al santisimo sacramento; y tambien cuando alguno deshonra alguna doncella.

Por ventura atravezé por sobre la cabezera de él, estando durmiendo, menospreciándole, y teniéndole en poco. Esta metáfora dicen los que se quejan de nuestro señor Dios, de que los maltrata y aflije demasiadamente; lo mismo dicen de alguna otra persona quejándose de que le aflije injustamente, y sin razon.

Defiendo que nadie pase por sobre tu cabeza estando durmiendo. Por metáfora quiere decir: celo y defiendo tu honra para que nadie la perjudique.

Es mi comida y bebida, quiere decir: con esto gano de comer, y de beber.

Hanme puesto un penacho de esclavo, y hanme rodeado al cuerpo una soga; quiere decir por metáfora: en este oficio, ó cargo que me han dado, hanme hecho esclavo y siervo de la república, ó de las personas á quien rijo.

Hete dado la vanderilla que has de llevar á la muerte, y el papel que se llama tetevitl, que se dá á los que han de matar por justicia, y aquella es señal de que se despide ya de este mundo. Por metáfora se dice del que avisa á su amigo, para que se guarde de algun vicio en que anda, de que muchas veces le ha avisado, dícele: esta vez te aviso, y nunca mas te avisaré.

Cuando estuvieres junto á la hoguera, ó al pie de la horca, te acordarás de lo que te avisé: quiere decir, muchas veces te he avisado que te enmiendes, y no quieres, al pie de la horca, ó junto á la hoguera, os pesará de no haber recibido mi consejo.

Bellaco desgreñado sucio. Por metáfora se dice de aquel que ha hecho alguna afrenta ó desobediencia á su padre, ó á sus mayores, ó á los que rigen en el pueblo.

Está lleno este lugar de alacranes, hortigas, espinas y abrojos. Por metáfora se dice andas en pleito con el señor, ó delante del señor ó juez: mira que andas en peligro entre los alacranes &c.

Está lleno de polvo, y de estiercol, y por metáfora se dice: de los que han ganado el señorio que tienen, ó la hacienda que poseen con engaños, ó con mentiras, y así les dicen: tú hacienda, ó tú señorio, no es limpiamente ganada que está llena de polvo y de estiercol, de engaños y hurtos,

Tienen los ojos puestos en tí todos, quiere decir: que los bajos y populares, tienen esperanza de ser favorecidos y abrigados de sus mayores, y así dicen del mayor y del señor que los rige, sea arzobispo, ú obispo, ó viso-rei *Mitzoalixtlapalizticamitzoulnacazytztica.* Señor, todo el pueblo tiene los ojos puestos en vos, como quien les ha de hacer mercedes, y favorecer en todo.

Del cielo, ó de entre las nubes

la venido: por metáfora se dice
de alguna persona notable, que
vino á algun lugar, ó reino que
no le esperaban, y hace gran provecho á la república. (a)

*Aun no se ha desecho el hu-
mo, ó la niebla de él,* que quiere decir: aun no se ha perdido
la memoria de su fama, y de
su loa.

*El mar ó la chamusquina vi-
no sobre nosotros:* dícese de la
pestilencia, ó guerra cuando se
acaba. Hay asientos y estrados
de tigres y águilas, que quiere decir, hay soldados, y hombres valientes de guerra, que murieron
por su defension.

Alas de ave, y cola de ave,
quiere decir, hay gente popular
y repúblicana. Ave que tiene
álas y cola, se dice por metáfora, por el señor, gobernador ó
rey.

*Cosa espinosa, ó escabroza que
no osan llegar á ella por las espinas que tiene:* quiere decir, persona venerable, y digna de ser tenida y acatada, como *son los señores y cónsules. &c.*

*Cosa dulce y sabrosa de co-
mer:* se dice por el pueblo ó tierra, que es deleitosa, y abundosa.

*Cabellos, uñas, espina, barbas,
cejas, y hastilla de piedra preciosa,* se dice por el que es noble,
ó generoso ó de linage de señores.

Cara y oreja de alguno: se
dice por los embajadores.

Retrato é imágen de alguno:
se dice por el que succedió á
otro en oficio, ó dignidad.

*Salió de las entrañas, ó de la
garganta:* se dice por la oracion
y plática que dice el orador. [b]

*Su resuello, espíritu ó su pa-
labra:* se dice por el razonamiento que hace el señor á sus
principales, ó el predicador á los
oyentes.

*Lumbre y hacha encendida, de-
chado, modelo y espejo ancho,*
por el sermon que el predicador
predica, y el buen ejemplo que
alguno dá.

Cofre y arca, y por metáfora
quiere decir, persona que guarda bien el secreto, que le está
encomendado, ó persona muy ca-
llada.

Abeja ó abejon, que coje miel
de las flores, por el que es muchas veces enviado para comer.

*Es mi madre y mi padre el
muladar y camino horcajado:* por
metáfora se decia esto de las
mugeres, que se daban por hay
á quien quiera, y de los hombres viciosos, con muchas mugeres.

*Arrojar en el suelo la cara
y los dientes:* por metáfora se dice de las personas venerables
que dicen, ó hacen alguna cosa
indigna de sus personas.

(a) Se puede aplicar al general D. Manuel de Mier y Teran,
que desterrado á los confines de la República para obscurecer su
mérito, y que no tuviera parte en los negocios públicos, se presentó en Tamaulipas, cuando mas necesaria era allí su persona, y con
su sabiduria y valor, contribuyó muy eficazmente á la derrota del
general Barradas Español invasor en setiembre 1829.

(b) Esta frase tiene mucho uso en los razonamientos del lib. 6º

No es cosa que se puede guardar en cofre, ó en arca: por metáfora se dice de las mozas que por no estar en casa encerradas, caen en manos de quien las deshonra. Y cuando le dicen esto á los padres, responden: ella tiene la culpa, que yo no la puedo meter en arca, ó en cofre.

Derramáronse, y esparciéronse piedras preciosas, zafiros y esmeraldas finas: por metáfora se dice del que predicó muy bien ó del oro entre los señores.

Labra casquillos de saetas, de piedras, de navajas, y endereza cañas de saetas para tirar: dícese del que aborrece á alguno, y busca maneras para le dañar ó le matar.

Escupidura ó gargajo: por metáfora quiere decir, mentira ó falsedad.

Están asidos los unos, con los otros: se dice por los que están en paz, y se quieren y se tratan bien.

Plumage rico, y de perfecta color: dicese por la oracion perfecta elegante, y muy bien compuesta. Eres cedro y árbol de gran sombra, se dice por cualquiera señor, ó principal que es liberal, y consuela y favorece á sus vasallos.

Nuestro muro y nuestra pared: se dice por el señor que defiende á sus vasallos. Andas hondeando en la agua, ó las hondas, ó el viento se trae de acá para alla: esto se dice por el hombre desasosegado.

Haste hecho conejo, haste hecho ciervo: esto se dice de aquel ó aquella que se van de casa de su padre, y andan de pueblo en pueblo, y de tianguiz en tianguiz, sin querer obedecer á sus padres.

Agua fria, agua helada envia nuestro señor: por metáfora so dice esto de la pestilencia, hambre ú otras aflicciones que envia nuestro señor para nuestro castigo.

Tú mismo te has despeñado. Se dice por el que por su culpa cayó en algun gran crímen ó peligro.

Resbalan y deslízanse muchos en presencia del trono y del estrado, y nadie se escapa: quiere decir, el que cae en la ira del señor ó rei, no se puede escapar de sus manos.

Los que roen las uñas y los que traen las manos al cuello: por metáfora se dice de los pobres hambrientos y muy necesitados, decian de esta manera: *haz misericordia con tus huerfanos, y con los pobres que andan muertos de hambre, y royendo sus uñas, y traen las manos cruzadas delante de los pechos*, por la grande inopia, y andan demandando de puerta en puerta.

De verdad tiene ojos y orejas: por metáfora quiere decir, es persona prudente, sábia, hábil y esperta.

Abrojos y espinas: por metáfora se dice de los que son reboltosos y perturban la paz de la república con mentiras, y murmuraciones.

Nuestro señor nos ha pellizcado en la oreja, ó en el hombro: por metáfora se dice cuando se yelan los mantenimientos, ó por otra ocasion tiene hambre.

Llevó el agua las piedras, y

los *maderos por su gran ímpe-*
tu: por metáfora se dice esto,
cuando algun gran trabajo se re-
crece á la república, con lo cual
muchos son aflijidos.

Esto- dejaron escrito, ó pinta-
do por memoria los antiguos: esto se dice de las leyes, y costumbres que dejaron los antiguos
en la república.

A mi siniestra, y debajo de mi
sobaco te pondré: por metáfora
quiese decir: serás el mas allegado á mí de todos, serás otro
yo. (Esto decia el señor á al-

gun *pilli ó tecutli.*) Seme fiel,
que yo te hare mi segundo.

Abrese el cielo, rómpese la
tierra: por metáfora quiere decir
una maravilla, y un milagro nunca visto.

Otras metáforas hay, cuyo lenguage, es mas necesario á los
confesores para eptender á los
naturales, que curioso el sentido de
ellas para los curiosos en lectu-
ras de libros, y por esta causa,
no puse mas de estas, parecien-
dome bastar para entender la
plática, y trato de estos naturales.

Fué traducido en lengua espa-
ñola por el dicho P. Fr. Bernardi-
no de Sahagun, despues de treinta
años que se escribió en la lengua
mexicana, en este año de 1577.

FIN DEL LIBRO SESTO.

PROLOGO.

Cuan desatinados habian sido en el conocimiento de las criaturas, los gentiles, y nuestros antepasados así griegos como latinos, está muy claro por sus mismas escrituras, de las cuales nos consta cuan ridiculosas fábulas inventaron del sol, y de la luna, y de algunas de las estrellas, agua, fuego, tierra y aire, y de las otras criaturas; y lo que peor es, que les atribuyeron la divinidad, adoraron, ofrecieron, sacrificaron, y acataron como á dioses. Esto provino en parte por la ceguedad en que caímos por el pecado original, y en parte por la malicia y embejecido odio, de nuestro adversario Satánas, que siempre procura de abatirnos á cosas viles, rediculosas y muy culpables. Pues si esto pasó, (como sabemos) entre gente de tanta discrecion y presuncion, no hay porque nadie se maraville, porque se hallen semejantes cosas entre esta gente tan párbula, y tan facil para ser engañada; pues á propósito que sean curados de sus cegueras, así por medio de los predicadores como de los confesores, se ponen en el presente libro algunas fábulas, no menos frias que fríbolas que sus antepasados los dejaron del sol, luna, estrellas, y de los elementos, y cosas elementadas. Al fin del libro se pone la manera del contar de los años, y del año del jubiléo, que era de cincuenta en cincuenta y dos años, y de las notables ceremonias que entonces hacian.

AL LECTOR.

Razon tendrá el lector de disgustarse con la lectura de este 7°. libro, y mucho mayor la tendrá si entiende la lengua indiana juntamente con la española, porque en español el lenguage *va muy bajo*, y la materia de que se trata en este 7°. libro, va tratada del mismo modo; esto es, porque los mismos naturales dieron la relacion de las cosas que en este libro se tratan muy bajamente segun que ellos las entienden, y en comun dialecto, *y así se tradujo en la lengua española* en el mismo estilo, y en bajo quilate de entendimiento; pretendiendo solamente, saber y escribir lo que ellos entendian en esta materia de astrologia y filosofia natural, que es muy poco y muy superficial. Otra cosa vá en la lengua que tambien dará disgusto al que la entendiere, y és que de una cosa van muchos nombres sinónimos, y una manera de decir, y una sentencia vá dicha de muchas maneras. Esto se hizo á posta, por saber y escribir todos los vocablos de cada cosa, y todas las maneras de decir de cada sentencia, y esto no solamente en este libro, pero tam en toda la obra. VALE.

LIBRO SETIMO,

QUE TRATA

DE LA ASTROLOGIA NATURAL,

QUE ALCANZARON LOS NATURALES DE ESTA N. E.

CAPITULO I.

Del Sol. [a]

EL SOL tiene propiedad de resplandecer, de alumbrar, y de echar rayos de sí: es caliente y tuesta, hace sudar, pone hosco ó loro el cuerpo, y la cara de la persona. Hacian fiesta al sol una vez cada año, en el signo que se llamaba *naviolin*, y antes de la fiesta ayunaban cuatro dias como vigilia de la fiesta, y en ella ofrecian incienso y sangre de las orejas cuatro veces, una en saliendo el sol, otra al mediodia, otra á la hora de vísperas y cuando se ponia; cuando á la mañana salia decian: *ya comienza el sol su obra ¿qué será ó que acontecerá en este dia?* y á la puesta del sol decian: *acabó su obra ó su tarea.* A las veces cuando sale el sol, parece de color de sangre, toras veces parece blanquecino, y otras sale de color enfermizo, por razon de las tinieblas ó de las nubes que se le interponen. Cuando se eclipsa el sol parece colorado, parece que se desasosiega ó que se turba, se remese, ó revuelve, y amarillece mucho. Cuan-

[a] Esta es propiamente hablando, una relacion mitológica, como las metamorfosis de Ovidio.

do le vé la gente, luego se alborota y tómale gran
temor, y luego las mugeres lloran á voces, y los hombres dan grita hiriendo las bocas con las manos, y
en todas partes se daban grandes voces y alaridos,
y luego buscaban hombres de cabellos blancos, y caras blancas, y los sacrificaban al sol, y tambien sacrificaban cautivos: se untaban con la sangre de las
orejas, y juntamente se ahugeraban estas con puntas
de maguéy, y pasaban mimbres ó cosa semejante,
por los ahugeros que las puntas habian hecho; y luego por todos los templos cantaban y tañian haciendo gran ruido, y decian si del todo se acababa de
eclipsar el sol: *nunca mas alumbrará, ponerse han perpetuas tinieblas, y descenderán los demonios y vendrannos
á comer.*

CAPITULO II.

De la luna.

Cuando la luna nuevamente nace, parece como un arquito de alambre delgado, aun no resplandece, y poco á poco va creciendo: á los quince dias
es llena, y cuando ya lo es, sale por el oriente. A
la puesta del sol parece como una rueda de molino
grande, muy redonda y muy colorada, y cuando va
subiendo se para blanca ó resplandeciente: aparece como un conejo en medio de ella, y si no hay nubes,
resplandece casi como el sol y medio dia; y despues
de llena cumplidamente, poco á poco se vá men-
guando hasta que se vá á hacer como cuando comenzó; dicen entónces, *ya se muere la luna, ya se duerme mucho*, esto es cuando sale ya con el alba: al
tiempo de la conjuncion dicen, *ya es muerta la luna.*
La fábula del conejo que está en la luna es esta.
Dicen que los dioses se burlaron con ella, y diéron-
la con un conejo en la cara, y quedóle el conejo

señalado en ella, y con esto escupiéronla la cara, quedándola como un cardenal. Despues de esto sale para alumbrar al mundo: decian que antes que hubiese dia en el mundo, que se juntaron los dioses en aquel lugar que se llama *Teutioacan* [que es el pueblo de S. Juan entre *Chiconauhtlan y Otumba*] dijeron los unos á los otros; dioses, ¿quien tendrá cargo de alumbrar al mundo? luego á estas palabras respondió un dios que se llamaba *Tecuzistecatl* y dijo: „Yo tomo á cargo de alumbrar al mundo:" luego otra vez hablaron los dioses y dijeron: ¿quien será otro mas? al instante se miraron los unos á los otros, y conferian quien sería el otro, y ninguno de ellos osaba ofrecerse á aquel oficio, todos temian, y se escusaban. Uno de los dioses de que no se hacia cuenta y era buboso, no hablaba, sino que oía lo que los otros dioses decian: los otros habláronle y dijéronle: sé tu el que alumbres bubosito, y él de buena voluntad obedeció á lo que le mandaron y respondió: „En merced recibo lo que me habeis mandado, sea así" y luego los dos comenzaron á hacer penitencia cuatro dias. Despues encendieron fuego en el hogar el cual era hecho en una peña que ahora llaman *teutezcalli.* El dios llamado *Tecuzistecatl* todo lo que ofrecia era precioso, pues en lugar de ramos ofrecia plumas ricas que se llaman *manquetzalli:* en lugar de pelotas de heno, ofrecia pelotas de oro: en lugar de espinas de maguéy, ofrecia espinas hechas de piedras preciosas: en lugar de espinas ensangrentadas, ofrecia espinas hechas de coral colorado, y el copal que ofrecia era muy bueno. El buboso que se llamaba *Nanaoatzin,* en lugar de ramos ofrecia cañas verdes atadas de tres en tres, todas ellas llegaban á nueve: ofrecia bolas de heno y espinas de maguéy, y ensangrentábalas con su misma sangre, y en lugar de copal, ofreeia las postillas de las bubas. A cada uno de estos se les edificó una torre como monte; en los mismos montes hicieron penitencia cuatro noches y ahora se llaman estos montes *tzaqualli*, están ambos cerca el pueblo de S. Juan que se llama *Teuhtioacan.* [a] De que se acabaron las cuatro noches de su penitencia, esto se hizo al fin ó al remate de ella, cuando la noche siguiente á la media noche habian de comenzar á hacer sus oficios, antes un poco de la mediania de ella, dieronle sus aderezos al que se llamaba *Tecuzistecatl*, á saber: un plumage llamado *aztacomitl*, y una jaqueta de lienzo, y al buboso que se llamaba *Nanuoatzin*, tocáronle la cabeza con papel que se llama *amatzontli*, y pusiéronle una estola de papel, y un *maxtli* de lo mismo. Llegada la media noche, todos los dioses se pusieron en derededor del hogar que se llama *teutexcalli.* En este ardió el fuego cuatro dias: ordenáronse los dichos dioses en dos rencles, unos de la una parte del fuego, y otros de la otra, y luego los dos sobre dichos, se pusieron delante del fuego, y las caras ácia él, en medio de las dos rencles de los dioses, los cuales todos estaban levantados, y luego hablaron y dijeron á *Tecuciztecatl:* „¡Ea pues *Tecuciztecatl!* entra tu en el fuego" y él luego acometió para echarse en él; y como el fuego era grande y estaba muy encendido, sintió la gran calor, hubo miedo, y no osó echarse en él y volviose atrás. Otra vez tornó para echarse en la hoguera haciéndose fuerza, y llegándose, se detuvo, no osó arrojarse en la hoguera, cuatro veces probó; pero nunca se osó echar. Estaba puesto mandamiento que ninguno probase mas de cuatro veces. De que hubo probado cuatro veces, los dioses luego hablaron á *Nanaoatzin*, y dijéronle ::::: ¡Ea pues *Nanaoatzin!* prueba tú; y como le hubieron hablado los dioses, esforzóse y cerrando, los ojos, arremetió, y echose en el fuego, y luego comenzó á rechinar y respendar en el fuego, como quien se asa. Como vió *Tecuciztecatl*, que se habia

(a) Hoy Teotihuacan.

echado en el fuego y ardia, arremetió, y echóse en
la hoguera, y dizque una águila entró en ella y tambien se quemó, y por eso tiene las plumas hoscas
ó negrestinas. A la postre entró un tigre, y no se
quemó, sino chamuscose. y por eso quedó manchado de negro y blanco: de este lugar se tomó la costumbre de llamar á los hombres diestros en la guerra *Quauhtlocelotl*, y dicen primero *Quauhtli*, porque el
águila primero entró en el fuego, y dicese á la postre *ocelotl*, porque el tigre [*ocelotl*] entró en el fuego
á la postre del águila. Despues que ambos se hubieron arrojado en el fuego, y que se habian quemado, luego los dioses se sentaron á esperar á que
prontamente vendria á salir el *Nanaoazin*. Haviendo
estado gran rato esperando, comenzose á parar colorado el cielo, y en todas partes apareció la luz
del alba. Dicen que despues de esto los dioses se
hincaron de rodillas para esperar por donde saldria
Nonaoazin hecho sol: miraron á todas partes vol-
viendose en derredor, mas nunca acertaron á pensar
ni á decir á que parte saldria, en ninguna cosa se
determinaron: algunos pensaron que saldria de la parte del norte, y pararónse á mirar ácia él: otros ácia
medio dia, á todas partes sospecharon que habia de
salir, porque por todas partes habia resplandor del
alba; otros se pusieron á mirar ácia el oriente, y
dijeron aquí de esta parte ha de salir el sol. El dicho de estos fué verdadero: dicen que los que miraron ácia el oriente, fucron *Quetzalcoatl*, que tambien se llama *Ecatl*, y otro que se llama *Totec*, y
por otro nombre *Anaoatlytecu*, y por otro nombre *Tla-
tlavictezcatlipuca*, y otros que se llaman *Mimizcoa*, que
son inumerables, y cuatro mugeres, la primera se
llama *Tiacapan*, la segunda *Teicu*, la tercera *Tlacoeoa*,
la cuarta *Xocoyotl*; y cuando vino á salir el sol,
pareció muy colorado, y que se contoneaba de
una parte á otra, y nadie lo podia mirar, porque qui-

taba la vista de los ojos, resplandecia, y echaba rayos de sí en gran manera, y sus rayos se derramaron por todas partes; y despues salió la luna en la misma parte del oriente á par del sol: primero salió el sol, y trás él la luna; por la órden que entraron en el fuego por la misma salieron hechos sol y luna. Y dicen los que cuentan fábulas, ó hablillas, que tenian igual luz conque alumbraban, y de que vinieron los dioses que igualmente resplandecian, habláronse otra vez y dijeron. ¡Oh dioses! ¿como será esto? ¿será bien que vayan á la par? ¿será bien que igualmenje alumbren? Y los dioses dieron sentencia y dijeron: „Sea de esta manera. Y luego uno de ellos fué corriendo, y dió con un conejo en la cara á *Tecvciztecatl*, y escureciole la cara, ofuscole el resplandor, y quedó como ahora está su cara. Despues que huvieron salido ambos sobre la tierra estuvieron quedos sin moverse de un lugar el sol, y la luna; y los dioses otra vez se hablaron y dijeron. ¿Como podemos vivir? no se menea el sol, ¿hemos de vivir entre los villanos? muramos todos y hagámosle que resucite por nuestra muerte, y luego el aire se encargó de matar á todos los dioses y matolos, y dicese que uno llamado *Xolotl*, reusaba la muerte, y dijo á los dioses: ¡oh dioses! no muera yo, y lloraba en gran manera, de suerte que se le hincharon los ojos de llorar, y cuando llegó á él el que mataba, echó á huir, y escondióse entre los maízales, y convirtióse en pie de maíz que tiene dos cañas, y los labradores le llaman *Xolotl*, y fué visto y hallado entre los pies del maíz: otra vez echó á huir y se escondió entre los maguéyes, y convirtióse en maguéy que tiene dos cuerpos que se llama *mexólotl:* otra vez fué visto, y echó á huir, y metióse en el agua, y hizose pez que se llama *Axolotl*, y de allí le tomaron y le mataron; y dicen que aunque fueron muertos los dioses, no

por esó se movió el sol; y luego el viento comenzó
á sumbar, y ventear reciamente y el le hizo moverse
para que anduviese su camino; y despues que el
sol comenzó á caminar, la luna se estuvo queda en
el lugar donde estaba. Despues del sol, comenzó la
luna á andar; de esta manera se desviaron el uno
del otro y así salen en diversos tiempos, el sol dura un dia, y la luna trabaja en la noche, ó alum-
bra en ella: de aquí parece lo que se dice, que el
Tecuzizcatl habria de ser sol, si primero se hubiera
echado en el fuego, porque el primero fué nombrado y ofreció cosas preciosas en su penitencia. Cuando la luna se eclipsa, parece casi obscura, ennegré-
cese, párase hosca, luego se obscurece la tierra; cuando esto acontecia, las preñadas temian de abortar,
tomábales gran temor de que lo que tenian en el cuerpo, se habia de volver raton; y para remedio de esto, tomaban un pedazo de iztli en la boca, ó ponianle en la cintura sobre el vientre, para que los niños
que en él estaban, no saliesen sin bezos, ó sin narices, ó boquituertos, ó bizcos, ó porque no naciese
monstruo. Los de Xaltota tenian por dios á la luna,
y le hacian particulares ofrendas y sacrificios.

CAPITULO III.

De las estrellas llamadas mastelejos.

Hacia esta gente particular reverencia y tambien
particulares sacrificios á los mastelejos del cielo, que
andan cerca de las cabrillas, que es el signo del to-
ro. Ejecutábanlos con varias ceremonias, cuando nuevamente parecian por el oriente acabada la fiesta
del sol: despues de haberle ofrecido incienso decian:
„Ya ha salido Yoaltecutli y Yacaviztli: ¿qué acontecerá esta noche, ó que fin tendrá, próspero ó adver-
so? Tres veces pues ofrecian incienso, y debe ser,

porque ellos son tres estrellas: la una vez á prima
noche, la otra á hora de las tres, la otra cuando
comienza á amanecer. Llaman á estas estrellas *ma-
malhoaztli*, y por este mismo nombre llaman á los
palos con que sacan lumbre, porque les parece que
tienen alguna semejanza con ellas, y que de allí les
vino esta manera de sacar fuego. De aquí tomaron
por costumbre de hacer unas quemaduras en la muñeca los varones, á honra de aquellas estrellas. Decian que el que no fuese señalado con ellas cuando se muriese, que allá en el infierno habian de sacar el fuego de su muñeca, barrenándola como cuando acá sacan el fuego del palo. A la estrella de Ve-
nus la llamaba esta gente *citlalpulvcycitlalin* [estrella grande ó de la alba] y decian que cuando sale por el oriente,
hace cuatro arremetidas, y á las tres luce poco, y
vuélvese á esconder; y á la cuarta sale con toda su
claridad y procede por su curso; y dicen de su luz
que procede de la de la luna. En la primera arreme-
tida tenianla de mal agüero, diciendo que traía enfermedad consigo, y por esto cerraban las puertas ó
ventanas, porque no entrase su luz, y á veces la tomaban por buen agüero, segun el principio del tiempo en que comenzaba á aparecer por el oriente.

CAPITULO IIII.

De los cometas.

Llamaba esta gente á el cometa, *citlalin po-
poca*, que quiere decir (estrella que humea:) [a] tenianla
por pronóstico de la muerte de algun príncipe ó rey,
ó de guerra ó de hambre: la gente vulgar decia, *esta es nuestra hambre*. A la inflamacion de la cometa,
llamaba esta gente *citlalintlamina* ó exhalacion del cometa
que quiere decir, (la estrella tira saeta) y decian que siempre que aquella saeta caía sobre alguna cosa viva, liebre,

(a) Al volcan de Orizava llamaban Citlaltepec, es decir *lugar de
la estrella* humeante, porque antiguamente arrojaba fuego de noche,
y figuraba una estrella: hoy ha cesado de humear como el *popocatepetl.*

conejo, ú otro animal, donde heria luego se criaba un gusano, (a) por lo cual aquel animal no era de comer. Por esta causa procuraban estas gentes de abrigarse de noche, porque la inflamacion del cometa no cayese sobre ellas. A las estrellas que están en la boca de la bocina llamaba esta gente, *citlalxunecuilli*, píntanla á manera de S revueltas siete estrellas: dicen que están por sí apartadas de las otras, y que son resplandecientes: llámanlas *citlalxunecuilli*, porque tienen semejanza con cierta manera de pan que hacen á modo de S, al cual llaman *xunecuilli*, el cual se comia en todas las casas un dia al año, que llamaban *xuchilhuitl*. A aquellas estrellas que en alguna parte se llaman *el carro*, esta gente llama *escorpion*, porque tienen figura de él ó alacran, y así se llaman en muchas partes del mundo.

CAPITULO IV.

Del viento.

Esta gente atribuía el viento á un dios que llamaban *Quetzalcoatl*, bien asi como dios de los vientos. Soplan estos de cuatro partes del mundo, por mandamiento de este dios segun ellos decian: de la una parte viene de ácia el oriente, donde ellos dicen estar el paraiso terrenal al cual llaman *tlalocan*, á este viento le llamaban *tlalocaiutl*, no es viento furioso: cuando él sopla no impide á las canoas andar por el agua. El segundo viento sopla de ácia el nor-

(a) Efectivamente á los conejos ó liebres, sale un gusano grande en alguno de los brazuelos ó de la rabadilla, de que mueren sino se les saca en cuanto aparecen; los indios dicen que dicho gusano es bueno para los ojos. A los canarios tambien sale un pequeño granito en la punta de la rabadilla que es enfermedad mortal para ellos, si no se cuida de reventarselos cuando ya está maduro. Ellos mismos lo indican poniendose tristes y encapotados.

te, donde ellos dicen estar el infierno, y así le llaman *mictlampachecatl*, que quiere decir el viento de ácia el infierno; este viento es furioso, y por eso le temen mucho: cuando él sopla no pueden andar por el agua las canoas, y todos los que andan por ella, se salen por temor cuando él sopla, con toda la prisa que pueden, porque muchas veces peligran con él. El tercer viento sopla de ácia el occidente, donde ellos decian que era la habitacion de las diosas que llaman *Cioapipilti*, llamábanle *Cioatlampa ehecatl*, ó *Cioatecaiotl*, que quiere decir, *viento que sopla, de donde habitan las mugeres*. Este viento no es furioso pero es frio, hace temblar y tiritar; y con él bien se navega. El cuarto viento sopla de ácia el mediodia, y llámanlo *vitztlampa ehecatl*, que quiere decir: *viento que sopla de aquella parte donde fueron las diosas Vitznaoa:* este viento en estas partes es furioso y peligroso para navegar; tanta es su furia, que algunas veces arranca los árboles, trastorna las paredes, y levanta grandes ólas en el agua; las canoas que topa en ella, échalas á fondo, las levanta en alto: es tan furioso como el cierzo ó norte. (a)

Por diversos nombres nombran al relámpago ó rayo, atribuíanlo á los *Tlaloques* ó *Tlamacazques;* decian que ellos hacian los rayos, relámpagos y truenos, y que herian con ellos á quien querian.

CAPITULO V.

De las nubes.

Las nubes y las pluvias (ó lluvias) atribuíanlas estos naturales á un dios que llamaban *Tlaluca-*

(a) Denotábanlo pintando una calavera. En Orizava es furioso, y en Veracruz descompone mucho el cuerpo, y causa dolor de cabeza.

tecutli el cual tenia muchos otros debajo dè su dominio, á los cuales llamaban *Tlaloques, y Tlamacazques.* Estos pensaban que criaban todas las cosas necesarias para el cuerpo como maíz y frisoles &c.; y ellos enviaban las pluvias para que naciesen todas las cosas que se crian en la tierra; y cuando hacian fiesta á este dios y á sus sugetos, antes de la fiesta ayunaban cuatro dias aquellos que llaman *Tlamacazques,* los cuales moraban en la casa del templo llamado *Calmecac,* y acabado el ayuno, si algun defecto entre ellos habia, por honra de aquellos dioses le maltrataban en la laguna, arrastrándole, y acocéandole por el cieno y por el agua, (como en otras partes se ha dicho) hasta que casi *lo* ahogaban. A los que en el edificio *Calmecac* hacian algun defecto, como quebrar alguna basija ó cosa semejante, los prendian y tenian guardados para castigarlos en aquel dia, y algunas veces los padres de aquel que estaba preso, daban gallinas, mantas ú otras cosas á los *Tlamacazques,* porque lo soltasen y no lo ahogasen. A los que maltrataban de esta manera, ni sus padres ni sus parientes osaban favorecerlos ni hablar por ellos, si antes no los habian librado estando presos; y tanto los maltrataban hasta que los dejaban medio muertos arrojados á la orilla del agua, entónces los tomaban sus padres, y los llevaban á sus casas. En la ficsta de estos dioses, todos los macehuales comian maíz cocido hecho como arroz, y los *Tlamacazques* andaban bailando y cantando por las calles: en una mano traían una caña de maíz verde, y en otra una olla con asa. De este modo andaban demandando que les diesen maíz cocido, y todos los macehuales les echaban en las ollas que traían de aquel maíz cocido: estos dioses decian que hacian las nubes, las lluvias, y el granizo, la nieve, los truenos, los relámpagos y los rayos.

El arco del cielo es á manera de arco de
cantería, tiene apariencia de diversas colores: cuando aparece es señal de serenidad, y cuando el arco del cielo se ponia sobre algun maguéy, decian
que le haria secar ó marchitar, y tambien decian, que
cuando espesas veces aparece el arco del cielo, es
señal que ya quieren cesar las aguas.

CAPITULO VI.

De la helada, nieve y granizo.

Señalaban cierto tiempo de la helada, diciendo que en termino de ciento veinte leguas en cada un año helaba, y que comenzaba el yelo desde
el mes que llaman *ochpaniztli*, hasta el mes llamado
tititl, porque cuando venia este mes ó fiesta, toda la
gente vulgar decia que ya era tiempo de beneficiar,
y labrar la tierra, sembrar maíz, y cualquiera género de semillas, y así se aparejaban todos para trabajar. A la nieve cuando cae casi como agua ó lluvia, llaman *ceppaiavitl*, casi yelo blanco como niebla,
y cuando así acontecia decian que era pronostico
de la cosecha buena, y el año que venia sería muy
fértil. (a) Cuando las nubes espesas se veían encima de las sierras altas, decian que ya venian los *tlaloques* que eran tenidos por dioses de las aguas
y de las lluvias. Esta gente cuando veía encima de
las sierras nubes muy blancas, decian que era señal de granizos, los cuales venian á destruir las sementeras, y así tenian muy grande miedo. Y para
los cazadores era gran provecho el granizo, porque
mataba infinito número de cualquiera aves y pájaros; y para que no viniese el dicho daño en los
maízales, andaban unos hechiceros que llamaban *te-*

(a) Año de nieves, año de bienes (proloquio español,) la naturaleza guarda proporcion con el frio, calor y lluvia.

256

ciuhtlazquez, que es casi estorbadores de granizos, los cuales decian que sabian cierta arte, ó encantamiento para quitarlos ó que no empeciesen los maízales, y para enviarlos á las partes desiertas y no sembradas ni cultivadas, ó á los lugares donde no hay sementeras ningunas.

CAPITULO VII.

De la manera que tenian en contar los años.

Los de México, ó los de esta Nueva España en su infidelidad solian contar los años por cierta rueda, con cuatro señales ó figuras, conforme las cuatro partes del mundo, de manera que cada año se contaba con la figura que era de cada una de las dichas cuatro partes. Los nombres que tuvieron puestos á las cuatro partes del mundo son estos: [a] *viztlampa,* que és el medio dia ó austro, *tlapcopcopa,* que es el oriente, *mictlampa,* que és el septentrion, *cioatlampa,* que es el occidente ó poniente. Los nombres de las figuras dedicadas á las cuatro partes, son estas; *tochtli,* que és conejo, y era dedicado á *viztlampa,* que es el medio dia, *acatl,* que es caña, y era dedicada al oriente, *tecpatl,* que es pedernal dedicada al septentrion, *calli* que es dedicada al occidente ó poniente. Así que el principio de los años era la figura de conejo: de esta manera *cetochtli,* un conejo, y luego *umeacatl,* que es dos cañas, y luego *eitecpatl,* que es tres pedernales, y luego *navicalli* que es las cuatro casas, y así se van multiplicando los números de cada nombre, ó figura hasta los trece.

[a] *Viztlampa* [ó sea medio dia,] *tlapcopcopa* [ó sea oriente,] *Mictlampa* [ó sea septemtrion,] *cioltampa,* [ó sea occidente ó poniente.] Léanse así estas palabras en la estampa de la pág. 345, tom. 1.° de esta obra pues la premura del tiempo en su publicacion no permitió rectificarla.

Y acabados los cincuenta y dos años, tornaba la cuenta á *cetochtliacatl*, que es la caña figura dedicada al oriente, que llamaban *tlapcopcopa*, y *tlavilcopa*, casi ácia la lumbre, ó al sol: *tecpatl* que es pedernal figura, era dedicado á *mictlampa*, casi hacia el infierno, porque creían que á la parte de septentrion los difuntos se iban. Por lo cual en la supersticion que hacia á los difuntos cubiertos con las mantas, y atados los cuerpos, hacíanlos sentar buelta la cara al septentrion, ó *mictlampa*. La cuarta figura era la casa, y era dedicada para el occidente ó poniente al cual llamaban *cioatlampa*, que es casi ácia la casa de las mugeres, porque tenian opinion que en el poniente, viven las mugeres difuntas, que son diosas, y en el oriente viven los hombres, y que los hombres difuntos que estan en la casa del sol, desde el oriente le guian haciéndole fiesta al astro cada dia que sale, hasta llegar al medio dia; y que las mugeres difuntas que llaman *cioapipiltin*, que las tienen por diosas, parten del occidente, y vánle á recibir al medio dia, llévanle con fiesta hasta el occidente. Así que cada una de las cuatro figuras por la dicha órden de trece en trece años, comienzan la cuenta de los años, y todas las cuatro multtplicándose, llegan al número décimotercio: *cetochtli, omeacatle, citecpatl, navicalli, macultochtli*, seis *acatl*, siete *tecpatl*, ocho *calli*, &c. y con trece veces cuatro, se concluyen los cincuenta y dos años. Acabados los cincuenta y dos años, segun dicho es, tornaba la cuenta otra vez á *cetochtli*, que era figura á la parte de medio dia, que llamaban *vitztlampa*, y cuando se volvia el dicho *cetochtli*, todos temian de la hambre, porque creían que era señal de grande escasés.

CAPITULO VIII.

Del temor que tenian á la hambre cuando andaba la cuenta de los años en cetochtli, y de la provision que hacian en el año antes.

Antes que llegaba *cetochtli*, á quien temian mucho por la hambre, todos procuraban de juntar, y esconder en su casas muchos mantenimientos, y todos los géneros de semillas que se podrian comer, aunque eran comidas muy bajas, cuales son las que se dicen en este capítulo: *polucatl*, es una semilla de unas yerbas que no se comen, sino por grande necesidad. Este *popoiatl*, es maíz aneblado: *xolotzontli*, son los cabellos que las mazorcas tienen colgados cuando están en la caña, (a) *miaoatl*, son aquellos penachos que tienen las cañas del maíz cuando ya estan grandes las mazorcas. Este *metzolli*, (que llaman comunmente *mezote*,] son las raiduras, ó raspas del maguéy cuando le abren para que mane: *nochxuchitl* es la flor de la tuna: *mexcalli*, son las pencas del maguéy cocidas: *necutlatotonilli*, es la miel reciente que sale del maguéy, calentada al fuego: *oauhtlipolocaio*, es la semilla de los cenizos sin limpiar con todas sus inmundicias. Los frisoles los guardaban con todas las ramas, hojas y vainas, porque todo se aprovechaba en tiempo de hambre: y cuando acontecia la dicha hambre, entónces se vendian por esclavos muchos pobres hombres y mugeres, y comprábanlos los ricos que tenian muchas provisiones allegadas, y no solamente los dichos pobres se vendian así mismos, sino que tambien vendian á sus hijos, y á sus descendientes, y á todo su linaje, y así eran esclavos perpetuamente, porque decian que esta servidumbre que se cobraba en tal tiempo, no tenia re-

(a) Por donde se comunica el agua á cada grano de maíz, y sirven de vehiculo.

medio para acabarse en algun tiempo, porque sus
padres se habian vendido por escapar de la muerte, ó por librar su vida de la última necesidad, y
decian que por su culpa les acontecia tal desastre;
porque ellos sabiendo que venia la dicha hambre,
se habian descuidado, y no habian curado de remedio, y asi decian despues, que los tales esclavos, habian cobrado la dicha servidumbre en el año de *cetochtli*, y los descendientes que la han heredado
de sus antepasados, la cual se decia servidumbre perpetua. Pasado el año de *cetochtli*, luego volvia la cuenta de los años al *umeacatl*, que era de
la parte de *tlapeopa*, que es donde nace el sol.

CAPITULO IX.

*De la gavilla ó atadura de los años, que era despues que
cada uno de los cuatro caractéres, habia regido cada uno
trece años que son doce, y de lo que en este año de cincuenta y dos hacian.*

Acabada la dicha rueda de los años, al principio del nuevo que se decia *umeacatl*, solian hacer
los de México y de toda la comarca, una fiesta ó
ceremonia grande que llamaban *toximmolpilia*, y es
casi atadura de los años, y esta ceremonia se hacia de cincuenta en cincuenta y dos; es á saber,
despues que cada una de las cuatro señales, habia
regido trece veces á los años: deciase aquella fiesta
toximmolpilia que quiere decir, átanse nuestros años,
y porque era principio de otros doce. Decian tambien *xiuhtzitzquilo* que quiere decir: *se toma el año nuevo*, y en señal de esto, cada uno tocaba á las yerbas, para dar á entender que ya se comenzaba la
cuenta de otros doce años, para que se cumplan
ciento cuatro que hacen un siglo. Así entónces sacaban tambien nueva lumbre, y cuando ya se acer-

caba el dia señalado para sacarla, cada vecino dé México solia echar ó arrojar en el agua, azequias, ó lagunas, las piedras ó palos que tenian por dioses de su casa, y tambien las piedras que servian en los hogares para cocer comida, y conque molian *axies* ó chiles, y limpiaban muy bien las casas, y al cabo mataban todas las lumbres. Era señalado cierto lugar donde se sacaba y se hacia la dicha nueva lumbre y ara, encima de una sierra que se dice *vixachtlan* que está en los términos de los pueblos de *Itztapalapa y Colhuacan* dos leguas de México, y se hacia la dicha lumbre á media noche, y el palo de dó se sacaba el fuego estaba puesto sobre el pecho de un cautivo que fué tomado en la guerra, y el que era mas generoso, de manera que sacaban la dicha lumbre de palo bien seco, con otro palillo largo y delgado como hasta; y cuando acertaban á sacarla y estaba ya hecha, luego incontinenti abrian las entrañas del cautivo, y sacábanle el corazon, y arrojábanlo en el fuego atizándole con él, y todo el cuerpo se acababa en el fuego; y los que tenian oficio de sacar lumbre nueva, eran los sacerdotes solamente, y con especialidad el que era del barrio de *Copolco*, tenia el dicho oficio, él mismo sacaba y hacia fuego nuevo.

CAPITULO X.

Del órden que guardaban en sacar la lumbre nueva en el año cincuenta y dos, y todas las ceremonias que para sacarla hacian.

Está arriba declarado que en la sierra de *Vixachtlan* solian hacer fuego nuevo, y la órden que tenian en ír ácia aquella sierra es esta: que en la vigilia de la dicha fiesta ya puesto el sol, se aparejaban los sacerdotes de los ídolos, y se vestian y

componian con los ornamentos de sus dioses, así es
que parecian ser los mismos; y al principio de la
noche empezaban á caminar poco á poco, muy de
espacio, y con mucha gravedad y silencio, y por esto decian *teunenemi*, que quiere decir: *caminan como
dioses*. Partianse de México y llegaban á la dicha
sierra ya casi cerca de media noche, y el dicho sacerdote del barrio de *Copolco* cuyo oficio era de sacar lumbre nueva, traía en sus manos los instrumentos con que se sacaba el fuego; y desde México por
todo el camino, iba probando la manera conque facilmente se pudiese hacer lumbre. Venida aquella
noche en que habia de hacer y tomar lumbre nueva, todos tenian muy grande miedo, y estaban esperando con mucho temor lo que acontecería; porque decian y tenian esta fábula ó creencia entre sí,
que si no se pudiese sacar lumbre, que habria fin el
linage humano, y que aquella noche y aquellas tinieblas serían perpetuas: que el sol no tornaría á
nacer ó salir: que de arriba vendrian y descenderían
los *tztzimitliz* que eran unas figuras féisimas y terribles, y que comerian á los hombres y mugeres, por
lo cual todos se subian á las azotéas, y allí se juntaban los que eran de cada casa, y ninguno osaba
estar abajo; y las mugeres preñadas, en su rostro ó
cara, ponian una carátula de penca de maguéy, y tambien encerrábanlas en las troges, porque decian y tenian que si la lumbre no se pudiese hacer, ellas tambien se volverian fieras [a] animales, y que comerian á los hombres y mugeres. Lo mismo hacian con
los niños, pues les ponian la dicha carátula de maguéy en la cara, y no los dejaban dormir, ni poco
ni mucho; y los padres y madres ponian muy gran
solicitud en despertarlos, dándoles cada rato de rem-
pujones y voces, porque decian que si los dejasen

(a) No era necesaria esta imaginaria catástrofe, para que muchas se trocaran en tales.

dormir, que se habian de volver ratones; de manera que todas las gentes no entendian en otra cosa,
sino en mirar ácia aquella parte por donde se miraba
la lumbre, y con gran cuidado estaban esperando
la hora y momento en que habia de parecer y se
viese el fuego. Cuando estaba sacada la lumbre, luego se hacia una hoguera muy grande para que se
pudiese ver desde lejos, y todos vista aquella luz,
luego cortaban sus orejas con nabajas, y tomaban
de la sangre que salía, y esparcianla ácia aquella
parte de donde aparecia la lumbre, y todos eran obligados á hacerlo, hasta los niños que estaban en las
cunas; pues tambien les cortaban las orejas, porque
decian que de aquella manera todos hacian penitencia ó merecian. Los ministros de los ídolos abrian
el pecho y las entrañas del cautivo con un pedernal agudo como un cuchillo, segun está dicho arriba, y en otras muchas partes.

CAPITULO XI.

De lo que se hacia despues de haber sacado el fuego nuevo.

Hecha aquella hoguera grande, segun dicho
és, luego los ministros de los ídolos que habian
venido de México y de otros pueblos, tomaban de
aquella lumbre, porque allí estaban esperándola, y
enviaban por ella los que eran muy ligeros, y corredores grandes, y llevábanla en unas teas de pino
hechas á manera de hachas: corrian todos á gran
prisa, y á porfia, para que muy presto se llevase la
lumbre á cualquier pueblo. Los de México en trayendo aquella lumbre, con dichas teas de pino, luego
la llevaban al templo del ídolo de *Vitzilopuctli*, y poníanla en un candelero hecho de cal y canto, colocado delante del ídolo, y ponian en él mucho in

cienso de copal. De allí tomaban, y llevaban al aposento de los sacerdotes de los ídolos, y de allí á todos los vecinos de la ciudad, y era cosa de ver aquella multitud de gente que venia por la lumbre, y así hacian hogueras grandes, y muchas en cada barrio, y tambien hacian muy grandes regocijos. Lo mismo ejecutaban los sacerdotes de otros pueblos, porque llevaban la dicha lumbre muy aprisa y á porfia, porque el que mas podia correr que otros, tomaba la tea de pino, y así muy presto, casi en un momento llegaban á sus pueblos, y luego venian á tomar todos estos de ella, y era cosa de ver la muchedumbre de los fuegos en todos los pueblos, que parecia ser de dia, y primero se hacian lumbres en las casas donde moraban los dichos ministros de los ídolos.

CAPITULO XII.

De como toda la gente, despues de haber tomado fuego nuevo, renovaban todos sus vestidos y alhajas donde se pone la figura de la cuenta de los años. [a]

De la dicha manera, hecha la lumbre nueva, luego los vecinos de cada pueblo en cada casa renovaban sus alhajas, y los hombres y mugeres se vestian de vestidos nuevos, y ponian en el suelo nuevos petates; de manera que todas las cosas que eran menester en casa, eran nuevas, en señal del año nuevo que comenzaba, por lo cual todos se alegraban y hacian grandes fiestas, diciendo que ya habia pasado la pestilencia y hambre, y echaban en el fuego mucho incienso, y cortaban cabezas de codornices, y con las cucharas de barro ofrecian incienso

(a) Está colocada en el tóm. 1.º pág. 345, porque en ella comenzó el autor la esplicacion de esta figura, y quise satisfacer la impaciente curiosidad de mis lectores.

á sus dioses, á las cuatro partes del mundo, estando cada uno en el patio de su casa; y despues metian lo ofrecido en la hoguera, y luego comian *tzooatl,* que es comida hecha de bledos con miel, y mandaban á todos ayunar, y que nadie bebiese agua hasta media noche. Siendo ya medio dia, comenzaban á sacrificar y matar á hombres cautivos ó esclavos, y así hacian fiestas: comian y renovaban las hogueras, y las mugeres preñadas que estuvieron encerradas y tenidas por animales fieros, si entónces acontecia parir, ponian á sus hijos estos nombres: *molpilia,* &c. en memoria de lo que habia acontecido en su tiempo: *xiuhnenetl.* &c. En tiempo de Mochtecuzoma, hízose aquella fiesta ya dicha, el cual mandó en todo su reino, que trabajasen de tomar algun cautivo que tuviese el dicho nombre, y fue tomado un hombre de *Vexotzinco,* muy generoso, el cual se decia *yiuhtlamin,* y lo tomó en la guerra un soldado de *Tlatilulco,* que se llamaba *Itzcuin.* Por lo cual despues le llamaban á él *xiuhtlaminmani,* que quiere decir *tomador de yiuhtlamin;* y en el pecho del dicho cautivo se hizo la lumbre nueva, y su cuerpo todo se quemó, segun era costumbre. [a]

Esta tabla arriba (b) puesta, es la cuenta de los años, y es cosa antiquísima. Dicen que el inventor de ella fué *Quetzalcoatl.* Procede de esta manera, que comienza del oriente, que es donde están las cañas [segun otros del medio dia, donde está el conejo] y dicen, *ceacatl,* y de allí van al norte donde está el pedernal y dicen *umetecpatl:* luego van al occidente donde está la casa y allí dicen *yeycalli:* luego van al ábrego, que es donde está el conejo

_____

[a] Gracias á Dios que fué el último sacrificio hecho con tal motivo ¡ojalá y que jamás se hubiera hecho ninguno!

(b) Vease en el tóm. 1.° pág. 345, y con esta esplicacion rectifíquese.

y dicen, *navitochtli:* y luego tornan al oriente y dicen, *macuilliacatl,* y así van dando cuatro vueltas, hasta que llegan á trece, que se acaban donde comenzó, y luego vuelven á uno diciendo, *cetecpatl,* y de esta manera dando vueltas, dan trece años á cada uno de los caractéres ó á cada una de las cuatro partes del mundo, y entónces se cumplen cincuenta y dos años, que es una gavilla de ellos, donde se celebra el jubiléo, y se saca lumbre nueva en la forma arriba puesta. Luego vuelven á contar como de principio: es de notar que discrepan mucho en diversos lugares del principio del año: en unas partes me dijeron que comenzaba á tantos de enero: en otras que á primero de febrero: en otras que á principios de marzo. En el *Tlaltelolco* junté muchos viejos, los mas diestros que yo pude aver, y juntamente con los mas hábiles de los colegiales se altercó esta materia por muchos dias, y todos ellos concluyeron, *diciendo, que comenzaba el año el segundo dia de febrero.*

FIN DEL LIBRO SÉTIMO.

PROLOGO.

Segun que afirman los viejos en cuyo poder estaban las pinturas y memorias de las cosas antiguas, los que primeramente vinieron á poblar á esta tierra de Nueva España, vinieron de ácia el norte en demanda del paraiso terrenal: traían por apellido *Tamoancha,* y es lo que ahora dicen *Tictemoatochan,* que quiere decir *buscamos nuestra casa natural:* por ventura inducidos de algun oráculo, que alguno de los muy estimados entre ellos habia recibido y divulgado, que el paraiso terrenal está ácia el mediodia, como es verdad segun casi todos los qne escriben, que está debajo de la linea equinoccial, y poblaban cerca de los mas altos montes que hallaban, por tener relacion que es un monte altísimo, y es así verdad. Estos primeros pobladores [segun lo manifiestan los antiquísimos edificios que ahora están muy patentes] fueron gente robustísima, sapientísima, y belicosísima. Entre otras cosas muy notables que hicieron, edificaron una ciudad fortísima en tierra muy opulenta, de cuya felicidad y riquezas, aun en los edificios destruidos de ella, hay grandes indicios. A esta ciudad llamaron *Tulla* que quiere decir: *lugar de fertilidad y abundancia,* y aun ahora se llama así, y es lugar muy ameno y fértil. En esta ciudad reinó muchos años un rey llamado *Quetzalcoatl,* gran nigromántico, é inventor de la nigromancia, y la dejó á sus descendientes, hoy dia la usan; fué estremado en las virtudes morales. Está el negocio de este reino entre estos naturales, como el del rey *Artus* [a] entre los ingleses. Fué esta ciudad destruida, y este rey ahuyentado: dicen que caminó ácia

(a)   O *Arturus,* rey de Inglaterra, de quien dice la conseja segun Cervantes, que anda por el mundo en figura de *Cuervo.* y algun dia recobrará su primitiva forma y reino.

el oriente, y que se fué ácia la ciudad del sol llamada *Tlapallan*, y fué llamado del sol. Dicen que es vivo, y que ha de volver á reinar y á redificar aquella ciudad que le destruyeron, y así hoy dia le esperan. Y cuando vino D. Fernando Cortes pensaron que era él, y por tal le recibieron y tuvieron, hasta que su conversacion y la de los que con él venian los desengañó. [a] Los que de esta ciudad huyeron, edificaron otra muy próspera que se llama *Cholulla*, á la cual por su grandeza y edificios, los españoles en viéndola, la pusieron *Roma* por nombre. Parece que el negocio de estas dos ciudades, llevaron el camino de Troya y *Roma*. Despues de esto muchos años, comenzó á poblar la Nacion Mexicana, y en trescientos años poco mas ó menos, se enseñorearon de la mayor parte de los reinos y señorios, que hay en todo lo que ahora se llama Nueva España, y poblaron la ciudad de México, que es otra Venecia. Los señores de ella fueron emperadores, en especial el último que fué *Mocthecuzoma*, varon muy esforzado, muy belicoso, y diestro en las armas, magnánimo, de grande habilidad, y magnífico estremado en las cosas de su policia; pero cruel. En tiempo de este llegaron los Españoles, y él tenia ya muchos pronósticos de que habian de venir en su tiempo. Llegados los castellanos, cesó el imperio de los mexicanos, y comenzó el de España. Y porque hay muchas cosas notables en el modo de regir que estos naturales tenian, compilé este volumen que trata de los señores y de todas sus constumbres.

(a) Dígase mejor, hasta que sus adulterios, sus robos, escándalos y abominaciones de él y de los suyos, desengañaron á los indios.

LIBRO OCTAVO

DE LOS REYES Y SEÑORES,

Y DE LA MANERA QUE TENIAN EN SUS ELECCIONES,

Y EN EL GOBIERNO DE SUS REINOS.

CAPITULO I.

De los señores y gobernadores, que reinaron en Mexico desde el principio del reino, hasta el año de 1560.

Acamapich [a] fué el primer señor de México, *Tenuchtitlan,* el cual tuvo el señorio veinte y un años en paz y quietud, y no huvo guerras en su tiempo.

Vitzilivitl, fué el segundo señor de *Tenuchtitlan,* el cual tuvo el señorio veinte y un años, y el comenzó las guerras, y peleó con los de *Culhuacan.*

Chimalpopoca. fué el tercer señor de *Tenuchtitlan,* y lo fué diez años.

Itzcoatzin, fué el cuarto señor de *Tenuchtitlan,* y lo fué catorce años, el cual sojuzgó con guerras á los de *Atzcapotzalco,* y á los de *Xuchimilco.*

El primer *Mocthecuzoma,* fué el quinto señor de *Tenuchtitlan,* el cual gobernó á los de México treinta años, y el tambien hizo guerras á la provincia de *Chalco,* y á los de *Quauhnaoac,* y á todos los

(a) En la gáleria de principes mexicanos se denominan estos reyes, de la manera siguiente. *Acamapichtzin: Huitzilihuitl: Chimalpópóca: Ixcoatl: Mocthcuzoma Ilhuicamina: Axayacatl: Tizóc: Ahuitcotl: Mocthecuzoma xocoyotzin: Cuitlahuatzin: Quauhtimotzin.* La adicion *tzin* es revereucial equivale entre nosotros á *señor.*

sujetos h la dicha cabecera, y á los de*Quauhtemalan* y en su tiempo huvo muy grande hambre por el espaeio de cuatro años, y se dijo *nocelochvıloe,* por lo cual los de México, y los de *Tepaneca,* y *Aculhuacan,* se derramaron á otras partes para buscar su vida.

Axáyacatl fué el sesto señor de *Tenuchtitlan* México, y señoreó catorce años, y en su tiempo huvo guerra entre los de *Tenuchtitlan,* y *Tlatilulco,* y los de *Tlatilulco,* perdieron el señorio, por la victoria que tuvieron de ellos los de México, y por esto los de *Tlatilulco,* no tuvieron señor por espacio de cuarenta y seis años y cl que entonces era señor de *Tlatilulco,* llamose *Moquivitztli,* y el dicho *Axáyacatl* ganó, ó conquistó estos reinos y provincias, *Tlacotepec, Cozcaquahtenco, Callimaya, Metepec, Caliztlaoaca, Écatepec, Teultenanco, Malinaltenanco, Tzinacantepec, Coatepec, Cuitlapilco, Teuzaoalco, Tecualoya, Ocuillan.*

Tizocicatzin fué el sétimo señor de *Tenuchtitlan,* y lo fué cuatro años, y no huvo guerra en su tiempo.

Avitzotl, fué el octavo señor de *Tenuchtitlan,* por tiempo de diez y ocho años, y en su tiempo se anegó la ciudad de México, porque él mandó que se abriesen cinco fuentes [a] que están en los terminos de los pueblos de *Coioacan* y de *Vitzilopuchco,* [hoy *Churubuzco*] y las fuentes tienen estos nombres: *acuecuexcatl, tlilatl, vitzilatl, xóchcaatlycóatl;* y esto aconteció cuatro años antes de su muerte del dicho *Avitzotl,* y veinte y dos años antes de la venida de los españoles. Y tambien en su tiempo aconteció muy grande eclipse del sol á medio dia: casi por espacio de cinco horas huvo muy grande obscuridad,

(a) Si México aumenta en poblacion, y no se consiguen los abusos que hay en la distribucion de las aguas de Chapultepec, y santa Fé, que hoy la surten, será necesario recurrir á las fuentes dichas, y conducirlas.

porque aparecieron las estrellas, y las gentes tuvieron grande miedo, y decian que habian de descender del cielo unos monstruos que se dicen *tzitzimis*,
que habian de comer á los hombres y mugeres. El
dicho *Avitzotl*, conquistó estas provincias, *Tziuhcoac*,
*Molanco, Tlapan, Chiapan, Xaltepec, Izoatlan, Xochtlan
Amaxtlan, Mapachtepec, Xoconocha, Ayutlan, Mazatlan,
Coioacan.* (a)
     El noveno rey de México fué *Mocthecuzoma*, se-
gundo de este nombre, y reínó diez y nueve años,
[b] y en su tiempo hubo grande hámbre, por espacio de tres años no llovió, por lo cual los de México se derramaron á otras tierras; y en su tiempo
tambien aconteció una maravilla en México. Porque en
una casa grande donde se juntaban, á cantar y
bailar, una viga grande que estaba atrabesada encima de la pared, cantó como una persona este
cantar: *veya no queztepole veltomitotia atlantévetztoce*, que
quiero decir ¡ay de tí! mi anca baila bien, que estarás en la agua: lo cual aconteció cuando la fama
de los españoles, ya sonaba en esta tierra de México. En su tiempo del mismo *Mocthcuzoma*, el diablo que se nombraba *cioacóatl* de noche andaba llorando por las calles de México, y lo oían todos diciendo: ¡oh hijos mios! ¡ay de mí! que yo os de-
jo á vosotros.... Acaeció otra señal en este tiempo
de *Mocthecuzoma* que una *muger* [c] de México
Tenuchtitlán, murió de una enfermedad, que fué enterrada en el patio, y encima de su sepultura pu-

     (a) Con mas de sesenta mil prisioneros que hizo en estas guer-
ras, dedicó el templo mayor de México á *Victzilopuctli*: carniceria
horrible. De aquí viene el proloquio mexicano.... Fulano es mi
ahu,zote, es decir mi verdugo.
     (b) Parece que es equívoco, porque comenzó á reinar en 15
de setiembre de 1502, hasta fines de junio de 1520, que son diez
y ocho años incompletos.
     (c) *Papantzin*, hermana de *Moctheuzoma* vease á Clavijero tom.
1 $^{\circ}$ pág. 210, que refiere este hecho maravilloso y con buena crítica lo tiene por cierto é incontestable.

sieron una piedra; la cual resucitó despues de cuatro dias de su muerte, de noche con grande miedo, y espanto de los que se hallaron allí; porque se abrió la sepultura, y las piedras derramáronse lejos, y la dicha muger que resucitó fué á casa de *Mocthecuzoma*, y le contó todo lo que habia visto, y le dijo... [a] La causa porque he resucitado es, para decirte, que en tu tiempo se acabará el señorio de México, y tú eres último señor porque vienen otras gentes, y ellas tomarán el señorio de la tierra y poblarán á México. Y la dicha muger que resucitó despues vivió otros veinte y un años y parió otro hijo. El dicho *Mocthecuzoma*, conquistó estas provincias. *Icpatepec, Cuezcomaixtlaoacan, Cozollan, Tecomais, Tlaoacan, Cacatepec, Tlachquiauhco, Iolloxonecuilan, Atepec, Mictlan, Tlaoapan, Nopallan, Ixtectlalocan, Cucxtlan, Quetzaltepec, Chichioaltatacalan.* En su tiempo tambien ocho años antes de la venida de los españoles, veíase y espantábanse las gentes, porque de noche se levantaba un gran resplandor, como una llama de fuego, y duraba toda la noche, y nacia de la parte del oriente, y desaparecia cuando ya queria salir el sol: y esto se vió cuatro años arreo, [ó continuos] siempre de noche, y desapareció despues de cuatro años antes de la venida de los españoles: y en tiempo de este señor vinieron á estas tierras los españoles que conquistaron la ciudad de México, donde ellos están al presente y á toda la Nueva España, la cual conquista fué desde el año de 1519, á 1521.

Continuacion de la historia de los reyes mexicanos.

El décimo señor que fué de Mexico se decia *Avitlaoa*, [ó *Cuitlahuatzin*] y tuvo el señorio ochenta dias,

[a] Este pasaje está adulterado, leese á Clavijero citado, y tenganse por cierta su relacion formada de las averiguaciones judiciales hechas de órden de la corte.

cuando ya los españoles estaban en México; y en tiem-po de este acaeció una mortandad, ó pestilencia de viruelas en toda la tierra, la cual enfermedad nunca habia acontecido en México, ni en otra de esta Nue-va España segun decian los viejos, y á todos afeó las caras, porque hizo muchos hoyos en ellas; y eran tantos los difuntos que morian de aquella enferme-dad, que no habia quien los enterrase, por lo cual en México los echaban en las azequias, porque en-tónces habia muy grande copia de aguas y era muy grande hedor el que salia de los cuerpos muertos.

El undécimo señor de *Tenuchtitlan*, se dijo *Quauhtemoc*, y *gobernó* á los de México cuatro años; [a] y en su tiempo los españoles conquistaron la ciudad de México y á toda la comarca, y tambien en su tiempo llegaron á este los doce frailes de la órden de *señor san Francisco*, que han convertido á los na-turales á la santa fé catolica: ellos y los demas mi-nistros han destruido los ídolos, y plantado la fé católica en esta Nueva España.

El duodécimo gobernador de *Tenuchtitlan* se dijo D. Andres *Matelchiuh*, y gobernó tres años en tiempo de los españoles, con los cuales se halló en las conquistas de las provincias de *Cuextlan, de Hon-duras y Anaoac*. Despues fué con Nuño de Guzman, á conquistar á las tierras de *Culiacan*, (en Sonora) y allí acabó su vida.

El décimotercio gobernador de *Tenuchtitlan*, se dijo D. Pablo *Xochiquen*, y gobernó á los de Méxi-co tres años.

El décimocuarto gobernador de *Tenuchtitlan*, se llamó D. Diego *Vanitl*, y fué gobernador cuatro años.

El décimoquinto gobernador de *Tenuchtitlan*,

(a) Esto es si por reinar se entiende ser el maniqui de los españoles, é instrumento ciego para que por el dominase despóti-camente. Vease la memoria de D. Fernando Alva *Ixtlilxóchitl* que se está imprimiendo.

se nombró D. Diego *Tevetzquitl,* gobernó trece años, y en tiempo de este fué la mortandad y pestilencia muy grande en la N. España, y salía como agua de las bocas de los hombres y mugeres naturales, gran copia de sangre, [a] por lo cual moria y murió infinita gente; y porque en cada casa no habia quien tuviese cargo de los enfermos, murieron de hambre, y cada dia en cada pueblo, se enterraban muchos muertos. Tambien en tiempo de dicho D. Diego, fué la guerra con los *Chichímecas* de *Xuchipilla;* que hizo D. Antonio de Mendoza que fué primer Visorey de esta Nueva España.

El décimosesto gobernador de México se dijo D. Cristobal *Cecepatic,* y gobernó cuatro años,

CAPITULO II.

De los señores que reinaron en el Tlaltelolco antes que perdiesen el señorio, y despues que se le tornaron los españoles, hasta el año de 1560.

El primer señor de *Tlatelolco* se dijo *Cuacuapitzaoac,* y gobernó á estos sesenta y dos años, y conquistó á los de *Tenayocan,* á los de *Coacalco,* y á los de *Xaltocan,* y gobernó siendo señores de *Tenuchtitlan,* los ya dichos en el primer capítulo, *Acamapichtli,* y *Vitzilivitl.*

El segundo señor de *Tlaltelolco* se dijo *Tlacateutl,* y gobernó á estos treinta y ocho años, y en tiempo de este se conquistaron las tierras *Aculhuoacan* y de *Coioacan.*

El tercer señor de *Tlaltelolco,* se dijo *Quauhtlatoa,* y gobernó treinta y ocho años en tiempo de dos señores de *Tenuchtitlan* arriba nombrados, *Itzcoatl,* y *Mocthecuzoma.* En tiempo de este se conquis-

(a) Esta epidemia que es un *tiphus,* ó fiebre horrible se llama *cocolixtli* entre los indios.

taron las provincias de *Atzcapotzalco, Coaixtlaoacan, Cuetlaxtlan, Quauhtiuchan,* Xochimilco, y de *Quauhnaoac.*

El cuarto señor de *Tlaltelolco,* se llamó *Moquivixtli* el cual gobernó nueve años, y en tiempo de este se perdió el señorio de los de *Tlaltelolco,* por el ódio y enemistad que fué entre él y su cuñado el señor de *Tenuchtitlan* llamado *Axayaca,* y al cabo siendo vencido y desesperado el dicho *Moquivitztli* subió por las gradas del *Cú* de sus ídolos, que era muy alto, y desde la cumbre de dicho *Cú,* se despeñó ácia abajo, y así acabó su vida.

El quinto señor D. Pedro *Temile,* despues en tiempo de los españoles y de la conquista de México, fué gobernador de *Tlaltelolco,* y así estos tornaron á cobrar su señorio; y este D. Pedro hallóse con los españoles en las conquistas de las provincias de *Cuextlan, Honduras, y de Quauhtimalan.* D. Martin *Ecatl* fué el segundo gobernador de los de *Tlaltelolco,* despues de la conquista de los de México, y fué gobernador tres años, y en tiempo de este el diablo que en figura de muger andaba, ya parecia de dia y de noche, y se llamaba *Cioacoatl,* comió un niño que estaba en la cuna, en el pueblo de *Atzcapotzalco:* tambien en tiempo de este acaeció una maravilla en el dicho pueblo de *Tlaltelolco,* porque en él estaban dos águilas cada una por sí en jaulas, y al cabo de ocho años cada una de ellas puso dos huevos. (a)

D. Juan *Avelitoc* fué el tercer gobernador de *Tlaltelolco* y gobernó cuatro años.

D. Juan *Quaviconoc* hijo del dicho, fué el cuarto gobernador de *Tlaltelolco* y gobernó siete años, siendo gobernador de *Tenuchtitlan* D. Pablo *Xuchi-*

(a) Estas águilas se trasladaron del palacio de las fieras que ecsistian en san Francisco y hoy todavia ecsiste en la huerta del convento un árbol, bajo el cual estubo Cortés hablando con Moctheuzoma (Chimalpain tóm. 1. pág. 220.)

quen, y en tiempo de este se hizo la representacion del juicio en el dicho pueblo de *Tlaltelolco*, que fué cosa de vér. (a)

D. Alonso *Quauhnochtli* fué el quinto gobernador de *Tlaltelolco*, y gobernó dos años.

D. Martin *Tlacatecatl* fué el sesto gobernador de *Tlaltelolco*, y gobernó seis años: en tiempo de este fué la dicha pestilencia, segun fué arriba declarado; y la guerra que tubo D. Antonio de Mendoza con los *Chichimecas de Nochixtlan, Xuchipillan, Tototan*, y los de *Scibola*.

D. Diego *Vitznaoatlailotlac*, fué el sétimo gobernador de *Tlaltelolco*, y en tiempo de éste hubo otra pestilencia de las *Paperas* conque se murieron muchos, y fué gobernador diez años.

CAPITULO III.

De los señores de Tezcoco.

El primer señor de *Tezcoco* se llamó *Tlalteeatzin*, y gobernó á estos ochenta dias nomas, y en su tiempo no se hizo cosa digna de memoria, y se dice señor de los *Chichimecas*.

[a] Otros varios dramas se representaron, entre ellos el de la aparicion de nuestra señora de Guadalupe formado por D. Antonio Valeriano, indio de Atzcapotzalco (segun el padre Mier.) Yo poseo de letra muy antigua un manuscrito que entre varias cosas, contiene *el bautismo* de los principales caciques de Tlaxcalan, y son interlocutores los siguientes. *Xicotencatl: Maxixcatzin: Citlalpopotzin. Tehuexolotzin: un angel: Hongol demonio: un embajador: Hernan Cortés marqués del valle: Juan Diaz clerigo, Dª Maria* otro mas *embajador*, y *dos ángeles que cantan: Xicotencatl* abre la ecsena y comienza diciendo....

No de otro modo el caminante sienta,
llevar por norte el pensamiento vario
y en la mitad de un bosque solitario
por su consuelo canta amargamente.

Esta composicion abunda en desatinos por su mala poesía y pensamientos ridiculos, moneda de aquel tiempo.

El segundo señor de *Tezcoco* se llamó *Techo-tlala Chichimeca*, y poseyó el señorio setenta años, no se hizo tampoco en su tiempo, cosa digna de memoria.

El tercero de *Tezcoco* ó de *Aculhuacan*, se llama *Ixtlilxuchitl*, tuvo el señorio sesenta y un años, y en sus dias no se hizo cosa digna de memoria.

El cuarto señor de *Tezcoco* se llamó *Netzahoalcoiotzin*, y reinó setenta y un años, y en tiempo de este se comenzaron las guerras, y tuvo el señorio de *Tezcoco* siendo señor del de México *Itzcoatzin*, y estos entrambos hicieron guerra á los de *Tecpaneca*, de *Atzcapotzalco*, y á otros pueblos y provincias, y el fué fundador del señorio de *Tezcoco* ó *Aculhoacan*.

El quinto señor de *Tezcoco* se llamó *Netzahoalpilli*, y reinó cincuenta y tres años: en tiempo de este se hicieron muchas guerras, y se conquistaron muchas tierras y provincias; tambien en tiempo de este y del otro ya nombrado antes de éste, los de *Tlaxcala* y los de *Vexotzingo*, tenian guerras con los de México y con los de *Tezcoco*. Asímismo en su tiempo comenzó á parecer la señal que se veía en el cielo, que era un resplandor grande, y como llama de fuego que cada noche resplandecia cuatro años arreo (ó continuamente;) porque comenzó á verse en la cuenta de los años que se dice *chicometecpatl*, y cesó en la cuenta de *matlactlocetecpatl*, y en muchas partes se abrieron y quebraron muchas sierras y peñas, y cesó de aparecer el dicho resplandor ó señal, cuatro años antes de la venida de los españoles, y entónces murió el dicho *Netzahoalpilli*.

El sesto señor de *Tezcoco* se llamó *Cacamatzin*, reinó cuatro años; durante su reinado llegaron los españoles á esta tierra.

El sétimo señor de *Tezcoco* se llamó *Coanacochtzin*, reinó cinco años, fué señor cuando lo era en México *Quauhtcmoctzin*; en este tiempo se destruyó la ciudad de México.

El octavo señor de *Tezcoco* se llamó *Tecocol-tzin*, reinó un año estando los españoles enseñorea-dos en esta tierra.

El noveno señor de *Tezcoco* se llamó *Iztlil-xuchitl* (a) reinó ocho años, hallóse este presente en la conquista de México antes que fuese señor, y despues que lo fué, siempre ayudó al marqués, y fué con él á *Honduras*.

El décimo señor de *Tezcoco* se llamó *Yocon-tzin*, y reinó un año.

El undécimo señor de *Tezcoco* se llamó *To-tlavetzquitz*, reinó cinco años,

El duodécimo señor de *Tezcoco* se llamó D. Antonio *Tlavittoltzin*, reinó seis años.

El décimotercio señor de *Tezcoco* se llamó D. Hernando *Pimentel*, y reinó cerca de veinte años.

Todo el tiempo que reinaron los de *Tezcoco* hasta que vinieron los españoles, fueron trescientos años poco mas ó menos.

NOTA. Segun la relacion de D. Fernando de Alva Ixtlixochitl, la genealogia de los reyes de Tezcoco es la siguiente. *Xolotl*, poblador. *Nopaltzin--Tloltzin--Quinantzin: Tcchotlalatzin: Iztlilxochitl* primero: *Netzahualcoyotl: Netzahualpilli: Cacamatzin: Coanacotzin: Iztlilxochitl* segundo, en quien acabó el poderio real: total once reyes, los demas fueron unos caciques, lugar tenientes de los españoles, y sus esclavos.

CAPITULO IV.

De los señores de Vexotla. [ó Huczótla]

Dicen que los primeros *Chichimecas* que vinieron á la provincia de *Tezcoco* ó *Aculhoaca*, asentaron el primer lugar donde ahora se llama *Vexotla*.

(a) Este fué un rey de baraja, un *Maniquí* de los españoles que hicieron con él cuanto quisieron valiéndose de su autoridad. Vease el prologo que presenté sobre esto, en la décimatercia relacion de D. Fernando Alva *Ixtlilxóchitl*, que acabo de dar á luz en esta imprenta.

El primer señor de *Vexotla* se llamó *Macat-zintecutli*, y reinó setenta y ocho años.

El segundo señor de *Vexotla* se llamó *Tochintecutli*, y reinó treinta y ocho años.

El tercer señor se llamó *Ayotzintecutli*, y reinó cuatro años.

El cuarto señor se llamó *Quatlavicetecutli*, y reinó cincuenta y cinco años.

El quinto señor se llamó *Totomochtzin*, y reinó cincuenta y dos años.

Estos cinco señores reinaron en *Vexotla* trescientos años, nunca echaron tributo, y todos los macehuales eran libres.

El sesto señor se llamó *Yaotzintecutli*, y reinó cincuenta y tres años, este echó tributo á los que se llaman *Tepanoaiautlaca*, este fué el primer tributo.

El sétimo señor se llamó *Xilotzitecutli*, reinó veinte y ocho años.

El octavo señor se llamó *Ixtlacauhtzin*, (a) reinó veinte y ocho años.

El noveno señor se llamó *Tlacuiliautzin*, reinó trece años.

En tiempo de este fué elegido por señor en *Tezcoco Netzaoalcoyotzin*, y reinaron ambos juntos algun tiempo, el uno en *Vexotla*, y el otro en *Tezcoco*.

El décimo señor se llamó *Tezontcmoctzin*, y reinó quince años.

El undécimo señor señor se llamó *Cuitlaoatzin*, y reinó cuarenta y un años.

El duodécimo señor se llamó *Tezapocuctzin*, y reinó trece años.

El décimotercio señor se llamó tambien *Cuitlaoatzin* el menor, y reinó trece años.

(a) *Ixtlacauhtzin*. No es posible mentar á este régulo sin dar idea del papel que representó en la historia de *Huexótla*.

Cuando el rey *Netzahualcoyotl* de Tezcoco, trató de recobrar su reino usurpado por *Maxtla*, tirano de *Atzcapotzalco*, le ma-

Todos estos señores de *Vexotla* reinaron cuatrocientos ocho años poco menos.

nifestó su tio *Ixcoatl*, rei de México el estado de opresion en que
tenia esta capital, y le suplicó que le ausiliase con las fuerzas reunidas que traía de socorro, de *Tlaxcalan*, *Huexotzinco*, y gran
parte de las de Tezcoco que se le habian reunido. *Netzahualcoyotl*
se prestó á ello, desentendiendose de los grandes agravios que habia recibido de los mexicanos; mas esta noble conducta desagradó
á varios régulos, y principalmente á *Ixtlacauhtzin*, porque aborrecia de corazon á los mexicanos, y deseaba su ruina. Por tanto no
se limitó á desaprobar la resolucion, declarando traidor á *Netzahualcoyotl*, sino que pretendió amotinar las tropas que habia mandado levantar de su órden para obrar contra México, y mandó
hacer pedazos en medio de la plaza á los enviados de Tezcoco.
Este barbaro proceder fué motivo para que se declarase la guerra entre los de esta ciudad, y los de *Huexotla*; *Ixtlacauhtzin*, á
pesar de las victorias que *Netzaualcoyotl*, cousiguió sobre *Maxtla*,
destruyendo á Atzcapotzalco, continuó suscitándole enemigos, y así
es que se reunió con *Iltmatzin*, y *Nonohualcatl*, cuñado este y
aquel hermano bastardo de *Netzahualcoyotl*, tomando por pretesto
vengar la muerte de *Maxtla*, y tambien hizo que tomasen las armas las provincias de *Acolman*, y *Otompan*, *Cohuatichan*, *Cohuatepec*, *Iztapalocan*, y otras de menos monta.
Por semejantes agresiones, y siendo inutiles los medios de
la persuacion que empleó *Netzahualcoyotl* para hacer que volviese
sobre sus pasos *Ixtlacauhtzin*, que se hallaba en Tezcoco con un
grueso ejército, marchó á atacarlo á esta ciudad donde logró penetrar despues de recios combates; *Ixtlacauhtzin* tomó la fuga para hacerse fuerte en *Huexotla*, mas esta ciudad á su vez fué atacada: hizo una corta resistencia, y despues de tomada, su régulo
tomó la fuga. Conseguida por *Netzahualcoyotl* la reconquista de
su reino, perdonó generosamente á sus enemigos, y entre ellos á
Ixtlacauhtzin: presentóse en triunfo en su corte de buelta de México
y como huviese echado menos á los régulos que habia, perdonado
á quienes ordenó que lo aguardasen en Tezcoco, mandó á *Coyohua*, que fuese á alcanzarlos haciéndolos revolver del camino de
Tlaxcalan que llevaban, pues queria ampararlos en su infortunio;
ellos le respondieron francamente que no tenian cara para presentarse al príncipe á quien habian ofendido; entonces *Totomiahua*,
y uno de los principes emigrados, llamando á dos hijos que llevaba consigo, le dijeron al mensagero... *He aquí estos niños, llévalos
al rei, y dile que ellos no son complices en nuestros delitos*, que se
los enviamos para que los ampare su bondad... Y tornándose á ellos
les dijeron enternecidos.... *Id á servir con amor y lealtad á vues-*

CAPITULO V.

*En que se suman los años que ha que fué destruida Tu-
lla, hasta el año de 1565.* [a]

La ciudad de *Tulla* fué una muy grande poblacion, y muy famosa: en ella habitaron hombres
muy fuertes y sábios, de esto se dijo á la larga en
el libro tercero, y en el décimo, capítulo veinte y
nueve, y tambien se dirá como fué destruida. En
este capítulo solamente se trata del tiempo que ha
que fué destruida. Hállase que desde la ruina
de *Tulla*, hasta este año de 1571, hán corrido 1890
años muy poco menos: 22 años despues de la des-
trucion de *Tulla*, vinieron los chichimecas á poblar
la provincia de Tezcoco, y el primer señor que tuvieron fué elegido el año del nacimiento de nuestro
señor Jesucristo de 1246, y el primer señor de los
de *Atzcapotzalco* el cual se llamó *Tezozomoctli*, fué elegido el año de 1348, y el primer señor de México que
se llamó *Acamapichtli*, fué electo en el año de 1384,
y el primer señor de *Tlacuba* se llamó *Chimalpopoca*
en el año de 1489.

tro rei, tomando escarmiento en nosotros, que hasta ahora vuestra
inocencia os salva." Los principes siguieron su marcha para *Huexot-
sinco* y *Tlaxcala* donde se establecieron, y de donde procedieron
muchas ilustres familias. *Netzahualcoyotl* fué un verdadero amparador de aquellos niños, porque fué el *Trazano* de los aculhuas
que aun hoy tributan un profundo respecto á sus virtudes. (Vease el *Tezcoco* obra publicada por mí, y de que he hecho mencion repetidas veces, páginas 134, 149, 150 y 167.)

(a) Vease la galeria de principes mexicanos y las doce cartas
ó sea crónica mexicana que publiqué en la oficina de Valdés en
1822 en que se dá una completa idea de esta monarquia y la tez-
cocana; sin el ausilio de estas obras poco podrá entender el lector.

CAPITULO VI.

De las señales y pronósticos que aparecieron antes que los Españoles viniesen á esta tierra, ni hubiese noticia de ellos. [a]

Diez años antes que llegasen los españoles á esta tierra, y segun otros once ó doce años, apareció un gran cometa en el cielo en la parte de oriente, que parecia como una gran llama de fuego muy resplandeciente, y que echaba de sí centellas de fuego. Este cometa era de forma piramidal, ancha de abajo, é íbase aguzando ácia arriba, hasta acabarse en un punto. Parecia en medio del oriente, comenzaba á parecer un poco despues de la media noche, y llegaba hasta la mañana y la luz del sol la encubria, de manera que saliendo el sol no parecia mas. Segun algunos vióse un año entero, y segun otros cuatro años continuos. Cuando aparecia de noche este cometa, todos los indios daban grandísimos alaridos y se espantaban diciendo, que algun mal habia de venir.

Otro mal agüero aconteció aquí en México, que el *Cú* de *Vitzilopuchtli*, que se encendió sin haber razon humana para ello. Parece que milagrosamente se encendió, y salian las llamas de dentro de los maderos, ácia á fuera y de presto se quemó: dieron voces los Sátrapas, para que trajesen agua para matarlo, y cuanta mas agua echaban, tanto mas ardia, de esto todo se quemó.

El tercer mal agüero aconteció que cayó un rayo casi sin propósito y sin tronido, sobre el *Cú* del dios del fuego llamado *Xiuchtecutli:* este *Cú* te-

(a) Vease la historia de la Conquista de los Españoles por el P. Sahagun, que publiqué por separado en la imprenta de D. Mariano Galvan en 1829, dedicada á los señores generales Bravo y Barragan.

nia un chapitel de paja, y sobre él cayó el rayo y
y le encendió y se quemó: tuviéronlo por milagro,
porque no hubo tronido, bien que llovia un poco
menudo.

El cuarto agüero fué, que de dia estando el
sol muy claro, vino de ácia el occidente de México un cometa, y corrió ácia el oriente, é iba echando de sí como brasas ó grandes centellas: llevaba una
cola muy larga, y luego toda la gente comenzó á dar
alaridos, tanto que parecia cosa de espanto, y por
tal lo tuvieron.

El quinto fué, que la laguna de México sin
hacer viento ninguno se levantó: parecia que herbia
y saltaba en alto el agua, é hízose gran tempes-
tad en la laguna; las ólas batieron en las casas que
estaban cerca, y derrocaron muchas de ellas: tuviéronlo por milagro porque ningun viento corria.

El sesto agüero fué, que en aquellos dias oyeron voces en el aire como de una muger que andaba llorando y decia de esta manera: *„¡Oh hijos
mios, yá estamos á punto de perdernos!"* otras veces decia: *¡oh hijos mios! ¿á donde os llevaré?*

El sétimo agüero fué, que los pescadores ó
cazadores del agua, tomaron en sus redes una ave
del tamaño y color de una grulla, la cual tenia enmedio de la cabeza un espejo. Esta fué cosa hasta entónces nunca vista, y así lo tuvieron por milagro, y luego la llevaron á *Mocthecuzoma* que estaba
en su palacio, en una sala que llaman *Tlillancalmecac,*
esto era despues de medio dia: *Mocthecuzoma* miró
el ave y el espejo que tenia en la cabeza, el cual
era redondo y muy pulido; y mirando en él, vió las
estrellas del cielo, los mastelejos que ellos llaman *ma-
malcaztli,* y *Mocthecnzoma* espantóse de esto, y apartó la vista haciendo semblante de asombrado; y tor-
nando á mirar al espejo que estaba en la cabeza
del ave, vió en él gente de acaballo que venian to-

dos juntos en gran tropel todos armados, y viendo esto se espantó mas, y luego envió á llamar á los adivinos y astrólogos en cosas de agüeros, y preguntóles: ¿qué és esto que aquí me ha aparecido? ¿qué quiere decir? y estando así todos espantados, desapareció el ave, y todos quedaron espantados, y no supieron decir nada.

El octavo agüero fué, que aparecieron en muchos lugares hombres con dos cabezas, y tenian no mas de un cuerpo: llevábanlos á que los viese *Mocthecuzoma* en su palacio, y en viéndolos luego desaparecian sin decir nada. (a)

CAPITULO VII.

De las cosas notables que acontecieron despues que los españoles vinieron á esta tierra, hasta el año de 30.

El año de 1519 llegó el capitan D. Hernando Cortés á esta tierra con 550 españoles y once navios; supo esto *Mocthecuzoma* por relacion de las guarniciones que tenia á la orilla de la mar, que luego enviaron mensageros. En sabiendo *Mocthecuzoma* que eran venidos aquellos navios y gente, luego envió personas muy principales para que los viesen y hablasen, y llevaron un presente de mucho valor porque pensaron que venia *Quetzalcoatl*, al cual ellos estaban esperando muchos años habia, porque fué señor de esta tierra, y fuese diciendo: que volveria, y nunca mas pareció, y hasta hoy le esperan: tomó D. Hernando Cortés el presente que llevaban los mensageros de *Mocthecuzoma.*

Despues de haber pasado muchas cosas á la orilla de la mar, [b] comenzaron los españoles á entrar en la tierra adentro: saliéronlos á recibir de guer-

(a) Falta el agüero de la piedra habladora: vease la vida de *Mocthecuzoma.*

(b) Vease el lib. 1º de la Conquista que imprimí por separado. El E.   *Tóm. II.*   37

ra gran muchedumbre de gentes de *Tlaxcala*, á los cuales llamaron *Otomís* por ser valientes en la guerra, que son como los Tudezcos, que mueren y no huyen: comenzaron á pelear con los españoles, y como no sabian el modo de guerrear de estoz, murieron casi todos, y algunos pocos huyeron. Espantáronse de este negocio mucho los de *Tlaxcala*, y luego despacharon sus mensageros, gente muy principal, con mucha comida y con todas las cosas necesarias para la recreacion de los españoles, y fueron luego estos ácia *Tlaxcala*, donde fueron recibidos de paz, (a) y allí descansaron algunos dias, y se informaron de las cosas de México, y del señor de ella *Mocthecuzoma:* de allí se partieron los españoles para *Cholulla*, y llegados, hicieron gran matanza en los de *Cholulla*. Como oyó estas cosas *Mocthecuzoma*, los mexicanos tuvieron gran temor, y luego *Mocthecuzoma* envió sus mensageros al capitan D. Hernando Cortés, los que fueron fué gente muy principal, y llevaron un presente de oro: encontráronse con él en el medio de la sierra nevada y del volcán, donde ellos llaman *Itoalco*. En este lugar dieron al capitan el presente que llevaban, y le hablaron de parte de *Mocthecuzoma* lo que él les mandó. Vinieron los españoles camino derecho hasta México por sus jornadas, y entraron todos aparejados á punto de guerra; cuando llegaron cerca de las casas de México, salió *Mocthecuzoma* á recibir al capitan y á todos los españoles de paz; juntáronse en un lugar que se llama *Xoloco*, un poco mas acá, que es cerca de donde está ahora el hospital de la concepcion, [b] [y fué á ocho de noviembre del dicho año.] Despues de haber recibido al capitan como ellos suelen, con flores y otros

(a) Vease mi historia de Chimalpain, y la memoria de Tlaxcala inserta en ella. (b) Jesus Nazareno, fundado por Cortés á quien puede aplicársele el siguiente epigrama de Iriarte.....

El señor D. Juan de Robles   Hizo este santo Hospital,
Con caridad sin igual,   Y tambien hizo los pobres.

presentes, y de haber hecho una plática el dicho *Mocthecuzoma* al capitan, luego se fueron todos juntos á las casas reales de México, donde se aposentaron todos los españoles, y estuvieron muchos dias muy servidos, y desde á pocos dias que llegaron, echaron preso á *Mocthecuzoma*. En este tiempo vino noticia como habian llegado otros españoles al puerto, y el capitan D. Hernando Cortés les salió al encuentro con pocos españoles, dejando acá por capitan á D. Pedro Alvarado con los demas españoles: tenian las casas reales por fortaleza. Estando ausente D. Hernando Cortés, D. Pedro Alvarado en la ciudad de México con parte de los españoles, asistió á la fiesta de *Vitzilopuchtli*, y haciendo esta los Indios con gran solemnidad, como siempre la solian hacer, determinó D. Pedro Albarado y los españoles que con él estaban, de dar en ellos en el mismo pátio del *Cú* de *Vitzilopuchtli* donde estaban en grande areito, y salieron de guerra: unos se pusieron á la puerta del pátio, y otros entraron á caballo y á pie, y mataron gran número de principales y de la otra gente. De aquí se comenzó la guerra entre los españoles y mexicanos. Despues que volvió el marqués [Cortés] del puerto, y de haber vencido á Pánfilo de Narváes, trajo consigo todos los españoles que con él venian, y vino á México, y halló que estaban todos puestos en guerra. En el año de 1520, murió *Mocthecuzoma* en poder de los españoles, de una pedrada que le dieron sus mismos vasallos. En este mismo año despues de haber peleado muchos dias los Indios y los españoles, saliéronse estos de México huyendo de noche, donde mataron los mas de ellos, y á todos sus amigos indios, é indias, y les tomaron todo el fardage. Escapose el capitan con algunos españoles, y fuéronse huyendo á *Tlaxcalla*. En el año de 1521 vinieron los españoles otra vez contra México, aposentáronse en *Tezcoco*, y comen-

zaron á dar guerra á los mexicanos por agua y por
tierra, y venciéronlos en el mes de agosto de este
dicho año, el dia de S. Hipólito: de esto se trata á
la larga en el doceno libro. En el año de 1522,
los mexicanos que se habian huído de la ciudad por
amor de la guerra, se tornaron á ella. En el año
de 1524 vinieron á esta ciudad de México doce frailes de S. Francisco, enviados para la conversion de
los indios de esta N. España.

CAPITULO VIII.

De los atavios de los señores.

En este capítulo se ponen diez y seis maneras de mantas que usaban los señores para su vestir. Usaban pues una manera de mantas muy
ricas que se llamaban *coazayacaiotilmatl,* era toda la
manta leonada, y tenia la una cara de monstruo ó
de diablo dentro de un círculo plateado, en un campo colorado: estaba toda llena de estos círculos y
caras, y tenia una franja toda al rededor. De la parte de adentro tenia una labor de unas SS contrapuestas, en unos campos cuadrados, y de estos campos unos estaban ocupados, y otros vacios; de la parte de afuera esta franja, tenia unas esférulas maci-
zas, no muy juntas. Estas mantas usaban los señores, y dábanlas por librea á las personas notables,
y señaladas en la guerra.

Usaban tambien otras (mantas) que se llamaban *tecuciciotilmatl:* llamábanse de esta manera, porque tenian tejidos dibujos de caracoles mariscos de
tochomitl colorado, y el campo era de unos remoli-
nos de agua azules claros. Tenia un cuadro que la
cercaba toda de azul, la mitad obscuro, y la mitad
claro; y otro cuadro despues de este de pluma blanca, y luego una franja *de tochomitl* colorado, no des-
hilada, sino tejida y almedada.

Otra manera de mantas usaban los señores, que se llaman *temalcacaiotilmatlitenisio:* esta clase de mantas era leonado obscuro todo el campo, y en este estaban tejidas unas figuras de rueda de molino: en la circunferencia tenian un círculo negro, y dentro de este otro círculo blanco mas ancho, y el centro era un círculo pequeño rodeado con otro negro. Estas figuras eran doce, de tres en tres en cuadro: tenia esta manta una franja por todo el rededor, llena de ojos en campo negro, y por eso se llama *tenisio,* porque tiene ojos por toda la orilla.

Usaban tambien otras mantas que se llamaban *itzcoayotilmatli* que teniau seis sierras como hierros de aserrar, dos en un lado, y otras dos en el medio, todas contrapuestas en un campo leonado: entre cada dos estaban unas SS sembradas, con unas OO entrepuestas: tenian dos bandas del campo leonado, mas desocupadas que lo demas: tenian una franja por todo el rededor, con unos lazos de pluma en unos campos negros.

Usaban tambien unas mantas que se llamaban *umetechtecomaiotilmatl:* estaban sembradas de unas xícaras muy ricas y muy hermosas, que tenian tres pies, y dos álas como de mariposa. El bajo era redondo, colorado y negro, las álas verdes bordadas de amarillo, con tres esférulas de la misma color en cada una. El cuello de esta xícara, era hecho con una marquesota de camisa con cuatro cañas que salian arriba, labradas de pluma azul y colorada, y estaban sembradas estas xícaras en un campo blanco: tenian en las dos orillas delanteras, dos bandas de colorado, con otras atravesadas de blanco de dos en dos. No se esplican mas mantas que las dichas, porque comunmente las demas las usan todos; pero es de notar, la habilidad de las mugeres que las tejen, porque ellas pintan las labores en la tela, cuando la ván tejiendo, y ordenan los colores en la misma tela conforme al dibujo, y así la tejen como primero la han pintado, diferenciando colores de hilos como lo demanda la pintura.

Usaban otras mantas que se llamaban *papaloiotilmatliteniso*: tienen estas el campo leonado, y en él sembradas unas mariposas tejidas de pluma blanca, con un ojo de persona: en el medio de cada una estaban ordenadas en rencle de esquina á esquina Tiene esta manta una flocadura de ojos por todo el rededor en campo negro, y despues una franja colorada almenada.

Usaban tambien otras mantas de leonado, sembradas de unas flores que llaman *ecacazcatl,* puestas de tres en tres por todo el campo, y en medio de cada dos, dos trocitos de pluma blanca tejidos Tiene esta manta una franja de pluma por todo el rededor, y despues una flocadura de ojos por todo el rededor, y esta manta se llamaba *Xaoalquauhiotilmatlitenisio.*

Usaban otras mantas que llamaban *ocelotentlapalliyiticycacocehtl,* estaban en el medio pintadas como cuero de tigre, y tenian por flocadura de una parte y de otra, unas fajas coloradas con unos trozos de pluma blanca ácia la orilla

Todas estas mantas arriba dichas son *sospechosas:* [a] la manta que se llama *ixnextlacuilolli,* y otra que se llamaba *olin,* que tenia pintada la figura del sol, con diversos colores y labores.

CAPITULO IX.

De los aderezos que los señores usan en sus areitos.

Uno de los aderezos y el primero que usaban los señores en los areitos se llamaba *quetzalalpitoai,* y eran dos borlas, hechas de plumas ricas guar-

(a) Quiere decir sospechosas, porque decian relacion á ritos idolatricos, y abusiones á que propendian los indios.

necidas con oro muy curiosas, y traíanlas atadas á
los cabellos de la coronilla de la cabeza, que colgaban hasta las sienes, y traían un plumage rico
acuestas, que se llamaba *tlauhquecholtzontli* muy curioso. Llevaban tambien en los brazos unas ajorcas
de oro, (todavia las usan) y unas orejeras de oro,
(ya no las usan:) traían tambien atadas á las muñecas una correa gruesa negra, sobada con bálsa-
mo, y en ella una cuenta gruesa de *chalchivitl*, ó
otra piedra preciosa. Tambien traían un barbote de
chalchivitl engastonado en oro, metido en la barba
(ya tampoco usan este.) Tambien traían estos barbotes hechos de cristal largos, y dentro de ellos unas
plumas azules metidas, que les hacen parecer zafiros. Otras muchas maneras de piedras preciosas,
traían por barbotes. Tenían el bezo abugerado, y por
allí las traían colgadas, como que salian de dentro
de la carne: y tambien unas medias lunas de oro colgadas en los bezotes. Traían ambien ahugeradas las
narices los grandes señores, y en los ahugeros metidas unas turquezas muy finas, ú otras piedras preciosas una de la una parte, y otra de la otra de la
nariz. Traían unos sartales de piedras preciosas al
cuello: tenian una medalla colgada de un collar de
oro, y en el medio de ella una piedra preciosa lla-
na, y por la circumferencia colgaban unos pinjantes
de perlas: usaban unos brazaletes de musaico, hechos
de turquezas con unas plumas ricas que salian de
ellos, que eran mas altos que la cabeza, y bordadas
con plumas ricas y con oro, y unas bandas de oro,
que subian con las plumas. Usaban traer en las piernas de la rodilla abajo grebas de oro muy delgado:
tenian en la mano derecha una banderilla de oro,
y en lo alto un remate de plumas ricas. Tambien
traían por guirnaldas una ave de plumas ricas hecha,
que traía la cabeza, y el pico ácia la frente, y la
cola ácia el cogote, con unas plumas muy ricas y

largas: las álas de esta ave, venian ácia las sienes
como cuernos hechas de plumas ricas. Tambien usaban traer unos mosqueadores en la mano, que llamaban *quetzallicaaoaztli*, y con unas bandas de oro que
subian con las plumas, traían en la mano izquierda
unos brazaletes de turquezas sin plumage ni puño:
tenian un collar hecho de cuentas de oro, y entre
puestos unos caracolitos mariscos, entre cada dos
cuentas uno. Usaban traer collares de oro hechos á
manera de eslabones de víboras: tambien solian los
señores en los areitos traer flores en la mano, juntamente con una caña de humo que iban chupando.
Tenian un espejo en que se miraban cuando se componian, y despues de compuesto mirábase bien al
espejo, y luego daba á un paje para que le guardase. Traían unas cotaras de los calcaños, las cuales
eran de cuero de tigre, y las suelas de cuero de ciervo hecho muchos dobleces y cosido, y con pinturas:
usaban de atambor y de atamboril: el atambor era
alto como hasta la cinta, de la manera de los de
España en la cobertura. Era el atamboril de madero hueco, tan gruezo como un cuerpo de un hombre, y tan largo como tres palmos unos poco mas,
y otros poco menos muy pintados. Este atambor y
atamboril, ahora lo usan de la misma manera. Usaban tambien unas sonajas de oro, y las mismas ahora de palo, y asimismo de unas conchas de tortuga
hechas de oro, conque iban tañendo, y ahora las
usan naturales de la misma tortuga. Tambien usaban
de cáratulas, ó mascaras labradas de musaico, y de
cabelleras como las usan ahora, y unos penachos de
oro, que salian de las caratulas.

CAPITULO X.

De los pasatiempos y recreaciones de los señores.

Cuando los señores salian de su casa, y se iban á recrear, llevaban una cañita en la mano, y movianla al compás de lo que iban hablando con sus principales: estos iban de una parte, y de otra del señor ó rey: llevábanle en medio, é iban algunos delante apartando la gente, que nadie pasase delante de él ni cerca; y nadie de los que pasaban por el camino osaba mirarle á la cara, sino luego bajaban la cabeza, y echaban por otra parte. Algunas veces por su pasatiempo el señor cantaba y deprendia los cantares que suelen decir en los areitos. Otras veces por darle recreacion algun truan le decia truanerias, ó gracias. Otras veces por su pasa tiempo jugaba á la pelota, y para esto teníanle sus pelotas de *ulli* guardadas: estas pelotas eran tamañas como unas grandes bolas de jugar á los bolos, eran mazisas de una cierta resina ó goma que se llamaba *ulli*, que es muy libiano, y salta como pelota de viento, y tenia de ellas cargo algun paje, y tambien traía consigo buenos jugadores de pelota que jugaban en su presencia, y por el contrario otros principales, y ganábanse chalchivites, cuentas de oro, turquesas, esclavos, mantas, maxtles ricos, maizales, casas, grebas de oro, ajorcas de este, brazaletes hechos con plumas ricas, pellones de pluma y cargas de cacao. El juego de la pelota se llamaba *tlaxtli*, ó *tlachtl*, que eran dos paredes, que habia entre la una y la otra veinte ó treinta pies, y serían de largo hasta cuarenta ó cincuenta pies: estaban muy encaladas las paredes y el suelo, y tambien de alto como estado y medio, y en medio del juego estaba una raya puesta al propósito del juego, y en el medio de las paredes en la mitad del trecho de este, estaban dos piedras como muelas de molino, ahugeradas por medio, frontera la una de la otra, y tenianse dos ahugeros tan anchos que podia caber la pelota por cada uno de ellos, y el que metia esta por allí, ganaba el juego. No jugaban con las manos sino con las nalgas para resistir la pelota: traían para jugar unos guantes en las manos, y una cincha de cuero en las nalgas para herir á la pelota. Tambien los señores por su pasatiempo, jugaban un juego que se llama *patolli*, que és como el juego del castro ó alguergue, ó casi como el juego de los dados, y son cuatro frisoles grandes, y cada uno tiene un ahugero, y los arrojan con la mano sobre un petate, como quien juega los *carnicoles*, donde está hecha una figura: á este juego solian jugar, y ganarse cosas valiosas, como cuentas de oro, piedras preciosas, turquesas muy finas; y este juego, y el de la pelota, hanlo dejado por ser sospechoso de algunas supersticiones idolátricas, que en ellos hay. Tambien solian jugar á tirar con el arco al blanco, ó con los dardos, y á esto tambien se ganaban cosas preciosas: Usaban tirar con cebratanas, y traían sus bodoquitos hechos en una *bruxaquilla* (a) de red, y tambien lo usan ahora cuando andan á matar pájaros con esta cebratana; tambien usan tomar pájaros cen red: asímismo para su pasatiempo, plantaban vergeles ó florestas donde ponian todos los árboles de flores. Usaban de truhanes que les decian chocarrerias para alegrarlos: tambien el juego del palo jugaban delante de ellos por darle recreacion: tenian pajes que los acompañaban y servian, y tambien usaban de enanos corcobados, y otros hombres monstruosos. Criaban

---

(a) Hoy llaman en Oaxaca *adobador*, es un cañuto de fierro con filo, dentro del cual meten la pelota de barro húmeda, le dan vueltas, y con el filo la recortan hasta acomodarla al buque ó calibre de la cebratana.

bestias, fieras águilas, tigres, osos, gatos, y de todas las maneras.

CAPITULO XI.

De los asentamientos de los señores.

Usaban los señores de unos asentamientos hechos de juncias, y de cañas con sus espaldares que llaman *tepotzoicpalli*, que tambien los usan ahora. Pero en el tiempo pasado, para demostracion de S. M. y gravedad, aforrábanlos con pellejos de animales fieros, como son tigres, leones, onzas, gatos cerbales, osos, y tambien de cierbos adovado el cuero. Tambien unos asentamientos de ruellos pequeños cuadrados, y de alto de una mano con su pulgada ó un palmo que llaman *tolicpalli*, los aforraban con estos mismos pellejos dichos para asentamiento de los señores: tenian por estrados sobre que estaban los asentamientos de los mismos pellejos ya dichos tendidos. Tambien usaban por estrados unos petates muy pintados y curiosos, que llamaban *alaoacapetatl*: usaban de amacas hechas de red, para llevarse adonde querian ir, como en litera: tambien usaban de los *icpales* arriba dichos pintados sin pellejo ninguno.

CAPITULO XII.

De los aderezos que usaban los señores en la guerra.

Usaban los señores en la guerra un casquete de plumas muy coloradas, que se llamaban *tlauhquecholcozoao*, y al rededor del casquete una corona de plumas ricas, y del medio de la corona salia un manojo de plumas bellas que llaman *quetzal* como penachos, y colgaba de este plumage ácia las espaldas, un atambor pequeñuelo puesto en una escaleruela como para llevar carga, y todo esto era dorado. Llevaban un coselete de pluma bermeja, que le llegaba hasta los medios muslos, todo sembrado de caracolitos de oro, y unas faldetas de pluma rica: llevaban una rodela con un círculo de oro por toda la orilla, y el campo de ella era de pluma rica, colorada, verde, azul, &c.; y de la parte de abajo, del medio por la circunferencia, iban colgados unos rapacejos hechos de pluma rica, con unos botones y borlas todo tambien de pluma. Llevaban un collar de piedras preciosas muy finas, y todas iguales y redondas, eran chalchivites y turquezas muy finas: llevaban unas plumas verdes en lugar de cabellera, con unas bandas de oro entrepuestas, ó llevaban un coselete de plumas verdes, y acuestas el atambor tambien verde en un cacaxtli. Juntamente con el atambor llevaban unas faldetas de plumas ricas y de oro, y unos rayos hechos del mismo metal sembrados por el coselete: llevaban otra manera de divisas y armas que se llama *ocelototec*, que era hecho de cuero de tigre con unos rayos de oro sembrados, y el atambor que llevaba acuestas era pintado como cuero del mismo, y las faldetas del atambor eran de plumas ricas, con unas llamas de oro en el remate. Otra manera habia de rodela con pluma rica que se llama *xiuhtotol*, y en el medio de ella estaba un cuadro de oro. Llevaban tambien acuestas unas plumas verdes á manera de mariposa, y traía una manera de chamarra hecha de plumas amarillas que se llaman *tocivitl*, porque son de papagayo, y llegaba esta chamarra hasta las rodillas con unas llamas de oro sembradas. Usaban otra manera de rodela hecha de plumas ricas, y el centro de ella era de oro redondo, labrada en ella una mariposa. Otra manera de armas solian usar los señores hechas con plumas verdes que se llaman *quetzatl*, á manera de chosa, y en todas las orillas tenia unas flocaduras de pluma rica y con oro. Llevaban tambien una chamarra de plumas amarillas, y usaban los señores en la guerra, una manera de capacete de oro con dos manojos de *quetzatl*, pùestos á manera de cuernos, y con este capacete usaban la chamarra que arriba se dijo. Usaban tambien otra manera de capacete de plata, y tambien traían otra manera de divisas de pluma rica y de oro. Llevaban tambien con este capacete una chamarra hecha de la misma pluma ya dicha, y con unas llamas de oro. Juntamente solian traer los señores en la guerra, una manera de vanderilla hecha de *quetzatl*, entrepuestas unas bandas de oro, y en lo alto de la vanderilla iba un manojo de *quetzatl* como penachos: otra manera habia de vanderillas hechas de plata, y en lo alto de ellas sus penachos. Tambien usaban de otra manera de vanderillas hechas de unas bandas de oro, y en lo alto de esta sus penachos. Los señores llevaban acuestas unas maneras de divisas, que se llaman *itzpapalotl:* es esta divisa hecha á la manera de figura del diablo, de plumas ricas, y tenia las álas y cola á modo de mariposa de plumas ricas, y los ojos, uñas, pies, cejas, y todo lo demas, era de oro, y en la cabeza de esta poniale dos manojos de *quetzatl* que eran como cuernos. Otra manera de divisas solian traer acuestas los señores, que se llama *xochicuetzalpapalotl*, tambien hecha á manera de la imágen del diablo, porque tenia la cara, manos, pies, ojos, uñas y nariz, como éste, (a) hechas las álas, y cola de la misma pluma ya dicha, y el cuerpo era formado de diversas plumas ricas, verdes, azules, y con oro, y tenia sus cuernos de pluma rica como de mariposa. Usaban tambien de otra divisa que se llama *quetzalpacatztli*, con una chamarra hecha de plumas verdes, con una rodela tambien de lo mismo, vestida con una plancha de oro redonda en el me-

(a) Es regular que el P. Sahagun hubiera visto alguno.

dio. Oras divisas usaban que se llaman *tozquaxolotl,* eran como un cestillo hecho de plumas, y en medio de él un perrillo, el cual tenia en la cabeza un plumage largo: tenia este perrillo los ojos y las uñas de oro &c.; con esto llevaban una chamarra de pluma amarilla, con llamas de oro sembradas. Usaban de otra divisa como la arriba dicha, salvo que la pluma era azul y llevaba mezclado mucho oro, y tambien la chamarra era de pluma azul. Usaban otras divisas de la misma manera de las ya dichas, si- no que la pluma era blanca, y otras de la misma manera de pluma colorada. Otras divisas usaban que se llamaban *cacatzontli* de plumas ricas amarillas, con su chamarra de pluma del mismo color. Acostumbraban otras divisas que se llamaban *toztzitzimitl,* hechos de plumas ricas con oro, y el *toztzitzimitl* era como un monstruo hecho de oro, que estaba en medio de la divisa. Llevaba el *toztzitzimitl* un penacho de pluma rica. Usaban tambien otra divisa que llaman *xoxouhquitzitzimitl,* era un monstruo como demonio, hecho de plumas verdes con oro, y encima de la punta de la cabeza, llevaba un penacho de plumas verdes. Tambien usaban de otra divisa que se llamaba *iztactzitzimitl,* que es como las arriba dichas, salvo que los plumages eran blancos. Usaban tambien de unos capillos que llaman *cuzticcuextecatl,* con un penacho que salia de la punta del capillo; llevaban en él una medalla de oro, atada con un cordon al mismo capillo á manera de guirnalda: la chamarra que era compañera de esta divisa, era de pluma amarilla con unas llamas de oro. Llevaba una media luna de lo mismo colgada en las narices, y unas orejeras de oro que colgaban hasta los hombros, hechas á manera de mazorcas de maíz: á otra divisa de la manera ya dicha, llamaban *iztaccuextecatl:* á otra como las dichas, llamaban *chictlapanquiavextecatl,* porque la mitad era verde, y la mitad amarillo, asi el capillo como la chamarra: á otras divisas de estas llamaban *cuzticteucuitlacopilli*, porque el capillo era todo de oro, con un vaso con plumas encima de la punta del capillo: á otras divisas de estas llamaban *iztacteucuitlacopilli*, eran como las de arriba sino que era de plata. Usaban tambien llevar en la guerra unos caracolitos mariscos, para tocar al arma y unas trompetas: tambien usaban de unas vanderillas de oro, las cuales en tocando al arma, las levantaban en las manos para que comenzasen á pelear los soldados. Usaban tambien estandarte hecho de pluma rica, como una gran rueda, y llevaban este estandarte en el medio, la imágen del sol hecha de oro: tambien usaban otras divisas que llamaban *xilaxochipatzactli*, hechas á manera de almete con muchos penachos y dos ojos de oro. Usaban tambien de espadas de madera, y el corte era de piedras de nabajas pegados á la madera, que era en forma de espada roma: otras divisas usaban tambien que llamaban *quetzalaztatzootli*, hechas de plumas y de oro. Usaban de otras divisas que llamaban *acelotlachicomitl*, que es un cántaro aforrado en cuero de tigre, del cual sale un clavel lleno de flores hecho de pluma rica.

NOTA: En esto campéa el gusto Egipcio, con quien tienen los Indios muchas analogias.

CAPITULO XIII.

De las comidas que usaban los señores.

Las tortillas que cada dia comian los señóres, le llaman *totanquitlaxcalltitlaquelpacholli*, quiere decir tortillas blancas, calientes y dobladas, compuestas en un chicuitl, y cubiertas con un paño blanco. Otras tortillas comian tambien cada dia que se llamaban *vietlaxcalli* quiere decir tortillas grandes, estas son muy blancas, delgadas, anchas y muy blandas. Comian tambien otras tortillas que llaman *quauhtlaqualli*, son muy blancas, gruesas, grandes y ásperas; otra manera de tortillas comian que eran blancas, y otras algo pardillas de muy buen sabor, que llamaban *tlaxcalpacholli*. Tambien comian unos panecillos no redondos sino largos, que llaman *tlaxcalmimilli*, [a] son rollizos y blancos, y del largo de un palmo, ó poco menos: otra manera de tortillas comian, que llamaban *tlacepoallitlaxcalli*, que eran ahojaldradas, y eran de delicado comer. Comian tambien tamales de muchas maneras, unos de ellos son blancos, y á manera de pella, hechos no del todo redondos, ni bien cuadrados; tienen en lo alto un caracol, que le pintan los frisoles, conque está mesclado. Otros tamales comian que son muy blancos, y muy delicados, como digámos pan de *bamba* ó de la *guillena*: otra manera de tamales comian blancos, pero no tan delicados como los de arriba algo mas duros: otros de estos comian que son colorados y tienen su caracol encima: hácense colorados porque despues de hecha la masa la tienen dos dias en el sol ó al fuego, y la revuelven, y así se para colorada. Comian otros simples, ú ordinarios que no son muy blancos sino medianos, y tienen en lo alto un caracol como los de arriba dichos. Tambien comian otros que no eran mezclados con cosa ninguna. Comian los señores estas maneras de pan ya dichas con muchas claces de gallinas asadas y cosidas: unas de ellas en empanada en que está una de estas entera; tambien otra manera de empanada de pedazos de gallina, que llaman empanadilla de carne de esta, ó de gallo, y con chile amarillo: otras de ellas asadas las comian. Tambien usaban otra manera de asado que eran codornices, y tenian otras muchas maneras de tortillas para la gente comun. Tambien comian los señores muchas maneras de cazuelas una

(a) Hoy memelas, mezclanles manteca en Oaxaca, y son de suabe y bello gusto.

de gallina hecha á su modo con chile vermejo, y con tomates, y pepitas de calabaza molidas, que se llama ahora este manjar *pipian*. [a] Otra clase de cazuela comian de gallina, hecha con chile amarillo, otras muchas maneras de cazuelas, y aves comian, que están en la letra esplicadas. Comian asímismo muchas maneras de potajes de chiles, uno era hecho de chile amarillo, otro de *chilmulli*, hecho de *chiltecpitl*, y tomates: otro de *chilmulli* hecho de chili amarillo, y tomates. Usaban tambien comer peces en cazuela, una de peces blancos, hechos con chile amarillo, otra de peces pardos hecha con chile vermejo y tomates, y con unas pepitas de calabaza molidas y son muy buenos de comer. Otra manera de cazuelas comen de ranas con chile verde, [b] otra manera de dicha hacen de aquellos peces que se llaman *axolote* con chile amarillo. Comian asimismo otra manera de ranacuajos con *chiltecpitl*: (c) otra de pescecillos colorados hechos con *chiltecpitl*. Tambien comian otra cazuela de unas hormigas aludas con *chiltecpitl*: otra de unas langostas, y es muy sabroza comida. Tambien comian unos *gusanos que son del maguéy*, con *chiltecpitlmolli*. [d] Usaban tambien otra de camarones hecha con *chiltecpitl*, tomates, y algunas pepitas de calabaza molidas: tambien una manera de peces que los llaman *topotli* hechos con *chiltecpitl* como las arriba dichas. Otra cazuela comian de pescados grandes hecha como las arriba dichas: otra de ciruelas no maduras, con unos pecesillos blanquesillos, y con chilli amarillo y tomates. Usaban tambien

(a) Tiene grande uso hoy y le mezclan ajonjoli tostado que le da tan buen sabor, como olor agradable.
(b) Este es el que llaman chiltipiquin, muy pequeño y ardiente.
(c) Estos gusanos colorados se venden en abundancia en el mercado de Oaxaca, y son de ecselente gusto en *chilmolli*.
(d) Los PP. Carmelitas usan mucho este manjar en México, y dicen que se reserva para los dias de *Gaudeamus*.

Tóm. 39

los señores comer muchas maneras de frutas, una de ellas se llama *tzapotes* colorados de dentro, (mameyes) y por fuera pardillos y ásperos: otra manera de fruta que son una como ciruelas y coloradas: [a] otra manera de ciruelas que son amarillas, otra vermejas ó naranjadas. Usan tambien comer muchas maneras de *tzapotes* unos que son cenicientos por fuera, ó anonas y tiene por dentro unas pepitas como de frisoles, y lo demas es como manjar blanco, (b) y es muy sabrosa: hay otra manera de zapotes pequeños ó peruétanos: otros hay amarillos por fuera, y por dentro son como yemas de huevos cocidos: otra fruta se llama quauhcamotli (hoy guacamotes) son unas raíces de árboles: *camotli* es una cierta raíz que se llama *batatas*: otras muchas maneras de frutas se dejan de decir. Usaban tambien comer unas semillas que tenian por fruta, una se llama *xilotl*, que dá mazorcas tiernas, comestibles y cocidas: otra se llama *elotl*, son tambien mazorcas ya hechas, tiernas, y cocidas: *exotl* quiere decir frisoles cocidos en sus bainas. Comian tambien unas ciertas maneras de tamales hechos de los penachos del maíz, revueltas con semillas de bledos, y con meollos de cerezos molidos. Comian unas ciertas tortillas hechas de las mazorquillas pequeñas y muy tiernas: otra manera de tamales comian hechos de bledos. Usaban tambien comer unas ciertas maneras de potages condimentados á su modo; una manera de bledos cocidos, con chile amarillo, tomates, pepitas de calabaza, ó con chiltecpitl solamente: otra hecha de semilla de bledos y con chille verde: tambien comian unas ciertas yerbas no cocidas sino verdes. Usaban tambien comer muchas maneras de puchas ó mazamorras, una se llamaba *totonquiatulli*, mazamorra ó atolle calien-

(a) En Oaxaca llaman Nanches, agridulces.
(b) Esta es la Chirimolla reina de las frutas, como el mange en Filipinas.

te; nequatulli atole con miel; *chilnequatolli*, atole con chille amarillo y miel: (a) *quauhnexátolli* que es hecho con arina muy espesa, muy blanca y condimentado con *tequizquitl*. Otras muchas maneras de puchas ó mazamorras hacian, las cuales se usaban y trabajaban en casa de los señores, y los *calpixques* tenian cargo de las cosas necesarias para estos. Traían para comer siempre á casa de los grandes, muchas maneras de comida hasta número de cien, y despues que habia comido el señor, mandaba á sus pages ó servidores, que diesen de comer á todos los señores y embajadores que habian venido de algunos pueblos, y tambien daban de comer á los que guardaban el palacio. Tambien daban de comer á los que criaban los mancebos que se llaman *telpuchtlatos* y á los Sátrapas de los ídolos. Asímismo daban de comer á los cantores, á los pages, á todos los del palacio, á los oficiales como los plateros y los que labran plumas ricas; á los lapidarios que labran musayco; á los que hacen cotaras ricas para los señores; á los barberos que los tresquilaban, y en acabando de comer, luego se sacaban muchas maneras de cacao hecho muy delicadamente, como son cacao hecho de mazorcas tiernas, y es muy sabroso al beber: cacao hecho con miel de abejas: otro he-

(a) En Oaxaca se usa y celebran en el campo, el crecimiento de las milpas cociendo las primeras mazorcas en esta clase de *atole*; es banquete rústico que se disfruta en medio de la mas inocente alegria del campo. Una multitud de muchachos y mugeres, en derredor de la grande olla que cuece el *chilnequatole*, es el espectáculo de la alegria mas tierna y digna de celebrarse. *¡O rus! ¡quando ego te aspiciam, quandoque licebit!* palabras encantadoras que mis labios no pueden proferir, sin que mis ojos paguen un tributo de lágrimas. Yo disfruté estos placeres, volaron aquellos dias de mi infancia, y tras de ellos solo han venido las tormentas desechas de las revoluciones, del despotismo, de la rapiña, de la desmoralizacion, y de las mas vergonzosas pasiones!

cho con *veinaeaztli:* otro con *tlilxóchitl tierno:* (a) otro
colorado: otro vermejo: otro naranjado: otro negro:
y otro blanco: (b) sacábanlo en unas jícaras conque
se bebia, y son de muchas maneras; unas son pintadas con diversas pinturas, sus atapaderos muy ricos, y sus cucharas de tortuga para revolver el cacao.
Otra manera de jícaras hay pintadas de negro, y tambien zurron deshecho de cuero de tigre ó de venado, para sentar ó poner esta calabaza ó jícara. Usaban tambien traer unas redes hechas á manera de
bruxaca, en que se guardaban estas jícaras ya dichas. Usaban tambien otras ahugeradas (cribas ó pi-
chanchas) para colar el cacao. Usaban tambien guardar unas jícaras pintadas [c] tambien grandes para
labar las manos, y otras grandecillas pintadas con
ricas pinturas, con que se bebia mazamorra. Usaban
tambien unos cestillos en que se guardaban ó se ponian las tortillas, y tambien de unas escudillas conque se bebian potages, de salceras, y de otras escudillas.

CAPITULO XIV.

*De la manera de las casas reales, y de la audiencia de
las causas criminales.*

El palacio de los señores ó casas reales, tenia muchas salas: la primera era la sala de la ju-

(a) O vainillas de olor, de donde viene mezclar vainilla al chocolate uso adoptado en la Europa asi como el chocolate.
(b) Estos diversos colores no tanto provienen de las diversas especies de cacao, sino de los diversos grados de tueste. El que quiera tomar buen chocolate del cacao guayaquil que es desagradable
al paladar, antes de tostarlo eche arena en el comal, y sobre ella
eche el cacao mojado: la arena le chupa toda la humedad, y le quita el
mal olor de apozcahuado que lo hace desabrido. El cacao blanco es el
cacao xóconusco podrido, de que hacen mucho uso los Indios de
Oaxaca para una bebida blanca y espesa refrigerante, que llaman
Tejate. Del Xóconuzco se llevaban para la casa real de España, doscientos tercios: la América contribuía tambien en esto á fomentar el
vientre de aquellos Príncipes epulones.
(c) Aun se usan bellísimas en *Olinalá* de Xalisco y de varios
colores; las de fondo azul usan los azogueros en las haciendas de

dicatura, donde residian el rey, los señores, cónsules, oidores, y principales nobles, oyendo las causas criminales, como pleitos y peticiones de la gente popular, y allí juzgaban y sentenciaban á los criminales á pena de muerte, ú á horcar ó á chocarlos con palos; de manera que los señores usaban dar muchas maneras de muerte por justicia, y tambien allí juzgaban á los principales, nobles, y cónsules. Cuando caían en algun crimen, condenábanles á muerte, ó á destierro, ó á ser tresquilados, ó les hacian maceguas ó les desterraban perpetuamente del palacio, ó echábanlos presos en unas jaulas vacias y grandes; tambien allí los señores libertaban á los esclavos injustamente hechos. En tiempo de *Mocthecuzoma* hubo muy grande hambre por espacio de dos años, por lo cual los principales, vendieron muchos, así á sus hijos como hijas por no tener que comer. Hubo gran misericordia, y mandó á sus vasallos, que juntasen todos los esclavos hidalgos que se habian comprado; luego el señor mandó dar á sus dueños, á cada uno su paga ó sus dones, como mantas de cuatro piernas delgadas, y quachtles, que son como de campeche, y tambien les dieron maíz por los que habian comprado los principales, y fué la paga doble (a) del precio que habian dado, y en esta primera sala que se llamaba *tlacxitlan*, los jueces no definian los pleitos de la gente popular, sino procuraban de determinarlos presto; no recibian cohechos, ni favorecian al culpado, sino hacian la justicia derechamente.

beneficiar metales, para saber el grado de amalgama en que está el azogue con la plata; la ceja indica la mayor ó menor incorporacion del metal para labarlo, sobre todo en el mineral de ramos, donde hacen maridaje con el de Guanaxuato; si se tarda la operacion desaparece el azogue.

(a) Es decir que se constituyó el libertador ó redentor de aquellos desgraciados; razgo digno de la magnanimidad que caracterizó siempre á aquel monarca, y que no le han podido negar sus enemigos, pintándolo como un monstruo abominable.

CAPITULO XV.

De la audiencia de las causas civiles.

Otra sala del palacio se llamaba *teccalli*, ó *tec-calco*. En este lugar residian los senadores y los ancianos para oír pleitos y peticiones, que les ofrecian la gente popular, y los jueces procuraban de hacer su oficio con mucha prudencia y sagacidad, y presto los despachaban; porque primeramente demandaban la pintura en que estaban escritas ó pintadas las causas, como hacienda, casas, ó maizales; y despues cuando ya se queria acabar el pleito, buscaban los senadores los testigos, para que se afirmasen en lo que habian visto ú oído, y con esto se acababan los pleitos; y si oía el señor, que los jueces ó senadores que tenian que juzgar, dilataban mucho sin razon los pleitos de los populares que pudieran acabar presto, y los detenian por los cohechos, pagas, ó por amor de los parentescos, luego el rey mandaba, que les echasen presos en unas jaulas grandes, hasta que fuesen sentenciados á muerte; y por esto los senadores y jueces estaban muy recatados ó avisados en su oficio. En el tiempo de *Mocthezuma* echaron presos muchos senadores ó jueces, en unas jaulas grandes á cada uno por sí, y despues fueron sentenciados á muerte, porque informaron á *Mocthecuzoma* de que estos jueces no hacian justicia derecha ó justa, sino que injustamente la hacian, y por eso fueron muertos, y eran estos que se siguen. El primero se llamaba *Mixcoatlailotlac:* el segundo *Teycnotlamochtli:* el tercero *Tlacuehcalcatl:* el cuarto *Iztlacamizcoatlailocatl:* el quinto *Umaca:* el sesto *Toqual:* el sétimo *Victlolinqui.* Estos eran todos del *Tlaltelolco* (a)

(a) ¡Ah! si esto se repitiera hoy que bueno sería! Una sentencia recta hoy llena de admiracion á los que la saben; tal es la des-

CAPITULO XVI.

De la audiencia para la gente noble.

Otra casa del palacio se llamaba *Teepilcalli:* en este lugar se juntaban los soldados nobles, y hombres de guerra; y si el señor sabia que alguno de ellos habia hecho algun delito criminal de adúlterio aunque fuese mas noble ó principal, luego le sentenciaban á muerte; y matábanle á pedradas. En el tiempo de *Mocthecuzoma* fué sentenciado un gran principal que se llamaba *Vitznaoatlecamalacotl,* el cual habia cometido adulterio, y le mataron á pedradas delante de toda la gente.

CAPITULO XVII.

Del consejo de guerra.

Otra sala del palacio se llamaba *Tequioacacalli,* por otro nombre *quauhcalli:* en este lugar se juntaban los capitanes, que se nombraban *Tlatlacochcalca,* y *Tlatlacatecca,* para el consejo de la guerra. Habia tambien otra sala del palacio que se llamaba *Achcauhcalli* en este lugar se juntaban y residian *Achcacauhti,* [ó verdugos] que tenian cargo de matar á los que condenaba el señor, y si no cumplian lo que les mandaba el señor, luego les condenaba á muerte. Habia otra sala en el palacio que se llamaba *Cuicalli:* en este lugar se juntaban los maestros de los mancebos que se llamaban *tiachcaoan,* y *telpuchtlatoque,* para aguardar lo que les habia de mandar el señor para hacer algunas obras públicas; y cada dia á la puesta del sol, tenian por costumbre de ir desnudos á la dicha casa de *Cuicalli,* para cantar y

moralizacion general en que vivimos, confundiendo la libertad con el libertinage.... Quisimos ser liberales, y pasamos á pródigos, la clemencia que afectamos es una escandalosa impunidad. ¡Que dolor!

bailar; solamente llevaban cada uno una manta hecha á manera de red, y en la cabeza ataban unos
penachos de plumas con unos cordones hechos de
hilo de algodon colorado, porque se llamaba *tocha-
catl,* conque ataban los cabellos; y en los ahugeros
de las orejas, ponian unas turquezas, y en los ahugeros de la barba, traían unos barbotes de caracoles mariscos blancos; y así todos los mancebos que
se criaban en la casa de *Tepuchcalli,* iban á bailar
cada noche, y cesaban como á las once. Y luego los
sacerdotes, y ministros de los ídolos, comenzaban á
tañer á maitines con unos caracoles mariscos grandes, por razon que era hora de salir á hacer penitencia, segun su costumbre. De esta manera en ce-
sando de bailar todos los mancebos, luego iban á
dormir á las casas del *Tecpuchcalli,* y nadie se iba
á su casa y todos dormian desnudos, sino con aquellas mantillas conque bailaban, se cubrian cada uno
por sí, y en durmiendo un poco, luego luego, se levantaban para irse al palacio del señor, y si este
sabia que alguno de ellos habia echado algunas der-
ramas de tributo, comida ó bebida, que comiesen los
maestros de los mancebos, luego el señor los mandaba prender y echarlos en la carcel de las jaulas
grandes, por sí cada uno, ó si sabia el señor que
alguno de ellos se habia emborrachado, amancebá-
do, ó habia hecho adulterio, mandábale prender, y
sentencíabale á muerte, ó le daban garrote, ó le mataban á pedradas ó á palos, delante de toda la gente, para que tomasen miedo de no atreverse á hacer cosa semejante.

CAPITULO XVIII.

De las trojes, ó alhóndigas.

Otra sala del palacio se llamaba *Petlacalco:* en
este lugar posaba un mayordomo del señor que te-

nia cargo y cuenta de todas las trojes, y mantenimientos de maíz, que se guardaban para proveimien-
to de la ciudad y república, que cabia á cada uno
mil hanegas de maíz, en las cuales habia esta semilla
de *veinte años sin dañarse:* tambien habia otras trojes en
que guardaba mucha cantidad de frisoles. Habia tambien otras trojes en que se guardaban muchos géneros de bledos y semillas: habia otras en que se
guardaba la sal gruesa por moler, que la traian por
tributo de tierra caliente: tambien habia otras trojes
en que se guardaban fardos de chile, y pepitas de
calabaza de dos géneros, unas medianas, y otras mayores. En estas alhóndigas estaban tambien de aquellos
que hacian algunos delitos, por los cuales no merecian muerte.

CAPITULO XIX.

De la casa de los mayordomos.

Otra sala se llamaba *Calpixcacalli,* por otro
nombre *texancalli:* en este lugar se juntaban todos los
mayordomos del señor trayendo cada uno la cuenta
de los tributos que tenia á su cargo, para dar la
razon de ellos al señor cuando se la pidiese; y
asi cada dia tenia cada uno aparejado el tributo
que era á su cargo; y si el señor sabia, y tenia averiguado de algunos de los mayordomos que habia tomado y aplicado para sí alguna parte del tributo que
era á su cargo, luego mandaba prenderle, y echarle en una jaula hecha de viguetas gruesas; y tambien mandaba y proveía el señor que á todas las mugeres amancebadas con el tal mayordomo, hijos,
hijas ó deudos, las echasen fuera de su casa, y las
desposeyesen de ella con toda la hacienda que
antes tenia el mayordomo delincuente; y así la casa con toda la hacienda se aplicaba al señor, y lue-

Tóm. II. 40

go mandaba cerrarla, y condenábanle á muerte. Habia otra sala que se llamaba *Coacalli*: en este lugar se aposentaban todos los señores forasteros, que eran amigos ó enemigos del señor, y dábales muchas joyas ricas, como mantas labradas, y maxtles muy curiosos, y barbotes de oro, que usaban poner en los ahugeros de la barba, y las orejeras de oro que ponian en las orejas ahugeradas, y otros barbotes de piedras preciosas de *chalchivites* engastonados en oro, y unas cuentas de *chalchivites*, y otras de las mismas piedras para las muñecas que usaban traer. Lo que dije de los *enemigos*, era que con salvo conducto venian á ver la merced del señor de México, y los edificios del templo, el culto de los dioses, y el servicio ó policia que el rei, ó señor de México tenia en su república.

CAPITULO XX.

De la casa de los cantores y de los atavios del areito.

Habia otra sala que se llamaba *Mixcoacalli*: en este lugar se juntaban todos los cantores de México y Tlaltelolco aguardando á lo que les mandase el señor si queria bailar, y probar, ú oír algunos cantares de nuevo compuestos, y tenia á la mano aparejados todos los atavios del areito, atambor y atamboril, con sus instrumentos para tañer el atambor, y unas sonajas que se llaman *ayacachtli, tetzilacatl, y omichicaoatztli,* y flautas con todos los maestros tañedores, cantores y bailadores, y los atabios del areito para cualquiera cantor. Si mandaba el señor que cantasen los cantores de *Vexotzincauitl,* ó *Anaoacaiutl,* así los cantaban y bailaban con los atavios del areito de *Vexotzincaiutl,* ó *Anaoacaiutl;* y si el señor mandaba á los maestros y cantores que cantasen y bailasen el cantar que se llama *cuextecaiutl,* tomaban los atavios del areyto conforme al cantar, y se componian con cabelleras y máscaras pintadas con narices ahugeradas y cabellos vermejos, y traían la cabeza ancha y larga, como lo usan los *Cuextecas*, y traían las mantas tegidas á manera de red; de modo que los cantores tenian muchas y diversas maneras de atavios de cualquiera areyto para los cantares y bailes.

CAPITULO XXI.

De la casa de los Cautivos.

Otra sala se llamaba *Malcalli:* en este lugar los mayordomos guardaban los cautivos que se tomaban en la guerra, y tenian gran cargo y cuenta de ellos, y dábanles la comida y bebida, y todo lo que se les pedia á los mayordomos.

Otra sala se llamaba *Totocalli*, donde estaban unos mayordomos que guardaban todo género de aves, y tambien en este lugar se juntaban todos los oficiales, como plateros, herreros, oficiales de plumages, pintores, lapidarios que labraban chalchivites, y entalladores; y tambien en este lugar residian unos mayordomos, que tenian cargo de guardar tigres, leones, onzas, y gatos cerbales. (a)

CAPITULO XXII.

De los atavios de las señoras.

Usaban las señoras vestirse los vipiles labrados y tegidos de muy muchas maneras de labores. Usaban tambien las señoras de poner mudas en la cara, con color colorado, amarillo, ó prieto hecho de incienso quemado con tinta, y tambien untaban los pies con el mismo color prieto, y usaban traer los cabellos largos hasta la cinta, y otras los traían has-

(a) Esta casa estaba donde hoy S. Francisco.

ta las espaldas, y otras los tenian largos de una y otra parte de las sienes y orejas, y toda la cabeza tresquilada. Otras traían los cabellos torcidos con hilo prieto de algodon, y los tocaban á la cabeza, y así lo usan hasta ahora, haciendo de ellos como unos cornezuelos sobre la frente. (a) Otras tienen mas largos los cabellos, y cortan igualmente el cabo de ellos por hermosearse, y en torciéndolos y atándolos parecen ser todos iguales, y otras se tresquilan toda la cabeza. Usaban tambien las mugeres teñir los cabellos con lodo prieto, ó con una yerba verde que se llama *xiuhquilitl,* por hacer relucientes los cabellos, á manera de color morado, y tambien limpian los dientes con color colorado ó grana: usaban tambien pintar las manos, el cuello, y pecho. También las señoras usaban de bañarse y jabonarse, y enseñábanlas á ser vergonzosas, á hablar con reverencia, tener acatamiento á todos, y ser diestras y diligentes en las cosas necesarias á la comida.

CAPITULO XXIII.

De los ejercicios de las señoras.

Las señoras usan tener muchas maneras de alhajas é instrumentos para sus oficios de hilar, hurdir, teger, labrar, cardar algodones, y tener otras cosas necesarias, tocantes á los ejercicios de sus labores, como se ván declarando en la lengua. Mas son obligadas á hacer y guisar la comida y bebida delicadamente, y tienen amas que las guardan y crian; mas tienen criadas corcobadas, cojas, y enanas, las cuales por pasatiempo y recreacion de las señoras, cantan y tañen un tamboril pequeño, que se llama *vevetl.*

(a) Tal es la moda del dia.

CAPITULO XXIV.

De las cosas en que se ejercitaban los señores, para regir bien su reino, y del aparato y órden que usaban para acometer en la guerra.

El mas principal oficio del señor, era el ejercicio de la guerra, así para defenderse de los enemigos, como para conquistar provincias agenas; y cuando queria emprender guerra contra algun señor ó provincia, juntaba á sus soldados y dábales parte de lo que queria hacer, y luego enviaban espias á aquella tal provincia que querian conquistar, para que mirasen la disposicion de la tierra, la llanura y aspereza de ella, y los pasos peligrosos por donde seguramente podian entrar; todo lo traían pintado y lo presentaban al señor, para que viese la disposicion de la tierra. Visto esto, el señor, mandaba llamar á los capitanes principales que siempre eran dos; el uno se llamaba *Tlacochcalcatl,* y el otro *Tlacatecatl,* y mostrándoles la pintura, señalábanles los caminos que habian de llevar, por donde habian de ír los soldados, en cuantos dias habian de llegar, (a) y donde habian de asentar los reales, y señalábanles los maestres de campo que habian de llevar. Luego mandaba hacer provisiones, así de armas como de viandas, y para esto enviaba á llamar á todos los mayordomos de las provincias que se llamaban *Calpixques,* que eran sus sujetas, y mandábales traer á su presencia todos los tributos así de mantas, como de plumages, oro, armas, y mantenimientos; y de que todo estaba traido y junto, luego el señor repartia las armas á todos los soldados, capitanes, hombres fuertes y valientes. Habiendo distribuido las armas á todos, mandaba luego á los *Cal-*

[a] Especie de itinerario, lo que prueba que tenian sistemada la guerra, y las marchas por escalones de auxilio.

pixques que llevasen armas á todos los principales de las provincias que habian de ír á la guerra, para sí, y para sus soldados, y entónces lo notificaba á su gente y los daban armas. Juntado todo el ejército, comenzaban á caminar por este órden: iban los sacerdotes de los ídolos delante de todos con sus ídolos acuestas, é iban un dia adelante de todos: tras estos iban todos los capitanes y hombres valientes, un dia mas adelante que el otro ejército: tras estos iban los soldados mexicanos; despues iban los tezcocanos otro dia mas atrás; luego iban los de Tlacuba otro dia mas atrás: y despues de estos iban los de las otras provincias otro dia mas atrás. Todos iban con gran concierto por el camino, y cuando ya estaban cerca de la provincia que iban á conquistar, luego los señores del campo trazaban como habian de asentar el real, dando sitio á cada una de las provisiones ya dichas, y el que no queria estar por lo que ordenaban los señores del campo asianle luego. Habiéndose todos alojado antes que comenzasen á combatir, esperaban á que los Sátrapas hiciesen señal, sacando fuego nuevo, y que tocasen las bocinas. Hecha esta señal, los Sátrapas comenzaban á dar grita todos, y luego comenzaban á pelear esa misma noche de su llegada, y los primeros cautivos que tomaban, luego los entregaban á los Sátrapas para que los sacrificasen y sacasen los corazones delante de las estatuas de sus dioses que llevaron acuestas. Despues de esto habiendo alcanzado la victoria y sujetado aquella provincia contra que iban, luego contaban los cautivos que habian tomado, y los que habian sido muertos de los suyos. Tomada esta minuta, luego iban á dar relacion al señor de lo que habia pasado, y tambien la daban de los que habian muerto, que eran personas de calidad en sus casas, para que les hiciesen las ecsequias, y tambien daban relacion de los que habian hecho alguna cosa

notable en el combate, para que fuesen remunera-
dos con honra y con dones, en especial si eran de
noble linage. En acabando la guerra, luego se hacia inquisicion en todo el campo, de los que habian
traspasado los mandamientos de los señores de él,
y luego los mataban aunque fuesen capitanes. Tambien los señores del campo averiguaban los pleitos
que habia entre los soldados cuando quiera que dos
porfiaban sobre cual de ellos habia tomado algun
cautivo: oíanlo primeramente, y despues daban sentencia por el que mejor probaba su intencion; y si el
caso no se podia probar de una parte ni de otra,
tomábanlos el cautivo, y aplicábanle á alguno del barrio de aquellos, para que fuese sacrificado sin título
de cautivador. Habiendo pacificado la provincia, luego los señores del campo repartian tributos á los que
habian sido conquistados, para que cada un año los
diesen al señor que les habia conquistado, y el tributo era de lo que en ella se criaba y se hacia, y
luego elegian gobernadores y oficiales que presidie-
sen en aquella provincia, no de los naturales de ella,
sino de los que la habian conquistado.

CAPITULO XXV.

De la manera de elegir á los jueces.

Tambien los señores tenian cuidado de la pacificacion del pueblo, y de sentenciar los litigios y
pleitos que habia en la gente popular, y para esto
elegian jueces, personas nobles y ricos, y ejercitados
en los trabajos de las conquistas, personas de buenas costumbres que fueron criadas en los monaste-
rios de *Calmecac*, prudentes y sábios, y tambien criados en el palacio. A estos tales escogia el señor para que fuesen jueces en la república: mirábase mucho en que estos tales no fuesen borrachos, ni ami-

gos de tomar dádivas, ni fuesen aceptadores de personas, ni apasionados: encargábales mucho el señor que hiciesen justicia en todo lo que á sus manos viniese. Tambien les señalaba el señor las salas donde habian de ejercitar sus oficios: una sala era debajo de la del señor que llamaban *tlacxitlan*, en esta oían, y juzgaban las causas de los nobles. Otra sala los señalaba que llamaban *teccalli*, allí oían y juzgaban las causas populares tomándoles por escrito primeramente por sus pinturas, y averiguado, y escrito el negocio, llevábanle á los de la sala mas alta que se llama *tlacxitla*, para que allí se sentenciase por los mayores cónsules; y los casos muy dificultosos y graves, llevábanlos al señor para que los sentenciase, juntamente con trece principales muy calificados, que con el andaban, y residian. Estos tales eran los mayores jueces, que ellos llamaban *tecutlatoque:* estos ecsaminaban con gran diligencia las causas que iban á sus manos; y cuando quiera que esta audiencia que era la mayor, sentenciaba alguno á muerte, luego lo entregaban á los ejecutores de la justicia, los cuales segun la sentencia, ó los ahogaban, ó daban garrote, ó los apedreaban, ó los despedazaban.

CAPITULO XXVI.

De la manera de los areitos.

Lo tercero de que los señores tenian gran cuidado era de los areitos, y bailes que usan para regocijar á todo el pueblo. Lo primero dictaba el cantor que se habia de decir, y mandaba á los cantores, que le pusiesen en el tono que queria, y que le proveyesen muy bien: tambien mandaba hacer aquellas *macetas* de *ulli*, (a) conque tañen el *teponaztli*, y que

(a) O sea bolillo semejante al que se usa para tocar la tambora militar.

éste, y el atambor fuesen muy buenos: tambien mandaba los meneos que habian de hacer en la danza, y los
atabios y divisas conque se habian de componer los
que danzaban: tambien señalaba, á los que habian
de tañer el atambor y *teponaztli*, y los que habian
de guiar la danza ó baile, y señalaba el dia de él,
para alguna fiesta de los dioses. Para entónces el
se componia, con los aderezos que se siguen: en la
cabeza se ponia unas borlas hechas de pluma y oro
atadas á los cabellos de la coronilla: un be-
zote de oro, ó de piedra preciosa: tambien unas orejeras de oro en las orejas: poníase al cuello un collar de piedras preciosas de diversos géneros: y
en las muñecas unas ajorcas, ó sartales de piedras preciosas, de *chalchivites* ó turquezas: en
los brazos en las morcillas unas ajorcas de oro,
y un brazalete con un plumage que sobrepujaba la
cabeza, y otro plumaje en la mano: cubriase de mantas ricas, añudadas sobre el hombro: poníase unos
ceñideros muy ricos que ellos llaman *maxtlatl*, que sir-
be de cinta. y de cubrir las partes vergonzosas. De
esta misma librea arreaba á todos los principales, y
hombres de guerra y capitanes, y toda la otra gente que habian de entrar en la danza ó baile; y tambien á todos daba copiosamente de comer y beber;
y andando en el baile, si alguno de los cantores hacia
falta en el canto, ó si los que tañian el *teponaztli*
y atambor faltaban en el tañer, ó si los que guian
erraban en los menéos, y contenencias del baile, luego el señor les mandaba prender, y otro dia los mandaba matar.

CAPITULO XXVII.

De la vigilancia de noche y de dia, sobre las velas.

Lo cuarto en que el señor tenia gran diligencia, era en poner velas de noche y de dia, para

que velasen, así en la ciudad como en los términos de ella y que no entrasen los enemigos sin sentirlos y conocerlos, y por esto tenian sus velas los Sátrapas, concertados por los espacios de la noche, y tambien otros soldados que llamaban *teachcaoan* y aun velaba el señor en aquellas velas para que no hiciesen falta y salia muchas veces disimuladamente para ver si estaban vigilantes en sus estancias, ó si dormian, ó se emborrachaban, y castigábalos reciamente. Tambien tenia otras velas de otros principales de mas calidad, los cuales velaban de noche, y de dia en los terminos de los enemigos para ver si estos se aparejaban de guerra, y si estaban espias de los enemigos, para saber de ellos sus disposiciones y á estas espias todas las mataban, y tambien á aquellos en cuya casa se aposentaban. Velaban tambien los mancebos que se criaban en el *telpuchcalli*, y cantaban de noche gran parte de ella por si alguno de los enemigos venian en el silencio oyesen de lejos que velaban, y no dormian, y los Sátrapas velaban de noche tocando sus vocinas, y respandíanlos en todas partes, y en todos los del *telpuchcalli*, tocando las vocinas, *teponaztli* y atambores: esto hacian muchas veces hasta la mañana. Tambien habia velas perpetuamente en las casas de los señores, y en toda la noche, no se apagaba el fuego, así en los palacios de los grandes como en las casas particulares, y en los templos, en el *telpuchcalli* y en el *Calmecac*.

CÁPITULO XXVIII.

De los los juegos en que el señor se recreaba.

Tenian los señores sus ejercicios de pasatiempos; el primero era juego de pelota de viento. Era este ejercicio muy usado entre los señores y principale*. Habia un juego de pelota edificado, para solo aquel ejercicio, y eran dos paredes tan altas como dos estados, distantes la una de la otra como de veinte pies: estaba en medio de cada una de estas paredes una rueda como de piedra de molino pequeña, que tenia un ahugero en el medio, que podia caber justamente la pelota conque jugaban por él. Estaban tan altos como un estado del suelo, é igualmente distaban de las paredes. El que jugando metia la pelota por aquellos ahugeros de las piedras ó ruedas, ganaba todo el juego. Jugaban desnudos y ceñidos á la cintura, con unos cintos anchos, y de ellos colgaba un pedazo de cuero de venado labrado que cubria las nalgas, y cuando jugaban no herian ni con mano ni con pie, sino con la nalga: á este juego perdian y ganaban muchas mantas ricas, joyas de oro, piedras y esclavos. El segundo pasatiempo que tenian, era juego como de dados: hacian en un petate una cruz pintada llena de cuadros, semejantes al juego del alguergue ó castro, y puestos sobre el petate, tomaban tres frisoles grandes hechos ciertos puntos en ellos, y dejábanlos caer sobre la cruz pintada, y de allí tenian su juego conque perdian y ganaban joyas y otras cosas, como arriba se dijo.

CAPITULO XXIX.

De la liberalidad del Rey.

Procuraban los señores ser liberales y tener tal fama, y así hacian grandes gastos en las guerras y en los areytos. Tambien jugaban cosas muy preciosas, y á la gente baja así hombres como mugeres que se atrevian á saludarlos, y les decian algunas palabras que les daban contento, dábanlos ropa para vestir y para dormir, comida y bebida; y

si alguno le hacia algun cantar que·le·dabá ccñte-
to, hacíale dar dones conforme á lo que habia he-
·cho, y al placer que el habia tomado de su obra.

CAPITULO XXX.

De la manera que tenian en elegir los señores.

Cuando moria el señor ó rey para elegir otro,
juntábanse los senadores que llamaban *tecutlatoque*, y
tambien los viejos del pueblo que llamaban *achcacauhti*, y tambien los capitanes soldados viejos de la
guerra que llamaban *Iauiequioaque*, y otros capitanes
que eran principales en las cosas de la guerra, y tambien los Sátrapas que llamaban *Tlenamacazque ó papaoa-
que:* todos estos se juntaban en las casas reales, y
allí deliberaban y determinaban quien habia de ser
señor, y escogian uno de los mas. nobles de la linea
de los señores antepasados, que fuese hombre valiente y ejercitado en las cosas de guerra, osado, animoso, y que no supiese beber vino: que fuese prudente y sábio, y que fuese criado en el *Calmecac:* que
supiese bien hablar, y fuese entendido, recatado y ani-
·moso, y cuando todos ó los mas concurrian en uno,
luego le nombraban por señor. No se hacia esta eleccion por escrutinio ó por votos, sino todos juntos
confiriendo los unos con los otros, venian á concertarse en uno. Elegido el señor, luego elegian otros
cuatro que eran como senadores que siempre habian
de estar al lado de él, y entender en todos los negocios graves del reino, (estos cuatro tenian en di-
.versos lugares diversos nombres) y al tiempo de la
eleccion, muchos de los que tenian sospechas de que
los eligirían, se *escondian* (a) por no ser electos y no

(a) Cuando reyna la justicia los empleos buscan á los hombres;
mas cuando la iniquidad, los hombres pretenden los empleos como
sucede hoy, y buscan los menos dignos de obtenerlos. Este es
el orígen de la creacion de las lógias, este su *único* y *esclusivo objeto.*

tomar tan gran carga. Nombrados los cinco, escogian un dia que por la astrologia judiciaria fuese bien afortunado, y llegando á aquel dia, sacábanlos á público, y llevabanlos á la casa de *Vitzilopuchlli*.

CAPITULO XXXI.

De como componian á los electos de ornamentos penitenciales, y los llevaban á la casa de VITZILOPUCHTLI.

Llegado aquel dia señalado, que como se ha dicho era bien afortunado, los principales Sátrapas iban á buscar al señor electo y á los otros, tomábanlos y desnudos, los llevaban al Cú de *Vitzilopuchtli*, y delante del templo, vestian al señor de las vestiduras, conque los Sátrapas solian ofrecer incienso á los dioses, que era una xaqueta de verde obscuro, y pintada de huesos de muertos que son á manera de vipil de muger, llamábanle *xicolli:* luego le ponian acuestas colgada de las espaldas, una calabazuela de picietl (ó tabaco montés) con unas borlas verdes obscuras, y poníanle delante de la cara, una manta verde atada á la cabeza, pintada de huesos de muertos, y en la mano izquierda una talega con copal ó incienso blanco, era tambien del mismo lienzo y pintado con los mismos huesos. Cálzabanle unas cotaras tambien verdes obscuras, y poníanle en la mano derecha un incensario de los que ellos usaban pintado de cabezas de muertos, y en el cabo del hastil llevaba colgado unos papeles como borlas. Luego le tomaban los Sátrapas y le subian por las gradas del *Cú*, hasta llegar delante de la estátua de *Vitzilopuchtli*, y en llegándole, luego tomaba el incienso y echábalo sobre las brazas que llevaba el incensario, y comenzaba á incensar á la estátua, y haciendo esto tenia la cara cubierta con el velo arriba dicho. Estaba abajo todoel pueblo, mirando como in-

censaba el señor nuevo, y los ministros de los ídolos tocaban las cornetas y otros instrumentos, cuando el señor incensaba. De la misma manera hacian
los otros electos qne los adornaban como arriba se
dijo, y los llevaban á incensar despues del señor. Los
atabios conque á estos ataviaban eran negros, y pintados de huesos de muertos.

CAPITULO XXXII.

*De como hacian penitencia los electos en el templo, sin
salir de él cuatro dias.*

Despues que el señor y los electos habian
incensado delante de la estátua de *Vitzilopuchtli,* luego los Sátrapas los descendian llevándolos del brazo por la misma órden que los habian subido. El
señor y luego el que era mas principal de los otros
así por órden, segun la dignidad de su eleecion, y
eran conducidos á una casa donde habian de hacer *la*
penitencia cuatro dias, que se llama *Tlacochcalco* que
estaba dentro del patio de *Vitzilopuchtli*: allí estaban
sin salir, y ayunaban todos los cuatro dias, pues no
comian sino una vez al medio dia, y todos iban á
incensar, y ofrecer sangre al medio dia, y á la media noche, delante de la estátua de *Vitzitopuchtli,* llevándolos los Sátrapas del brazo con los ornamentos
ya dichos, y por la órden anunciada; y tambien los
volvian a su aposento, y todos estos cuatro dias á
la media noche, despues de haber incensado y ofrecido sangre, se bañaban en una alberca por hacer
penitencia, como siempre lo hacian los Sátrapas todas las medias noches. (a)

(a) Si buen gobierno me tengo, buenos azotes me cuesta de-
eia Sancho Pansa.

CAPITULO XXXIII.

De como acabada la penitencia llevaban al señor á los palacios reales, y á los otros á sus casas.

Acabada la penitencia de los cuatro dias llevaban al señor y á los cuatro senadores, á las casas reales, y tambien los cuatro senadores de allí se iban á sus casas: luego el señor consultaba á los adivinos ó astrólogos, para que le señalasen un dia bien afortunado en que hiciese la fiesta de su elección que llaman *Motlatoapaca*, y luego mandaba á sus mayordomos ó calpizques, que se aparejasen todos los plumages, y aderezos del areito, que para entónces eran menester.

CAPITULO XXXIV.

De como hacia el señor un solemnísimo convite. [a]

Despues de señalado el dia donde habian de hacer la fiesta de la eleccion, si el electo era señor de México, enviaba sus embajadores á todos los reinos circunstantes desde *Quauhtimalan*, (hoy Guatemala) hasta Michoacan; y desde mar á mar, venian los mismos señores, ó enviaban sus presidentes para asistir al convite y fiésta de la eleccion: todos los convidados estaban juntos algun dia antes de la fiesta. El señor tenia aparejados plumajes, mantas, maxtles y otras joyas para dar á los convidados, á cada uno segun su manera de dignidad. Para entrar en la fiesta, y en el baile, á todos daba plumages, joyas, y atavios para esto, y á su hora da-

[a] Para entender en el suplemento agregado mejor este capítulo, vean mis lectores la vida de Mocthecuzoma en que se dá una idea completa de las fiestas que se hacian por la ecsaltacion al treno de los emperadores mexicanos.

322

ban comida á todos los convidados, muchos platos y diferencias de guisados, y muchas maneras de tortillas muy delicadas, y otras maneras de cacaos en sus jícaras muy ricas, y á cada uno segun su manera. Tambien les presentaban cañas de humo de muchas maneras de flores muy preciosas, y despues de todo esto, muchas mantas ricas, y maxtles preciosos, á cada una segun su persona, y les ponian su aposento muy adornado, y muy poblado de sillas que ellos usan, y de esteras, todo nuevo. Donde estava el principal, y todos los que habian venido con él para acompañarle en esta fiesta, bailaban de noche, y decian con gran prisa y aparato, cantares de gran solemnidad. Esto duraba una noche y un dia, ó dos noches, y dias, ó tres noches y dias, ó mas. Acabada esta solemnidad, despedíanse los convidados, é íbanse á sus tierras.

CAPITULO XXXV.

De como se aparejaba el señor para dar guerra á alguna provincia.

Despues de algunos dias que el señor habia hecho la fiesta de su eleccion, mandaba pregonar guerra, para ir á conquistar alguna provincia, y luego juntaba sus capitanes y gente de guerra, y les daba armas y divisas. El mismo señor iba con ellos por su capitan general, ordenando su campo, como arriba se dijo, y despues que habia obtenido la victoria de aquella provincia que habia ido á conquistar, y que habia hecho lo que arriba se dijo acerca de la pacificacion de aquella provincia, volvíase á su eiudad, trayendo gran número de cautivos los cuales todos mataba sacrificándolos al dios de la guerra *Vitzilopuchtli*, y haciéndole gran fiesta por la victoria que les habia dado. Luego daba dones á todos los soldados nuevos, especialmente á los que habian hecho cosas notables, como mantas y maxtles labrados, y licencia para que de allí en adelante los usasen, y para traer barbotes, piedras ricas, plata y oro, á cada uno como se habia señalado en la guerra; y dábales nombres de nobles, divisas ó armas para que fuesen honrados y conocidos por valientes. Tambien los daban licencia para traer borlas de oro, y pluma en las cabezas andando en los areitos.

CAPITULO XXXVI.

De la órden que habia en el tianguiz del cual el señor tenia ó rey especial cuidado.

El señor tambien cuidaba del tianguiz y de todas las cosas que en el se vendian por amor de la gente popular, y de toda la gente forastera que que allí venia, para que nadie los hiciese fraude, ó sin razon en el comercio de la feria. Por esta causa ponian por órden todas las cosas, que se vendian cada una en su lugar, y elegian por la misma oficiales que se llamaban *tianquizpantlayacaque*, [a] los cuales tenian cargo del mercado, y todas las cosas que allí se vendian de cada género de mantenimientos ó mercaderias: tenia uno de estos cargo para poner los precios de las cosas que se vendian y para que no huviese fraude entre los compradores y vendedores. Estaban en una parte del tianguiz los que vendian oro, plata, piedras preciosas y plumas ricas de todo género, de las cuales se hacian las divisas ó armas para la guerra, y tambien las rodelas. En otra parte se ordenaban los que vendian cacao y especias aromaticas que ellos llaman *veina-*

(a) Vease á Chimalpain tóm. 1.º pág. 230.

eaztlitlilxuchitlmecaxuchitl. En otro lugar se ponian los
que vendian mantas grandes, blancas ó labradas, y
maxtles que entónces usaban, unos blancos, otros labrados y ricos: tambien allí mismo se vendian las
vestiduras mugeriles labradas y por labrar, medianas
y ricas, y tambien las mantas comunes que ellos llaman *quachtliayatl.* En otra estaban por su órden los
que vendian las cosas de comer, como son maíz
blanco, azul oscuro, negro, colorado, amarillo y frisoles amarillos, blancos, negros, colorados y jaspea-
dos, y unos frisoles negros grandes como abas, y
semilla de bledos pardos ó cenicientos, colorados,
amarillos y chian blanca, negra, y otra que llaman
chiuntzotzotl. En este mismo lugar se ordenaban los
que vendian sal, gallinas, gallos, codornices, conejos, liebres, carne de venado, aves de diversas maneras, como son anades, sabancos y otras aves de
la agua: tambien los que vendian miel de maguéy,
y de abejas. De esta órden eran los que vendian
chilli de diversas maneras, los mismos vendian tomates que llaman *millomatl, y ahiltomatl.* En otra parte se ordenaban los que vendian fruta como son ce-
rezas, aguacates, ciruelas silvestres, rayadas, batatas
y batatas de raices, que se llaman *quauhcamutl,* zapotes de diversas maneras, y otras muchas frutas.
Tambien con estos se ordenaban los que vendian
turrones de chian, castañas de raices de yerba, raices como regaliz erisos, que es una fruta que se
come, [ó chayotes] pepitas grandes y pequeñas de
calabaza. Tambien con estos se ordenaban los que
vendian peces, ranas, y otros pescadillos, que son como lagartillos, y otras sabandijas que se crian en
la agua. Asimismo con estos se ordenaban los que venden papel que se hace de cortezas de árboles, é incienso blanco, goma negra que se llama *ulli, cal,* nabajas, leña para quemar, maderos para techar las
casas, unos cuadrados, otros rollizos, tablas y pandi-

llas, que son tablas delgadas [ó tajamaniles,] cóas y
palancas, palas, remos, barales, tomizas, néguero,
cuero labrado, cotaras y hachas de cobre para cortar maderos, y *punzones, escoplos,* y otras herramientas para labrar madera. Tambien estaban por su órden los que vendian yerbas para comer, como son
cebollas, y otras yerbas que usan; tambien estos venden gilotes, elotes cocidos, pan hecho de los
penachos del maíz, pan hecho de elotes, y todas las
maneras de pan que se usa. Tambien estaban por
su órden los que venden cañas de humo de muchas
maneras, y tambien aquí se vende *xuchiococotl,* y los
platos para poner las cañas cuando se queman, y
otras maneras de vasos de barro, lebrillos, ollas, ti-
najas para hacer *uctli,* y todas las otras maneras de
loza. Y los que tenian cargo de las cosas del tianguiz sino hacian fielmente sus oficios, privábanlos de
ellos, y desterrábanlos de los pueblos; y los que vendian algunas cosas hurtadas, como mantas ricas, ó
piedras preciosas, cuando se sospechaba que aquello
era hurtado, si no cuadraba á la persona que se lo habia vendido, prendíanle y sentenciábanle á muerte
los jueces y señores, y con esto se ponia temor á
la gente, para que nadie osase comprar cosa hurta-
da. (a)

(a) En México el gobierno del distrito mandó poner en la plazuela y
portal de Santo Domingo todo lo robado en el parian en 4 de di-
ciembre de 1828, á consecuencia del grito de la Acordada, para
que se vendiese á presencia de sus mismos dueños. ¿Quien gobernaba
mejor y respetaba las propiedades Moctheuzoma gentil, ó el presiden-
te Guadalupe Victoria *cristiano?.....* ¡Ah qué mengua!

CAPITULO XXXVII.

De la manera que tenian los señores y gente noble en criar á sus hijos.

La manera de criar los hijos que tenian los señores y gente noble era, que despues que las madres, ó sus amas los habian criado por espacio de seis años, ó siete, ya que comenzaban á regocijarse, dábanlos uno, dos ó tres pages para que se divirtiesen y burlasen con ellos, á los cuales prevenia la madre que no los consintiesen hacer ninguna fealdad, suciedad, ó deshonestidad cuando fuesen por el camino ó calle. Instruían al niño estos que andaban con él, para que hablase palabras bien criadas, y de *buen lenguage* (a) y que no hiciese desacato á nadie y reverenciase á todos los que encontraba por el camino, como eran oficiales de la república, capitanes, hidalgos ó personas graves; y aunque no fuesen sino personas bajas, hombres y mugeres, como fuesen ancianas; y si alguna persona aunque fuese de baja suerte, los saludaba, inclinábase y saludábanlos tambien diciendo: *Vayais en hora buena abuelo mio*, y el que oía la salutacion tornaba á replicar diciendo: *nieto mio, piedra preciosa y pluma rica, hazme hecho merced, vé próspero en tu camino,* [b] y los que oían al niño hablar de la manera dicha, holgábanse mucho, y decian: *si viviere este niño será muy noble, porque es géneroso, por ventura algun gran oficio merecerá tener;* y cuando el niño llegaba á diez ó doce años, metíanle en la casa de educacion ó *Calmecac,* allí le entregaban á los sacerdotes y Sátrapas del templo para que fuese criado y enseñado como en el sesto libro se dijo; y sino lo metian en la.

(a) Los mexicanos no habian leido á Quintiliano y seguian su método.
(b) Aun son los mexicanos muy carabancros, no solo los de regular educacion, sino tambien los plebeyos.

casa de educacion, ponianlo en la casa de los cantores, y encomendábanle á los principales de ellos,
los cuales le imponian en barrer el templo, ó en
aprender á cantar, y en todas las maneras de penitencia que se usaban. Cuando ya llegaba el mancebo á quince años, entónces comenzaba á aprender
las cosas de la guerra. En llegando á veinte años
llevábanle á la campaña mas antes de esto su padre y
parientes, convidaban á los capitanes y soldados viejos: hacíanlos un convite, y dábanlos mantas, maxtles labrados, y rogaban tuviesen mucho cargo de
aquel mancebo en la guerra, enseñándole á pelear,
y amparándole de los enemigos, y luego le llevaban
consigo, ofreciéndose alguna guerra. Tenian mucho
cuidado de él enseñándole todas las cosas necesarias; así para su defension, como para la ofension
de los enemigos; y trabándose la batalla, no le perdian de vista y enseñábanle á los que cautivaban á
los enemigos, para que así lo hiciese él, y por ventura en la primera guerra cautivaba á alguno de los
enemigos, con el favor de los que le llevaban á cargo. Habiendo cautivado á alguno, luego los mensageros que se llamaban *tequipantitlanti*, venian á dar
las nuevas al rey de aquellos que habian cautivado á sus enemigos, y de la victoria que habian obtenido los de su parte. En llegando á las casas reales, entraban á hablar al señor y saludándole decian:
„Señor nuestro, vive muchos años, sabe que el dios
de la guerra *Vitzilopuchtli* nos ha favorecido, y que
con su ayuda vuestro ejército ha vencido á sus contrarios, y tomado la provincia sobre que íban: vencieron los *Tenochas*, los de *Tlaltelolco*, de *Tlacu-
ban*, *Tezcocanos*, *Otomís*, los de *Matlaltzincas*, los de
Chinampas y los *de la tierra seca*" y el señor los respondia diciéndoles: „Seais muy bien venidos, huél-
gome de oír esas nuevas, sentad y esperad, porque
me quiero certificar mas de ellas; y así *los manda-*

ba guardar, y si hallaba que aquellas nuevas eran mentirosas, hacialos matar. (a) Despues de haber conquistado la provincia contra quien iban, lo primero que hacian era contar los cautivos que habian hecho, cuantos habian tomado los de *Tenuchtitlan* (México) y cuantos los de *Tlaltelolco*, y así por las demas capitanias &c. Los que contaban los cautivos eran los que se llamaban *Tlacochalcas* y *Tlatlacatecas*, que es como decir, capitanes y maeses de campo, y otros oficiales del ejército. Habiendo sabido el número cierto de los cautivos, luego enviaban mensageros al señor; estos eran capitanes los que llevaban la nueba cierta al rey, dándole noticia de los prisioneros que se habian hecho, y quienes los habian cautivado, para que á cada uno se diese el premio, conforme á lo que habia trabajado en la guerra. Oídas las nuevas, el señor holgábase mucho, y entónces mandaba sacar á los que habia mandado encerrar, que habian llevado las primeras noticias de la guerra, y haciales merced como á los otros.

Estos que habian prendido cautivos, si despues se trataba guerra con los de Atlixco ó Vexotzínco, y si allí cautivaban ó prendian otros cautivos, eran estimados en mucho del señor, y les daba suma honra haciéndoles *piles*, y dándoles nombres de valientes, pues ya estaban en grado de poder ser electos por señores, sentarse con ellos, y comer con el señor: éste les daba insignias de esforzados como eran bezotes de piedras preciosas y de varias colores, borlas para ponerse en la cabeza, con tiras de

---

(a) Si así se obrara hoy con los que dan partes fabulosos al Gobierno, no nos habrian pegado grandes chascos, como el primero que nos dió un D. Fulano Cortina anunciándonos que el general Santa--Anna, habia hecho prisionero á Barradas en Pueblo Viejo con toda la division española el 23 de agosto; así es que cuando se verificó despues esta noticia, ya no causó toda la gustosa sensacion que debiera, y que muchos dudaran de ella.

oro entretegidas á las plumas ricas, y con pinjantes de oro con otras plumas ricas, orejeras de cuero, y mantas ricas de señores de diversas divisas:
dábales tambien maxtles preciosos y bien labrados
que usaban los señores, y otras muchas divisas de
las cuales podian usar por toda su vida; les emplea-
ban en oficios honrosos, como *Caliplxcaiotl* que es
como *mayordomo mayor*, y muriendo el señor, uno
de estos elegian por señor y rey. Tambien á estos
elegian por senadores y jueces que llaman *tlacxitlan-
tlalilo*, los cuales determinaban las causas graves de
la república, y los daban estos nombres que eran muy
honrosos, conviene á saber, *tlacochcaltatecutli, ticocioaoa-
iatltecutli, cioacoatltecutli* ó *tellaucalquitecutli*.

CAPITULO XXXVIII.

De los grados por donde subian hasta hacerse Tequitlatos.

Los grados y empleos por donde subian los
que habian de llegar á las dignidades, eran estos que
se siguen. Cuando eran pequeñuelos, andaban moti-
lados ó tusada la cabeza, y llegando á diez años,
dejábanle crecer una vedija de cabellos en el cogote, lo cual ellos llamaban *mocuexpaltia;* á los quince
años tenian ya aquella vedija larga, y llamábanlos
cuexpatchicuepul, porque aun ninguna cosa notable habian hecho en la guerra; y si en esta acontecia que
él y otro, ó él y otros dos, ó tres ó mas, cautivaban
á alguno de los enemigos, quitábanle la vedeja de
los cabellos, y aquello era señal de honra. Cuando
entre dos, tres ó mas, cautivaban á uno de los enemigos, dividianle de esta manera; que el que mas
se habia señalado en este negocio, tomaba el cuerpo del cautivo, el muslo y pierna derecha; y el que
era segundo tomaba el muslo y pierna izquierda; y
el tercero tomaba el brazo derecho, y el cuarto el

izquierdo, esto se entiende desde el codo arriba. El que era quinto, tomaba el brazo derecho desde el codo hasta abajo, y el que era sesto, tomaba el brazo del mismo modo; y cuando le quitaban la vedija del colodrillo, dejábanle otra sobre la oreja derecha, que se la cubria de un solo lado que era el derecho, y con esto parecia que tenia otra presencia mas honrada, que era señal de que en compañia de otros, habia cautivado á alguno, y por haberlo hecho con compañeros, y haber dejado la vedija, en señal de honra le saludaban sus abuelos ó sus tios diciéndole: „¡Nieto nuestro! hate lavado la cara el sol y la tierra: ya tienes otra, porque te atreviste y esforzaste á cautivar en compañia de otros: mira que valdria mas perderte y que te cautivasen tus enemigos, que no que otra vez cautivases en compañia de otros; porque si esto fuese, pondriante otra vedija de la parte de la otra oreja que parecieses muchacha, y mas te valdria morir, que acontecerte esto." El mancebo que aun teniendo vedija en el cogote iba á la guerra dos ó tres veces, cuando volvia sin cautivar por sí ni en compañia, llamábanle por afrenta *cuexpalchicacpul*, que quiere decir: *Bellaco que tiene vedija en el cogote, que no ha sido para nada, en las veces que ha ido á la guerra*, y esto era grande afrenta para el tal, y con esto se esforzaba á arrojarse contra sus enemigos, para que siquiera en compañia cautivase á alguno; y cuando estos tales en compañia de otros cautivaban á alguno, quitábanles la vedija, y echábanles un cazquete de pluma, pegado á la cabeza; y á los que no cautivaban ni en compañia ni de otra manera, no los quitaban la vedija, ni los echaban casquete de pluma, sino hacianles una corona en medio de la cabeza, que era suma afrenta; y si este á quien hicieron la corona por afrenta tenia que comer maizales ú otra hacienda, vivia de ella y no curaba de la guerra, sino que se quitaba la vedija. A este tal no le era lícito traer manta ni maxtle de algodon, sino de *ixtli* y sin ninguna labor: esto era señal de villano. El mancebo que la primera vez entraba en la guerra, y por sí solo cautivaba á alguno de los enemigos, llamábanle *Telpuchtlitaquitlamani,* que quiere decir *mancebo guerrero y cautivador,* y llevábanle delante del rey á palacio, para que fuese conocido por fuerte: entónces dábale licencia el señor para que se pudiese teñir el cuerpo de color amarillo, y la cara con colorado toda ella, y las sienes con color amarillo: esto hacian la primera vez los mayordomos del rey, en señal de honra. De que este mancebo estaba teñido como arriba se dijo, el rey le daba dones, que era una manta con unas listas labradas de color morado, y otra labrada de otras ciertas labores, y tambien le daba un maxtle labrado de colorado largo, que estuviese bien colgado, y otro labrado de todos colores: esto le señalaban por insignias de honra, y de allí adelante tenia licencia de traer maxtles y mantas, stempre labrados. Al que por sí cautivaba dos, tambien le llevaban delante del señor á la casa real, y dábanle dones como arriba está dicho; y al que prendia por sí tres, dábanle tambien dones como se dijo, y juntamente autoridad para tener cargo en la guerra de otros, y tambien daban autoridad á estos semejantes, para que fuesen elegidos para educar á los mancebos en el *Telpuchcali.* Tambien tenian autoridad para mandar á los mancebos que fuesen á cantar á la casa donde aprendian á hacerlo de noche; y á los que por sí prendian cuatro cautivos, mandaba el rey que los cortasen los cabellos como á capitan, llamábanle tal diciendo... el capitan *mexicatl,* ó el capitan *tolnaoacatl,* ú otros nombres que cuadraban á los capitanes. De allí adelante se podian sentar en los estrados que ellos usaban de petates é *icpales* en la sala donde se sentaban los otros

capitanes y valientes hombres, los cuales son primeros y principales en los asientos, y tienen barbotes
largos, orejeras de cuero, y borlas en las cabezas
conque están compuestas; y aquellos que cautivaban
por sí seis, siete ó diez de los enemigos, y si estos
cautivos eran *Cuextecas* ó *Tenimes*, no por eso los
ponian con los mas principales arriba dichos, solamente los llamaban capitanes; y para subir á la honra de los arriba nombrados, era menester que cautivasen de *Atlixco*, ó de *Vexotzinco*, ó de *Tlikuquitepec*.
Cualquiera que de estos dichos cautivaba hasta cinco, ponianlos entre los mayores y mas honrados capitanes, por valientes y esforzados gefes, que se llamaba *quauhiacatl*, que quiere decir *águila que guía;* y
el señor á este tal, le daba un barbote largo verde,
y borla para ponerse en la cabeza, con unas listas
de plata entrepuestas en la pluma de la borla, y
tambien le daba orejeras de cuero, y una manta rica que se llamaba *cuechintli*. Tambien le daban una
manta que llamaban *chicoapalnacazminqui* que quiere
decir: *manta teñida de dos colores*, la mitad de uno,
y la otra mitad de otro de esquina á esquina, y una
manta con correas colgadas y atadas, sembradas por
toda ella; y si cautivaba dos de *Atlixco* ó de *Vexotzinco*, era este tal, tenido por terrible y valentísimo,
y dábanle un barbote largo de ambar amarillo, y otro
de chalchivite verde, y usaba de entrambos. (a)

FIN DEL OCTAVO LIBRO.

(a) La lectura de este capítulo manifiesta el alto aprecio que
hacian los mexicanos: y del valor y sobriedad conque sabian los reyes graduarlo, para alentar á los soldados. Entre ellos las señales dichas que nos parecen *ridículas*, eran tan estimables como
entre nosotros los grados, los escudos las espadas de honor, las cruces
&c. Todo pende de la fantasía que es la que avalora las cosas mas
insignificantes y caprichosas. ¿Qué hazañas no ejecutaban los Romanos por optar una corona de mirto y de ojas de encina? Resulta asimismo que los mexicanos tenian en mucho el valor de
los *Huexotzincas*, é *Izucareños*, y *Tlaxcaltecas*, pues preferian á los
cautivadores de los de estas partes como los romanos el de los galos.

PROLOGO.

La primera órden que se ha tenido en esta Historia és, que primeramente, y en los primeros libros
se trató de los dioses, de sus fiestas, de sus sacrificios, de sus templos, y de todo lo concerniente
á su servicio: de esto se escribieron los primeros
cinco libros, y de ellos el postrero fué el quinto,
que trata de la *árte adivinatoria* que tambien habla
de las cosas sobrenaturales. En todos estos cinco libros se trata de lo que he dicho. El sesto libro trata de la retórica y filosofía moral que estos naturales alcanzaron, donde se ponen muchas maneras
de oraciones, muy elegantes y muy morales, y aun
las que tocan á sus dioses y á sus ceremonias, se
pueden decir muy teólogales. En este mismo libro
se trata de la estimacion en que so tenian los retóricos y oradores. Despues de esto se trata de las
cosas naturales, y esto en el sétimo libro; y luego
de los señores, reyes, gobernadores, y principales personas. Luego se trata de los mercaderes, que despues de
los señores, capitanes y hombres fuertes, son los mas te-

334

nidos en la república, de los cuales se trata en el octavo libro, y tras ellos los oficiales de pluma, de oro, y de piedras preciosas. De estos se trata en el noveno libro: de las calidades, condiciones y maneras de todos los oficiales y personas, se trata en el libro décimo, donde tambien habla de los miembros corporales, de las enfermedades y medicinas contrarias, y tambien de las diferencias y diversidades de generaciones de gentes que en esta tierra habitan, y de sus condiciones. En el undécimo libro se trata de los animales, aves, yerbas, y árboles. En el libro duodécimo se trata de las guerras, tenídas cuando esta tierra fué conquistada, como de cosa horrible y enemiga de la naturaleza humana. (a)

(a) Este libro esta impreso, separadamente, y debe formar parte de la historia: se hallará en la libreria de D. Mariano Galvan, Portal de Agustinos. Formará una obra completa en su linea si se une con la memoria de D. Fernando] de Alva Ixtlilxochitl que acabo de publicar, y se hallará en la libreria de D. Alejandro Valdés.

LIBRO NOVENO.

DE LOS MERCADERES Y OFICIALES,

DE ORO, PIEDRAS PRECIOSAS, Y PLUMA RICA.

CAPITULO I.

Del principio que tuvieron los Mercaderes en México y en Tlaltelolco.

Síguese la manera que tenian los mercaderes antiguamente en sus mercaderías. Cuando los mercaderes comenzaron en *Tlaltelolco* de México á tratar, era señor uno que se llamaba *Quaquapizaoac*, y los principales tratantes eran dos, el uno se llamaba *Itzcoatzin*, y el otro *Tziutecatzin*. La mercadería de estos por entónces, era plumas de papagallos, unas verdes que se llaman *cuetzal*, otras azules que se llaman *cuitlatexotli*, y otras coloradas como grana, que se llaman *chamulli*. Estas tres cosas eran todo su trato. Despues que el señor arriba dicho murió, eligieron otro que se llamó *Tlacateutl*, y en el tiempo de éste los principales de los mercaderes fueron dos, el uno se llamó *Cozmatzin*, y el otro *Tzompantzin*. En tiempo de estos se comenzaron á vender y á comprar las plumas que se llaman *quetzalli*, y las piedras turquezas que se llaman *xivitl*, y las piedras verdes que se llaman *chalchivitl*, y tambien las mantas de algodon y maxtles de lo mismo; porque antes solamente usaban de mantas y maxtles de *nequen*, y las mugeres usaban de vipiles y enaguas tambien de *ichtli*. Muerto éste señor, eligieron otro que se llamó *Quauhtla-*

toatzi: en tiempo de este fueron principales de los mercaderes dos, el uno se llamó *Tollamimichtzin*, y el otro *Micxotziyautzin.* En los dias de estos se comenzaron á comprar y vender barbotes de oro, y anillos del mismo metal, cuentas de oro, y piedras azules labradas como éstas, grandes chalchivites, grandes quetzales, y pellejos labrados de ·animales fieros, y otras plumas ricas de diversas maneras y colores. Muerto éste señor eligieron á otro que se llamó *Moquivixtzin.* En la época de éste fueron principales de los mercaderes dos, el uno que se llamó *Popoiotzin,* y el otro *Tlacochintzin.* En tiempo de estos se comenzaron á comprar y á vender las mantas ricas, y labradas de diversas labores, los maxtles ricos y labrados ácia las estremidades, como dos ó tres palmos en largo y ancho; tambien las enaguas ricas y los bellos vipiles, y al mismo tiempo las mantas de ocho brazas en largo, tegidas de hilo torcido como *terliz,* y tambien se comenzó á tratar en cacao. En este tiempo todas las otras mercaderías que arriba se digeron, se comenzaron á tratar en mas abundancia que de antes. Este *Moquivixtzin,* fué el postrero señor de los *Tlaltelolcanos,* porque le mataron los de su pueblo, y de ahí adelante cesaron los señores, y el regimiento que en lo succesivo (a) usaron los *Tlaltelolcanos,* fué por via de cónsules, que fué su primera manera de gobierno. De estos que entónces comenzaron á regir, el uno de ellos se llamaba *Tlacatecatzintlitzioaepopocatzin:* el otro *Tlacochcalcatzintlitzquauhtzin,* ambos eran muy principales, y tambien fué el tercero *Tlacochcalcatzintlitezcantzin,* el cuarto se llamaba *Tlacalteccatzintlitotxzacatzin;* todos estos eran muy nobles, y valientes mexicanos.

(a) El pequeño reino de *Tlaltelolco* se incorporó á México en el reinado de Axâycatl padre del segundo Moctheuzoma.

CAPITULO II.

De como los Mercaderes comenzaron á ser tenidos por señores, y honrados como tales.

De los que fueron principales y regian á los mercaderes en el tiempo de los cónsules arriba dichos, fué uno *Quauhpozaoaltzin*, el segundo *Nentlamatitzin*, el tercero *Vetzcatocatzin*, el cuarto *Canaltzin*, el quinto *Veicomatzin*. En este tiempo era señor en Tenuchtitlan *Avitzotzin*, y en él los mercaderes entraron á tratar en las provincias de *Ayotlan, y Anaoac*. Los naturales de aquellas provincias, los detuvieron allá como cautivos cuatro años, en el pueblo que se llama *Quauhtenanco*, en el cual estuvieron cercados de los de *Tehuantepec*, de *Izoatlan*, de *Xochitlan*, de *Amastecatl*, de *Quauhtzontla*, de *Atlan*, de *Omitlan*, y de los de *Mapachtecatl*: todos estos pueblos dichos eran grandes; otros muchos de otros pequeños pueblos eran contra ellos, y los tenian cercados y peleaban. Los mercaderes se defendian en el pueblo de *Quatenanco* que era fuerte, y cautivaron estos mismos á muchos de los naturales gente principal, y otros muchos distinguidos los cuales no se contaron. Los principales que se cautivaron traían sus divisas, cada uno segun su manera: traían por orejeras *nacaztepuztli*, con pinjantes que les llegaban hasta los hombros, y traían por banderas *quetzalpanitl zaquanpanitl*, y tambien brazaletes que se llaman *machoncotl*. Cuentase de estos que fueron presos de los mercaderes; algunos cautivaron á veinte, otros á once. Despues que los mercaderes peleando por espacio de cuatro años conquistaron la provincia de *Anaoacatl*, y como todos los de ésta, se les rindieron, luego los mercaderes *Tlaltelolcanos* que los conquistaron, se juntaron y se hablaron: tomó la mano el mas principal de ellos y dijo: ¡Oh mercaderes Mexicanos! ya nuestro señor *Vit-*

zilopuchtli dios de la guerra, ha hecho su oficio en
favorecernos, porque hemos conquistado esta provincia, ya podemos seguramente irnos á nuestra tierra: conviene que ninguno se ensoberbezca, ni se tenga por valiente por los cautivos que hemos tomado,
que lo que hemos hecho, no es mas de haber bus-
cado tierra para nuestro señor dios *Vitzilopuchtli:* la
paga de nuestro trabajo, porque pusimos á peligro
nuestro cuerpo y nuestras cabezas, y la paga de nuestras vigilias y ayunos. Cuando lleguemos á nuestra tierra, será tiempo de usar los barbotes de ambar, y las
orejeras que se llaman *quetzalcoyolnacohtli*, y nuestros
báculos negros que se llaman *xaoactopilli*, y los aven-
taderos y ojeadores de moscas, las mantas ricas que
hemos de traer, y los maxtles preciados; solo esto
será nuestra paga, y la señal de nuestra valentía, y
ningunos otros de los mexicanos y mercaderes, usa-
rán de estas preséas, los cuales no se hallaron con
nosotros en los trabajos de esta conquista. Y como estos mercaderes estuvieron cuatro años en la
conquista de estas tierras, y en todos ellos nunca
se cortaron los cabellos, cuando llegaron á su tierra traíanlos hasta la cinta y mas abajo. Cuando el
señor de México que se llama *Avitzotzin*, oyó la fama de como venian dichos mercaderes que habian
ido á *Ayotlan*, y habian hecho esta hazaña, luego
mandó que los fuesen á recibir muy solemnemente.
Reciviéronlos muchos de los Sátrapas y otros ministros de los templos, y fueron tambien muchos de los
principales de México y de los nobles: los Sátrapas
llevaban incienso y otros perfumes que se usan para incensar; tambien llevaban caracoles que usaban
tañer en los templos, y talegas llenas de estos perfumes; y los principales y nobles llevaban sus xa-
quetas vestidas, las cuales se ponian para hacer sacrificios en los templos. Iban por el camino como
en procesion dos rencles, una de los sacerdotes, y

otra de los señores, y fuéronse á juntar con ellos en
el pueblo de *Acachinanco;* (a) y ya reunidos con
ellos, comenzaron á quemar incienso y otros perfumes, haciéndoles gran reverencia como antiguamente se usaba. Como hubieron hecho todas las ceremonias que desde la antiguedad se practicaban en su recibimiento, vinieron ordenados por todo el camino delante de ellos, y toda la gente comarcana del camino, los salia á mirar por gran maravilla. Cuando hubieron llegado á México ninguno se fué á su
casa, sino que pasaron derechos á la casa del señor *Avitzotzin.* Luego que entraron en el pátio de los
palacios, comenzaron á quemar muchos perfumes en
los fogones que para esto estaban hechos, á honra
de los dioses, donde el rey *Avitzotzin* los recibió
con grande honra, y los habló de esta manera: „¡Amados mios, mercaderes y tratantes! seais muy bien venidos, reposad y descansad." Luego los llevarón á la
sala de los mas eminentes varones y generosos, donde por su órden estaban sentados estos segun el merecimiento de sus hazañas; y como se hubo sentado el
señor *Avitzotzin,* luego los mercaderes pusieron á sus
pies todas las divisas que usaban sus cautivos en
la guerra. Habiendo hecho esto, comenzó uno de ellos
á hablar al rey diciendo así: „Señor nuestro, vive
muchos años: aquí en vuestra presencia hemos puesto el precio, porque tus tios los *Pochtecas* que estamos aquí, pusimos nuestras cabezas y vidas á riesgo, y trabajamos de noche y de dia; pues que aunque
nos llamamos mercaderes y lo parecemos, somos soldados que disimuladamente andamos á conquistar,
hemos trabajado y padecido mucho, por alcanzar estas cosas que no eran nuestras, sino que por guerra, y con mucho trabajo las adquirimos." [b] Oído esto

(a) Al sur de México, rumbo de S. Antonio Abad, donde tuvo Cortés su cuartel general en el sitio de esta capital.
[b] Las grandes conquistas se han hecho por medio del comer-

Tóm. II. 44

el señor, respondióles diciendo: „*Tios mios* (a) muchas penas habeis padecido, y muchos trabajos habeis pasado como valientes hombres: fué la voluntad de nuestro señor *Vitzilopuchtli* dios de la guerra, que salierais bien con lo que emprendisteis, y habeis vuelto sanos y vivos como ahora os veo. Paréceme por lo que habeis traido, que estas son las divisas de los enemigos que conquistasteis, por quien pusisteis á riesgo vuestras vidas, y vuestras cabezas: yo os hago merced de todo ello, para que solos vosotros lo useis porque lo merecisteis." Hecho esto, luego el rey les mandó dar muchas preséas, en señal del agradecimiento de las buenas obras: dióles muchas mantas de diversas maneras muy ricas, y muchos maxtles preciosos: dió tambien á cada uno una carga de mantas de *tochpanecaiotl*, y á cada uno una fanega de maíz, otra de frisoles, y cierta medida de *chian*. Estuvieron los *Pochtecas* en la conquista del pueblo de *Ayotlan*, donde se vieron cercados cuatro años; mas al cuarto vencieron, y desbarataron toda la gente fuerte y valiente de los enemigos, de los cuales traían divisas particulares. Cuando estaban en esta conquista, oyó el señor de México *Avitzotzin*, como quedaban cercados los mercaderes mexicanos en guerra contra los naturales, envió luego en su socorro á *Mocthecuzoma* [el primero] que aun no era rey sino general, el cual se llamaban *Tlacochculcatl*, con mucha gente, y yendo por el camino con ella, encontró con quien le dijo, que ya el pueblo de *Ayotlan* era vencido, y le habian tomado los *Pochtecas;* y tambien oyendo estos, como iba en su socorro, saliéronle al camino y dijéronle: „Señor *Tlacochcal—*

cio los comerciantes fenicios se apoderaron de España, y en nuestros dias los ingleses comerciantes han esclavisado la india; Veanse las memorias de Tipoc=Sayb, y leanse reflecsivamente.

(a) No estrañemos este tratamieto, sabiendo que el de los reyes de España á los grandes, es de *Primos.*

catl, vengais en hora buena, no es ménester que vayais mas adelante, porque ya la tierra está pacífica y no tenemos necesidad de socorro, porque nuestro señor *Vitzilopuchtli* la tiene en su poder, ya los mercaderes mexicanos han hecho su deber" oído esto *Tlacochcalcatl,* se volvió con ellos. Despues de esta conquista ha estado el campo seguro y libre para entrar á la provincia de *Anaoac,* sin que nadie lo impida, ni los *Tzapotecas,* ni los *Anaocas,* y los *quetzales* y plumas ricas, desde entónces se usan por acá; primeramente las trajeron los mercaderes ricos del *Tlaltelolco* y las usaron, y tambien el señor de México *Avitzotzin.* Los dichos mercaderes del *Tlaltelolco* se llaman tambien capitanes y soldados disimulados en hábito de mercaderes que andaban por todas partes, que cercaban y dan guerra á las provincias y pueblos. Quízoles señalar el señor *Avitzotzin* con bezotes de oro que tambien trajeron de la conquista, y que ellos solos los usasen y no otros, como mensageros del rey; y que las otras preséas que les dió que arriba se dijeron, solo ellos las usasen en las grandes fiestas, como era en la de *Tlacaxipeoalixtli* y otras semejantes, en las cuales se juntaban en México de todas las provincias comarcanas. Entónces sacaban aquellas divisas que era una ó dos veces en el año, cuando ya estaban juntas todas las personas principales de todos los pueblos comarcanos. En aquellas fiestas se acuchillaban los cautivos sobre la muela ó piedra redonda, como se dijo en el segundo libro. Este era teatro ó espectáculo, pues que venian todos á ver los cautivos que se mataban. Algunos de aquellos que acuchillaban, detenianse en la pelea defendiéndose, y daban que ver á los que los observaban, porque mostraban su fortaleza; otros de poco ánimo dejábanse luego matar, otros de los cautivos traíanlos consigo su dueño en el areyto: llevábanlos por los cabellos los mas principales, compuestos con las divisas arriba dichas, y estaban mirando desde las sombras ó casas donde estaban aposentados. Estos mercaderes eran ya como caballeros, y tenian divisas particulares por sus hazañas. Si se hacia alguna fiesta entre año, no se adornaban con aquellas divisas, sino con mantas de maguéy bien tejidas; pero la gente noble que se llama *pipilti*, en todas las fiestas del año se adornaba con sus mantas ricas, y con todos sus plumages; pero cuando no era fiesta sino de alguno en particular que la hacia en su casa, los nobles no se aderezaban con mantas ricas y plumages, sino con mantas de *ichtli* bien tejidas; mas aunque se ponian estas mantas, atábanlas de manera, que se pareciesen las mantas que debajo llevaban, en demostracion de su nobleza por fantasía. Cuando quiera que el señor de México queria enviar á los mercaderes, que eran capitanes y soldados disimulados á alguna provincia para que la atalayasen, llamábalos á su casa, y hablábales cerca de lo que queria se hiciese, y dábales 1600 *toldillos*, (a) que ellos llaman *quauhtli* para rescatar, y como los tomaban, llevábanlos á *Tlaltelolco*, y allí se juntaban así los mercaderes de México como los de *Tlaltelolco*, y se hablaban cerca del negocio que el rey les habia encomendado. Tratábanse con toda curiosidad y cortesia: despues de haberse comunicado, dividian entre sí los toldillos igualmente, los de *Tlaltelolco* ochocientos, y los de México otros ochocientos: con aquellos toldillos compraban mantas ricas, tanto para hombres como para mugeres, como está en la letra. Como habian empleado los toldillos que el señor los habia dado en las ropas dichas, compraban ellos otras muchas alhajas y atavios para su propio trato y rescate, así atavios de hombres como de mugeres; ya para principales, ya para comunes, como en la letra se cuenta. (a)

CAPITULO. III.

De las ceremonias que hacian los Mercaderes, cuando se partian á alguna parte á tratar.

Cuando los mercaderes querian partirse de sus casas para ír á sus tratos y mercaderías, primeramente buscaban el signo favorable para su par-

(a) Parece que en último resultado lo que dá de sí este capítulo es lo siguiente. Que grandes carabanas de mercaderes se reunian en Tlaltilolco juntamente con los mexicanos, los cuales en realidad eran soldados y procuraban penetrar con achaque de vender por los lugares mas remotos de este continente. Que el gobierno instruido de sus intenciones las apoyaba mandando fuerzas que los aucsiliasen para consumar sus conquistas, y que este fue el modo de estender los límites del imperio mexicano. No es estraña esta conduta ni desusada en el antiguo mundo, sobre todo en España donde con tal pretesto se entraron y penetraron los fenicios, hasta enseñorear aquella península. Posteriormente en estos últimos tiempos hemos visto á los ingleses abrise paso para la conquista de la india, donde como dice *Typoo-Saib* en sus memorias, habiendo pedido licencia para descargar sus buques porque necesitaban alijerarse y *carenarse: detras de las bardas* que formaron con sus carguíos aparecieron fortines muy bien construidos y guarnecidos con aquellos gruesos tubos infernales que despues de causar los espantosos estragos de la desolacion y de la muerte, redujeron á servidumbre á mas de treinta millones de hombres libres. ¡O americanos! que leccion tan terrible os presentan estas líneas!.... Mirad en muchos de los que os brindan con sus magnificas mercaderias unos hombres avidos de vuestro oro, que tras de aquellas preciosidades ocultan las cadenas conque vienen á ligaros, ya sean de hierro, ya sean las que forjan la molicie y placeres que traen de pueblos remotos que enervan nuestro valor, y nos nascotizan vergonzosamente.... ¡Ah! los cascabeles, tijeras y brujerias de Castilla conque se presentó en las costas de Veracruz Juan de Grijalba, y despues Cortés, fueron las primeras monedas conque vinieron á comprar nuestra antigua libertad.... Gobierno mexicano! abre los ojos, y mirate mucho en el permiso que otorgues á ciertos estrangeros en los puntos remotos de la república.... Tiende la vista sobre Californias, proteje ese establecimiento manantial seguro de riquezas y mira que tres natida; y habiendo tomado el que mejor les parecia para se partir, un dia antes de su marcha tresquilában-se los cabellos, y jabonábanse en sus casas para no se labar mas las cabezas hasta la vuelta, y todo el tiempo que tardaban en este camino, nunca mas se trasquilaban ni jabonaban las cabezas, solamente se lavaban los pescuezos cuando querian; pero nunca se bañaban. Todo el tiempo del viage se abstenian de labarse y bañarse, salvo el pezcuezo como está dicho, y llegando á la media noche de este dia en que se habian de partir, cortaban papeles como tenian costumbre para ofrecer al fuego, al cual llamaban *Xiuchtecuth:* la figura de los papeles que cortaban, tenianla de bandera, y atábanla en una asta teñida de vermellon. De que habian aparejado estos papeles de noche, pintábanlos con tinta de *ulli,* el cual derretian espetado en algun punzon largo de cobre, y como encendian el *ulli* comenzaba á gotear, y aquellas gotas echaban sobre el papel por cierta órden, de manera que hacian una cara de persona con su boca, narices y ojos, decian que esta era la cara del sol fuego. Despues de esto cortaban otro papel para ofrecer á *Tlaltecuth* para ceñirse á los pechos: tambien le pintaban con *ulli* una cara como arriba se dijo: despues de esto cortaban otros papeles para ofrecer á *Yiacatecuth* que es el dios de los mercaderes. Estos papeles atabanlos á un báculo de caña macisa por todo él, y este despues de empapelado le adoraban como dios, y cuando se partian los mercaderes á tratar, llevaban sus báculos y sus

ciones te lo asechan, y te lo sorben, si te descuidas en su fomento no condenes al desprecio estas observaciones resultado de la esperiencia de los siglos anteriores!!!. Esa provincia de Tejas me causa desvelos indecibles.,... Ojalá y la estreches de una nota me permitiera desarrollar muchas ideas sobre esta materia !ah! cuanto se abusa de nuestra infancia política! ¡Como se ha burlado de nosotros *Poinsett,* apoyado en el mas estupido de los presidentes *Victoria,* y de pésimos ministros yorquinos!

papeles pintados con *ulli* que era el atavio ú orna-
mento del báculo. Despues de los arriba dichos cortaban otros papeles para ofrecer á *Cecoatlvtlimelaoatl*
que es uno de los veinte caractéres ó signos de la
arte adivinatoria, y era cortado en cuatro tiras: pintaban figuras de culebras en los papeles, con tinta de
ulli con sus cabezas, ojos, bocas, lenguas, y su pescuezo de culebra. Despues de esto cortaban otros papeles para á los dioses llamados *Zacatzonili y Tla-
cotzontl* dioses del camino, y eran cortados á manera de mariposas, y goteados con gotas de *ulli.* Despues de aparejados todos estos papeles como está
dicho, luego á la media noche ofrecianlos. Los primeros ofrecian al fuego poniéndolos delante del hogar, y luego salian al medio del pátio de la casa, y
ponian ordenados los papeles que ofrecian al dios de
la tierra (*Tlaltecutli,*) luego los que eran dedicados á
los dioses del camino, y despues los de el dios de
los mercaderes: cubrian con ellos al báculo de la
caña macisa. Estos papeles nunca los quemaban, porque cobijaban al dicho báculo. Despues de haber ordenado su ofrenda como está dicho enmedio del pátio de la casa, luego se entraban dentro de ella, y
se ponian delante el fuego en pie, y descabezaban
algunas codornices á honrra del fuego. Habiendo ofrecido estas aves al fuego, luego se ensangrenta-
ban las orejas con unas lancetas de piedra negra
[obsidiana,] y algunos se sangraban tambien la lengua.
Cuando ya corria la sangre, tomábanla en la mano
y decian *teunappa*, y cuatro veces echaban sangre al
fuego, y luego goteaban los papeles que allí estaban
ofrecidos al fuego. Hecho esto, salían al pátio, y echaban de su sangre ácia el cielo poniéndola sobre la uña
del dedo; lo mismo ácia al oriente y cuatro vientos cardinales, echando cuatro veces sangre con el
dedo como está dicho. Despues de acabada de echar
la sangre ácia las partes ya dichas, salpicaban los pa-

peles que estaban ordenados en el pátio con sángre.
Ejecutada esta ceremonia, entrábanse otra vez dentro de la casa delante del fuego, y hablábale de esta manera. *Vive muchos años noble señor Tlalxicten-ticaenauhiotecatl* [estos son nombres del fuego que están en vocatibos] ó sea esta deprecacion. *Señor, rue-gos que recibais pacíficamente esta vuestra ofrenda, y per-donadme si en algo os he ofendido.* Pronunciadas estas palabras ponian los papeles que estaban dedicados al fuego sobre las brasas, y echaban copal blanco muy derecho, muy oloroso, muy limpio y muy puro, y metianlo debajo del papel para que luego se encendiese. Cuando estaba ardiendo el papel y copal, el que lo ofrecia, lo estaba mirando, y si veía que el papel humeaba y no ardía, tomaba mal pronóstico, y comenzaba á temer que algun mal le habia de venir, entendia que en el camino habia de enfermar: y si veía que luego se encendia, ardía y respendaba, holgábase mucho, porque de allí tomaba buen pronóstico y decía: *ya me ha hecho merced nuestro señor el fuego, y me ha dado á entender que será próspero mi viaje.* Despues de hecho esto, salia al pátio donde estaban ordenadas ofrendas, y tomaba cada una de ellas, y levantaba la primera como ofreciéndola ácia el oriente cuatro veces, y otras cuatro al occidente, y así á las otras partes del mundo: tomaba primero la ofrenda que estaba dedicada al dios *Tlacotzontli,* luego la que estaba dedicada al dios *Cecoatl,* esta la ponia sobre las otras. Despues de hecha la ofrenda á las cuatro partes del mundo con cada una como está dicho, tomábalas todas juntas, y las ponia en el fuego que habia encendido en el pátio, luego hacia un hoyo enmedio de aquel lugar, y allí enterraba las cenizas de los papeles que se habian quemado, asi dentro de casa, como fuera, y cogia la ceniza de tal manera, que no tomaba nada de la otra del fuego, ni tampoco alguna tierra del suelo.

Esto todo que se ha dicho se hacia á la media noche, y en amaneciendo, este que hacia esta ofrenda que era comun á todos los mercaderes cuando se partian, enviaba á llamar á los principales mercaderes, capitanes disimulados, y á los otros ricos comerciantes que trataban en comprar y vender esclavos, y tambien juntaba á los mancebos, á las viejas, y á las otras mugeres sus tias, y luego que todos estaban juntos, lavábanse las manos, y las bocas, y practicado esto ponian delante de cada uno comida. Concluido el acto de comer, todos lavábanse otra vez las manos y bocas, y luego les ponian delante sus jícaras de cacao y bebian: luego les ponian delante las cañas de humo para chupar; y el que los habia convidado, luego se sentaba delante de ellos, y comenzaba á hablar de esta manera: „Sea mucho en hora buena vuestra venida á esta mi pobre casa: quiero que oigais algunas palabras de mi boca, pues que sois mis padres y mis madres, haciendoos saber de mi partida; y para este propósito os he hecho llamar, y convidar para labaros las manos y bocas antes que deje este barrio y este pueblo, porque ya tengo compradas las cosas, con que voy á rescatar por los pueblos por donde fuere. Tengo compradas muchas nabajas de piedra, muchos cascabeles, muchas ahujas, grana y piedra de lumbre; por ventura me dará buena dicha el señor por quien vivimos, y que nos gobierna; esto es por lo que me despido de vosotros." Habiendo dicho estas palabras, respondianle los mercaderes principales de los barrios que son uno que se llama *Pochtlan*, otro *Aoachtlan*, y otro *Atlauhco* como está en la letra.

Cuando alguno hace convite ordénanse los convidados de esta manera en sus asientos; sientanse todos juntos á las paredes en sus petates é *ycpales*. A la mano derecha se sienta la gente mas

Tóm. II.   45

principal por sus grados, y orden de preeminencia
como son entre los mercaderes *pochtecatlatoque*, y á
la otra parte que es la mano ízquierda se asenta-
ban los que no son tan principales por los grados
y orden de su principalidad, como és entre los mercaderes de aquellos que llaman *Naoaloztomeca*. Las
estremidades de estas dos partes, ocupan los mancebos ordenados por su preeminencia: el que primero habla respondiendo á la plática que hizo el que
los convidó, es el principal que está en el asiento
de la mano derecha, y dice de esta manera. „Está
muy bien dicho lo que habeis referido, y en vuestra presencia hemos oído y entendido: deseamos los
que aquí estamos, que el camino que ahora quereis
comenzar sea próspero, y que ninguna cosa adver-
sa se os ofrezca en vuestro viaje; íd en paz y poco á poco, así por los llanos como por las cuestas: conviene empero, que vayais prevenido para lo
que quisiere hacer en vos nuestro señor, que gobierna los cielos y la tierra, aunque sea destruiros del
todo, matandoos con enfermedad ó de otra manera.
Rogamos desde luego á nuestro señor, que antes murais
en la prosecucion de vuestro viaje, que no que vol-
vais atrás, porque mas querriamos oír que vuestras
mantas y vuestros mastles estuviesen hechos pedazos por esos caminos, y derramados vuestros cabellos, para que de esto os quedase honrra y fama,
que no que volviendo atrás diésedes deshonra á nos
y á vos. Y si por ventura no permitiere nuestro señor que murais, sino que hagais vuestro viaje, tened por honra el comer sin chile y sin condimen-
to de sal el pan duro de muchos dias, el *apinolli* mal
hecho, y el maiz tostado y remojado. Guárdate hijo de ofender á nadie con tus palabras ó con tus
obras: sé con todos reverente y bien criado: mira
que si te ha dado Dios de los bienes de este mundo, no te altivezcas por eso, ni menosprecies á na-

die. Cuando te juntares con los que no conoces, ó con alguno de *Tenuchtitlan*, de *Quauhtitlan*, de *Azcapotzalco*, ó de *Vitzilopuchco* no los desprecies; háblalos, saludalos humildemente, y si Dios te llevare á los pueblos donde vas á tratar, sirve con humildad yendo por leña, barriendo la casa, haciendo fuego, regando, sacudiendo los petates, dando agua á manos, y haciendo todas las cosas que tocan á los servicios de los dioses, como és el hacer penitencia y traer ramos; sed diligente y curioso en todas las cosas de humildad: esto has oído y bástete, no quiero decir mas."

Los que hacian estos convites con que obsequiaban á los principales mercaderes y los demas barrios, eran personas de caudal, y mercaderes que ya tenian costilla para gastar con sus convidados; empero los que eran pobres que aun no tenian caudal, convidaban á solos los mercaderes de su barrio; pero el que habia de ír por capitan de la compañia de los que iban, no solamente convidaba á los de su barrio, sino tambien á los que habian de ír con él. Si algunos de estos eran nuevos en el oficio, ó eran mancebillos que nunca habian ido otro camino, y este era el primero en que echaban á mercadear, á estos mancebillos mercaderes noveles, sus padres y sus madres los encomendaban al capitan, rogándole mucho que mirasen por ellos como queda dicho en los libros de atrás, tratando de esta materia; y cuando ya se querian partir para ír su camino, primero se juntaban todos en la del mayoral que iba por capitan: tambien allí se juntaban todas las cargas de sus mercaderías, y las cosas que llevaban encomendadas para venderlas de los mercaderes viejos que se llaman *pochtecatlatoque*, pues ellos no iban en este viaje, sino que encomendaban sus mercaderías para que las vendiesen, y despues partian con ellos la ganancia cuando volvian. Tambien

encomendaban algunas mugeres tratantes sus mercaderías, para que hiciesen lo mismo. Todos pues juntos
se reunian en aquella casa, y disponian sus cargas,
y esperaban allí hasta que partiesen en su presencia.
Asímismo rejuntaban la provision para el camino, como pinolli y otras cosas, y todo lo ponian dentro de la casa de noche: acopiado ya todo lo
que se habia de cargar, hacian sus fardos con los
los cacaxtles, y daban á cada uno de estos que tenian alquilados, para que llevasen acuestas la carga
que tenian señalada, y de tal manera las compara-
ban que no eran muy pesadas, y llevaban igual peso; esto se hacia por la órden que daba el que iba
por capitan. A los que nuevamente iban á aprender aquel oficio que eran mancebillos, no los carga-
ban, sino mandábanlos que llevasen lo que se habia
de beber como *pinolli*, y las jícaras y meneadores ó
revolvedores, que eran la mayor parte hechos de con-
ehas de tortuga. Habiendo ya concertado todas las
cosas que habian de llevar á la noche, ponianlo todo en la canoa ó canoas, una, dos ó tres, que eran
para esto aparejadas, y colocadas ya todas las
cargas en las canoas, volviase el capitan á los viejos y viejas que allí estaban esperando su partida,
y deciales de esta manera. „Aquí estais presentes
señores y señoras, ancianos honrados, cuya ancianidad es tanta que apenas podeis andar, quedaos en
hora buena, ya nos vamos, porque hemos oído los
buenos consejos y avisos que teniais guardados en
vuestro pecho, para nuestra instruccion y doctrina;
palabras que con lágrimas las recibimos: ya con esto contentos y esforzados, dejamos nuestro *pueblo* y
nuestras casas, nuestros hijos y mugeres, á nuestros
padres, amigos y parientes, los cuales creemos no
nos echarán en olvido por estar ausentes:" luego los
viejos y viejas les respondian: „Hijos nuestros, está
muy bien lo que habeis dicho, íd en paz, deseamos

que ninguna cosa trabajosa se ofrezca: no os dé pena el cuidado de vuestras casas, y de vuestra hacienda, que acá harémos lo que debemos: ya os habemos dicho lo que nos cumple como á hijos, conque os habemos ecsortado, avisado, y castigado: mirad que no echéis en olvido las palabras, consejos,
y ecsortaciones, que vuestros padres y madres han
puesto en vuestro seno: mirad hijos, que esos mosuelos que van con vosotros, no tienen esperiencia aun de los trabajos de los caminos, que los habeis de llevar como por la mano, os servireis de ellos
para que donde llegáredes, os hagan asentaderos de
heno, y aparejen los lugares donde habeis de comer
y dormir con el mismo. Tambien tened gran cuidado de imponerlos en las cosas del servicio de los
dioses, que es el repartimiento de las noches, y las
vigilias de ellas, para que con toda diligencia, se
ejerciten en las mismas: no seais negligentes en imponerlos en toda buena crianza como conviene á los
mancebos.» Con esto se despedian de ellos del todo, y despues que habian acabado de hablar los unos
con los otros, luego se levantaban todos, y estaba
hecha una hoguera de fuego grande, cerca de la
cual estaba una jícara teñida de verde y llena de
copal, y cada uno de los que se iban su camino,
tomaba una porcion de él y lo echaba en el fuego,
y luego se entraban de rondon en la canoa; ninguno entraba entre las mugeres, ni se volvía á mirar
atras aunque alguna cosa se le hubiese olvidado en
casa, ni procuraba por ella, ni hablaba mas á los
que quedaban; ni ninguno de estos así de los viejos
como de las viejas mercaderes, se mudaban para ír
ácia donde iban ni siquiera un paso; y si alguno tornaba á mirar atrás, de aquellos que iban su camino, tomaban de ello mal agüero, y tenianlo por gran
pecado. De esta manera ya dicha, se partian los
mercaderes para ír á tratar á tierras lejanas.

352

CAPITULO IV.

De lo que hacian en llegando á donde iban.

Despues que los mercaderes llegaban á la provincia donde iban de *Anaoac* ó á otra, luego sacaban las mantas ricas, las enaguas y camisas preciosas de mugeres, que les habia dado el señor de México: estas las presentaban delante del señor, saludándole de su parte. Como recibian los señores de aquella provincia estos dones, luego ellos presentaban otros de otra manera, para que fuesen de su parte presentados al señor de México, y consistian en plumas ricas de diversas maneras y colores; entraban en la provincia de *Anaoac* no todos, sino aquellos que iban de parte del señor de México, con quien estaban aliados y confederados, que eran los *Tenochcas*, los *Tlaltelolcas*, los de *Vitzilopuchco*, los de *Azcapotzalco*, ó los de *Quauhtitlan*: todos estos iban acompañados los unos con los otros, é iban todos juntos hasta el pueblo de *Tochtepec*: en este pueblo se dividian, unos iban á *Anaoac Ayotlan*, y otros á *Anaoacxicalanco*. Los mercaderes de *Tlaltelolco* dividianse en dos partes, y los *Tenochcas* en otras dos; y los que acompañaban á estas parcialidades ó divisiones, eran los de *Vitzilopuchco* ó *Atzcapotzalco*, y de *Quauhtitlan*. Cuando ya iban á entrar en aquellas provincias, y que ya habian pasado de *Tochtepec*, todos iban á punto de guerra con sus rodelas y espadas como ellos las usaban, y con sus banderas, porque pasaban por tierra de guerra. En algunas partes recibian daño de los enemigos, y en otras cautivaban de ellos. De que llegaban á *Xicalanco*, daban el presente que llevaban de mantas, enaguas, vipiles, y maxtles muy labrados y ricos, á los principales.

Luego tambien los mercaderes sacaban las joyas de oro, y piedras que sabian que eran esti-

madas en aquella provincia, una de ellas era como
corona de oro, otra era como plancha del mismo
delgada, y flecsible, que se ceñian á la frente, y
otras de diferentes maneras: todas estas joyas eran.
para los señores. Llevaban tambien otras para las
señoras, que eran unos vasitos de oro, donde ponen el huso cuando hilan, otras eran oregeras de
oro, otras oregeras de cristal. Asímismo llevaban para la gente comun oregeras de la piedra negra que
llaman *itztli*, y otras de cobre muy lucidas y pulidas:
tambien llevaban navajas de piedra negra que se llama *itztli* para raer los cabellos, y otras nabajitas de
pantalla ó sutiles para sangrar. Tambien llevaban cascabeles como los usaban, y grana de tunas, y piedra de
lumbre, y *tochomitl* llevaban igualmente una cierta yerba
muy olorosa que llaman *tlacopatli* y otras que llaman
xochipatli. Los principales mercaderes que se llaman
Tealtianitecoanianie, llevaban esclavos para vender, hombres y muchachos, mugeres y muchachas, y ven-
dianlos en aquella provincia de *Xicalanco*; y cuando
los llevaban por la tierra de enemigos, conducinlos
vestidos con armas defensivas por que no se los matasen los enemigos que eran los de *Tehuantepec* y
los de *Tzaputlan*, y los de *Chiapanecatl*, por cuyos
términos iban. Cuando ya iban á entrar en la tierra de los enemigos enviaban aviso á los de la provincia á donde se dirijian, para que supiesen que llegaban, y les saliesen de paz; y yendo por la tierra de
los dichos iban de noche y no de dia. Como llegaban los mensageros á dar mandado á *Anaoac*, luego los señores salian á recibirlos, y tambien venian
aparejados de guerra con todas sus armas. y reci-
bianlos en medio del camino de los enemigos y de
allí los llevaban consigo hasta su tierra que es *Ana-*
oac Xicalanco. En llegando los mercaderes á la provincia de *Anaoac Xicalanco*, luego daban á los señores
lo que el de México los enviaba, y saludabanle de

354

su parte, y luego el señor ó señores de la misma
provincia del pueblo de *Xicalanco* y del pueblo de
Cimatecactl, y *Quatzaqualco* les daban grandes piedras
labradas verdes, y otros chalchivites labrados largos
y colorados, y otros que son esmeraldas, que ahora se llaman *quetzaliztli,* y otra manera de esmeraldas, y otras muchas piedras de varias maneras. Tambien les daban caracoles y abaniços colorados, y
amarillos, y paletas, cacao del mismo color, hechas
de conchas de Tortuga y otras pintadas como cuero
de Tigre, blanco y negro. Dabanles plumas ricas de
muchas maneras, y cueros labrados de bestias fieras, todas estas cosas traían los mercaderes de
aquella provincia de *Xicalanco* para el señor de México; y como volvian y llegaban á México, luego
lo presentaban al señor. De esta manera dicha,
hacian sus viajes los mercaderes de México que llamaban *Thcunenenque,* yendo á aquella tierra de *Ana-*
oac, que está cerca de enemigos de los Méxicanos. [a]
El señor de México queria mucho á estos mercaderes, tenianlos como á hijos, como á personas nobles,
y muy avisadas, y esforzadas. (b)

CAPITULO V.

De donde nació que los mercaderes se llamasen *Naoaloztomeca.*

La razon por que cierta parte de los mercaderes
se llamó *Naoaloztemeca,* es porque los mercaderes mexicanos entraban á tratar en aquella provincia disimulados, tomaban el traje, y el lenguage de la misma
provincia, y con esto trataban entre ellos, y sin ser

(a) Es decir en la Raya divisoria del gobierno antiguo de
Goatemala y México.
(b) Esto es tan cierto que por haber dado muerte á algunas,
México declaró la guerra á las Provincias dondo habian sido agraviados.

.conocidos por mexicanos. En esta provincia de *Tzinacantlan* se hace el ambar, y tambien plumas muy largas que llaman *quetzalli*, porque allí hay muchas aves de estas que llaman *quetzaltotolme*, especialmente en tiempo de verano que comen allí las bellotas. Tambien hay muchas aves que llaman *Xiuhtotome*, y otras que se llaman *chalchiuhtotome*, que vienen á comer el fruto de un árbol, que llaman *Xiuhtototl* las que no osan tocar con las manos, sino que rosan de presto heno verde para tomarlas, de manera que las manos no lleguen á la pluma, y si las toman con las manos desnudas luego la color de dicha pluma se deslaba, y se para como amortiguada de la color de azul claro deslabado. Hay tambien en aquella provincia muchos cueros muy preciosos de animales fieros. Estos mercaderes que se llamaban *Naoaloztomeca*, compraban estas cosas dichas, rescatabanlas con navajas de *itztli*, y con lancetas del mismo, con ahujas, y cascabeles, con grana y piedra álumbre, con almagre y unas madejas que se llaman *tochivitl*, hechas de pelos de conejos. Todas estas cosas tenian estos mercaderes *Naoaloztomeca* con que rescataban el ambar de que se hacen los besotes ricos, y otros que llamaban *tencolli*, los cuales usaban los hombres valientes por muestra de su valentia, que no temian la muerte ni la guerra, y eran muy diestros en el arte de pelear, y de cautibar. Rescataban con lo dicho, arriba tambien plumas ricas como *quetzales* y *xiuhtetotl*, y *chalchiuhtototli*, y si alguna vez les conocian á estos mercaderes mexicanos los naturales, luego los mataban, y así andaban con gran peligro precaucion y con gran miedo; y cuando ya venian, y salian de aquella provincia para regresar á su tierra, venian con sus mismos trages que entre aquella gente habian vestido; y en llegando á *Tochtepec* donde eran tenidos en mucho, allí dejaban aquel traje, y tomaban el mexicano. Tambien allí los daban

bezotes de ambar, orejeras, mantas de maguey, tejidas como tela de cedazo, y les daban aventade-
ros, ó moscaderos hechos de plumas ricas, y tambien les daban unos baculos adornados con unas
borlas de pluma amarilla de papagayos, con que
venian por el camino, hasta llegar á México. En
llegando á esta ciudad luego iban á ver á los principales mercaderes y daban relacion de toda la tierra que havian visto, estos que se llaman *Naoaloztomeca*, quienes habiendo oído la relacion de lo que
pasaba, iban luego á dar noticia al señor de México y le decian. „Señor nuestro lo que pasa en la provincia de *Tzinacatlan*, y lo que en ella hay es esto:
lo que traemos, y está en vuestra presencia, y esto
no lo hemos havido de valde, que las vidas de algunas *Naoaloztomeca* ha costado, pues murieron en
la demanda". Habiéndole contado por menudo todo lo
que pasó concluyendo decian. „Dé esta manera por favor
de nuestro señor dios *Vitzilopuchtli*, primero decubrieron
la provincia de *Anaoac*, y la pasearon, que estaba
toda llena de riquezas y esto secretamente como
espias que eran disimulados como Mercaderes". Despues que murió el señor de México que llama-
bau *Avitzotzin*, fué electo por Sr. *Mocthecuzoma*, que
era natural de *Tenochtitlan*, y este monarca guardaba las costumbres que tenian los Mercaderes, y
honraba particularmente á los principales, y á los
que trataban en esclavos, los ponia junto .sí, como á los generosos y capitanes de su corte, segun
lo havian hecho sus antepasados. Los senadores
que regian al *Tlaltelolco*, y los que regian á los mercaderes, estubieron muy conformes, muy amigos, y
hechos á una, y los señores mercaderes que regian
á los otros, tenian por su jurisdicion y su judicato-
ria, y si alguno de estos hacian algun delito, no los
llevaban delante de los senadores á que ellos los juz-
gasen; sino que estos mismos que eran señores de los

otros mercaderes juzgaban las causas de todos por si; si alguno incurria en pena de muerte ellos le sentenciaban, y mataban, ó en la carcel, ó en su casa, ó en otra parte segun que lo tenian de costumbre. (a) Cuando los consules se sentaban á la audiencia aderezábanse con atavios de gravedad, y de autoridad, ponianse barbotes de oro y de otras maneras: los señores que regian á los *Pochtecas* cuando juzgaban, componianse con los aderezos arriba dichos, los cuales eran tambien insignias de que eran valientes y de que habian ido á la provincia de *Anaoac* entre los enemigos. Tambien se componian de estos aderezos en las grandes fiestas, y los señores que regian los mercaderes tenian cuidado de arreglar el tianguiz, y todos los que en el compraban y vendian, para que ninguno agraviase á otro, y á los que delinquian en el tianguiz, ellos los castigaban, y ponian los precios de todas las cosas; y cuando alguna vez el señor de México, mandaba á los mercaderes, y disimulados, que fuesen á alguna provincia, si allá los prendian, y los mataban sin dar buena respuesta, y buen recibimiento á los que iban como mensageros del señor de México sino que los prendian, y mataban, luego el señor de México hacia gente para ir de guerra sobre aquella provincia, y en el ejército que iban, los mercaderes eran capitanes y oficiales del mismo ejército elegidos por los señores que regian á los mercaderes. Ellos daban el cargo á los que iban, y los instruían de lo que habian de hacer: elegian tambien el capitan general á uno de los principamercaderes que se llamaba *quappoiabaltzin*. Por mandado de este se hacia gente para la guerra en México, y en *Tezcoco, Vexotla, Coatlinchan, Chalco, Vitxilopuchco, Azcapotzalco, Quauhtitlan,* y *Otumba.* De todos

(a) Hé aqui un fuero mercantil, y señal de la proteccion que se dispensaba al comercio.

estos lugares dichos se recogia le gente para ir á esta guerra, que tocaba á los mercaderes. Yendo por los caminos, al pueblo que llegaban los del *Tlatilulco* todos se aposentaban en una casa, y ninguno faltaba; y si alguno forzaba á alguna muger, los mismos principales de *Tlatilulco* se juntaban, y le sentenciaban, y asi le mataban; si alguno de los *Pochtecas* del *Tlatilulco* enfermaba, y moria, no le enterraban, sino sino ponianle en un *cacastle*, como suelen componer los difuntos con su barbote, y teñianle los ojos de negro, y de colorado el rededor de la boca, y ponianle unas bandas blancas por el cuerpo, y unas tiras anchas de papel, á manera de estola, como se la pone el diácono desde el hombro al sobaco. Habiéndole compueto así, ponianle en un *cacaxtle* y atabanle en el muy bien, llevabanle á lo alto de algun monte y ponian el *cacaxtle* levantado arrimado á un palo, hincado en tierra, y allí se consumia aquel cuerpo, y decian que no moria, sino que se habia ido al cielo donde está el Sol: lo mismo decian de todos los que morian en la guerra, á saber que se havia ido á donde está el Sol.

CAPITULO VI,

De la ceremonia que se hacia á los mercaderes, cuando llegaban á la casa que se llama lavatorio de pies.

Cuando los mercaderes venian de mercadear de otras provincias á su casa, no entraban de dia en el pueblo ni en ella, sino ya de noche, y aun esperaban el signo próspero, como es el de *cecalli*, ó *chicomecalli*. Tenian por próspero signo á este *cecalli* ó á una casa, porque decian que las cosas que traían entraban en casa de tal manera, que allí habian de perseverar por ser cosas de Dios; y luego la misma noche iban á vér á su principal debajo de cuyo regimiento estaban. Ibanle á hacer saber como habian llegado sanos y vivos, y decianle de esta manera: „Singular varon, esteis mucho en hora buena: sabed que somos venidos con salud y vida." Despues que habia hablado á aquel deciales: á la mañana iré á vér á nuestros padres y madres los mercaderes viejos, irán á beber un poco de cacao á mi pobre casa, donde estaré hasta que nuestro señor me llame vivo. El principal les respondia: seais muy bien venidos amigos mios, ya habeis hecho placer á vuestros padres y madres los mercaderes antiguos: ellos os hablarán mañana, idoos ahora á descanzar. Habiendo este mercader hablado á su principal y á los otros mercaderes, y convidadolos la noche precedente al convite, á la mitad de ella, cortaba papeles para ofrecer en agradecimiento de que les habian ayudado los dioses, para que fuese su viage próspero, cortaban los papeles que eran menester para el fuego, y los que se necesitaban para *Yiacatecutli* dios de los mercaderes: despues de cortarlos, ofrecialos á la media noche á estos dioses en hacimiento de gracias: Habiendo hecho esto, luego daba órden en la comida que habia menester, como eran gallinas, empanadas, y pastelejos de la misma, y tambien ésta cocida con maíz, que ellos llaman *totollaolli*, y procuraban que se hiciese muy buen cacao, mezclado con especias que se llama *teunacaztli*, y los mercaderes convidados luego iban á la casa del convite [que solían tañer á aquella hora los Sátrapas como ahora se tañe á la madrugada ó á hora de prima.] En habiéndose juntado los mercaderes así hombres como mugeres, y los parientes del mismo que hacia el convite, daban luego agua á manos, lavábanselas y las bocas, y luego salia la comida: iba delante de todo la ofrenda ó comida del dios *Xiuhtecutli* y ponianla muy ordenada delante del ho-

gar, y consistia en cabezas de gallinas en cajetes
con su *molli:* luego ponian comida delante de la imágen *Ytacatecutli* dios de los mercaderes, y en acabando de dar tales ofrendas á estos dioses, luego
daban comida á los convidados, y ya concluida,
tornaban á labar las manos y las bocas: luego salían por su órden las jícaras de cacao que llamaban *teutecomatl,* de las que ponian una delante del dios
del fuego, y otra delante del dios de los mercaderes,
y daban luego á todos los convidados á cada uno su
teutecomatl; á la postre daban cañas de humo para
chupar, y en acabando de comer y de beber, estaba cada uno en su lugar sentado, esperando lo que
les habia de dar el que los convidó, que llaman ellos,
quien vive chiva, que quiere decir: *don de viejo venerable.* Daban á los principales á cada uno dos teco-
mates que se llaman *aiotectli,* y á los demás daban
á cada uno doscientas almendras de cacao, y cien
granos de aquella especie que llaman *teunacaztli,* y
una paleta de tortuga conque se revuelve el cacao;
de esta manera hacian todos los mercaderes cuando venian de lejas: luego se ponia delante de sus
convidados un mercader, y les hablaba de esta manera: „Aquí estais presentes señores, sabed que fuí
á ejecutar mi oficio de mercader con las cargas, báculos, y cacaxtles: he vuelto, y hame guardado nuestro señor todo poderoso de la muerte; por ventura
hice algunas ofensas ó injurias á mis prójimos, (a)
esto algun tiempo lo oireis y sabreis, porque tengo
muchas faltas y pecados: he sido digno de vér otra
vez vuestras caras como ahora lo veis: he venido
otra vez á juntarme con mis parientes, tios y tias,

(a) Esta confesion se asemeja á la que hacian los mercaderes
Romanos á Mercurio de las mentiras que decian al vender sus
efectos, y para limpiase de tal mancilla, tomaban un baño lustral
de que hablan las antiguedades Romanas vease por *Maymó y
Ribés* en la Historia de las leyes de las doce Tablas.

sobrinos y sobrinas; por ventura el señor todopoderoso tendrá por bien de me matar entre ellos, mañana ó esotro dia; esto es señores lo que habeis
oído." Luego los que estaban presentes le respondian de esta manera: „Aquí estás hijo: á tu presencia hemos comido y bebido el fruto de tus trabajos que has padecido, andando por los montes y los
valles, y tambien el fruto de tus suspiros y lloros,
que presentaste delante el señor todopoderoso. Hemos
aquí recibido lo que has derramado de la misericordia que Dios contigo hace, en darte los bienes temporales que has traido, aunque nos has dado de comer y beber ¿cerrarnos has la boca por ventura? ¿por
ventura por esto te temerémos? ¿acaso con esto nos
impedirás de hablar para que no digámos como padres la doctrina que debemos dar á nuestros hijos?
queremos saber de donde hubiste la comida y bebida que nos diste: ¿acaso has robado ó hurtado en alguna parte lo que tragiste, ó tal vez eres jugador de pelota, ó engañaste á algunas mugercillas,
ó por ventura has tomado lo suyo á su dueño? ¿la comida y bebida que nos has dado, no es ganada limpiamente? si por ventura tiene revuelta alguna suciedad, polvo ó estiercol, no lo sabemos, ignorámos
si tal cosa has hecho, si te has despeñado y arrojado en alguna grande barranca, ó precipitado
de algun muy alto risco, y si esto así pasa, ningun merecimiento habrás de lo que has hecho. Aquí
has recibido la doctrina que los padres deben dar
á sus hijos, que son reprehenciones, castigos duros
y ásperos, que punzan y llagan lo interior del corazon y de las entrañas, y son estas reprehenciones
los azotes y hortigas conque castiga nuestro señor
dios:" Despues de haber dicho estas palabras y reprehension, que son como pedradas y palos, [a] á la

(a) Los indios llevan á puro efecto la mácsima española que
dice.... *Aquel te quiere que te hace llorar.*

postre le consuelan y le saludan con lágrimas, y le
vedan la soberbia y altivez, y que no se atribuya
á sí lo que ganó, sino á la misericordia de Dios,
que le dió la hacienda que trajo, que son plnmas
ricas, piedras preciosas, y todas las demas cosas que
habia traido. Con estas palabras los mercaderes viejos, provocaban á lágrimas y humildad á estos tratantes que venian prósperos, para que no menospre-
ciasen las mercedes de Dios; y aquel que oía estas
palabras duras no se enojaba de oírlas, mas antes se hu-
millaba y agradecia aquella buena obra, y respondia con lágrimas: „Señores mios, tengo en gran merced la misericordia que se me ha hecho con esta
correccion: heos dado pena y congoja, ¿quien soy yo
para que se me hayan abierto los tesoros de vuestras entrañas? ¿por ventura como soy pobre olvidaré y perderé estas palabras mas divinas que humanas? quizá no las tendré en aquella estimacion que
debiera y ellas merecen? descanzad y reposad.

Estas palabras de los viejos y viejas, eran tenidas en mucho de los mancebos á quienes se decian,
guardábanlas como tesoro en su corazon sin perder
ninguna de ellas, y los viejos y viejas, decianlas á
aquellos mercaderes mozos, que traían ganado de su
trato algun caudal, y holgaban de oírlas, y para esto los convidaban y decian á los de su casa: „Señores ó señoras: nuestro señor me ha dado de sus
bienes, quizá por esta ocasion me he ensoberbeci-
do y he menospreciado á mis prójimos: quiero oír
las buenas doctrinas y consejos de los viejos, llámen-
se y vengan:" de esta manera hablaban los mozos
bien criados y bien doctrinados, y para que los viejos diesen estos consejos y doctrina como arriba se
dijo, convidábanlos como está dicho, y con esto el
oficio de los mercaderes era muy honrado y ninguno de ellos era vicioso: tenian y guardaban en mucho las doctrinas y consejos de los viejos.

Ya arriba se dijo de la manera que volvian de los largos caminos de sus tratos, y por los que transitaban, no venian sin hacer muchas ofrendas y sacrificios, donde quiera que hallaban oratorios de los ídolos, hasta llegar al pueblo de *Ytziucan,* allí paraban, y miraban el signo próspero para entrar en su tierra, y llegado éste que era próspero, ó cerca de él, partian de prisa para venir á sus casas, y entrar durante el signo. Entraban en ellas de noche y secretamente, y nadie veía lo que traían porque lo cubrian mucho, tampoco iban derechos á sus casas, sino entrábanse derechos en la de algun tio ó tia, de su hermana ó de algun otro de quien se confiaban que tendría secreto, por que era humilde, callado y cuerdo, y que no tomaba lo ageno. Allí en aquella casa los barqueros ponian de presto lo que traían, y se volvian de noche á sus casas, de modo que en amaneciendo no habia rastro ni señal de nada, y el mercader dueño de aquella hacienda, no confesaba ni decia que aquella fuese suya; mas antes por el contrario decia á los de la casa, esta carga guardadla que no es mia, no penseis que como propia os la doy á guardar, que es de los señores mercaderes principales, ellos me lo encomendaron, que lo tragese aquí: y por los pueblos por donde paraban en todo el camino, ora fuese en *Toctepec* ó en *Anaoac,* ó *Xoconochco,* y en todos los pueblos que entraban, no decian que aquella hacienda fuese suya, antes decian. „Esta hacienda, que traigo no me pertenece és de nuestros padres y madres, que son los mercaderes: ni menos se levantaban á mayores con sus haciendas, antes se abajaban y humillaban: no deseaban ser tenidos por ricos, ni que su fama fuese tal; sino que andaban humildes é inclinados: no deseaban honra ni fama, andabanse por aí con una manta rota, pues temian mucho á la fama, y á la honra por que como se dijo arriba, el señor de México queria mucho á los Mercaderes, y tratantes, que comer-

ciaban en esclavos, como á sus hijos. Cuando se
altivezcian, y desvanecian con el favor y honrra de
las riquezas, el señor entristeciase, y perdiales el
amor, y buscabales algunas ocasiones falsas aunque
aparentes para abatirlos y matarlos sin culpa, á
veces por odio de su altivez y soberbia, y con las
haciendas de ellos, proveía á los soldados viejos de
su córte que se llamaban *quachichicti* y otros, y con
aquellos sustentaba su fausto y su pompa.

CAPITULO VII.

Del modo que tenian los mercaderes en hacer banquetes.

Cuando algúno de los mercaderes y tratantes
tenia ya caudal y presumia de ser rico, hacia una
fiesta ó banquete á todos los mercaderes principales y señores, porque tenia por cosa de menos valer, morirse sin hacer algun espléndido gasto, para
dar lustre á su persona, gracias á los dioses que se
lo habian dado, y contento á sus parientes y amigos, en especial á los principales que regian á todos los mercaderes. Con este propósito comenzaba
á comprar todo lo necesario que se habia de gastar en la fiesta que tenia intento de hacer, y despues de haber comprado y juntado todo lo necesario, luego daba noticia de este banquete á sus parientes, y á todos aquellos que le habian de ayudar
con sus personas á hacerlo, y á los cantores y dan-
zadores del areyto, y buscaba el signo ó casa del
mas próspero para en aquel dia hacer la fiesta
y ejercitar el convite: disponianse y aparejábanse
antiguamente los que habian de hacer la fiesta de la manera que en los libros de atrás está dicho, escogiendo las personas necesarias para repar-
tir las flores, comida, bebida y cañas de humo, recibir y aposentar á los convidados de la manera que

tambien queda dicho, y distribuían á los servidores los oficios que habian de tener en el servicio de las viandas, á los que eran mas avisados y discretos, para que se hiciesen todas las ceremonias, sin que hubiese falta en la etiqueta como ellos usaban; todo lo cual está dicho atrás.

CAPITULO VIII.

De las ceremonias que hacia el que daba el banquete, cuando comenzaban los cantores el areyto, y lo que hacian en toda la noche.

Al tiempo de comenzar el areyto, antes de todo, ofrecian flores y otras cosas al dios *Vitzilopuchtli* en su oratorio, en un plato grande de madera pintado, (a) y despues ofrecian en otras capillas de los ídolos, y á la postre ponian flores en el oratorio del que hacia la fiesta, y delante del atambor y teponaztli, y juntamente dos platos en que colocaban las cañas de perfumes ardiendo, esto era á la media noche. Habiendo ya ofrecido flores en las partes ya dichas, comenzaban el cantar; lo primero era silbar metiendo el dedo menor doblado en la boca: en oyendo estos silbos los de la casa, luego suspiraban y gustaban la tierra, tocando con el dedo en el suelo y en la boca. Oyendo los silbos decian: *Sonado há nuestro señor*, y luego tomaban un incensario como cazo, y cogian brasas del fuego con él, y echaban en ellas copal blanco muy limpio y muy oloroso: decian que era su suerte, y luego salia al pátio de la casa un Sátrapa, y un sacristanejo: llevábale unas codornices, y llegando donde estaba el

(a) Llamanles en Oaxaca *Xicalpeztli*, en Veracruz son de cedro de una pieza, y algunos de estraordinaria magnitud, que bien dán idea de la proceridad de los árboles de que se cortaron semejantes trozos.

atambor, luego ponian el incensario delante de él, y descabezaba luego una codorniz y echábala en el suelo, y allí andaba reboleando, y miraba á que parte iba; si iba volteando ácia el norte que es la mano derecha de la tierra, tomaba mal agüero y decia esto el dueño de casa, *enfermare ó moriré*; si la codorniz volteando iba ácia el occidente ó ácia la mano izquierda de la tierra que es el mediodia, alegrábase y decia, *pacífico está Dios, no tiene enojo contra mí*. Despues de hecho esto, tomaba el incensario, y poniase frontero del atambor, y levantaba el incensario ácia el oriente, y luego se volvia ácia el occidente, é incensaba ácia aquella parte otras cuatro veces, luego se volvía ácia el mediodia y ácia el norte, y hacia lo propio. Habiendo hecho esto, echaba las brasas del incensario en el hogar ó fogon alto, y luego salian los que habian de hacer el areyto, y comenzaban á cantar y bailar. Salia primero el *tlacatecatl*, y luego tras él todos los soldados que se llaman *quaquachicti*, y los que llaman *otomí*, y los que llaman *tequivaque* que son como soldados viejos; empero los señores mercaderes y los otros no bailaban, sino estaban en sus aposentos mirando, porque ellos eran los autores del convite, y los mercaderes viejos recibian á los que venian, y dábanlos flores á cada uno segun su manera, con diversas maneras y hechuras los ramilletes de ellas. La primera cosa que se comia en el convite, eran unos honguillos negros que ellos llaman *nanacatl*, que emborrachan y hacen vér visiones, y aun provocan á lujuria; esto comian antes de amanecer, y tambien bebian cacao antes del alba. Aquellos honguillos los comian con miel, y cuando ya se comenzaban á escalentar con ellos, comenzaban á bailar, algunos cantaban, otros lloraban porque ya estaban borrachos con los honguilios, y algunos no querian cantar, sino sentábanse en sus aposentos, y estábanse allí co-

.mo pensativos: algunos veían en vision que se morian y lloraban; otros veían que los comia alguna bestia fiera: otros que cautivaban en la guerra: otros que habian de ser ricos: otros que habian de tener muchos esclavos: otros que habian de adulterar, y les habian de hacer tortilla la cabeza por este caso: otros que habian de hurtar algo por lo cual los habian de matar, y otras muchas visiones que veían. Despues que habia pasado la borrachera de los honguillos, (a) hablaban los unos con los otros acerca de las visiones que habian visto. Cuando llegaba la media noche, el dueño de la casa que hacia el convite, ofrecia papeles goteados con *ulli*, con aquellas ceremonias que arriba se dijeron. Tambien bebian cacao andando bailando, una ó dos veces antes que amaneciese hasta la mañana, y cantaban algunos cantares, y la ofrenda que hacia el dueño de la casa con las ceremonias arríba dichas, y en acabándola de hacer, enterraba las cenizas y otras cosas en el medio del pátio, y decian cuando las enterraban: *„Aquí habemos plantado vitztliyietl, de aquí nacerá la comida y bebida de nuestros hijos y nietos, no se perderá"* querian decir que por virtud de aquella ofrenda, sus hijos y nietos habian de ser prósperos en este mundo.

CAPITULO IX.

De las ceremonias que hacian al romper el alba, y lo que hacian en saliendo el sol.

Cuando ya queria salir el alba, á la hora que sale el lucero, enterraban las cenizas del sacrificio, las flores, y las cañas de perfumes, porque celaban mucho que no las viese algun inficionado de algun vi-

(a) Igual nombre conservan aun en Oaxaca, son (Nanacates) muy sabrosos, pero necesitan escogerse pues los hay venenosos.

cio, conviene á saber algun amancebado ó ladron, adul-
tero, jugador, ó borracho, porque á todos estos los
tenian por polutos ó manchados, y no querian que
viesen enterrar las cenizas del sacrificio. Despues
que habian sepultádolas, comenzaban luego á cantar y á bailar con el atambor y con el teponaztli, y cantaban alguno de los cantares en saliendo el sol; luego daban comida á todos los convidados sin dejar ninguno en sus aposentos, y sus flores y perfumes: á la postre daban comida á los populares que tenian convidados viejos y viejas, y las
mugeres llevaban cada una un *chicuitl* mediano lleno de maíz, puesto en el hombro, esto era para tamales. En entrando en las casas donde suelen juntarse los convidados, que están cercadas de
un pátio como celdas, poniase cada uno en su aposento: estas mugeres yendo á la casa del convite,
iban de cinco en cinco, y de seis en seis, y entraban en la casa de las mugeres donde se hacia la
comida, y ponianse junto las puertas donde hacian
pan, y tenian allí el maíz que habian traido, y despues echábanlo sobre un petate y luego les daban
comida. Despues de haber comido, no les daban cacao sino *atulli*, repartíase en unas escudillas pintadas
de blanco. Estas mismas mugeres antes de esto, habian dado cada cual una manta de ixtli al que hacia la fiesta, para que comprase leña para la comida y para ayuda de costa. Esta era costumbre entre todos los que hacian banquetes, y tambien á los
que morian daban estas mantas, decian que para en-
volverlos, y las ponian encima del cuerpo como ofre-
cidas. Cuando comian cesaba el baile y el canto, y
por aquel dia no habia mas. Al siguiente comian, bebian, daban cañas de humo y flores; á estos que comian en éste, escogialos el dueño del convite de los mas amigos y mas parientes, y si ninguna cosa sobraba para el segundo dia, decian los

viejos que era señal de que no habia de merecer
ningun bien temporal por aquella fiesta, porque habia venido cabal para el primer dia el gasto, y ninguna cosa habia sobrado para el segundo; y si habia sobrado mucho de cañas, flores, comida, y bebida, de chiquihuites, cagetes, y vasos para beber, en aquello entendian los viejos que habia de hacer otros convites y decian: „Hanos hecho merced nuestro señor
dios, en que éste nuestro hijo que nos ha convidado, ha merecido el que hará otros banquetes andando el tiempo:" luego le llamaban y sentado delante
de ellos, comenzábanle á hablar segun su costumbre, amonestándole, aconsejándole, y reprehendiéndo-
le con aspereza: estas represiones decian que era
para alargarle la vida, y despues de haberlo bien ja-
bonado y humillado, decianle palabras blandas y amorosas de esta manera: „Aquí estás hijo nuestro: mientras que nuestro señor dios ha derramado su hacienda, no la has perdido cierto; mas antes lo han apro-
vechado en lo comido y bebido, algunos de tus padres y madres, los cuales llamaste á tu presencia y
á tu casa vinieron, y por esto mira que no te ensoberbezcas ni altivezcas: ¿te engreirás por esto? ¿ó
por ventura comenzarás á regalarte en comer, beber
y dormir? Entre tanto hijo no dejes los trabajos de
los caminos, de los tratos, y de traer acuestas las
cargas como de antes; mejor hijo te será que mueras en algun páramo ó en algunas montañas, ó al
pie de un árbol, ó junto de un risco, y allí estén
tus huesos derramados, tus cabellos esparcidos, tus
mantas rasgadas, y tu maxtle podrido, porque esta
es la pelea y valentia de nosotros los tratantes, y
por esta via hemos ganado mucha honra y riquezas que Dios nos ha dado á nosotros que somos tus
padres y tus madres; y si trabajando de ésta manera perseveras, aunque vayas muchas veces á lejas
partes, volverás próspero, verémos tu cara con gozo

y frecuentarémos tu casa. Persevera hijo en tu oficio de caminar: no tengas miedo á los tropezones del camino: hijo nuestro, nota bien lo que te hemos dicho, y con esto satisfacemos á lo que te debemos nosotros que somos tus padres y madres, y tómalo como por una rica manta conque te cubras."

CAPITULO X.

De otra manera de banquete que hacian los mercaderes mas costoso, en el cual mataban esclavos.

Los mercaderes hacian un banquete en que daban á comer carne humana, esto lo practicaban en la fiesta que se llama *panquetzaliztli.* Para esta compraban esclavos que se llamaban *tlaaltilzin* que quiere decir *lavados,* porque los lavaban y regalaban para que engordasen, y para que su carne fuese sabrosa cuando los hubiesen de matar y comer. Compraban estos esclavos en *Aztcapotzalco* porque allí habia feria de ellos, (a) y allí los vendian los que trataban en tan ruin mercaderia. Para venderlos aderezábanlos con buenos atavios, á los hombres con buenas mantas y maxtles, y sus cotaras muy buenas: ponianles sus bezotes de piedras preciosas, y sus orejeras de cuero hermosas con pinjantes, y cortábanles sus cabellos como suelen los capitanes cortárselos, y ponianlos sus sartales de flores, y sus rodelas en las manos, sus cañas de perfumes, que andaban chupando, y andaban bailando ó haciendo areyto de es-

(a) Quedó establecida la feria de esclavos en este pueblo, desde que *Netzahualcoyotl* recobró en él su trono de Tezcoco, matando con sus manos á su usurpador Maxtla, y haciendo vender allí por ignominia á cuantos soldados cautivo de su ejécito. *Atzcapotzalco,* por esta circunstancia era visto con horror, habia sido la capital de los tecpanecas que despues pasó á Tlacopan, ó sea Tacuba.

ta manera compuestos; y los que vendian mugeres tambien las ataviaban: vestianlas de muy buenos vipiles y ponianlas sus enaguas ricas, y cortábanles los cabellos por debajo de las orejas, una mano ó poco mas todo al rededor. El tratante que compraba y vendia los esclavos, alquilaba los cantores para que cantasen y tañesen el teponaztli para que bailasen y danzasen los esclavos en la plaza donde los vendian, y cada uno de estos tratantes ponia los suyos para que aparte bailasen. [a] Los que querian comprar esclavos para sacrificar y para comer, allí iban á mirarlos cuando andaban bailando y estaban compuestos, y al que veían que mejor cantaba, y mas sentidamente danzaba conforme al son, y que tenia buen gesto y buena disposicion, que no tenia tacha corporal, ni era corcobado, ni gordo demasiado, y que era proporcionado y bien hecho en su estatura, como se contentase de alguno hombre ó muger, luego hablaba al mercader sobre el precio del esclavo; y los que ni cantaban ni danzaban sentidamente, dábanlos por treinta mantas, y los que danzaban y cantaban sentidamente, y tenian buena disposicion, dábanlos por cuarenta quachtles ó mantas. Habiendo dado el precio que valia el esclavo, luego el mercader le quitaba todos los atavios conque estaba compuesto y poniales otros medianos [b] y así

(a) Esta relacion degrada á la miserable humanidad; pero lamentémonos acordándonos de que en la Habana y Nueva Orleans, hoy en el siglo 19 aun subsiste este mercado de hombres. En aquellos lugares son tratados como bestias... y el gobierno de los Estados Unidos del norte la echa de liberal. ¡Que risa! En setiembre de 1829 en la fiesta cívica de México, no se dió libertad á ningun esclavo *porque no se halló...* ¡Dichosa capital! ¡Felíz revolucion! El señor Caning ministro inglés, apoyo firmísimo de la independencia mexicana, antes de reconocerla estipuló que se habia de dar una ley que proscribiese entre nosotros la esclavitud, y lo consiguió... ¡Gloria á la dulce memoria de tal ministro!

(b) En la Habana registran hasta las partes mas vergonzosas á los negros para comprarlos... Allí gime la humanidad... aque-

á las mugeres en sus atavios, lo cual llevaban los que los compraban aparejado porque sabian que los habian de quitar el atavio conque estaban adornados: llegando á su casa el que los llevaba ya comprados, echábalos en la cárcel de noche, y de mañana sacábalos, y á las mugeres dábanlas recaudo para que hilasen, entre tanto que llegaba el tiempo de matarlas; á los hombres no les mandaban que hiciesen trabajo alguno. El que compraba esclavos ya tenia hechas unas casas nuevas tres ó cuatro, y hacia á estos que bailasen en los tlapancos cada dia, lo que ejecutaban con el que habia comprado los esclavos para hacer convite con ellos. Todo esto hacia despues de haber allegado todas las cosas necesarias para el convite, y de tenerlas guardadas en su casa, tanto las que habian de comer, como las que se habian de dar en dones á los convidados, como son mantas que se habian de gastar en el banquete hasta ochocientas ó mil mantas de muchas maneras, y maxtles cuatrocientos de los ricos, y otros muchos de los que no eran tales. Estas mantas y maxtles dichos eran para dar á los mas esforzados y valientes capitanes, á todos los cuales daba dones el que hacia el banquete. Habiendo obsequiado á todos los capitanes, luego daba tambien á los principales de los mercaderes que se llamaban *puchtecatiailotlac*, y á todos los que se llamaban *naoaloztomeca, y teyaoalovani*, y que trataban en esclavos. No á todos los *Puchtecas* se daban dones, sino escogianse los mas ricos, y despues de esto dabanlos á los mercaderes de los principales que habian venido al convite de otros pueblos que eran doce, y estos eran tratantes en esclavos y escogidos

llos ingenios de azucar son los teatros donde desarrolla la tirania su ferocidad... ¡Oh Isla infeliz! Espera una revolucion en que queden castigados tantos ultrajes! yo me estremezco cuando contemplo la suerte que se te prepara; la filosofia del siglo guia ya la espada vengadora.

entre muchos: despues de estos daban dones á las mugeres mercaderes y tratantes en esclavos á las que regalában enaguas y vipiles de muchas maneras. Todas estas cosas gastaba en donesel que hacia banquetes, y de todas ellas estaba provisto. Tambien se proveía de todo el maíz que se habia de gastar, que ponia en sus trojes, y todos los frisoles que eran menester, y tambien chian de muchas maneras: todo esto lo tenia acopiado, como provision para los que habian de servir en el convite para comer y beber. Tambien se proveían de muchas maneras de vasos para dar el atulli, y estaban abastecidos de chile en muchos fardos, de sal, de tomates, y de otras cosas compradas por mantas: juntamente se prevenia de las gallinas hasta ciento ú ochenta, y de perrillos para comer hasta en número de veinte ó cuarenta; la carne de estos perrillos iba revuelta con la de las gallinas. Cuando daban la comida ponian debajo la carne de los perrillos, y encima la de las gallinas para hacer bulto: demas de esto se proveía de cacao con veinte cargas, y de los palos ó paletas conque se revolvia, en cantidad hasta de dos mil ó cuatro mil: tambien se prevenia de cajetes para la comida, y de chiquivites y vasos para beber, y de todas las demas cosas necesarias. Despues que éste que hacia el convite habia aparejado todas las cosas como arriba está dicho, iba luego á *Tochtepec* donde hay gran cantidad de mercaderes y tratantes, y á todos los otros pueblos donde habia mercaderes, los cuales todos tenian sus posadas ó casas en México y en el *Tlaltelolco,* y los de todos los pueblos que están á la redonda de México ocho leguas, los cuales todos eran tratantes en las provincias remotas que están hasta *Tochtepec.* Los mercaderes de otros pueblos no entraban en la provincia de *Anaoac,* sino solo los mexicanos del *Tlaltelolco,* y sus compañeros que eran los de *Vitzilopuchco y de Quauhtitlan* &c, entraban en esta provincia de *Anaoae*, é iba á todos los pueblos á convidar para el banquete. (a)

CAPITULO XI.

De lo que pasaba cuando el que hacia el banquete, iba á convidar á los otos mercaderes á Tochtepec.

El que hacia el convite ó banquete para convidar á sus asistentes, primero iba á *Tochtepec*, llevaba consigo *tamemes* que llevaban las cargas acuestas, donde iba lo que habia de dar á los que habia de convidar que eran los mercaderes *tlaltelolcanos* que allí vivian. En entrando en el pueblo primeramente iba á visitar al dios de los mercaderes que se llamaba *Yiacatecutli*, luego barria su templo y hechaba petates delante de la imágen; despues desenvolvia la carga en que llevaba nuevos ornamentos para dicho dios, y desataba el manojo de báculos de los mercaderes que llevaba, y ponia delante de aquella imágen tantos báculos, cuantos esclavos habia de matar: si ponia dos báculos que llaman *utlatopilli*, era señal que habia de matar dos esclavos, un hombre y una muger, y si cuatro dos hombres y dos mugeres, y ponia los báculos mas escogidos que llevaba, todos juntos atados, cerca de la imágen de *Yiacatecutli*, y luego los componia con papeles que llevaban aproposito para esto. Tambien ponia delante de ellos un petate, y los colocaba encima del petate delante de los báculos, y los cubria con mantas con unas flocaduras de pluma puestas en las orillas: ponian tambien maxtles de cabos largos: tambien en el báculo que significaba la muger, ponia unas enaguas y un vipilli, todo esto lo ponian delante de la dicha imágen, para que en aquello conociesen que con

(a) Parece que estos tenian este comercio esclusivamente.

aquellos atavios, habia de componer á los esclavos que habia de matar, y con aquello significaba que el convite habia de ser muy precioso, y esto para provocar á los convidados. Despues que el sobre dicho hubo hecho la ofrenda delante del dios *Yiacatecutli*, iba luego á la casa de los mercaderes *tlaltilolcanos que en éste pueblo habitan*, y luego mandaba hacer comida y bebida: estando todo aprestado, llamaba á los mercaderes ricos y tratantes en esclavos: llamaba otrosi á todos los mercaderes que habitaban en los doce pueblos, los convidados venian á la media noche á la casa del convite, y estando ya todos juntos, dábanlos agua manos, y luego los servian la la comida y comian todos. Acabada la comida, otra vez lavaban las manos y la boca, y luego los ponian la bebida del cacao, y luego cañas de humo: despues de esto les daban mantas y flores y otras cosas, y terminado esto el que habia de hacer banquete, iba luego al pátio de la casa á hacer sacrificio, algun criado suyo que iba con él, llevaba las codornices tantas en número, cuantos esclavos habia de matar: poniase delante del hogar que para esto estaba aparejado, descabezaba á cada una, y arrojábala en el fuego, y ofrecia luego incienso ácia las cuatro partes del mundo. Despues de esto el que hacia el convite, sentábase delante de los que habian comidó, y á uno de los que sabian bien hablar rogábale que hablase por él á los que estaban presentes, el cual decia lo que se sigue: „Aquí estais juntos los señores y principales de los mercaderes, que habeis tomado trabajo y fatiga en venir á este lugar siendo las personas que sois: tú que eres fuerte y valiente, y que estás acostumbrado á los trabrajos de los caminos, por los cuales pones á riesgo tu vida y salud, atreviéndote sin temor á subir y descender por riscos, barrancas y montes, con fatigas y trabajos, buscando los regalos y delicadezas de nues-

tro señor dios; veis aquí el fruto de los trabajos de
pasar sierras y barrancas, y no es bien que quede
sin galardon, ni que se pierda el fruto de las cosas
ganadas y de sus riquezas nuestro señor dios; porque éste que aquí veis, quiere hacer algun servicio,
y mostrar agradecimiento al señor dios *Vitzilopuchtli*, matando algunos esclavos en su presencia, por
lo cual ha venido á convidaros; no hay otra cosa
que deciros mas de lo que habeis oído señores y
principales mercaderes." Habiendo oído esto los mercaderes y principales mexicanos y *tlaltelolcanos*, que
son señores de aquellos doce pueblos, respondian lo
que se sigue: „Señores nuestros mercaderes que estais aquí presentes, ya hemos oído y entendido lo
que venís á rogar con lágrimas y lloro: ya hemos
entendido el deseo de vuestros corazones, que lo habeis traido secreto y guardado desde allá donde venís, que es el fruto de los trabajos de éste señor
mercader que nos viene á convidar, esta es merced
que recibimos, y se nos hace por amor de nuestro
señor dios". Habiendo hecho esta diligencia en convidar á todos los mercaderes y señores, éste que
hacia el banquete despediase de la casa donde posaba, y tomando su báculo ataviado con borlas de
pluma rica, veniase para su tierra México, y *Tlaltelolco.*

CAPITULO XII.

*De lo que pasaba el que hacia el banquete con los mer-
caderes de su pueblo, despues que volvia de convidar.*

Habiendo reposado el que habia de hacer el
banquete, comenzaba á aparejar todo lo necesario
para los principales mercaderes, y para los que llamaban *Naoaloztomeca:* hacialo saber primeramente á
tres principales que eran los distinguidos mercaderos, y

que regian á los otros de su clase: á estos daban
comida, bebida, cañas de humo, mantas y maxtles
ricos, conforme á sus merecimientos: despues de haber hecho esto, sentábase delante de ellos y deciales: „Señores mios, aunque yo os sea prolijo y pesado, quieroos decir dos palabras y és, que tengo
propósito de vér la cara de nuestro señor dios *Vitzilopuchtli* haciéndole un pequeño servicio. Hame hecho merced nuestro señor de que he llegado con
un poco de hacienda que él me ha dado, quiérolo
gastar en alguna buena obra de su servicio: esto
hago saber á vuesas mercedes y no mas:" luego ellos
le respondian diciendo: „Honrado mancebo, aquí estás, en nuestra presencia: hemos oído lo que digis-
te, tenémonos por indignos de oír los secretos de
nuestro señor dios *Vitzilopuchtli*, que con lágrimas y
con suspiros has manifestado, y sabemos que no és
de un dia ni de dos, ni de uno ni de dos años este tu deseo y esta tu devocion, y por ser la cosa
en que te pones tan pesada, pensamos que has de
hacer algun niñería: mira que no eres suficiente para este servicio ni saldrás con él: mira que no nos
eches en verguenza á nos y á todos los mercaderes
yiaque, tecanime y tealtiani, quizá no has echado bien
la cuenta de lo que es menester, ni has aparejado
lo que se ha de gastar con tus convidados: veamos
lo que tienes dispuesto en tu casa, pues que somos
viejos conviene que nos lo muestres. Habiendo dicho esto los viejos, luego el mancebo que habia de
hacer el convite, les daba cuenta de todo lo que se
habia de gastar: habiéndose satisfecho los principales decíanle: „Mancebo honrado, hemos visto lo que
tienes aparejado para la fiesta de nuestro señor, comienza en buena hora, con diligencia, sin pereza ninguna, y con buen ánimo y esfuerzo: atiende mucho
en tus palabras, témplate mucho en lo que has de
decir, no dés cuenta á la gente vulgar, conversa

con todos como de ántes, esto és dé lo que te avi-
samos, porque has de dar comida en cuatro partes:
la una cuando de nuevo han de llegar tus convidados y les manifestares la fiesta que has de hacer:
la segunda cuando hicieres la ceremonia que se llama *tlaixnestia:* la tercera cuando los esclavos se ata-
viaren con' sus papeles y se hiciere la ceremonia que
se llama *teteualtia:* la cuarta cuando sacrificares á los
esclavos que han de morir, mira que para todas estas cosas no tomes á nadie lo suyo, de esto te avi-
samos." Habiendo oído esto el mancebo, decia á los
viejos y principales; „Muy ilustres señores, habeisme
hecho gran merced y gran misericordia en lo que
habeis dicho, no conviene por cierto que olvide yo
estas palabras, decidme todo lo que vuestro corazon
desea, y sea oída, publicada y notada, vuestra doctrina y vuestra ancianidad:" luego decian los viejos
á aquel mancebo: „Hijo, baste lo dicho, busquémos
entre los que tienen el árte de contar los dias, uno
que sea próspero. Luego enviaban á llamar á los que
usaban de ésta árte y ganaban de comer con él:
luego ellos miraban el dia convenible y hallándole
decian: tal dia será conveniente para esto, *cecalli* ó
umaxuchitl, ó *umeocomatli.* En uno de estos dias comenzaba su banquete el que habia de hacer esta
fiesta. Despues que los mercaderes viejos principales, habian dicho lo que convenia, despediánse del
mozo con éstas palabras: „Hijo mio, ya hemos vís-
to y entendido todo tu deseo y lo que pretendes, lo
cual con lágrimas nos has significado; avisámoste que
no te ensoberbezcas ni altibezcas, ni desprecies á
nadie: ten reverencia á los viejos y viejas aunque
sean pobres, y á la otra gente baja y pobre haz misericordia con ella; dáles que vistan y conque se cu-
bran, aunque sea lo que tu desechas: dáles de co-

mer y de beber, porque son imágenes de Dios, (a)
por esto te acrecentará este Señor los dias de la
vida si vivieres largos años: si no hicieres lo que te
aconsejamos, cegarás ó te tullirás, ó te pararás con-
trahecho, y esto tu mismo te lo buscarás, y Dios te
lo dará, porque sus ojos penetran las piedras y los
maderos, y no te podrás esconder de él; mira que
no desees la muger agena, comienza á vivir bien:
con esto que hemos dicho cumplimos contigo: no
mas."

CAPITULO XIII.

*De como se comenzaba el banquete ó fiesta, y de lo que
en él pasaba.*

Lo primero que hacia el que daba la fiesta
ó banquete, era preveer que se hiciesen muchos tamales en su casa, y daba el tamaño que habian de
tener: tambien se avenia con los que hacian tamales por los pueblos circunstantes, para que tragesen
de ellos y gallinas, á su casa para aquel dia; habiendo ya proveído de todo lo neccsario, enviaba á
llamar á los doce pueblos, para que se pusiesen el dia del
convite. Primeramente ataviaba y vestía á los esclavos que habian de morir, á los hombres de hombres,
y á las mugeres de mugeres, y ponialos orejeras de
cuero con sus pinjantes, y tambien bezotes corbos,
con unos papeles que se llaman *amapatlachtli*, en las
cuales estaban insertos unos *quetzales*, y estaban atados estos y los papeles con hilos colorados á las
orejeras, y ponianlos á las gargantas de los pies, unos
caracolitos mariscos, enseridos en unas tiras de cuero de tigre como calcuelas, los cuales caracolillos

(a) Estas consideraciones de caridad no tenian con los esclavos
¡Que contradiccion!

380

colgaban de éstas. Tambien les colgaban de las sienes un cuero amarillo pintado con tiras de oro, y tiras de turquezas entrepuestas las unas con las otras. En las estremidades de este cuero, colgaban unas abaneridas coloradas, entrepuestas unas piedras de espejo, y tambien unos cabellos entrepuestos á las abaneridas y á las dichas cuentas: [a] ataviados de la manera ya dicha, luego los hacian bailar ó hacer areyto sin cesar: siempre traían unos sartales de flores y unas guirnaldas de lo mismo; tambien traían sus rodelas de flores y sus cañas de humo, que andaban oliendo y chupando. De la misma manera ataviaban á las mugeres, las cuales traían atados los cabellos con unos cordones de algodon flojo, con muchos colores, torcidos con pluma blanca. Estando con sus atavios á la media noche, ponianlos en sus estrados de petates é icpales, luego les daban comida y bebida honrándolos mucho, ponianlos en el saguan de la puerta para que los viesen los convidados: esto es lo que se dijo arriba que se publicaba el convite: toda la noche comian y bebian los que que iban y venian á aquella casa. Despues de haber comido, bebido, y recibido cañas de humo y otros dones, salíanse é íbanse á sus casas: otro dia siguiente hacian lo mismo, y llamaban á este segundo dia *tlaixnexiia.* El tercero dia comian, bebian, y daban dones, de la misma manera: llamaban á este dia *tetevaltia,* porque entónces ponian á los esclavos que habian de morir, unas cabelleras hechas de pluma rica de muchos colores, que colgaba como cabello, y ponianlos unas orejeras de palo, pintadas de diversas colores, colgábanles de las narices unas piedras negras anchas, hechàs á manera de mariposa, y vestianles unas jaquetas que llegaban hasta los muslos, con unas orillas desiladas: estaban pintadas con azul

(a) Abanar ó *abaneridas,* parece que es palabra del verbo abanicar. Ignoro la rigorosa acepcion que le dá el padre Sahagun.

claro, y con tinta negra y colorada, y las pinturas eran cabezas de muertos, con huesos de los mismos puestos en cuadra, é iban ceñidos con unos ceñidores que se llamaban *xiuhtlalpilli*. Ponianlos en los hombros unas águilas de gabilanes que llamaban *tlomaitl,* estaban las álas revueltas con papel los cabos de ellas y asidos á la jaqueta; estaba aquel papel pintado de diversos colores revueltos con margagita, y de los codos arriba llevaban unas axorcas de una parte en uno de los brazos, que se llamaban *matacaxtli:* en la otra mano que es la izquierda, poniale en la muñeca uno como manípulo, y dábanles unas cotaras teñidas con negro revuelto con margagita, y tambien les daban entónces compañia que los guardasen de noche y de dia, hasta que los mataban: otras dos mugeres les daban para que los labasen las caras, que nunca los dejaban hasta que morian. Daban precio á estos sobre dichos porque los guardasen, y consistia en mantas y maxtles, y á las mugeres que les lavaban las caras, dábanles enaguas y vipiles, y componianlas con plumas coloradas, los piés, los brazos y la cara.

CAPITULO XIV.

De la bebida que daban á los esclavos para matarlos, y otras disposiciones que tomaban para su sacrificio.

La cuarta vez que llamaba á sus convidados el que hacia el banquete ó fiesta, era cuando habian de matar á sus esclavos: entónces un rato antes de que se pusiese el sol, los llevaban al templo de *Vitzilopuchtli,* adonde les daban á beber un brebage que se llama *teuvetli,* y despues que lo habian bebido los traían; ya iban muy borrachos como si hubieran bebido mucho pulcre, y no los volvian á la casa del señor del banquete, sino llevábanlos á una de las perrochas que se llamaban *pochtlan ó acxótlan*, allí los hacian velar toda la noche cantando y bailando, y al tiempo de la media noche cuando tañian á maitines, la gente del templo los ponia delante del fuego en un petate que estaba allí tendido: luego el señor del banquete les ataviaba con una jaqueta que llamaban *tcuxicolli*, de la manera que los esclavos estaban ataviados, y tambien se adornaba con unos papeles pintados, y con unas cotaras que se llamaban *pocolcactli*. Habiéndose de esta manera ataviado el que hacia la fiesta, apagaban el fuego, y á obscuras, daban á comer á los esclavos unas sopas de una masa que se llama *tzoalli* mojadas con miel, á cada uno de ellos cuatro bocados: cortaban estos bocados con unos cordeles de *ixtli*. Habiendo comido dichos bocados, luego los sacaban los cabellos de la corona de la cabeza; hecho esto, tocaban un instrumento que se llamaba *chichtli*, que decia *chich*, esta era señal para que los arrancasen los cabellos del medio de la cabeza en tocando el instrumento, y á cada uno de ellos tocaban, para cuando se los habian de arrancar, ya fuesen muchos ó pocos los esclavos. El que tañia el instrumento, andaba al derededor de ellos como bailando, y traía en la mano un vaso que se llamaba *quacaxitl*, allí le echaban los cabellos que arrancaban, y despues de concluida esta operacion luego daban grita dando con la mano en la boca como suelen. Luego se iba aquel que habia recibido los cabellos en la jícara, y al instante tomaba el incensario que se llamaba *telmaitl* con sus brasas, el que hacia el banquete, é incensaba ácia las cuatro partes del mundo en el pátio de la casa. En toda la noche los esclavos que habian de morir dormian, y en saliendo el alba, dábanlos á comer, y ellos por bien que los esforzasen á que comiesen, no podian hacerlo, y estaban muy pensativos y tristes, pensando en la muerte que luego habian de recibir, y esperando por momentos cuando entraria el mensagero de la *Parca,* que se llamaba *Paynalton;* este *Paynalton* era un dios prenuncio de la muerte de los que habian de sacrificar delante de los dioses. Primero llegaban corriendo al lugar donde estos habian de ser inmolados iba de *Tenochtitlan* á *Tlaltelolco,* y de allí pasaba por el barrio que se llama *Nonoalco y Popotlan:* de allí iba al lugar que se llama *Macatzintamalco,* y de allí á *Chapultepec;* luego de allí á *Macatlan,* y de allí iba por el camino que vá derecho á *Xoloco* que es junto á México, y luego entraba en *Tenochtitlan.* Cuando este *Paynalton* iba andando estas estaciones, llevaban á los esclavos que habian de morir al barrio de *coatlan,* donde estaba el lugar en que habian de pelear con cierta gente, que estaba aparejada para lidiar ellos; esto era en el pátio del templo que se dice *Vitzcalco.* (a) Como llegaban los esclavos aparejados de guerra, salian tambien los que habian de pelear con ellos de guerra, y comenzaban á batirse con estos muy deveras, los que eran mas valientes de aquellos que peleaban con los esclavos se llamaban *tlaamaviques,* y si aquestos cautivaban por fuerza de armas á alguno de los esclavos, en el mismo lugar daban por sentencia el precio que valía el esclavo, y habialo de pagar el mismo dueño de él que es el que hacia la fiesta, y dado el precio volvianle su esclavo, y si no tenia conque pagarle, despues de muerto comianle aquellos que lo habian cautivado en el lugar de *Vitzcalco.* Esta pelea pasaba entre tanto que el *Paynalton* andaba las estaciones arriba dichas. En llegando *Paynalton* á dicho lugar de *Vitzcalco,* luego ponian por su órden á los esclavos que habian de morir delante de la imágen de *Vitzilopuchtli,* en un lu-

(a) Tal vez esta palabra estará corrompida con la palabra que hoy se usa, que es una plaza donde se ejecutan los delincuentes. al oriente de México.

gar que se llamaba *Apetlac.* y luego hacian procesion por al rededor del *Cú* cuatro veces, y acabadas estas ponianlos otra vez en órden delante de *Vitzilopuchtli*, y el *Paynalton* subia al *Cú.* Subido allá éste, luego descendian unos papeles y los ponian en el lugar que se llama *Apetlac,* y tambien se llamaba *ytlaquaianvitzilopuchtli,* y levantábanlos ácia las cuatro partes del mundo como ofreciéndolos, y habiéndolos compuesto en el *Apetlac,* luego descendia un Sátrapa que venia metido dentro de una culebra de papel, el cual la traía como si ella viniera por sí, y traía en la boca unas plumas coloradas que parecian llamas de fuego que le salian por la boca. En llegando al *Apetlac* que es donde se acaban las gradas del *Cú,* estaba una mesa de un encalado grande, y de allí hasta el llano del pátio hay cuatro ó cinco gradas; á esta mesa llaman *apetlatl ó ytlaquaiauvitzilopuchtli,* estaba ácia la parte del oriente del *Cú,* y esta culebra el que venia en ella, hacia un acatamiento ácia el nacimiento del sol, y luego ácia las otras tres partes del mundo. concluida esta ceremonia, ponia la culebra sobre el papel que estaba tendido en la *petlac* ó mesa, y luego se ardía ó quemaba aquella culebra de papel que se llamaba *xiuhcoatl,* y el que la traía volviase á lo alto del *Cú.* Llegando arriba, luego comenzaban á tocar caracoles y trompetas los Sátrapas en lo alto del *Cú:* á esta hora el pátio de este *Cú* se veía lleno de gente que venian á mirar la fiesta, estaban sentados por todo el pátio, ninguno comia ni habian comido, porque todos ayunaban aquel dia, y no tomaban bocado hasta la puesta del sol, entónces comian, despues de acabadas todas las ceremonias dichas, antes de matar los esclavos. En todo esto el señor estaba sentado junto á una columna en un asiento de espaldas, y por estrado tenia un pellejo de tigre. Este sentadero estaba forrado de un pellejo de *cuetlaxtli,* y estaba mirando ácia lo alto del *Cú* de *Vitzilopuchtli*. Delante del señor estaba un árbol hecho á mano de cañas y palillos, todo forrado de plumas, y de le alto de él salian muchos *quetzales* que son plumas ricas, parecia que brotaban de un pomo de oro que estaba en lo alto del árbol: en lo bajo tenia éste, una flocadura de plumas ricas. Luego descendía el *Paynalton* y tomaba á todos los esclavos que habian de morir del *Apetlac*, y llevábalos por las gradas del *Cú* arriba, yendo él delante de ellos, para matalos en lo alto del *Cú* de *Vitzilopuchtli*, y los Sátrapas que los habian de matar, estaban aparejados todos, vestidos de unas jaquetas, y con unas mitras de plumaje, con unos papeles pegados que colgaban de ellas. Tenian almagradas las bocas, esto se decia *teutlavitl*, y cortaban los pechos con unos pedernales hechos á manera de hierros de lanzon muy agudos, engeridos en unos astiles cortos. Llegando el que habia de morir á sus manos, luego lo echaban de espaldas sobre un tajon de piedra, y tomábanle cuatro por las manos y por los pies tirando de él: tendido de este modo el pobre esclavo, venia luego el que tenia el pedernal ó lanzon, y metíasele por los pechos, sacábale por allí el corazon y poniale en una jícara: habiéndoselo sacado, arrojábanle por las gradas é iba el cuerpo rodando hasta abajo, donde estaba la mesa ó *apetlac* del *Cú*, y el dueño del esclavo ó cautivo, tomaba el cuerpo de su esclavo del *apetlac* él por sí mismo [nadie osaba tomar el cuerpo del esclavo ageno] y llevábale para su casa. La órden que tenian en matar á estos pobres esclavos y cautivos era, que primero subian á los cautivos, y primero los mataban: decian que era la cama de los otros que iban tras ellos; luego iban los esclavos, y despues los criados y regalados que eran *tlaaltilti*, é iban á la postre todos. El señor de ellos iba guiándolos, y todos estos subian al *Cú* con báculos compuestos con plumas ricas: si el señor del banquete ó de la fiesta tenia muger, subia tambien junto con su marido delante los esclavos al *Cú*, y llevaban dos báculos compuestos con plumas y *quetzales;* si este que hacia la fiesta no tenia muger, y solo tenia algun tio, éste subia con él, y llevaban los báculos como está dicho; si no tenia ni tio ni padre y solo tenia hijo, él subia, de suerte que uno de sus parientes mas cercanos subia con él: iban con sus báculos en las manos, y subiendo resollaban las manos, y ponian con ellas el resuello en las cabezas. Esto iban haciendo subiendo al *Cú* de *Vitzilopuchtli:* en llegando á lo alto, hacian prosecion al rededor del altar ó imágen una vez, y mirábanlos todos los que estaban abajo como la hacian, y luego se bajaban estos que eran señores de la fiesta, y llegando abajo aquellos que estaban ajornalados por ellos para que ayudasen, tomaban los esclavos ya muertos, y llevábanlos á su casa, yéndose con los dichos señores de la fiesta. En llegando, los mismos aderezaban el cuerpo que llamaban *tlaaltilli* y cosianle: primero cosian el maíz que habian de dar juntamente con la carne, y de ésta daban poca sobre el maíz puesta: ningun chile se mezclaba con la cocina ni con la carne, solamente sal: comian esta carne los que hacian el banquete y sus parientes. De esta manera dicha hacian tal funcion los mercaderes en la fiesta de *Panquetzaliztli,* y estos que la hacian todos los dias que vivian, guardaban los atavios de aquellos esclavos que habian muerto, teniéndolos en una petaca guardados, para memoria de aquella hazaña. Los adornos eran las mantas, maxtles y cotaras de los hombres, y las enaguas, vipiles, y los demas aderezos de las mugeres. Tambien los cabellos que habian arrancado de la coronilla de la cabeza estaban guardados con lo demas, en esta divina petaca; cuando moria éste que hacia el ban-

quete, la quemaban con los atavios que en ella estaban á sus ecsequias.

CAPITULO XV.

De los oficiales que labran oro.

En éste capítulo se comienza á tratar de los
oficiales que labran oro y plata. Los oficiales que
labran oro son de dos maneras, unos de ellos se llaman martilladores ó amajadores, porque estos labran
oro de martillo majándolo con piedras ó con mar-
tillos, para hacerlo delgado como papel: otros se llaman *tlatlaliani*, que quiere decir, que asientan el oro
ó alguna cosa en él, ó en la plata, estos son verdaderos oficiales ó por otro nombre se llaman *tul-
teca*; pero están divididos en dos partes, porque labran el oro cada uno de su manera. Tenian por
dios estos oficiales en tiempo de su idolatría, á un
dios que se llamaba *Totec:* hacian fiesta cada año
en el *Cú* que se decia *Yapico*, en el mes que se llamaba *Tlacaxipeoaliztli:* en esta fiesta dicha se deso-
llaban muchos cautivos, por cuya causa se llama *tlacaxipeoaliztli*, que quiere decir: *dezollamiento de personas.* Uno de los Sátrapas vestíase un pellejo de los
que habian quitado á los cautivos, y así vestido, era
imágen de éste dios *Totec.* A este vestido con el pellejo que habian quitado al cautivo que habian sacrificado, llamábanle *Totec*, y ponian sus ornamentos
muy preciosos: el uno de ellos era una corona hecha muy curiosamente de plumas ricas, y estas
mismas le servian de cabellera: ponianle en las narices una media luna de oro, encajada en la ternilla
que divide la una de la otra ventana. Poniánle tambien unas orejeras de oro: dábanle en la mano derecha un báculo que estaba hueco de dentro y tenia sonajas, el cual en moviéndolo para andar, las-

Tóm. II.   50

388

go estas hacian su son. Ponianle en la mano izquierda una rodela de oro, como las usaban los de *Anaoac:* ponianle tambien unas cotaras vermejas como almagradas: tenía pintado el cuello de las cotaras con pluma de codorniz sembradas por todo él. Llevaba por divisa y plumaje acuestas atado á las espaldas, tres banderillas de papel, que se movian como las daba el viento, haciendo un sonido de papel. Componianle tambien con unas enaguas hechas de pluma rica, que hacian unas vandas por todas ellas, que parecia como enverdugado: ponianle al cuello un joyel ancho de oro de martillo: aparejábanle sentaderos ó sillas en que se sentase, y estando sentado éste dios ó diosa, ó por mejor decir *diablo ó diableza,* ofrecianle una manera de tortas que llaman *vilocpalli* de maíz molido hechas sin coser; ofrecianle tambien manojuelos de mazorcas de maíz que apartan para semilla: asimismo le ofrecian las primicias de la fruta, y las primeras flores que nacian aquel año: con estas ofrendas le honraban. Yendo andando iba *haciendo* menéos de danza con gran pompa, moviendo la rodela y el báculo, haciéndolo sonar á propósito del baile que hacia: despues de todo hacian un ejercicio de guerra con este *Totec.* Todo lo que dice la letra, son las ceremonias que hacian en esta fiesta que se llama *tocoztontli.* Declárase en su lugar en el segundo libro, que trata de las fiestas que se hacian á los dioses, y allí se podrá vér.

CAPITULO XVI.

De la manera de labrar de los plateros.

La sentencia de éste capítulo no importa mucho ni para la fé, ni para las virtudes, porque es práctica meramente geométrica; si alguno para saber vocablos ó maneras de decir esquisitas, quisiere averiguarlo, podrá preguntar á los oficiales que tratan en este oficio, que en todas partes los hay. (a)

CAPITULO XVII.

De los oficiales que labran las piedras preciosas.

Los lapidarios que labran piedras preciosas, en tiempo de su idolatría adoraban cuatro dioses, ó por mejor decir diablos: el primero se llamaba *Chicunavitzcuintli*, el segundo *Naoalpilli*, el tercero *Macuilcalli*, y el cuarto *Cintcutl:* á todos estos tres dio-

(a) Este capítulo es uno de los que mas deberian estenderse, por lo mucho que interesa á nuestra curiosidad: hoy ignoramos como trabajaban el oro y los metales, y de qué instrumentos se valian los artífices; porque en el estado de rudeza en que vemos hoy á los Indios, nos parece cosa estraña y fabulosa hablar de esto, sobre todo de las grandes piezas de vaciadiso que hacian, y hoy no pueden igualar nuestros mejores plateros, á pesar de sus esquisitas herramientas; las antiguas se han perdido. Todos los gobiernos sábios procuran fomentar las ártes, pero el de los españoles se empeñó en destruir las que poseían los mexicanos. He visto acuerdo del Ayuntamiento de México en sus libros originales que tenia el sábio P. Pichardo de la Profesa, una providencia por la que se prohibió (enriendo que con pena de muerte) el que se labrasen piezas de oro y plata, pues todo se habia de fundir en tejos para mandar á España; hé aquí un golpe mortal para las ártes. Por otra parte la nacion cambió de costumbres con la conquista, y ya el laborío de la pluma y mosayco de ésta cesó de todo punto, y por tanto desapareció de éste suelo el árte de labrarla. Con respecto á la pintura sucedió lo mismo. Ostigados los Indios, ya hicieron entre sí un pacto de ocultar á los españoles los grandes seretos que poseian en este árte liberal, para estraer los colores de los sumes de yerbas, y tambien el de oro de mariposa. que hoy se admira en las imágenes de Ntra. Sra. de Guadalupe, y del santuario de *Texuquiqui* de PP. Franciscanos junto á Toluca. Atribuíase estas entre muchas causas, á la total decadencia y olvido de las bellas ártes que poseian los mexicanos, y no se niegue que las poseyeron. ¿Los Griegos de hoy son los del siglo de Pericles, ni los Romanos de Pio VIII los de Augusto? claro es que no, tál es el oleage de las naciones.

ses postreros hacian fiesta, cuando reinaba el signo
ó caracter que se llamaba *Chicunavitzcuintli* que és
muger, y por eso la pintan como tal: á esta atribuían los afeites de las mugeres, y para significacion de esto, la pintan con un báculo en la mano
derecha, y en la izquierda le ponen una rodela, en
la cual está figurado un pie. Tambien le ponian orejeras de oro, y de la ternilla de la nariz le colgaban una mariposa del mismo metal, y vestianla con
un vipil y camisa mugeríl, que era tegida de blanco y colorado, y lo mismo las enaguas: ponianle unas
cotaras tambien coloradas, con unas pinturas que las
hacia parecer almenadas. A todos estos cuatro daban sus imágenes ó sus títulos, para que muriesen á
su servicio el dia de su fiesta: al que llamaban *Naoalpilli*, ataviabanle y cortábanle los cabellos desigua-
les, mal cortados, espeluzados, y *crenchados*. [a] Ponianle en la frente una lámina de oro delgada como papel, unos sarcillos de oro en las orejas, en la mano
un báculo aderezado de plumas ricas, y en la *otra*
una rodela hecha como de red, y en cuatro partes
tenia plumas ricas mal puestas; tambien le vestian una
jaqueta tejida de blanco y colorado, con rapacejos
en el remate de abajo: ponianle unas cotaras coloradas. A el otro que llaman *Macuilcalli*, tambien le
componian como hombre los cabellos cortados por
medio de la cabeza como lomo que llaman *quachi-
chiquille*, y este lomo no era de cabellos sino de plumas ricas: ponianle en las sienes unas planchas de
oro delgado, un joyel colgado al cuello tambien de maris-
có redondo y ancho, en la mano un báculo compuesto con plumas ricas; en la otra mano una rodela con
unos círculos de colorado, unos dentro de otros, teñianle el cuerpo con vermellon y tambien le ponian
unas cotaras del mismo color. Al otro que se llamaba *Cinteutl* tambien le componian como á varon,

(a) Es decir, cabello dividido en dos mitades.

con una caratula. labrada, como mosayco, con unos rayos de lo mismo, que salian de la misma carátula: ponianle una xaqueta de tela teñida de azul claro; un joyel colgado al cuello de oro; colocábanlo en un tablado alto, de donde estaba mirando, el cual se llamaba *cincalli*, compuesto con cañas de maíz á manera de xacal. Adornábanle unas cotaras blancas, las ataduras de ellas de algodon flojo: dicen que á estos dioses atribuían el artificio de labrar las piedras preciosas, de hacer barbotes y orejeras de piedra negra, de cristal y de ambar, y otras blancas. Tambien atribuían á estos el labrar cuentas, ajorcas, sartalejos que traen en las muñecas, y toda la labor de piedras y chalchivites, y el ahugerar y pulir de todas las piedras: decian que estos las habian inventado, y por esto los honraban como dioses, y los hacian fiesta los oficiales viejos de este oficio, y todos los demas lapidarios. De noche decian sus cantares y hacian velar por su honra á los cautivos qué habian de morir, y se holgaban en su fiesta. Esto se hacia en *Xochimilco*, porque decian que los abuelos y antecesores de los lapidarios habian venido de aquel pueblo, y de allí tienen origen todos estos oficiales.

Síguese la manera que tenian los Lapidarios de labrar las piedras.

En esta letra se pone la manera que tenian los lapidarios en labrar las piedras: no se pone en romance, porque como es cosa muy usada y siempre se practica en los pueblos principales de esta Nueva España; quien quisiere entender los vocablos y esta manera de hablar, podralo tomar de los mismos oficiales. [a]

(a) Se ha perdido de todo punto este arte entre los indios, y por eso es lamentable esta falta de esplicacion que hoy daria materia para muchas observaciones á los curiosos y artistas.

CAPITULO XVIII.

De los oficiales que labran pluma, que hacen plumajes, y otras cosas de la misma.

Segun que los viejos antiguos dejaron por memoria de la etimologia de este bocablo *Amanteca*, és que los primeros pobladores de esta tierra, trajeron consigo á un dios que se llamaba *Ciotlinaoatl*, de las partes de donde vinieron, y siempre le adoraron: á estos llamaron *Yconipixoanimexiti*, que quiere decir: *los que primero pobluron que se llamaron mexiti* de donde vino este vocablo *México*. Estos de que asentaron en esta tierra, y se comenzaron á multiplicar, sus nietos é hijos, hicieron una estátua de madera labrada, y edificáronla un *Cú*, y el barrio donde se edificó llamáronle *Amantla*. En este barrio honrraban y ofrecian á este dios que llamaban *Coiotlinaoatl* y por razon del nombre del barrio que es *Amantla*, tomaron los vecinos de allí este nombre *Amanteca*. Los atavios y ornamentos conque componian á este dios en sus fiestas eran un pellejo de *coiotl* labrado: componianle estos *amantecas* vecinos de este barrio de *Amantla*. Aquel pellejo teñiase la cabeza de *coiotl* con una carátula de persona, y los colmillos de oro; tenia los dientes muy largos como punzones, en la mano un báculo con que se sustentaba, labrado con piedras negras de *iztli*, y con una rodela labrada de cañas macisas, que tenia por la orilla un cerco de azul claro: acuestas traía un cántaro ó jarro, de cuya boca salian muchos quetzales. Ponianle en las gargantas de los pies, unas calcuelas con muchos caracolitos blancos á manera de cascabeles: en los pies unas cotaras tejidas ó hechas de unas hojas de un árbol que llaman *iccotl*, porque cuando llegaron á esta tierra usaban aquellas cotaras. Componianle siempre con ellas, para dar á entender, que

ellos eran los primeros pobladores *Chichimecas*, que
habian poblado en esta tierra de México; y no solamente adoraban á este dios en este barrio de *Amantla*, pero tambien á otros siete ídolos, á los cuales
componian como varones, y á los dos como mugeres, pero este *Coiotlinaoatl* era el principal de todos. El
segundo de él se llamaba *Tizaba*, el tercero *Maçui-
locelutl*, el cuarto *Macuiltochtli:* en el quinto lugar se
ponian á las dos mugeres, la una se llamaba *Xiuhtlati*, y la otra *Xilo:* el sétimo estaba frontero de
los ya dichos ácia ellos, el cual se llamaba *Tepuz-
tecatl*. La manera conque ataviaban estos dioses arriba dichos era esta. Los que eran varones todos llevaban
acuestas aquella divisa que llevaba *Coiotlinaoatl*, solo
este dios que se llamaba *Tizaba* no le componian de
pellejo de *coiotl*, solamente llevaba acuestas el jarro con los quetzales, y unas orejeras de concha de
marisco: llevaba tambien su báculo, rodela, y sus caracolitos en las piernas, y unas cotaras blancas: el
dios que se llamaba *Macuilocelutl*, tenia vestido el
pellejo de *coyotl*, con su cabeza metida en esta piel
como celada, y por la boca veía, y tambien llevaba acuestas el jarro con sus quetzales, y el báculo
con su rodela y sus cotaras blancas. De la misma
manera componian al dios *Macuiltochtli:* de las dos
mugeres la que se llamaba *Xiuhtlati*, iba ataviada
con un vipil azul, y la otra que se llamaba *Xilo*,
que era la menor, iba vestida con un vipil colorado teñido con grana; ambas tenian los vipiles sembrados de plumas ricas de todo género de aves que
crian plumas hermosas. La orilla del vipilli estaba
bordada con plumas de diversas maneras como arriba se dijo. Tenian estas en las manos, cañas de
maíz verdes por báculos, y llevaban tambien un aventadero de plumas ricas en la otra mano, y un joyel de oro hecho á manera de comal. Tambien llevaban orejeras de oro muy pulidas y muy resplan-

decientes: ninguna cosa llevaban acuestas; tenian por
cabellos papeles. Llevaban las muñecas de ambos brazos, adornadas con plumas ricas de todas maneras:
tambien llevaban las piernas de esta manera emplu-
-madas, desde las rodillas hasta los tobillos: tenian
tambien cotaras tejidas de hojas de árbol que se
llama *yecotl*, para dar á entender que eran *Chichimecas* venidos á poblar á esta tierra.

CAPITULO XIX.

*De la fiesta que los oficiales de pluma hacian á sus
dioses.*

Hacian fiesta á estos dioses dos veces cada
año, una en el mes que se llama *panquetzaliztli*, y
ótra en el que se llama *tlaxôchimaco:* en el mes
de *panquetzaliztli* mataban á la imágen de *Coiotlinaoatl*. Si en esta fiesta no se ofrecia quien matase
algunos esclavos que se llamaban *tlaaltiltin*, estos *amantecas* se juntaban todos, y compraban un esclavo para matarlo á honra de este dios, por precio de mantas que se llamaban *quachtli*, que eran allegadas como de tributo; empero si alguno de estos *amantecas*
hacia fiesta de por sí, y mataba algunos esclavos,
de estos sacrifiba uno á honra de este dios *Co-
iotlinaoal*, componianle á con todos los atavios
de aquel dios como arriba se dijo; si era alguna
persona de caudal el que hacia fiesta, mataba dos
ó tres ó mas esclavos, que se llamaban *tlaaltiltin*, tambien
á honra de aquellos dioses; y si no era persona de caudal, mataba uno á honra de aquel dios que se llamaba *Coiotlinaoatl*. Cuando se hacía la fiesta, todos
los viejos y viejas se juntaban en el barrio de *Amatlan*; allí cantaban y hacian velar á todos los que habian de morir á honra de aquellos dioses, y tenian
costumbre para que no temiesen la muerte los que

habian de morir, de darles á beber un brebage que llaman *itzpachtli;* esta bebida desatinaba y emborrachaba, tomabánla para que cuando los cortasen los pechos, estuviesen sin sentido. Habia de estos esclavos algunos alocados, que ellos mismos corriendo se subian á lo alto del *Cú,* deseando que los matasen de presto, para acabar la vida. La segunda vez cuando hacian fiesta a estos dioses que se llamaban *Tluxòchimaco,* no mataban á ningun esclavo; hacian entónces la fiesta á honra de las dos diosas ya dichas; tambien esta honra la enderezaban á la de los otros cinco dioses. En esta fiesta todas las mugeres *ámantecas,* se juntaban en el barrio de *Amatlan,* y todas se componian con los afeites y atavios de estas diosas como arriba se dijo; pero los hombres solamente se emplumaban las piernas con pluma colorada: entónces ofrecian sus hijos é hijas estos *amantecas* á estos dioses, y diosas, y prometían de meter en el *Calmecac,* á los hombres para que aprendiesen el oficio de *Tultecaiotl,* y si eran mugeres demandaban á aquellas diosas que las ayudasen para que fuesen grandes labradoras y buenas tintoreras de *tochomitl* en todas las colores, así para pluma como para pelo de conejo. El barrio de los *Amantecas* y el de los *Pochtecas* estaban juntos, y tambien los dioses: estos estaban pareados, el uno se llamaba *Yiacatecutli* que es dios de los mercaderes, y el otro se llamaba *Coiotlinaoatl* que es el dios de los *amantecas;* por esta causa los mercaderes y los oficiales de pluma, se honraban los unos á los otros, y cuando se sentaban en los convites, de una parte se colocaban los mercaderes, y de otra los oficiales de pluma. Eran casi iguales en las haciendas, y en el hacer de las fiestas ó banquetes; porque los mercaderes traían de lejos tierras las plumas ricas, y los *amantecas* las labraban, componian, y hacian las armas y divisas, y rodelas de ellas de que usaban los señores y principales, que eran de muchas maneras y de muchos nombres, como en la letra está esplicado. Antes que tuviesen noticia de las plumas ricas de que se hacen las divisas y armas arriba dichas, estos *tultecas* labraban plumages para bailar de plumas blancas y negras, de gallinas, de garzotes y de anades. No sabian entónces aun los primores de este oficio que ahora usan; sino que toscamente componian la pluma, y la cortaban con nabajas de *iztli* encima de tablas de *abebetl.* Las plumas ricas parecieron en tiempo del señor que se llamaba *Avitzotl,* y trajéronlas los mercaderes que llamaban *Tecunenenque,* cuando conquistaron las provincias de *Anaoac,* como hemos referido: entónces comenzaron los *amantecas* á labrar cosas primas y delicadas.

CAPITULO XX.

De los instrumentos conque labran los oficiales de pluma.

En esta letra se ponen todos los instrumentos que usaban estos eficiales de la pluma, y tambien ahora los usan donde quiera que están; pero no se declara en la lengua española. Quien quisiere verlos y saber sus nombres, de los mismos oficiales lo podrá averiguar, y verlos con sus ojos.

CAPITULO XXI.

De la manera que tienen en hacer su obra estos oficiales.

En esta letra se pone la manera de obrar que tienen los oficiales de la pluma, donde se refieren por menudo todas las particularidades de este oficio. Quien quisiere verlas y entenderlas, podrálo observar con sus ojos en las casas de los mismos oficiales, pues que los hay en todas las partes de esta Nueva España, y hacen sus oficios. (a)

FIN DEL NOVENO LIBRO
Y DEL TOMO SEGUNDO.

(a) Todas estas oficinas están estinguidas: hoy no se labra la pluma mas que en Pátzquaro, en muy poca cantidad, y es muy costosa; las obras que por lo comun se hacen son Santos, ó estampas iluminadas con ropajes de pluma. El mas sobresaliente en este árte en estos últimos tiempos fué un *José Rodriguez*, el cual presentó al primer Congreso general, un cuadro con las armas de la República mexicana rodeada de troféos, y en remuneracion de obra tan particular, el Supremo Gobierno le gratificó con ochocientos pesos, á solicitud particular mia dirigida al Congreso general. Rodriguez poseía el secreto de untar la pluma antes de pegarla, para librarla de la polilla á que son muy espuestas estas obras de Mosayco, con una raíz llamada *Tacinguis* que se halla en Pátzquaro segun me dijo, y regaló una poca. Como este ramo no tiene proteccion, es de presumir que dentro de poco desaparezca de todo punto, y será una cosa digna de deplorar, pues la vista de estas piezas contra el sol es brillante y agradable. El escudo de armas de la República dicho, se presentó en el balcon principal de palacio de ésta Capital, el dia 4 de octubre de (1829) y bajo de él, se colocaron *abatidas* dos banderas tomadas al general Barradas, cuando rindió vergonzosamente las armas á los generales Santa—Anna y D. Manuel Teran, el dia 12 de setiembre de este mismo año. El estandarte de caballeria se quedó en el estado de Veracruz; tal fué el desenlace de esta temeraria espedicion que aseguró la Independencia mexicana para siempre.

I.

SUPLEMENTO

AL LIBRO OCTAVO

DE LA HISTORIA DEL P. SAHAGUN.

Historia del Emperador Moctheuzoma, Xócoyotzin, [*] *por el editor de la historia del P. Sahagun en México.*

*Nec nimium meruere decus, vestigia graeca
Ausi deserere, et celebrare domestica facta.*
HORAT.

Por muerte del rey *Ahuitzótl* se reunieron los doce electores del imperio: el rey de Tezcoco, Netzahualpilli, como primero en dignidad de esta corporacion, tomó la palabra y dijo: "Bien sabeis, señores, que somos súbditos del imperio Mexicano, y que tomo el mayor interés en que éste no esté confundido en las tinieblas, sino que como cabeza de éste continente brille como luz hermosa en todo él. Careciendo de esta antorcha, estámos espuestos á que se rebelen contra nosotros los pueblos nuevamente agregados á la corona; y por otra parte estámos cercados de enemigos terribles, como los *Tlaxcaltecas, Tliliuhquitepas, Michoacanos,*

(*) Esta história redactada en la mayor parte de los manuscritos de D. Fernando Alvarado *Tezozomoc,* que se halla en la libreria del Convento de S. Francisco traducida del mexicano al castellano, se insertó en el periódico *Centzontli* en los números 30 á 50 del mes de Noviembre de 1823 por el editor de esta obra, que entonces estaba bajo su direccion. Hubo en el trono de México dos Moctheuzomas, al primero llamaron *Huehue,* y al segundo *Xocoyotzin,* nombres equivalentes al *Señor* y *Junior* de los latinos. El de que hablamos comenzó á reinar á 15 de Septiembre de 1502. Este mes es famoso entre los mexicanos en diversas épocas. En Septiembre de 1803 fué la prision del Virey Iturrigaray. En Septiembre de 1810, el grito del Cura Hidalgo. En Septiembre de 1821 la entrada del Ejército Trigarante. En Septiembre de 1829 la completa victoria sobre la espedicion española mandada por el general D. Isidro Barradas.

1.

y otras grandes provincias, que prevalidas de la ocasion pudieran
atreverse y venir sobre nosotros. Ni están menos espuestos á grandes contingencias nuestros traficantes y mercaderes, que por causa de sus comercios penetran hasta los puntos mas distantes del
imperio. Quisiera por tanto, señores, que se eligiese prontamente
por rey al que vosotros señalaseis con el dedo. Bien sabeis que
entre nosotros se crian y están ya de buena edad jóvenes, hijos
de reyes nuestros antepasados, que son muy dignos de serlo:
ellos están además formados bajo la direccion de hombres sábios
y sacerdotes que les han enseñado la ciencia del gobierno, tales son
los hijos de *Axayacatl*, y de *Tizóc*, á uno de ellos podríais muy
bien elegir para gefe del imperio."

Apoyó este pensamiento uno de los concurrentes, y dijo:
,,Cuanto ha espuesto el rey de Tezcoco es la verdad: ecsisten varios jóvenes hijos de nuestros monarcas antepasados; mas es menester que al imperio se confie á una persona de edad varonil,
sagáz y prudente; clemente para los buenos, y cruel y terrible
con los enemigos, hablo de los hijos del rey Axayacatl: enume-
rólos á todos, incluyendo á *Tlacochcalcatl* Moctheuzoma, en quien
desde luego se conformaron por ser jóven de treinta y cuatro años,
hábil, valiente y preciado de soldado; así es que quedó al punto
electo emperador. Pasaron luego los electores á traerlo del *Calme-
các*, donde se hallaba; sahumáronle con copal, é hicieron con él
las ceremonias de estilo, reducidas á sentarlo en el trono, colo-
cándole en la cabeza el *Xiuhhuitzolli*, ó corona, que semejaba á
una media mitra que se ponian desde la frente, y detrás del colodrillo se ataba con una trenza sutil que remataba en delgada:
cortáronle el pelo del modo que se acostumbraba con los reyes;
ahujeráronle las ternillas de las narices, poniéndole en ellas un ca-
nutillo delgado de oro que llaman *Acapitzactli*. ciñéronle un teco-
matillo con tabaco, que llaman *picicte*, que sirve de refuerzo á los
indios caminantes; pusiéronle orejeras y bezoleras de oro; cubrié-
ronle con una manta de red azul, que semejaba á una toca delgada con mucha pedrería menuda y rica, pañetes costosisimos y
un calzado delgado azul. Acabadas estas ceremonias le saludaron
los reyes de Tezcoco y Tacuba emperador, y arengaron los electores, esponiéndole en el discurso menúdamente sus obligaciones.
Dijéronle que el empleo y dignidad á que se le habia ascendido
ecsigia por su parte la mayor vigilancia y continuo desvelo, así para la seguridad interior, como para la esterior del estado: cuidado
en los templos y sus ministros; cuidado en los sacrificios; cuidado
en los campos y sementeras; cuidado en los bosques, árboles y fuentes,
y mucha prudencia para emprender las grandes obras públicas,
pues por no haberla tenido su tio en la introduccion del agua de
Acuecuexcatl, estuvo México á punto de perecer por una espantosa

III.

inundacion; finalmente le reencargaron visitase los cuatro barrios de México, almácigo fecundo donde se formaban los valientes militares, (ó segun la espresion literal de la misma arenga....) donde se crian y doctrinan las águilas, tígres y leones osados, y la buena república....

Es reparable el modo brillante con que comenzaron este razonamiento.... *Ya amaneció, Sr., (le dijeron) estábamos en tinieblas; ahora reluce el imperio como espejo herido con los rayos de la luz....* Los historiadores Torquemada y Acosta, y tambien el P. Clavijero, nos han conservado como modelo de felicitaciones el razonamiento del Rey *Netzahualpilli* que como decano del cuerpo electoral dijo, y á la letra es como sigue.

„La gran ventura que ha alcanzado todo este reino, nobilísimo señor, (*) en haber merecido tenerte á tí por cabeza de todo él, bien se deja entender por la facilidad y concordia de tu eleccion, y por la alegria general que todos por ella muestran. Tienen cierto muy gran razon; porque está ya el imperio mexicano tan grande y dilatado, que para regir un mundo como este, y llevar carga de tanto peso, no se requiere menos fortaleza y brio que el de tu firme y animoso corazon; ni menos reposo, saber y prudencia que la tuya. Claramente veo yo que el omnipotente Dios ama esta ciudad, pues la ha dado luz para escoger lo que le convenia. ¿Porque quien duda que un principe que antes de reinar habia investigado los nueve dobleces del cielo, ahora obligándole el cargo del reino, con tan vivo sentido no alcanzará las cosas de la tierra para acudir á su gente? ¿quien duda que el grande esfuerzo que has siempre valerosamente mostrado en casos de importancia, no ha de sobrar ahora donde tanto es menester? ¿Quien pensará que en tanto valor haya de faltar remedio al huerfano y á la viuda? ¿Quien no se persuadirá que el imperio mexicano haya ya llegado á la cumbre de la autoridad, pues te comunicó el Señor de lo criado tanta, que en solo verte la pones á quien te mira? (†) ¡Alégrate, ó tierra dichosa, porque te ha dado el criador un principe que te será columna firme en que estrives! será padre y amparador de que te socorras: será mas que hermano en la piedad y misericordia para con los suyos! Tienes por cierto un rey que no tomará ocasion con el estado para regalarse, y estarse tendido en el lecho, ocupado en vicios y pasatiempos; antes al mejor sueño le sobresaltará el corazon, y le dejará desvelado el cuidado que de tí ha de tener: el mas sabroso bocado de su comida no sentirá, suspenso en imaginar en tu bien. ¿Dime pues reino dichoso, si tengo razon en decir que te regoci-

(*) Acosta dice *ilustre mancebo.*

(†) Alude á que era un hombre grave, mesurado y circunspecto

jes y alientes con tal rey! Y tú, ó generosísimo mancebo y muy poderoso señor, ten confianza y buen ánimo, que pues el señor de todo lo criado te ha dado este cargo, tambien te dará su esfuerzo para tenerle: y del que en todo tiempo pasado ha sido tan liberal contigo, puedes bien confiar que no te negará sus mayores dones, pues te ha puesto en mayor estado, del que goces por muchos y buenos años."

Clavijero añade, que Moctheuzoma probó á responder hasta por tercera vez; pero que no se lo permitió un flujo de lagrimas; ¡Cuan elocuente no estaría en el idioma mexicano!

Sin embargo, salió del lance dando á los electores muchas gracias en general, pues era hombre de habilidad estraordinaria. Concluido el acto de la felicitacion pidió Moctheuzoma dos punzantes agudos, uno de hueso de tigre y otro de leon, con los que se hirió y sacó sangre de las orejas, molledos y espinillas. Luego tomó unas codornices, á las que cortó las cabezas, y con su sangre salpicó la lumbre, y sahumó la hoguera que alli habia; en seguida subió al templo de *Huitzilopochtli* y besó la tierra tocandola con la punta del dedo puesto á los pies del idolo: tornó otra vez á punzarse en las mismas partes que en la sala de la eleccion, y á salpicar nuevamente el templo con la sangre de las codornices: tomó el incensario, sahumó el ídolo, y despues á las cuatro caras del edificio. Hecha reverencia á los circunstantes, *bajó* de aquel lugar y pasó á palacio, de donde concluida la *comida* volvió á subir al templo, y no subió las cuatro gradas que habia de distancia hasta donde estaba el ídolo, sino que se quedó donde estaba la piedra redonda ahujerada por donde corria la sangre de los sacrificios humanos, y por cuyo grande ahujero se arrojaban los corazones de las victimas: tornó á hacer nuevo sacrificio á los dioses de cordonices que degolló, y volviendo á su palacio despidió la comitiva.

Habiendo tomado las riendas del gobierno Moctheuzoma se ocupó muy luego de arreglar la servidumbre de su casa. Dijole un dia á su ministro *Zihuacoatl Tilpotonqui:*" Quisiera que pues muchos de los principes mexicanos tienen hijos en esclavas barraganas, se les destinase en los puestos principales de embajadores, y que se apliquen al servicio en palacio, sin mezclarse con los plebeyos ¿que parecerán sino lo que una rica joya en medio de muchos chalchihuites, que cuando aquella brillará estas parecerán piedras del monte? Hizo pues que por medio de *Zihuacoatl* se hiciese entender esta resolucion á todos los cuatro barrios de la capital que vinieron gustosos en ella, y le entregaron una porcion de niños nobles para pages del servicio del emperador, á quienes instruyó del modo con que deberían conducirse en la servidumbre del monarca y del templo, previniendoles que jamás le mirasen á la cara, porque serían castigados de muerte. Asimismo les encargó se guardasen de mezclar con las mugeres del rey, só pena de que serian tratados como á traidores y derribadas las casas de sus padres. Presentó pues *Zihuacoatl Tilpotonqui* los pages que habia escogido á Moctheuzoma, quien los trató como á verdaderos hijos, y les dió muchos consejos sobre el modo de comportarse, recomendándoles particularmente que siempre le hablasen la verdad sin trastrocarle las palabras, y que jamás se le presentasen agitados. Finalmente les reencargó el aseo y cuidado de la casa y de su persona.

Efectivamente, de estos jóvenes se formaron escelentes caballeros y muy cumplidos cortesanos, que despues obtuvieron los primeros puestos del imperio. Para solemnizar la coronacion del emperador, eran necesarios sacrificios de víctimas humanas, y aquí entró el buscar pretestos para declarar la guerra á pueblos pacificos que se gozaban con su libertad é independencia del imperio. Nombró pues embajadores á los pueblos de Huizpac, Tepeccas y á Nopalan, ecsijiendoles tributo y reconocimiento; y como no se presentasen á ello despues de requeridos hasta por segunda vez, acordó declararles guerra, y al efecto convocó á los principales caciques y electores del imperio, inclusos los generales mas famosos de aquellos tiempos *Cuauhnoctli* y *Tilancalqui*, á quienes hizo regalar luego que se le presentaron. Hechos los aprestos de campaña, se mandó por pregon que ningun jóven quedase en México. pena de ser afrentado y desterrado por cobarde. Hiciéronse varios alardes de armas. ejercitandose la milicia en las evoluciones, y puesto á punto el ejércit comenzó á salir de la capital. Con el fardage de la armada salió Moctheuzoma con los primeros gefes del imperio, y llevó por mácsima aposentarse en cuartel diferente del de los reyes de Tozcoco y Tacuba, y comer de los manjares menos delicados como esprésamente lo previno á *Petlacalcatl* su mayordomo. Por el camino y lugares del tránsito, fué muy obsequiado de los pueblos Llegado á Nopalan y á *Yepactepec* dió orden al capitan *Cuauhnoctli* mandase á los reyes que preparasen al ejército para entrar en batalla con una alocusion ó arenga exhortatoria, cual se tenia de costumbre en los ejércitos mexicanos. Prometíaseles en ella mucha gloria por el triunfo, riqueza y comodidades, con la posesion de los bienes de los vencidos, y en el caso de morir en la demanda un descanso perpetuo con *Titlacahuan*, *Tlazotlateuchtli* y *Xiuhteuchtli*, dioses de los aires, de las lluvias y noches. Ejecutada esta operacion por los viejos *Cuauhhuehueques*, *Tequihuaques* y *Otomíes*, mandó el emperador que no se matasen á los que hiciesen prisioneros, sino que los llevasen vivos al sacrificio á México. Escogió de los mas valientes y astutos soldados partidas de esploradores, para ecsaminar las localidades del enemigo; é instruidos de ellas. dispuso el ataque para la media noche-

VI.

Reencargó el mas profundo silencio á las filas, y de este modo penetraron hasta lo mas interior del pueblo los batidores del ejército, los cuales para probar que todo lo habian ecsaminado, presentaron varias criaturas tiernas que quitaron del lado de sus madres, arropandolas en sus mantas para que si gritasen no fuesen oidas. Asímismo trajeron muchos metates y metlalpillis, todo lo cual mostraron al rey comprobando su esposicion.

Moctheuzoma al salir el *Tlahuixcolpam Teuhctli* (ó sea el lucero del alba) se aprestó para la batalla; armóse de toda especie de armas de su nacion, y se dejó ver con una divisa muy rica de plumería, y encima una ave muy relumbrante que llaman *Tlauhquechotl,* en actitud de volar; debajo llevaba un tamborcillo dorado muy resplandeciente, trenzado con una pluma de la misma ave, una rodela dorada muy fuerte, una sonaja llamada *Omichicahuax,* y una macana de nabaja ancha y cortadora de pedernal.

Dió un alarido para que la partida de guerrilla esploradora saliese, y los escuadrones estrechamente unidos, como si formasen un paredon, avanzaron uniforme y reciamente. Moctheuzoma ganó la vanguardia y subió á una pared de la fortaleza enemiga. desde donde comenzó á tocar su tamborcillo, y de cuando en cuando las sonajas para animar á sus soldados; cobraron éstos tanto ánimo, que comenzaron á hacer sobre sus enemigos una horrible matanza, sin perdonar secso ni edad: quemaron luego el templo y lo asolaron, é hicieron lo mismo con las casas. En vano invocaban aquellos infelices la piedad de los mexicanos, ofreciendo tributarles como querian, pues se mostraban inecsorables; sin embargo alguno preguntó al emperador si continuaban la carnicería; él mandó que cesase luego, y viniesen ante él los caciques de aquellos pueblos, como efectivamente lo hicieron; le prestaron obediencia y pagaron tributo. Mandó retirar el ejército y que se espidiesen cordilleras á los pueblos del tránsito para su recibimiento.

Entrado en Chimalhuacan Chalco, fué recibido el emperador por los que habitaban cerca del volcan con muchísimas clases de rosas y perfumaderos; mas como era de noche, no se le hizo la ofrenda del tributo sino hasta el dia siguiente que trajo cada pueblo, consistente en cargas de ropa. Mandóse que toda persona de representacion saliese de México á recibirlo. Al siguiente dia llegó á Chalco, y las felicitaciones de los viejos fueron muy espresivas. ¡O bienaventurados nosotros pobres, le decian, que aunque somos polvo y lodo, te hemos visto con salud!... vendréis cansado y trabajado de los asperos caminos, montes, lluvias, aires y soles que habréis padecido.... descansad, señor, hijo y nieto querido de todos los mexicanos. Acabada la comida vinieron á recibirlo los *Atenhuaques* comarcanos de la laguna cargados con toda clase de peces y sabandijas de las que cria, y de patos, que agra-

deció mucho el emperador. Condolióse de todos ellos y mandó á
sus mayordomos les diesen de comer y beber, á los viejos rosas y
perfumadores, y á las mugeres de los pescadores enaguas y hueipi-
les: el ejército marchó para la corte, y el principe se quedó á la
retaguardia. Los cautivos se colocaron en dos largas filas. Al entrar por Mazatlan, comenzaron á dar horrendos gritos en su lengua, que penetraban de dolor á los corazones mas insensibles, y
tanto mas cuanto que se les violentaba para que entonasen ó en-
dechasen segun era costumbre. Colocados los viejos y sacerdotes
que habian quedado en México sobre el templo mayor, resonaban
cornetas y caracoles, que eran correspondidos de los demas templos. Formaron los viejos en dos hileras, entrenzados los caballos
con cuero colorado, vestidos con *ichahuipiles* armados con rodelas,
y bastones en lugar de macanas. Ni les faltaba el calabasillo de
tabaco picietl, y en las manos llevaban muchos de ellos incensa-
rios. Entraron por *Xoloco* (donde hoy está S. Antonio Abad) y
abrian la marcha del ejército los prisioneros, á quienes los viejos
saludaron diciendo...... seais bien venidos hijos del sol; ya habeis
llegado á la casa del gran Sr. *Huitzilopochtli*... Lleváronlos luego
á los pies del ídolo de este nombre, y los presentaron haciendo-
los arrodillar uno á uno á los pies del simulacro, tocando la tierra con el dedo en señal de reverencia. Recibiéronlos los sacerdotes que se presentaron tocando sus bocinas, y los llevaron á una
casa fuerte llamada *Quauhcalco*, ó casa del Aguila. (*) Moctheuzoma llegó entre una nube de sahumerios hasta la gran plaza
donde se tocaron multitud de cornetas y caracóles; subióse á lo
alto del templo donde se punzó con un agudo hueso de tigre las
estremidades de las orejas, molledos y espinillas; tomó el incensario, y comenzó á perfumar al idolo. Bajóse á su palacio donde
lo felicitaron por su llegada los Srês. y reyes de Tezcoco y Tacuba diciendole... Ya Sr. habeis cumplido con vuestra obligacion...
Pasa como águila volante sobre nuestras cabezas, señoreador de
todos los mortales; descansad en vuestra casa, que nosotros pasamos á hacer lo mismo á las nuestras... Moctheuzoma agradeció
la espresion, y dispuso que á todos se les regalase con comida y
ropas. Despues se presentaron á obsequiarlo los gefes de los cuatro barrios de México, é hizo que se distribuyesen ropas á los
soldados. y en especial á las viejas pobres.

El ministro *Zihuacóatl Tilpotonqui* convocó á los principales
gefes mexicanos y les dijo. que convenia despachasen mensageros
á los lugares mas remotos participandoles el nombramiento de Moctheuzoma al Imperio, para que acudiesen con sus tributos, como efectivamente á poco tiempo comenzaron á venir. El Emperador dispuso
que se convidase á todos los principes enemigos para la fiesta de su

(*) Era la cárcel; tenia una águila porque eran las armas del imperio.

VIII.

ecsaltacion. El Senado convino en ello. Escogieronse para la empresa hombres valientes y resueltos, principalmente de los mercaderes,
á quienes la codicia hace arrostrar á todo peligro: regalólos á todos, y les ofreció cuidar de sus familias si acaso morian en la
comision. Llegados al monte, en los términos de Huexotzinco y
Chalco, hicieron cargas de ocote unos y otros, cubiertas con trebol
montesino, que llaman *Ocoxóchitl*, y aparentando ser leñeros entraron
en Cholula, Tlaxcala y Huexotzinco, donde lograron hablar con los
gefes de aquellos gobiernos, que les trataron muy bien y aceptaron
el convite. Los magistrados de Tlaxcalan quedaron de acuerdo en que
saliesen á recibir, para su mayor seguridad, á los mexicanos á la
mitad del monte del volcan. Igual écsito tuvieron los enviados á
la *Huuxteca, Cuextlan, Mextitlán* y *Michoacán.*

Dióse órden á los mayordomos de palacio para que reci-
biesen á los huéspedes, y tratasen con toda opulencia y dignidad.
Catorce salas se limpiaron y aderezaron de la manera mas esquisita que se pudo, para la hospedería de estos personages. Dióse
tambien órden de que entrasen de noche para no ser vistos del
pueblo. Enmedio del gran pátio del palacio se puso una galera
ó xacalon, donde se colocaron los instrumentos de música *Teponaxtli y Tlalpanhuehuetl*, con que hacian la armonía de la horques-
ta. Veianse allí las armas de la nacion, es decir la aguila de papel, pintada naturalmente sobre una peña, un grande tunal, y la
águila teniendo en un pie una gran vibora despedazada, muy bien
dorada, y rica pedrería en derredor de ella, á usanza mexicana.
que llaman *Teocuitla amaixcuatzolli* (*). En los lados del xacalon,
en cada esquina, habia una ave grande, cuyos pelos y plumas eran
de las mismas llamadas *Huahquechotl itzintzcan*, cuya plumería relumbraba. Habia tambien unas enramadas muy enfloradas con toda
clase de bellas rosas, bajo las cuales habia asientos grandes y
adornados que llamaban *Tepotzoycpalli*, y á sus pies habia cueros
de tígres. Los mejor dispuestos eran los de los Tlaxcaltecas, Huexotzincas y Chololtecas. En otra sala estaban los de los señores de
Michoacán, Cuextlán, Tliliuhquitepecas y *Mextitlán*, cada uno por
su órden. Despues de media noche diez principales personages
muy adornados pasaron á llamar á los señores de Tlaxcalan, Huexotzinco y Cholula, llevando grandes luces; leváronlos á sus salas
á palacio, y comenzó el baile del *Mitote* en su obsequio.

La mañana del primer dia de la fiesta preparada, mandó
el emperador se diese al rey de Aculhuacán, primero que á otros,
una trenzadera de cabello con muy rica plumería, besolera de oro,

(*) Me he detenido en la descripcion del escudo nacional antiguo del
imperio, porque en estos dias se le ha querido quitar la culebra, teniendolo
ciertos preciados de críticos por fabulosa. Será una impostura; pero de
ella habla D. Fernando Alvarado Tezozomóc.

IX.

orejeras, y una banda ancha muy bien dorada (*teocuitlamate-mecatl*) un collar de pies dorado, y con campanillas de oro como rapacejos, una manta azul de red con mucha pedrería *rica* en los nudos, y unos pañetes azules como tohallas, cuyas borlas traian tambien campanillas de oro, y lo mismo de la manta. Otro igual obsequio se hizo al rey de *Tlacopan*. Presentáronse ambos príncipes al baile, ornados con gran plumería y brazeletes de oro, y llevando la delantera comenzaron á danzar. Llamó Moctheuzoma á su mayordomo *Petlacalcatl*, y le mandó repartiese entre los príncipes forasteros las alhajas que estaban bajo su custodia; mas por sí mismo llamó á los señores mexicanos, y por mano de su ministro Zihuacoatl les dió otro tanto, como á los reyes de todo género, de modo que ningun principal quedó sin obsequio.... Vestios, (les dijo) señores, pues al fin hemos de morir, sea hoy ó mañana: hoy lo hacemos por nuestros enemigos, y mañana lo harán ellos por nosotros; y acordaos de lo que os digo."

Vestidos todos ricamente fueron á recibir á los señores de *Tlaxcalan*, *Huetjozinco*, *Cholula* y *Tiiliuhquitepec*: repartiéronse otros tantos mexicanos á traer a los señores de *Cuextlán y Mextitlán*; otros fueron por los de *Mechoacán y Yopicas*, todos vinieron por detrás de las casas del palacio, y los de Huaxteca. Mandóse que no hubiese lumbre donde residiesen estos caballeros, sino solo braceros grandes con carbon, y que no los viese el pueblo, bajo graves penas. Los de Tlaxcalan y Cholula dijeron que querian hablar al emperador, quien condescendió gustoso. Saludáronlo con cortesía y respeto, haciéndole una oracion elocuente de parte de *Maxiscatzin*: lisonjeáronse de verle y de presenciar aquel espectáculo de grandeza, y que á pesar de las *diferencias* que habia entre ambas naciones *les regalaba el emperador con su vista*.

Por tanto, y en señal de la buena amistad de *Maxiscatzin*, le suplicaron recibiese á su nombre un *arco* y plumería groseras, y unas mantas de *nequen ó pita*, y unos calzados, pues era gente pobre serrana. *Chichimeca* (*). El emperador respondió con dignidad, y solo dijo: ,,Desde aquí saludo á mi buen sobrino, y le deseo mucho acrescentamiento en todos sus bienes." Hízolos sentar en sus respectivos puestos. Entraron en seguida los señores de *Cuextlán*, *Huaxteca y Mextitlán*, y despues del saludo le presentaron ropas de las que en aquellos paises se labraban, que semejaban á unos capisallos labrados con unos canutillos de oro bajo. (*Acatlaputza-*

(*) Tlaxcalan no tenia oro ni argentería, ni aun sal tenia; pero le sobraba honor, libertad y valor, para defender contra los mexicanos estas dos prendas preciosas en campaña, como despues verémos. ¡Ojala y que tan bellas cualidades hubiera conservado despues, y no que fué el instrumento ciego de las conquistas de los españoles!

II

lli), y unas cuentas gruesas de finas piedras, (*Matlapilolli*), unos collares de gargantas de pies ancho (*Yelipapaatl*), que despues de abrochada la garganta del pie, llevaba como una ála pequeña de ave, que sonaba con cascabeles, de oro muy pequeñitos, y unos como medios guantes (*Zoatexcatl*) con plumería muy menuda, y que relumbraba mucho. Despues entraron los señores de Michoacán, quienes aunque mostraron un comedimiento muy urbano, espusieron su embajada con mucho laconismo, á nombre del rey *Catzonzi*. Es reparable el obsequio que hicieron, que consistía en unos hueypiles como manteos de clérigo, abrochados por el pescuezo, y hasta la espinilla, y brazos remangados: mantas cortas (*Tzanaton*) muy bien labradas, arcos con carcaxes de flechas doradas, con cien varas cada uno. Finalmente le presentaron por obsequio varios pescados condimentados en barbacóa. (*) Finalmente se presentaron los señores de *Yopitzinco*, quienes hecho su saludo ofrecieron de obsequio piedras muy ricas de diferentes colores, canutillos de pluma llenos de oro en polvo, y cueros de tigres, leones y lobos muy bien adobados. Inmediatamente pasaron todos á una gran sala donde el emperador les dió una expléndida mesa, y concluida ésta se distribuyeron á los convidados muy delicadas piezas de ropa, en cuya descripcion nos será permitido detener, á saber: mantas que llamaban *Xahualquauhyo*, con labores azules: otras de varios colores, *Ixncxtlacuilolo*; otras de color de cuero de tigre. *Ozelotlimatli*; otras de culebras, *Itzcoayo*; pañetes de diversas maneras y colores, *Yopimaxtlatl, Itzohuatzalltmaxtle, Icuayahualuchqui*; rodelas muy ricas, macanas y divisas de guerra.

Á los Tlaxcaltecas se les dieron encima de la plumería cabezas de oro de *Cuetzolotl*, ó sea de perro sin orejas, y otras como de rio corriente que llamaban *Tzococolli* á los de Huejotzinco. A los de Huaxteca en las armaduras una divisa de la muerte *Toxmiquixtli*. A los de Michoacán armas y divisas con mariposas de oro, y álas azules muy al natural. A los Yoyopicas otro género de mariposas sobre las divisas militares de color de pedernal, negro y leonado. Concluido este acto de retribucion, el ministro *Zihuacoatl Tlipotonqui* tomó la palabra á nombre del emperador, y del Senado de México, é hizo á todos los enviados un hermoso razonamiento, para que se congratulasen con sus respectivos gefes y señores de parte de Moctheuzoma, y que en el entretanto partian á sus provincias, holgasen con gran satisfaccion en el gran patio de *Huitzilopochtli*. Inmediatamente fueron

(*) El lector disimulará que nos detengamos en estas menudas descripciones, porque dán idéa del estado de las costumbres y usos de aquellos tiempos: á nosotros nos parecen minuciosas y despreciables: tal vez no lo parecerán á la posteridad.

al baile en número de mas de dos mil personas. Repitiéronse los areytos cuatro noches con cantos; y para que el pueblo no conociese á los extrangeros, los desfiguraban con cabelleras largas, al modo de nuestras máscaras, y comieron en los festines *hongos monteses* con que se embriagaban. Terminada la funcion al quinto dia. se despidieron del emperador, y el ministro tomó la palabra por él, descándoles muy feliz viage. Moctheuzoma finalmente les reguló *Teocuitlayxcuaamatlitzoyo*, una especie de corona y media mitra para sus señores. pues en ésta se simbolizaba la autoridad civil, y mozqueadores. Así partieron llenos de gozo y satisfaccion.

Jamás se habia visto celebridad mas augusta, y en que hubiese presidido la hospitalidad, la decencia y la confianza. Seguramente el emperador no quiso turbar la alegría de esta fiesta con los clamores. y ayes de las infelices víctimas sacrificadas, como lo hizo su predecesor *Ahuitzotl*; pues mandó que los prisioneros hechos en Nopalan, se reservasen para la fiesta anual de *Atlacahualco*. ó sea el comienzo del nuevo año, diciendo con política, que no era justo que el templo de *Huitzilopochtli*, teatro de aquella funcion. apestase con la sangre de los sacrificios humanos. Por este tiempo murió el rey de Tacuba *Totoquihuaxtli*, y le succedió en el trono *Tlaltecatzin*.

SEGUNDA PARTE.

Pasado algun tiempo se supo en México que los naturales de *Xaltepec* y *Cuatzontecas* habian muerto á unos mercaderes de Atzcapotzalco, Cuauhtitlán y Chalco, por robarlos, y además se habian levantado contra el emperador. Muy luego trató ésto de salir á campaña, y lo verificó. dejando en la córte por su lugar teniente á *Zihuacoatl*. previniéndole residiese en palacio, y para la administracion pública consultase, como con asesores, con los ancianos *Mixcoatlailotlac* y *Tlehuahuacatl*: reencargóle con particularidad el cuidado de los templos y colegios de niños. Zihuacoatl, correspondió á ésta confianza, y aun hizo cierta reforma en la casa imperial, mudando algunos criados y haciendo entrar otros qne sirviesen mejor. Estando el emperador en los montes inmediatos á Xaltepec, dividió el ejército en tres trozos para que atacasen por diferentes puntos, y se pudiese cortar facilmente la retirada al enemigo: dictó varias órdenes para que se guardase el mayor sigilo antes del ataque, precediendo á éste la exhórtacion ejército al de estilo. *Moctheuzoma* tomó la vanguardia en el asalto que se dió á la fortaleza de Xaltepec: situóse en ella para desde allí hacer con sus capitanes un reconocimien to del enemigo; despues subió al templo que hizo incendiar, y

cuya providencia desalentó á sus enemigos; pero viéndolos aun
tenaces en la resistencia, mandó llevarlo todo á sangre y fuego,
exceptuando á los niños de ambos séxos: cumplióse su órden tan
exactamente, que no quedó en el pueblo hombre adulto. A ésta sazon se presentaron los de la costa de *Tehuantepec*, los *Mi-
cahuatecas*, é *Izhuatecas*, ofreciendo pagarle tributo: hospedáronlo
en sus casas principales, y de hecho le tributaron piedras preciosas, esmeraldas y plumas de *Tlauhquechotl*, y *Tzinizcan* que es
el supremo regalo de los mexicanos, con mas coronas doradas,
bandas anchas de idem, gargantas de los pies sembrados en ellas
granos de oro, mozqueadores, y cargas de mantas muy ricas de
todo género.

Prendóse mucho el emperador de éste obsequio, y no permitió que de los mismos indios lo trajesen á México, por ser
mucha la distancia, ofreciéndoles regalar en retorno con gente
mexicana, que les traería lo que pensaba mandarles. Parece que
aquí tiene lugar la célebre anécdota que cuenta el cronista Herrera.

Caminaba (dice) el ejército para Tehuantepeque, y como
observase Moctheuzoma que los soldados se detenían damasiado
en guizar sus ranchos en el pueblo de *Tecomavaca* (camino de
Tehuacan para Oajaca), se incomodó mucho, y les mandó á todos quebrar las ollas y cazuelas. Regresóse luego para México, y
quiso entrar en la capital, visitando antes el cerro de Tepeapul-
co que está dentro de la laguna, para ver allí sus jardines y árbo-
boles de *Cacaloxochitl* (*), el Pantitlán, y ojos de agua grandes,
y la piedra labrada que se le dedicó allí al dios de las aguas,
cuando hervía fuértemente la laguna, y donde fueron echados vivos en sacrificio expiatorio muchos enanos, corcobados y blancos de
nacimiento llamados *Tlacaztaltzin*. No habría hecho este viage
por la laguna, si hubiera traido prisioneros. Avisó á México
de su llegada al Senado, para que se le recibiese con pompa é
iluminase la ciudad. Fué infinito el gentío que lo esperaba y salió á recibir en multitud de canoas, trayéndole muchos regalos
de peces y sabandijas de la laguna, con garzas y pájaros vivos,
(obsequio que agradeció y remuneró, mandando dar de comer á
los pobres y á las viejas, regalándolas á cuatro mantas y pañetes, y á cuatro enaguas á cada una, con lo que se retiraron
contentísimas.) El recibimiento fué suntuoso; subió al templo, dió
gracias, y se sacó sangre, como acostumbraba en tales casos. Al
dia siguiente recibió las felicitaciones de los cuatro barrios de México, y tambien hizo vestir á los pobres. Hubo una especie de

(*) Arbol muy comun en tierra caliente; su flor es tan delicada
para la vista como gustosa al paladar, pues mantiene su natural fra-
gancia conservada en la miel.

XIII.

competencia entre todos los pueblos, aun de los mas remotos del imperio, por venir á saludarlo Todos regresaban bendiciéndolo, pues él no quedaba corto en responder á sus obsequios con largueza.

Pasado algun tiempo de su llegada, mandó llamar á unos mercaderes que iban para *Tututepeque* y *Quetzaltepec*, y les dijo: que cuando llegasen á Tututepeque dijesen al cacique que tendría mucho gusto en que le mandasen algunas piedras ricas, y lo que ellos llaman *Huitziltetetl* y que conocemos con el nombre de *ojo dé gato*. Efectivamente caminaron con el mayor empeño, y llegados á la presencia del cacique dieron su mensaje. Mandóles éste que descansasen, y que lo consultaria con el de *Quetzaltepec*; mas éste se irritó sobre manera, diciendo que él no era tributario de Moctheuzoma: púsose de acuerdo con el cacique de Tututepeque, de que matase en su pueblo á la mitad de los enviados, y mandándole á él la otra mitad al suyo ejecutaría otro tanto. De hecho asi se verificó: entraron repentinamente donde estaban los enviados, y en una y otra parte los mataron á palos. Arrojaron sus cuerpos al rio que está inmediato, y comenzaron luego á levantar un gran baluarte, confederándose los dos pueblos para resistir al emperador, en el que trabajaron veinte mil indios. Acordaron asimismo dichos caciques que en el punto de *Quetzaltipan* se pondrían guarniciones, alternando en ellas los soldados de los dos pueblos para impedir que entrase ningun mexicano.

Al cabo de algunos dias se presentaron por accidente algunos mercaderes de ésta nacion, á quienes impidieron la entrada Encontraron en ciertas represas del rio algunos cadáveres corrompidos, de cuyas ropas y cabelleras, aunque podridas, tomaron para mostrarlas al emperador, á quien se presentaron muy espantados refiriendo lo que habian visto.

No les dió luego asenso el monarca, sino que comisionó personas de su confianza que le instruyesen, aunque estaba satisfecho de que los que le trajeron la noticia eran hombres veraces vecinos de México; llegaron pues, examinaron rio arriba la fortaleza, en cuya sazon los sorprendieron los guardias, y preguntándoles de donde eran, respondieron que de *Huetxocinco*; ni aun por estas les permitieron pasar adelante, sino que los revolvieron, refiriéndoles lo quo habia sucedido á los enviados mexicanos.

Con tales noticias, é instruido Moctheuzoma del modo con que estaba construida la fortaleza, llamó á consejo á los reyes de Tacuba y Tezcoco, y acordaron llevar la guerra á Tututepeque sin dejar mas que á los niños inocentes. El punto de reunion de tropas mandó que fuese en *Xaltianquixco*. Allí se resolvió el emperador á tomar la vanguardia del ejército, el rey de

Tezcoco la vanda derecha del rio, y el de Tacuba la izquierda. Mandó que cincuenta soldados viejos buscasen el vado mejor, caminando toda la noche, y despues de muchas vueltas y revueltas no hallaron mejor camino que un cerro contiguo á *Tututepeque.* Comenzó el ejército á caminar, y antes del alba encontraron con el rio llamado *Quetzalotlytempan* que ponía espanto, pues iba harto crecido. Moctheuzoma mandó hacer balsas de las cañas gruesas que había en las inmediaciones, y que se hiciesen tablones de los árboles inmediatos y muchos remos. Pasado el ejército por tal ardid, llegaron á la albarrada: en el espacio de un cuarto de hora la rompieron, y entró todo el ejército mexicano sorprendiendo á las centinelas que custodiaban el baluarte. En vano quisieron huir pues los prendieron, y para que no se supiese la llegada del ejército, avanzó Moctheuzoma con la mayor rapidéz y ocupó un templo que mandó incendiar, y luego á la segunda albarrada donde habia mucha casería. En breves instantes fué todo incendiado y dado al saco. Cuando eran las nueve del dia no habia quedado ni un enemigo, á ecepcion de los niños de ambos sexos que fueron respetados. Púsose el ejército á descanzar bajo de unos árboles: el rio se tiñó de sangre.

Como un trozo del ejército se habia separado del grueso principal avanzando rápidamente, regresó éste cuando ya era noche, llamando con fuertes voces á sus compañeros de armas; salieron á ellas, y hallaron que traian gran despojo y porcion de cautivos, que se hallaron ser por todos al dia siguiente 1350, de lo que se holgó Moctheuzoma diciendo.... Gran merced nos ha hecho el dios *Tlateuehtli:* descansemos hoy y mañana, y entre tanto examínese la fortaleza de *Quetzaltepec.* Destinó al efecto doce soldados viejos y astutos; quienes al fin lograron penetrar con gran trabajo y encontraron un paredon do cinco brazas de ancho y tres de alto, con mucha peña encima. Vieron igualmente que habia otras paredes del mismo espesor y altura; pero la sesta era de dos brazas de grueso y seis de elevacion, con jacales encima y mucha gente. Con semejantes relaciones mandó el emperador formar consejo de guerra, y éste acordó hacer escaleras altas, atadas dos en una, y dispuso que mientras los de un campo atacaban, suponiendo que allí acudirían los enemigos á la defensa, escalasen los soldados los otros puntos que supuso dejarían abandonados, y viéndose arrollados en los primeros retrocederían á los otros paredones, que ya estarían ocupados por los mexicanos; y tomando estos con sus flecheros las escaleras que los enemigos tenian hechas de piedra para comunicarse por todos los puntos, facilmente les impedirían la subida, lo que les pareció tanto mas facil de ejecutar horadando aquellos muros, cuanto que no eran de cal y canto, sino de lodo y tierra are-

nizca. Tal fué el dictámen de la junta de guerra con el que se
conformó el emperador, asegurando que si no surtía efecto, él no de-
sistiria de la empresa, aunque se mantuviese allí dos años, pues
tenía de sojuzgar á aquellos enemigos.

Efectivamente, hechas mas de doscientas escaleras tan grandes como gruesas, comenzaron los Aculhuas el asalto. Los enemigos dieron un horrendo grito peleando valerosamente. Por otra
parte llegaron los de Tacuba, y aunque recibian de lo alto mucho daño, lo reparaban en parte con los tablones que llevaban.
Los mexicanos flecheros hicieron retirar al enemigo, y comenzaron á horadar el muro, á cuya sazon los primeros que ya habian trepado hicieron estrago sobre sus contrarios, y como todo se
hizo á un tiempo, éste desamparó la primera albarrada y se aco-
gió á la segunda; pero ya no pudieron pelear ordenadamente ni
hacerse fuertes, y con el auxilio de las escalas quedaron tomados los cinco paredones: faltaba el sesto. El ejército mexicano
se situó á distancia de un tiro de fusil, manteniéndose en vela.
Los enemigos llamaron aquella noche á sus comarcanos y amigos los Huaxtecas, pero ya era tarde; mas al dia siguiente al
ser de dia fueron atacados por los mexicanos, á quienes no pudieron resistir. Apenas habian entrado de estos treinta hombres
cuando gritaron *victoria,* segun lo mandado por el emperador,
quien ordenó el asalto tocando su tamborcillo al que correspon-
dieren todas las cornetas y vocinas de su campo. Serían las siete de la mañana cuando llegaron los mexicanos á un templo que
incendiaron despues de unas casas principales. Entonces desde los
cerros inmediatos comenzaron los enemigos á implorar la clemencia de los vencedores que no quisieron oirlos ofendidos de las
muertes de sus deudos hechas en los asaltos. Los viejos miserables formaron en hileras diciendo á Moctheuzoma: ,,Señor, os da-
rémos cacao, papel, mantas, rica plumería, pedrería esquisita, esmeraldas. y otras chalchihuites menudas, y muy ricas, (*Teoxihuitl.*)
El emperador se compadeció de ellos y cesó la matanza, mandó que llevasen el Huitziltetl [*Huitzilletl*] ú ojo de gato. Traidos
los tributos á presencia de Moctheuzoma lo repartió entre los reyes auxiliares, y los principales cabos del ejército; parece que
Netzahualpilli se resistió á tomar su parte, pues le dijo irónica-
mente: Señor, no carezcas de esto, que es vuestro sudor y trabajo, ganado con tanta fatiga.

Regresó pues bien rico el ejército mexicano. Llegó á Izu-
can, y allí fueron recibidos los príncipes y obsequiados de los
gefes de varias provincias. Al siguiente dia entró el ejército en
Aculco, despues fué á Chalco é Ixtapalapan, desde donde tuvo
órdenes el gobernador de México *Zihuacoatl* para efectuar el recibimiento al modo que en las anteriores espediciones. Mándaron-

XVI.

se salir al encuentro á los sacerdotes, la mitad de ellos fué á
la medianía del camino, y la otra mitad quedó para tocar las
vocinas y caracoles y atabales encima del templo, que daban un
sonido harto funesto y horrísono. Moctheuzoma al entrar en México se embijó con un betún amarillo que llaman *axin*; se ciñó
su calabacillo de tabaco (*piciete*) figurando con esto ser un *an-
ciano*, y se adornó con besoleras de esmeraldas, y orejeras de
oro fino delgado. Las trompetas y caracoles sacerdotales se hicieron oir luego que llegó á *Acuchinanco*. Al llegar á la plaza se
presentó á recibirle *Zihuacoatl* vestido con un saco, á manera de
Hueypil, y enaguas de india serrana, y le fué siguiendo y guiando hasta arriba del templo. Llegando á la piedra que llaman *Top-
zicalli*, donde estaba un hueso agudo de tigre, lo tomó y se
hirió como otras veces había hecho, y hemos referido, puesto de
rodillas delante de *Huitzilopochtli.* Acabada la ceremonia se re-
tiró á su palacio, caminando por delante *Zihuacoatl*, y á los lados el rey de Tezcoco y Tacuba.

Orgulloso el emperador con el triunfo que acababa de conseguir, pensó cortar nuevos laureles. Un dia, rodeado de sus grandes, les dijo: ,,Muy ociosos estamos; yo quisiera probar ventura
con nuestros enemigos los *Huetxozincas*, *Atlixcas* y *Chololtecas:"*
aprobáronle el pensamiento, y para realizarlo se hizo venir á los
reyes aliados de Tezcoco y Tacuba. Muy luego se presentaron
al emperador, y acordaron aprestarse para la guerra, sin que la
historia diga los motivos de éste rompimiento, como lo hace cuando habla de las anteriores; mandóse á gran prisa hacer acopio
de víveres. *Cuauhnochtli* tuvo órden de hacer salir la gente de
los cuatro barrios de México dentro de cuatro dias, y que al
cuarto del alba estuviesen ya cerca de Chalco, siendo el punto
de reunion *Atzitzihucan:* encomendóse la espedicion á *Tlacahuepan* primogénito de Moctheuzoma, y fueron los principales capitanes
de ella *Tlacatecatl*, *Tlacochcalcatl*, *Nezhuahuacatl*, *Acolnahuacatl*,
y *Ticociahuacatl.* (*) Al despedirse del emperador le dijo: ,,Creo,
señor, que esta será la última vez que te vean mis ojos; mi
voluntad es morir en la demanda." ,,Toma, pues, le respondió el

---

(*) No están conformes los autores en que éste general fué hermano de Moctheuzoma; se cree, y lo asegura Clavijero que fué su hijo.
Cuando Netzahualpilli propuso á Moctheuzoma para emperador, enu-
meró á todos sus hermanos y no mentó á éste; mas lo cierto es que
era persona muy allegada, y que su muerte en campaña le fué muy
sensible al emperador. Vease nuestra disertacion en la parte segunda de la galería de los Príncipes mexicanos impresa en Puebla año
de 1821. A este resentimiento atribuyo el no haberse confederado
tlaxcaltecas con mexicanos, como éstos querían cuando vino Hernan
Cortés, y la causa de la ruina del Imperio.

emperador, las armas de mi padre Axâyaéatl, que eran una divisa de oro, llamada *Teocuitlatentec*, con una ave encima del *Tlanhquechotl*, y una macana de muy ancha navaja.

Llegó este general el primero al campo, y punto de reunion, habló al general y dijo: Mañana es mi dia: si me he hecho odioso en México, estoy en parte donde todo lo pagaré. Parece que estaba despechado, pues habiéndose reunido al dia inmediato las divisiones de Huexotcinco, Atlixco y Cholula, los mexicanos fueron envueltos. Peleóse por éstos con brio y rábia; pero reforzados continuamente sus enemigos, fueron muertos en tanto número, que la multitud de estos embarazaba a los vivos. El general mexicano despues de haber muerto por su mano á mas de veinte, rompió por lo mas espeso de los escuadrones animando á los suyos; á poco se vió rodeado de multitud de Tlaxcaltecas, quienes le prendieron vivo, y dirigiéndoles la palabra les dijo: ,,Por mí ya esto está concluido, ya me he divertido con vosotros, haced de mí lo que querais" viéndolo sus soldados prisionero temieron que los castigase el emperador, y dijeron: *vamos á sacarlo ó á morir*: entraron recio, y oyeron que su general decía á sus enemigos: ,,No me lleveis á vuestro pueblo, matadme aquí mismo." Despojáronlo al momento de sus vestidos y armas, y lo hicieron pedazos. Los que lo seguian de los suyos para salvarlo, mataron á dos capitanes tlaxcaltecas; pero como eran muchos revolvieron sobre ellos y los mataron. Los principales gefes mexicanos perecieron en la accion, no menos que los de Tezcoco y Tacuba; finalmente no quedó pueblo ni familia de que no pereciesen algunos, siendo la pérdida de todos los ejercitos de mas de cuarenta mil hombres. Tal éxito tuvo una guerra emprendida por el orgullo del emperador, y por el deseo de una vana gloria.

Cuando supo éste tamaña desgracia, se echó á llorar haciendo grandes lamentaciones; mas despues dijo á los viejos que con él estaban, y á Zihuacoatl.... Ah! no murieron entre damas y regalos, ni entre vicios mundanos, sino como hombres esforzados con suave muerte, en batalla florida, y campo de gloria, y de nosotros deseada..... Mandó luego á su ministro hiciese salir á los sacerdotes y gente principal á recibir al ejército como si volviese triunfante; así lo hicieron, pero en el rostro de aquellos soldados venía pintado el horror y desaliento: venían cabizbajos, sin rodelas ni adornos: no tocaban vocinas ni atabales como en otros dias de triunfo, sino que derramaban lágrimas con los que iban á recibirlos á *Xoloco*. Presentáronse los capitanes ante el ídolo Huitzilopochtli, y luego bajaron á saludar al emperador: mandó éste que descansasen, y que fuesen obsequiados y vestidos de un color. Sabida por todo el imperio la desagra

XVIII.

cia, comenzaron á acudir de muchas partes á manifestar su sentimiento, trayendo al monarca mantas ricas veteadas de negro sus
labores [*Huitztecotl Tlarochco*] y muchos presentaron esclavos que
tenían en su servicio para inmolarlos en sacrificio por los difuntos. Tambien presentaron mantas para envolver la estátua del primogénito del rey en las exéquias que deberían hacérsele. Efectivamente el emperador mandó que se celebrase por él una solemne parentacion, no menos que por los demás capitanes muertos en la batalla, y que se hiciese una gran tumba (*Tlacohcalli*)
con cuatro estátuas de madera liviana como corcho que llaman
Tzompantli. Para darles la mejor configuracion y semejanza con
los originales, se llamaron los mejores estatuarios y pintores, no
menos que para la formacion del Sarcofago. Sitúose este en el
templo de Huitzilopochtli: rodearonlo de leña, y en torno de él
al son del Teponaztli y atabales, los viejos con rodelas en las
manos y bordones, comenzaron á cantar el romance de la muerte. La estátua del general *Tlacahuepan* se colocó enmedio, y las
de los demás gefes al rededor: dieron fuego al túmulo rodeado
de ocote seco, y en la hoguera quemaron sus ropas, armas, divisas, y joyas preciosas, estando presentes sus mugeres, hijos y parientes
que lloraban sin consuelo.

Recogieron despues los sacerdotes sus cenizas y las en-
terraron en *Tzompantitlan*, detrás del templo de *Huitzilopochtli*.
Despues los concurrentes al duelo pasaron á palacio á consolar
á Moctheuzoma. y habló por todos *Netzahualpilli*, quien procuró
consolarle diciendo: que todos estaban contentos y descansados
con el dios del Sol, gozando dobles satisfacciones de las que
acá tenian. Concluido este acto se retiraron todos á sus tierras
y casas.

Eran pasados dos meses poco mas ó menos de este suceso, cuando se recibió en México la noticia de la sublevacion
de los pueblos de Yanhuitlán y Zozóla en la Mixteca, provincia
de Oaxaca; pero de este hecho y de todo lo que fué consiguien-
te á él, ya he hablado en mi periódico *Centzontli* núm. 4. (*)
Suplemento á la memoria estadística de Oaxaca á donde remito
al lector; temiendo hacerme empalagoso en esta historia. Solo aña-
diré que el sacrificio de los prisioneros Yanhuytecas duró dos
dias: ¡monstruos abominables vive Dios!

Los pueblos de *Huaquechula* y *Atzitzihuacan* espusieron al emperador que los de *Huexotcinco* y *Atlixco*, les habian causado notable
daño en sus sementeras, é imploraron su favor contra ellos. No deseaba
otra cosa este monarca sino pretestos para hacerles la guerra, y así convocó á sus régulos para ponerse en campaña; fué el primero en

(*). El primero que publicamos con este nombre.

XIX.

presentarse *Ixtlilquechahuac*, señor de Tula, que usó la gasconada de pedir se le dejase ir por delante de los mexicanos á probar ventura. Los de Huexotcinco, como si fuesen á un sarao, antes de entrar en accion, les arrojaron flores y comenzaron á sahumarlos: rompieron la accion los Tultecas, y luego su cacique muy galano llevando por divisa una águila batiendo las álas: su misma figura llamó la atencion de sus enemigos que avanzaron sobre él, le hicieron prisionero, y como muchos de los suyos se empeñaron en recobrarlo, se empeñó una reñida lid en la que sacaron la peor parte los Tultecas, quedando muchos muertos y prisioneros. Entonces la accion ya se hizo general con los mexicanos que casi corrieron la misma suerte, pues murieron muchos, y quedaron prisioneros *Zezepatic*, y *Tezcatlipuca*, capitanes acreditados. Acorrieron los Chalcas y de Matlatzinco (hoy Toluca) en auxilio de los mexicanos, y sea por mas valientes, ó porque entraron de refuerzo y frescos en la batalla, lo cierto es que hicieron retirar á los Huexotcincas, y se terminó el ataque, quedando con esto hechos amigos los mexicanos con los Huexotcincas, concluyendose la guerra cruel entre unos y otros.

Cuando el emperador supo ésta ocurrencia, hizo llanto por la muerte de los mexicanos; pero en celebridad de la terminacion de la guerra, mandó que se hiciesen demostraciones de regocijo, saliendo á recibir los principales y sacerdotes al ejército. Moctheuzoma para recibir al general *Cuauhtzolli* tomó su rodela en una mano, y en la otra su macana como si fuese baston; espúsole aquel todo lo ocurrido en la jornada, y que en ella habian perecido tres gefes mexicanos y diez mil soldados. Respondió el emperador con suspiros agradeciendo el empeño que habian tomado en dar fin á una guerra terrible de tantos años, único motivo de su consuelo en tal desgracia. Ordenó que se les obsequiase á sus soldados, y al siguiente dia que se celebrasen honras funerales por todos los difuntos, á los que asistieron los gefes principales y régulos de la comarca, no menos que al sacrificio de muchos cautivos en espiacion de los muertos.

Concluido éste acto, el emperador dijo á los gefes, que estaba acabado el nuevo templo de *Coatepetl* y *Coatzacoullí*, y para estrenarlo con sacrificios era necesario ir á hacer la guerra á los de *Tuctepec*, y *Coátlan* que estaban levantados. Efectivamente se aprestó á la mayor brevedad el ejército, y marchó para aquellos puntos, á lo que entiendo bajo la direccion del general *Tlacocatccatl* y otros gefes acreditados. Estando próximos á los puestos enemigos, conocieron los mexicanos que necesitaban de hacer puentes para pasar un gran rio que los dividia, y efectivamente los construyeron, y además hicieron balsas para que pasase el ejército. Los enemigos los aguardaban con gran resolucion, y aun

comenzaron á denostarlos diciéndoles que durarian dos horas con
vida, y aun intentaron rodearlos. Reunido todo el ejército mexicano cargó sobre ellos repentinamente, y los pusieron en dispersion
matando á muchos, y haciendo prisioneros á ochocientos, los cuales cuando regresó el ejército á México, fueron llevados al templo
mayor y colocados en derredor de la gran piedra del sacrificio.

Grande fué el gozo del emperador, teniendo tanta cópia
de hombres para la dedicacion del templo. Ocupóse en dar órdenes para celebrarla con el mayor esplendor posible, y convidó á todos los régulos, y aun á los de los pueblos enemigos.
Antes de comenzar el sacrificio distribuyó armas y divisas á los
soldados que habian hecho aquella presa; trasquiláronles los cabellos dejándoles atrás del colodrillo un manojo de pelo para tren-
zarse: ésta era la señal y distintivo de quedar en la clase de
Tequihuaques ó valientes acreditados en batalla, y que podian
adornarse con plumería rica. Tal fué la medida que tomó Moctheuzoma para premiar y alentar el valor de su juventud mi'itar, y agra-
decidos sus soldados lo proclamaron allí *Zemanahuaca Tlatoani*, es
decir *emperador ó Señor del mundo*: ¡qué poca idéa tenian de la grandeza del globo! Serian las nueve del dia cuando pusieron á los
prisioneros en hileras en la plaza de *Tzompantlan* junto á la
gran piedra *Cuauhxicalli* ó degolladero; los convidados se colocaron frontero del ídolo, presentóse el monarca ricamente vestido
y embijado, cubierto con una manta que llaman *Teoxihuatl*, calzado verde sembrado de esmeraldas, y lo mismo la corona. A
su izquierda venía *Zihuacoatl* vestido de la misma manera por
ser su segundo, primo del emperador y gobernador de México
en su ausencia; llegaron luego los *Cuauhhuehuegues*, verdugos sa-
sacrificadores armados con dos terribles navajones; tocaron luego
los sacerdotes sus cornetas, y entre cinco ó seis viejos arreba-
taron furiosos al primer cautivo, y comenzó aquella horrible matanza, acercándose el emperador y *Zihuacoatl* á ver como les arrancaban los corazones y corrian luego á meterlos humeantes
en la boca al infame ídolo, y despues arrojaban el cadaver
por las trescientas sesenta gradas que tenía el templo. Doscientos
veinte infelices se inmolaron en aquel solo dia, y con el último se
acabó la escena de horror á las once de la noche. El templo
de Coatlan (dice *Tezozomóc*) quedó tan teñido de sangre que parecia un dosel carmesí. Concluida esta espantosa matanza, de la
que podrémos decir, *obstupuére homines, obstupuére Dii*, pasó
el emperador á una de las salas principales de su palacio donde hizo grandes obsequios á los convidados, y los despidió para que se fuesen en secreto, como así lo hicieron y era costumbre.

Si cambiando el caracter de historiador pudiesemos mezelar algunas reflexiones sobre este hecho de abominacion é iniquidad, podriamos preguntar ¿en qué ángulo del mundo se há presentado un pueblo que hubiese podido sostener tranquilamente la atencion á sangre fria á un espectáculo como este? Roma se divertia con sus gladiatores y circos; pero las escenas eran variadas y no monótonas, con un continuo gemir de las victimas: ¡ó fanatismo religioso! ¿de que no eres capaz? Mas espanto me causa tu idea que la de mil legiones formadas en batalla. ¿Y qué dirémos ya de las hogueras inquisistoriales? ¿Qué de los quemaderos de cal y canto hechos en Sevilla? ¿Qué de las mil víctimas inmoladas en una vez? Qué de las veinte mil sacrificadas por Isabél la Católica? ¿Qué de estos sacrificios hechos en nombre del cordero sin mancilla? Españoles, no echeis en cara al pueblo mexicano su crueldad é idolatría: si ellos hubiesen conocido á este Dios de paz (*) á quien adorais, se habrian guardado de aquejar á la humanidad con este genero de desdichas. Separados de lo que decia relacion á su culto, ellos eran buenos, dulces, hospitalarios y generosos, y cultivaban todas las virtudes sociales que encantan á los hombres. Sigamos el hilo de la historia.

TERCERA PARTE.

Tan espantosa crueldad parece debiera haber acobardado á todos los pueblos del continente mexicano para no irritar al emperador Moctehuzoma; mas sucedió toco lo contrario, verificandose aquí aquel axioma de política que dice, ,,que los grandes golpes dados contra los pueblos, menos sirven para humillarlos que para precipitarlos al despecho." Los régulos de *Atlixco y Acapetlahuacan* enviaron un mensage á Moctheuzoma desafiandolo á batalla campal para dentro de tercero dia, diciendole *que querian tener un rato de huelga y soláz con su ejercito*. Semejante insulto no irritó al monarca, pues recibió y hospedó á los mensageros diciendoles que desde luego aceptaba el desafio, y además los obsequió y regalo: ¡cosa rara en su condicion orgullosa! Dictó pues sus medidas ejecutivas para que dentro de tercero dia se presentase su ejército á la vista del enemigo. El emperador se guardó muy bien de ir en persona á medirselas con sus contrarios, y á lo que parece encomendó la espedicion á los generales *Teoatempan, Tlachinoltepam, Hezhuahuacatl, Mazcuhcatzin, Alconahuacalt, Tezcicuanitzin, Tezcocoacatl,* y *Tellohualpachóa.* El ejército enemigo aguardaba tranquilo, y con valeroso ánimo, tanto que comenzaron á decir á los mexicanos: amigos (*en el testo sobrinos*) probemos ventura cada uno... Sea en buena hora di-

(*) Quomas quiere misericordia que sacrificio.

jeron los mexicanos... Esto parecia un torneo de diversion: comenzó pues el ataque pero con tanto denuedo que luego sintieron el descalabro los mexicanos, pues hicieron prisioneros los de
Atlixco y Cholula á sus principales gefes. Duró la accion todo
el dia. Al ser de noche pidieron los mexicanos que cesase la guerra, pues para continuarla no faltaria ocasion puesto que aquella
accion habia sido *Xichiyayotl*, ó como si dijesen una escaramuza
de gloria, hecha de voluntad y sin traicion, pues en el campo
habian quedado los muertos como bellas rosas ornadas de rica
plumería, y fenecidos con regocijo: en tan poco estimaban sus
vidas aquellos hombres.

Retiraronse los mexicanos á *Atzitzihuacan*, y á lo que se cree
allí examinaron su pérdida que era de 8200 hombres inclusos los
primeros gefes del ejercito, y acordaron dar aviso al emperador,
el cual oyó esta nueva con amargura; mandó á *Zihuacoatl* que
se hiciesen honras por los difuntos, y que saliese la nobleza y
sacerdotes á recibir el ejército, siendo el primero el emperador á
la salida del recibimiento. Pocas familias dejaron de llorar la pérdida de algun deudo. Preguntóseles á los de Tlatilolco (hoy Santiago) por el emperador ¿cuántos muertos habian tenido? y respondieron que *ninguno*. Estarian escondidos, dijeron los cortesanos riendose: estarian Señor, escondidos de nosotros estos bellacos. Sabeis que como sojuzgados están obligados á abastecer el
ejército con víveres, y los que dan son escasisimos; tampoco acu-
den con los cueros de tigre, esmeraldas y plumería, y aves
esquisitas de la costa, como debieran (respondió Moctheuzoma,
segun se obligaron con mi padre Axayacatl, cuando los venció
en justa guerra); y mándoles yo que vayan á la guerra con vosotros y tributen lo que se les notificará en forma, y si no me
obedecieren yo les haré guerra como mi padre, y cuidado que
no entren mas en mi córte hasta que no hagan presa de esclavos. Intimóseles el mandato del emperador por el capitan *Aca-
tlecatl* y otros, y de facto no entraron en la córte del monarca en un año. Resolviéronse á cumplir el mandato superior yendo á campaña, y cumplieron su oferta como adelante verémos,
comportandose con valor.

No faltó ocasion de acreditarlo, pues en breve llegó á
México noticia de un saltéo hecho por los *Tuctepecas* á unos
mercaderes mexicanos: quiso el emperador mandar sobre ellos un
ejército, pero examinado el punto en el consejo de los reyes de
Tezcoco y Tacuba, acordaron se examinase primero el hecho, y
si el asesinato se habia hecho á las orillas del mar ó dentro de
sus últimos pueblos: esta fué la duda que hizo suspender el mandato. El emperador mandó doce mexicanos prácticos y hábiles
en la guerra, los cuales regresaron diciendo, que habiendo pasa-

XXIII.

do un gran rio, habian visto tomados los caminos con estacas, que no habia donde poner un pie. y una fuerte albarrada ó parapeto de defensa. Con tal aviso se aprestó la expedicion; los *Tlaltilolcas* acudieron con sus víveres en gran cantidad; pero los desairó Moctheuzoma devolviéndoselos: hecho por el que las pobres viejas y viejos que lo llevaron comenzaron á llorar amargamente. Los principales comandantes de esta expedicion fuéron *Huitznahuatlailotlác, Ticoyahuacatl, Teuhtlamacaxqui,* y el general *Cuauhnoctli.* Llegada á las inmediaciones de *Tuctepec* pasaron el rio en balsas, y rompieron el parapeto. Despues rompieron la fortaleza de los enemigos que estaba adelante por un asalto dado al alba, en el que hubo soldado *Tequihuaque* que tomó dos prisioneros. Los de Tlatelolco mostraron gran valor atacando las casas principales del cacique, y no hubo soldado de estos que no se aprovechase de alguna cosa. No quedó persona en aquel desdichado pueblo, y sus prisioneros ascedieron á 2606: copiosa ganancia para *Huitzilopochtli.*

Entrado el ejército en México con las ceremonias de estilo, se presentaron al emperador los Tlaltilolcas; hicieron una grande arenga y le presentaron sus prisioneros: recibiólos en su gracia, y les mandó que los conservasen en su poder para cuando fuesen necesarios, reencargándoles su custodia y buen trato para que no enfermasen, y así tornaron á entrar á México y en palacio, mas sin dejar de pagar por esto todos los tributos con que se les habia gravado por el emperador.

Los depositarios de los almanaques mexicanos (que eran unos viejos) avisaron á Moctheuzoma que faltaban cuatro dias para que hubiese un eclipse de sol, (*) y era necesario que se hiciese lumbre nueva. Sacábase ésta frotandose fuértemente dos trozos de leña rollizos, y esta operacion se ejecutaba de noche encima del cerro *Xuixachtecatl* ó sea el cerro de *Ixtapalapan y Culhuacan.* Encendida la lumbre de este modo ocurian todas las familias por ella á quel punto, y de la misma colocaban un bracero en el templo de Huitzilopochtli frente al ídolo, el cual ardía dia y noche, para cuyo cebo traian sendos troncos, pagando con la vida el sacerdote encargado de atizarlo si por descuido se apagaba. Dispúsose por los sacerdotes al dia siguiente una solemne procesion á aquel cerro que aprobó el emperador, y en ella fueron los cautivos de Tuctepec, los cuales fueron sacrificados en una noche hasta la salida del lucero del alba. Todavia existia allí la piedra del sacrificio cuando Hernán Cortés atacó á los mexicanos en aquel punto donde estaban fortificados y la echó á rodar.

(*) Es decir: el acabamiento era de un espacio de cincuenta y dos años, al que llamaban *Toximmopillia.*

XXIV.

En esta sazon, á lo que se creé, comenzaron á tener grandes desazones los *Tlaxcaltecas* y *Huexotzincas* sobre linderos de tierras, que al fin terminaron en un rompimiento de guerra, por el que los primeros hicieron tanto daño á los segundos, que los redujeron á la miseria talándoles las sementeras. Ocurrieron los Huexotcincas al emperador por medio de sus enviados *Te-cuanhuehuatzin*, y *Tlachpanquizque*, á quien entraron á ver dándole antes aviso por medio de los porteros. Holgóse Moctheuzoma de ello; saludáronle dándole el nombre de *Netenamatzine* ó sea preciosa *esmeralda*; comenzaron á llorar y le dijeron: muchos dias há que de nuestra voluntad hemos querido confederarnos con nuestra pátria y nacion mexicana, tributar á *Tetzahuitl Huitzilopochtli*, valeroso dios vuestro, y sujetarnos á vuestro mando; mas no lo han permitido los Tlaxcaltecas, y dos años há que han empezado á arrancar nuestros sembrados ya en flor y fruto. Por esta causa mueren ya muchos de nuestros viejos, niños pequeños, y mugeres con sus criaturas en las cunas, que es la mayor compasion. Recíbenos por tanto en vuestra gracia y proteccion, y déjanos reverenciar y adorar á vuestro dios Huitzilopochtli.

Descansad, les dijo el emperador: no soy yo solo el que puedo ampararos; es necesario ver á los señores principales del senado mexicano.... (*) Llevadlos, dijo á *Cuauhnoctli*, á *Mexcaeulitic*, (palacio de los señores mexicanos) y tratadlos bien. Efectivamente convocó al Senado el monarca, y esta corporacion le consultó que oyese á los príncipes confederados de *Texcoco* y *Tacuba*. Convinieron estos en que les auxiliase, y fué muy de reparar la opinion del primero, pues le añadió con enfasis: recibidlos como árbol frondoso que sois.... Que no sabemos lo que nos sucederá á nosotros en los tiempos venideros.... Así se verificó. pues á poco tiempo que aparecieron los españoles, recurrió el emperador al auxilio de estos pueblos, aunque en vano para rechazarlos.

Despachados con esta respuesta los comisionados, pasaron por Chalco, donde se les atendió y escoltó hasta encaminarlos para *Huexotcinco*. A pocos dias bajo el seguro del emperador vinieron muchas gentes pobres de aquella provincia, y fueron socorridas abundantemente en México.

En el consejo tenido sobre este grave asunto, se acordó que el campo mexicano se situase en los mismos puntos donde mas daño hacian los Tlaxcaltecas á los de Huexotcinco. El general *Cuauhnoctli* recibió el mando del ejército, y se procuró lle-

(*) Luego alguna vez se sujetaba á una constitucion de estado, y no era *absoluto*.

vase las mayores y mas fuertes armas, quien dispuso que se dividie-
se el ejército de auxiliares en varios trozos para flanquear á los
enemigos Tlaxcaltecas, y que los mexicanos formasen el ejército
del centro. La vanguardia de Tlaxcala venía al mando del general *Tlahuicole*; era éste tenido por el Hércules de sus dias, así
por su valor sobresaliente, como por su pericia en el arte de la
guerra y por su pujanza extraordinaria; su espada era la carga
de dos hombres, y él la manejaba con la destreza de un gla-
diator romano. Por tanto era el terror de los mexicanos, y su
nombre solo les imponía. Reconocido el campo de estos por *Tlahuicole*, comenzó á retirarse astótamente para llamarlos á un mal
país para aprovecharse de las ventajas de aquella localidad espinosa, y estár mas á punto de recibir socorros y refuerzos de Tlaxcala, manteniendo siempre su tropa de refrezco: así pelearon tres dias.
El emperador que entendió esto, dobló su ejército en número. Empeñóse la accion por veinte dias, mas llegados á ponerse ambos ejércitos cerca de Chalco, y reunidos los de esto
pueblo á los mexicanos, los Tlaxcaltecas dijeron á los mexicanos
que así como ellos por cansados se retiraban, ellos hacian lo
mismo, y que dentro de veinte dias tornarian y volverían al combate. Moctheuzoma se incomodó de esto, pues quisiera que la
guerra se hubiese terminado con gloria del imperio. Al siguiente dia se recibió en la corte la noticia de que *Tlahuicole* había
sido hecho pricionero; (parece que en una emboscada) (*) tra-
jéron á él; subieronlo al templo, y lo pasearon
en derredor de la piedra del sacrificio: despues lo presentaron al emperador, quien tuvo gusto particular en verlo, y procuró exami-
nar por sí cuanta fuerza y pujanza tenía. El prisionero se com-
portó con la dignidad y franqueza de un soldado, y de un ciudadano libre, pero cortés y urbano. Díjole: ,,yo soy el otomí
Tlahuicole: me alegro de haberos visto tan generoso emperador:
vos sois mas de lo que se me habia dicho" ,,Seas bien venido, le
respondió el monarca: no carece de misterio lo que te ha sucedido... Hoy por tí y mañana por mí... Descansa, no tengas cuidado que nada te faltará." Mandóle dar vestidos atigrados como
á valiente soldado que era, una besolera de esmeralda, una divisa que llamaban *Quetzaltónameyutl* que era una plumería rica
con un sol relumbrante como espejo, despidióse de él, y le hizo
el monarca una gran cortesia. De este modo pagó un omenage
al valor de un enemigo terrible; y por tan buen tratamiento dis-
pensado al general Tlaxcalteca, esta república entró en su deber
y cesó de hostilizar á los Huexotcincas.
Mucho se ha escrito acerca de este ilustre prisionero,

(*) Aseguran que fué atascadero.
IV.

XXVI.

Tezozomoc dice que lloraba cuando se acordaba de sus mugeres, lo que sintió Moctheuzoma v les dijo á sus cortesanos: „¿Por ventura no murieron en los campos de Huexotcinco y Cholula *Ixtlilcuechahua, Matlacuia, Macuilmalinall, Zezepatic, y Quitzicuacua*? ¿Y éstos qué fueron tan valientes como *Tlahuicole*? ¿Y acaso estos se acordaron de sus mugeres? Decidle que esa es afrenta que dá á la sangre ilustre, que lo digo yo, y que se vaya á su tierra, pues causa miedo de morir á los principales gefes de esta córte." Que habiéndolo sabido *Tlahuicole* ya no lloró mas, y el emperador mandó que no se le ministrase ya cosa alguna de su palacio. Que necesitado de comer, andaba errante de casa en casa el Tlaxcalteca pidiendo el alimento y viendo el desprecio con que se le trataba se fué al templo de Tlatilolco y subido en lo mas alto se despeñó y mató. No conviene en esto el sábio Clavijero, sino que dice que sirvió á Moctheuzoma valerosamente en una campaña contra los michoacanos; que no quiso regresar á su pátria Tlaxcala; que se empeñó en morir sacrificado por su nacion en el sacrificio gladiatorio donde mató á los que se le presentaron á combatir segun costumbre, resistiéndolo siempre Moctheuzoma. *Tlahuicole* será asunto de muchas composiciones poéticas y oratorias, cuando en nuestra América se estime dignamente el valor y amor patriótico; por ahora esta relacion pasará, como muchas interesantes, como una fábula milesia, ó un pasatiempo para arrullar niños.

Los comisionados de Huexotcinco dieron gracias al emperador por su generosa hospitalidad, y despues de haber hecho esplorar el camino, satisfecho de que no habia enemigos que se los estorvasen, les permitió partir. Las demás gentes hicieron lo mismo, y estas fueron aposentadas en casas particulares, cuyos dueños las recibieron á proporcion de sus haberes para mantenerlas.

Poco duró la paz entre mexicanos y huexotcincas, porque amenazados por los de Cholula tornaron á mostrarse enemigos de los mexicanos, en cuyo cambiamiento no tendría poca parte el influjo de Tlaxcalan, pues ésta república aborrecía de muerte á Moctheuzoma. Súpose esto en México con motivo de haber venido unos enviados de Huexotcinco al convite que se les hizo para que celebrasen la estatua del emperador, hecha en Chapultepec, de que adelante hablarémos. Este convocó á los reyes aliados para poner un ejército en campaña, y en la sesion tenida sobre este asunto, el de Texcoco le predijo que tendrian un éscito desgraciado en las espediciones que se hiciesen contra los enemigos de la costa, y que tendrian muy pocos ó ningunos prisioneros en lo succesivo. No agradó al emperador semejante prediccion, y acaso en esta vez sería cuando le trató de loco, segun Clavijero; finalmente se declaró la guerra á Tlaxcalan. No sabemos á qué gefe se dió el mando del ejército, solamente que la accion se dió en *Ahuayucan*; que fué muy reñida, muriendo mucha gente de una y otra parte; que los mexicanos hicieron prisioneros, los cuales fueron precipitados desde lo mas alto de los temples, y hechos pedazos; que de los Tlaltilolcas murieron trescientos y setenta, aunque cautivaron á cien Tlaxcaltecas; que á la entrada del ejército, de regreso para México, salió el emperador á verlo, situándose en el punto de *Texcalco*: que los mexicanos venian tristes, y llorando por la gran pérdida que habia sufrido su ejército disminuido en la mitad; pero que el emperador se alegró porque traian prisioneros, los cuales entraron bailando y dando alaridos.

Los indios Tlaltilolcas habian sido antes de esto tratados por Moctheuzoma como viles cobardes, y como á tales los habia hecho tusar; mas reparado este concepto por lo bien que se portaron en esta guerra, les hizo dar por medio de *Zihuacoatl* ricas divisas, espadas muy galanas y rodelas, de lo que quedaron muy contentos.

Las conversaciones tenidas por el emperador con el rey de Texcoco comenzaban ya á obrar efectos terribles en su ánimo, precipitándolo al despecho y melancolía: en todas le vaticinaba la ruina de su imperio, y obraban tanto mas poderosamente, cuanto que era tenido por el astrólogo mas sábio de sus dias, formado en la escuela de su sábio padre *Netzahualcoyotl*, y á par de esto era el príncipe mas justo que habia conocido el reino de Aculhuacán. Doliale mucho á Moctheuzoma quedase su nombre sepultado en la noche de los tiempos. y que la posteridad no conociese su imágen: mandó pues formarla ó entallarla en una gran peña en *Chapultepec*; remuneró lárgamenté á los canteros y artífices que la construyeron. y tenia la mayor complacencia en ir á aquel sitio, cual otro Narciso, á mirarse y remirarse en ella; pero al mismo tiempo se le escitaban ideas muy melancólicas que lo ponian de muy mal humor, y lo precipitaban á cometer grandes injusticias de que hasta entonces nadie le habia acusado, pues solo se le habia notado propension á la crueldad por escesivo celo de ser justo en todas sus determinaciones.

Habia una especie de faro en el punto que llamaban *Tozititlan*, el cual se iluminaba todas las noches, que al mismo tiempo que servia de guia á los caminantes, les proveía de lumbre; ignórase por qué Moctheuzoma mando que no se encendiese: una mañana amaneció el faro hecho cenizas, hiciéronse las mas esquisitas diligencias de averiguacion para saber quién lo habia quemado. y mandó prender á muchos, condenándolos á ayunar en la cárcel que llamaban *Cuauhcalco*: despues se supo-

por uno de los prisioneros venidos de Tlaxcalan, que los de Huexotcinco habian incendiado dicho faro.

En una noche se dejó ver una nube muy blanca por el
oriente, la cual daba tanta claridad que parecia medio dia, y
ésta se aumentaba en razon de lo que iba subiendo y figuraba
la imágen de un gigante que se elevaba magestuosamente. Uno
de los centinelas del templo mayor, observó este fenómeno y
llamó á sus compañeros para que igualmente lo observasen; diósele parte al dia siguiente al emperador quien nada creyó, y
trató á los que se lo dijeron de soñolientos ó borrachos. No
obstante el emperador se puso á observarlo por sí mismo. Llamó á muchos de los tenidos por Nigrománticos, para consultar-
les, los que nada supieron responderle, diciéndole que nada habian observado: irritóse de esto altamente, y mandó á su mayordomo *Petlacalcatl* que los encerrase en la carcel y matase
de hambre, só pena de que él padecería la misma si por compasion les daba de comer; ellos rogaban que les quitasen la vida prontamente, por no sufrir semejante castigo. Moctheuzoma
hizo llamar prontamente al rey de Tezcoco, y afectando dudar
de la verdad y ecsistencia de este meteóro le dijo: „¿Acaso vos
sois el único que dudais de él, cuando todos lo han visto? Yo
nada os habia hablado de él, porque supuse que nada ignora-
rais." Ecsortóle á que recibiese con resignacion el golpe de fortuna que le amagaba: „yo (añadió) nada he de ver, porque me
voy á *acostar,* es decir, á *morir;* esta será la última vez que
os hable; por tanto, os recomiendo mi casa y mi reino; y que á
mis súbditos los mireis como á vuestros propios hijos." Comenzaron á llorar los dos príncipes, y Moctheuzoma le decia: „¿adonde iré yó? ¿me volveré pájaro para volar y ocultarme? ¿ó habré de aguardar lo que el cielo disponga de mí?...." Facil cosa
es concebir los afectos que produciría en el corazon del emperador esta conversacion. Un ánimo supersticioso y cruel, un príncipe
avezado con la sangre y los suplicios mas horrorosos, un hombre armado de poder sin límites, finalmente, atribulado y empeñado en
aplacar á la divinidad con sacrificios cruentísimos, sin duda que
creyó aquietarla con víctimas, sin detenerse en los medios, ni
consultar á las consideraciones de los pueblos; así es que apenas se
despidió del rey de Tezcoco cuando al momento mandó que fuesen
ahorcados todos los Nigromantes, machacadas las cabezas, y sus cadáveres arrojados en la laguna; que se les saqueasen sus casas,
se lanzasen de ellas á sus mugeres, dejándolas en la horfandad,
y desolacion, y que sus hijos se repartiesen, arrancándolos de los
brazos de sus madres. Para dar colorido á tal maldad dijo que lo
habian burlado, y traian engañado á todo México.

A pocos dias llegaron correos de Tezcoco avisando que

XXIX.

Netzahualpilli habia muerto. Ya dijimos en la Galería de príncipes mexicanos, que se substrajo de la vista de los suyos, ó
tal vez se daría la muerte por su mano. El emperador comenzó
á llorar, *Zihuacoatl* le aconsejó dijese á los mensajeros que iria
á sus funerales: efectivamente, al siguiente dia fué á amanecr á Tezcoco el emperador, llevando consigo ricas mantas y alhajas preciosas para envolver la estátua del rey. Recibiólo el senado] de
Aculhuacán, yendo á la delantera todos los obsequios con
mas porcion de esclavos que con la estátua se habian de quemar. Pronunció Moctheuzoma entre lágrimas un elocuente discur·
so para consolar á la familia real que recomendó al senado. Hecha entrega de todas las alhajas y preciosidades, regresó á México, y pasados cuatro dias despues del entierro, mandó Moctheuzoma llamar á todos los principales personajes de Aculhuacán
para elegir rey.

Tambien digimos en la *Galería*, que hecha la eleccion en Tezcoco por el senado se suscitó gran cuestion entre dos hermanos
de los muchos hijos que dejó Netzahualpilli; que uno de ellos
hizo tomar parte en la querella á Moctheuzoma, y lo constituyó
árbitro protector en la diferencia: que el otro (*Ixtlilxuchitl*) marchó hácia lo interior del reino, y levantó un ejército, y confiado en su fuerza desafió al emperador, y que por último, se convinieron en
dividir entre sí el reino de Aculhuacán; finalmente, que aun
escistian estas desazones cuando llegó Hernan Cortés, el cual
haciendo del protector de uno de ellos, y prevaliéndose de
la religion, hizo de padrino en el bautismo de D. Fernando Ixtlilxuchitl, á quien despojó de su reinado temporal por darle el
del cielo, despues de haberse valido de las fuerzas de los Tezcocanos que mandaba éste, en cuya capital puso su cuartel general para conquistar á México. Moctheuzoma. pues, hizo que á su presencia
eligiese el Senado de Aculhuacán el príncipe que le pareció mejor,
y le hizo dar posesion de su reino, comisionando al efecto á su
ministro *Zihuacoatl*.

La historia del reinado de éste príncipe no presenta en
lo succesivo sino una série de desgracias sucedidas por su nimia
superstcion. Todos los que fueron consultados por él en razon de
sus dudas como oráculos, y no tuvieron la fortuna de agra-
darle con sus respuestas, sufrieron el peso de la desgracia; es-
cita mil afectos diversos verlo ocurrir á la adivinacion y á la
cueva de *Zincalco* con consultas repetidas al dios *Hueman*, que
en la mitología de los mexicanos hace las veces del dios Plu-
ton en la de los griegos. Ocupa no pocas páginas en la historia de este príncipe la relacion de la piedra que mandó labrar
para los sacrificios, y lo que *habló* resistiéndose á llegar al templo de Huitzilopochtli; y pues la campana de *Velilla* ha mere-

dído particulares disertaciones al muy erudito P. Feijoó acaso ésta no será indigna de ocupar nuestra pluma por un momento, supuesto que se ha detallado muy circunstanciadamente el hecho por D. Fernando Tezozomóc, y que la historia de la resurreccion de Papantzin ha merecido crédito del crítico y juicioso P. Clavijero.

Deseoso de perpetuar su memoria, mandó que se labrase una ara para el templo de Huitzilopochtli, que fuese mayor dos codos de la que estaba allí, y una braza mas ancha. Convocáronse al efecto los canteros de los cuatro barrios de México, y hallaron un pedron grande en *Acolco* adelante de *Ayotcinco*. Para poderla labrar, sacándola á campo razo, fueron necesarios mas de diez mil indios, porque como carecían de los instrumentos de levantar grandes pesos, y de la ciencia maquinaria todo lo hacian á brazo. Treinta oficiales con picos de pedernal mantenidos por los de Chalco, concluyeron en breve la labor. Mandó el emperador que los de Chalco, los de Nauhteuctli y Chinampanecas, la condujesen estirando con maromas muy gruesas; llegaron con ella hasta Ixtapalapam, donde los peones descansaron dos ó tres dias. Para que entrase en México, el ministro *Zihuacoatl* mandó que los bailadores del palo que llamamos *baila truncas* [*cuatlatlaxque,* ó *cohuilacatozqui*] juglares, los viejos cantores con *Teponaztli,* y los sacerdotes con cornetas y atabales, la trajesen en carretoncillos. Mandóse á los mayordomos de palacio llevasen de comer á los canteros y principales que la traian. Antes de que comenzase á andar la piedra, los *Temacuztles* empezaron á sahumarla con copal blanco, y á untarla con saugre de codornices; pero los conductores vieron que no se podía mover, y que se habían rompido diez maromas ó calabrotes con que antes la habían estirado, y así dieron cuenta al emperador de este suceso.

Para superar esta resistencia se mandaron indios tecpanecas, serranos, montañeses, de Xilotepec, Xiquipilco, y de otras partes; comenzó el *izta* ó grita de los otomís para arrancarla, y así como la rodearon para tirar de ella, se oyó una voz clara que dijo: "*por mas que hagais....*" quedáronse místios todos, mas forcejeando tornaron á oír la voz que dijo éstas ó iguales palabras de resistencia; persistieron en la empresa los peones, y se oyó decir: "pues llevadme, que *acullá os hablaré.*" Llegaron hasta *Tlapitzahuayan*; entonces fueron dos canteros á informar al emperador de lo ocurrido, y se irritó tratándolos de borrachos y embusteros: mandó que el mayordomo *Petlacalcatl* los pusiese en la carcel y que fuesen seis nobles principales á informarse del hecho. Efectivamente oyeron la voz, y volvieron con esta noticia á Moctheuzoma, entonces los mandó poner en libertad ordenándoles que fuesen á lamar á los de *Aculhuacan, Chinampanecas, Nauhteuctli* que viniesen á traer la piedra. Efectivamente lograron traerla hasta *Ta-*

chichoc, y comenzaron á tocarla cornetas. Los calabrotes repuestos, aunque nuevos, se hicieron segunda vez pedazos..... Oyóse nuévamente la voz que decía: ,,*No he de llegar á México; decidle á 'Moctheuzoma ¿qué para que me quiere? ¿que qué aprovecha?..... Que ya no es tiempo de hacer lo que antes; él verá por sus ojos lo que ha de ser ..... mas con todo llevadme..... vamos caminando; ¡pobres de vosotros!...*" Dejóse ya mover facilmente y comenzaron á tocar las cornetas. Llegados á *Tizitlán*, junto á la' albarrada de S. Estevan, (*) hicieron posa con la piedra aquella noche. Instruido Moctheuzoma de lo ocurrido nuevamente, mandó se le hiciesen sacrificios de codornices, y que se le cantase y bailase para que tuviese gusto de llegar.

Finalmente la trajeron hasta el gran puente de *Xoloco*: (donde está S. Antonio Abad) componíase éste de unas grandes planchas de cedro, de siete palmos de grueso, y nueve de canto' de gordó, allí se oyó la voz que dijo: ,,*Hasta aquí ha de ser, y no mas:*" quebróse el puente, cayóse la piedra dentro del agua, y se llevó tras sí á los que la tiraban, de los que muchos murieron. Dióse noticia á Moctheuzoma, y mandó á *Zihua coatl* hiciese venir á los mejores buzos, y los trajeron de Xochimilco, Mixquic, y Cuauhtitlán: el mismo emperador fué á las doce del dia á presenciar la operacion del buséo; dijeron éstos, que en lo hondó de la laguna habian encontrado una senda no múy ancha de agua que vá hácia Chalco, y vá siempre mas á lo hondo. Mandó que se dirigiesen hácia allá personas de autoridad, y los *Tezozonques* ó canteros que la habían labrado, tal vez podrían encontrarla. Efectivamente la encontraron en *Acolco Chalco*, en el mismo lugar donde la habían labrado. Quitáronla parte del papel de *Metl* con que habian cubierto sus labores, y en el que los sacerdotes habian pegado el copal blanco, y lo presentaron al emperador diciendo: ,,matadnos, señor, pero sabed que allí está la piedra misma labrada, en su propio asiento y lugar donde la sacamos primero...." Conformóse Moctheuzoma, y entonces dispuso que estos mismos canteros trabajasen la peña en Chapultepec donde se entalló su imágen, de que hemos hablado. (**)

"El P. Fr. Agustin Vetancourt, en su teatro mexicano segunda parte, tom. 1. pág. 43, habla de este suceso y dice que

(*) Por Churubuzco.
(**) *Ixtilxuchitl* se hizo retratar al vivo en una pieza en el camino de *Iztancamac* cuando acompañó á Cortés á la espedicion de *Hueras*. Vease la Memoria de D. Fernando de Alva, que acabo de publicar, intitulada: *Horrible crueldades de los conquistadores de México.*

labrada y entallada esta piedra que se halló en *Tenantitlán*, junto á Coyohuacán, la trajeron con grande regocijo incensándola: llegó al barrio de Xoloco (que hoy es el rastro) y que habiéndola de pasar por el puente que hoy es de S. Anton, se *deshizo* la piedra y se llevó consigo al ministro que la venía incensando, y á otros muchos que llegaron mas presto al infierno, que la piedra al centro.... Sacáronla con harto trabajo, y dedicada al templo de *Huitzilopochtli* se convocaron todos los señores del reino, y se hicieron fiestas, estrenando en ella el sacrificio de doce mil y doscientos cautivos."

Hasta aquí Vetancourt, á quien respetamos; pero no podemos seguir, porque si como dice, la piedra se *deshizo* ¿cómo pudo despues sacarse? Seguimos pues, y con sobrada razon, á Alvarado Tezozomoc, casi Sincróno porque fué autor de tanto mérito, que mereció, lo tradujese del mexicano D. Carlos de Sigüenza y Góngora, uno de nuestros mas sábios indios mexicanos, como lo demuestran sus obras y empleo que obtuvo de catedrático de matemáticas en esta Universidad. Aun cuando quisiéramos tomar un *término médio* entre lo que dice uno y otro escritor, es menester convenir en que algo hubo de raro y prodigioso en esta piedra, pues dió materia á que se hablase tanto de ella. ¿Ni cuál podria ser la razon suficiente porque Dios permitiera su resistencia para llegar al templo, si no impidiese por su medio el derramamiento de sangre de muchas víctimas? Así es creible: por otra parte es muy grande y escesivo el número de cautivos que se suponen sacrificados por Moctheuzoma, y como hemos visto, jamás llegó por sus guerras á hacer tan copioso número de prisioneros.

Me he detenido en esta relacion, casi copiando los términos en que la trae D. Fernando Alvarado Tezozomoc al cap. 106 de su crónica, puntualizando los lugares y circunstancias del suceso con el objeto de que el gobierno con semejante guia ecsamine el paradero de esta piedra; tal vez pudiera encontrarse como Ciceron halló en Cicilia el sepulcro de Arquimedes, pues *los* españoles han sido muy descuidados en cuanto al *ecsamen de* nuestras antigüedades. No hace muchos años que apareció la hermosa piedra que sirve de cimiento en la esquina de las casas del conde de Santiago, calle del Relox, en que se vé en chico curiosamente labrado el mismo calendario mexicano que está en grande en el cementerio de Catedral mirando al empedradillo, así como el degolladero del templo sepultado en el mismo cementerio junto á la cruz de la esquina. Otro gobierno mas ilustrado habria colocado estos monumentos en el museo de que son dignos. *Dicat quod quisque sentit, sunt enim judicia libera.* Juzgue cada uno lo que guste sobre la verdad de estos hechos, yo no tengo tribunal para calificar ni decidir magistralmente, ni autoridad para hacerlos creer. Los teólogos tienen sus reglas de crítica que podrán aplicar al ecsamen de ellos. Sin embargo yo sé, que aunque despues de la muerte del Redentor enmudecieron los orículos, amenazado Jerusalén del sitio de los romanos emigró la divinidad del *Sancta Sanctorum* oyéndose voces claras que dieron testimonio de su ausencia de aquel lugar santísimo donde habia habitado el augusto Jehová.

Aquí me veo tentado de esclamar con el sábio Masillon, „¡A qué estremo ha llegado hoy la falsa delicadeza del siglo en órden á los sucesos que tienen señales de prodigios! Se deja para el simple pueblo la sencillez y el candor; la religion de los que se tienen por instruidos es una religion de especulaciones y dudas, y se hace gala de ser incrédulos como si el reino de Dios se alcanzara con el discurso. No es mi intento dar aquí crédito á las supersticionos, ni autorizar todas las falsedades que el buen colo, por falta de instruccion, dejó introducir en los pasados siglos en la historia de los santos; pero me dá lástima que con pretesto de buen gusto y por acostumbrarse á dudar de los hechos indiferentes, lleguen tarde ó temprano á dudar de los necesarios."

La sombra huyó de la realidad, no será mucho que á la aprocsimidad de la luz de la verdad desapareciese con señales visibles el imperio del error, y que por semejantes demostraciones preparase el camino á los que deberian en breve escucharla. La falta de ésta ara infame en el templo, economizó sin duda el derramamiento de sangre de innumerables víctimas que en ella habria inmolado el supersticioso monarca que no encontraba á su juicio gracia delante de sus dioses, ni esperaba calmar su ira, sino á proporcion del mayor número de infelices que sacrificase. Él aguardaba por momentos la ruina de su trono é imperio: con su confidente *Tilancalqui* desahogaba su corazon, y derretido en lágrimas le decia: „Te recomiendo mis hijos; has de cuenta que son tuyos; escóndelos en tus rincones: figúrate que eres su padre, y ámalos como yo te he amado á tí: ya no seré rey sino *Tequitlato*; (mozo de servicio) los que vinieren os tendrán sujetos *como esclavos*: en mí se vendrán á consumir los señores, tronos, sillas y estrados que los antiguos reyes vieron y gozaron, por que en mí que soy Moctheuzoma se acabará todo." Ésta profesía tuvo su puntual cumplimiento. El mismo amor á sus hijos mostró al morir á Hernan Cortés, á quien especialmente recomendó á su amada hija que recibió el bautismo, y se llamó *Doña María Isabél*; fundó el convento de agustinos, que aprobó despues la córte de España. Su docilidad y deferencia ciega á los españoles, que muchos acusan de cobardía, se debió al convencimiento íntimo en que estaba de que su reino pasaría á otra

nacion, despues de haber probado inútilmente todos los medios
de conservarlo, y eludir los oráculos. Jamás (dice el cronista
Herrera) se le oyó ninguna espresion en contra de los españoles, y siempre se condujo con ellos con la mejor armonía, sin
permitir no obstante que se le faltase al decoro de monarca.

En un verano fué Moctheuzoma á holgarse en compañía
de veinte y cinco señores principales de México, á los jardines
que tenía en *Atlacuhuayan* (hoy Tacubaya): mandóles que lo
dejasen solo: entróse en una huerta á cazar pájaros con una cer-
batana; mató uno, y lo traía en la mano. Caminaba recreandose, viendo lo florido de unos maizales; vió unas bellas mazorcas y las cortó: hizose ánimo de entrar con ellas á la casa del
dueño de aquella milpa para mostrárselas; llegó, y no encontró
á nadie, á causa del temor que tenían de encontrarse con el
monarca, pues era costumbre que cuando se paseaba sus criados daban voces para que nadie saliese de su habitacion á verlo; mas el dueño de la huerta le vió de lejos, debiendo de
estar por allí oculto: tuvo la resolucion de salirle al encuentro
y se hizo encontradizo con él. Despues de hacerle una profunda reverencia le dijo: „Señor, ¿cómo es que vos siendo tan grande y poderoso me lleveis dos mazorcas *hurtadas*? ¿Cómo, vos
que pusisteis la ley de que el que hurtase una mazorca ó su
valor, muriese por ello?..” „Es verdad, dijo Moctheuzoma, así lo
he mandado....” Entonces le replicó el hortelano.... „¿y vos que-
brantais vuestra ley?” El emperador le presentó las mazorcas diciéndole.... „Tómalas, tuyas son....” „Señor, no lo digo por ellas;
vuestra es la huerta, vuestro soy yo, mi muger y mis hijos.....
yo os lo he dicho por una gracia donosa (ó sea por chanza)....”
„Nó, le replicó Moctheuzoma, si no quieres las mazorcas, toma
mi capa.” (era esta una red azul de pedrería *Xiuhayatl* que valía un tesoro) Tanto porfió el monarca á que la tomase que
hubo de obedecerle, y lleno de confusion el pobre indio le dijo al recibirla: „Señor, yo la tomo, y yo os la guardaré.” Fuése,
pues, Moctheuzoma ácia donde estaba su comitiva, y como le
vieren sin el manto, comenzaron á preguntarle por él: „*Me la
han salteado unos ladrones*, dijo, y *se la llevaron:*” alborotáronse
todos, y les mandó que nadie se moviese. Vínose luego á su
palacio á México, y á otro dia de mañana á la sazon que con-
curria con los principales señores de su córte, mandó á uno
de ellos que fuese á Tacubaya, que preguntase por un fulano
Xochitlacotzin, y se lo trajesen; pero previno que cuidado como
lo enojasen de obra ó de palabra. Efectivamente trajeron luego
al hortelano, aun que el miserable temeroso quiso huir: „Seas bien
venido, le dijo el emperador blandamente, ¿donde está mi manta? Éste me la salteó ayer, dijo á los señores,” (que empezaron

como aduladores á conmoverse) sosególos y les dijo entonces el monarca: „Éste miserable es hombre de mas ánimo y fortaleza que ninguno de cuantos aquí estamos, porque se atrevió á decirme ayer que yo habia quebrantado mis leyes, y dijo la verdad. A estos tales (añadió) quiero yo que me la digan pura, y no con palabras estudiadas. ¿Hay algun empleo vacante, preguntó al ministro? Respondióle que el cacicazgo de Xochimilco: pues bien (dijo) que se le dé." Diósele la casa principal de *Olác* (dice Tezozomoc cap. 83.) por suya, y hoy se jactan de decir sus deudos que fueron parientes del emperador Moctheuzoma. Así pagó este príncipe un homenaje á la justicia y verdad: *ab ungue leonem.*

Parece que á fuer de historiador debería yo hacer aquí el retrato de Moctheuzoma el Grande; ya lo ha dibujado por mí el cronista Herrera (Decada 2. lib. 10. pág. 268.) y como *español* no es recusable en lo favorable.

Fué Moctheuzoma (dice) hijo y nieto de los reyes de México; y aunque fueron muy valerosos les hizo ventaja, porque acrecentó su imperio, y le tuvo en gran prosperidad. Fué muy liberal, muy templado en comer: tuvo muchas mugeres; mas procedía con ellas con templanza; tratábalas bien; honrábalas mucho. Fué justiciero; no perdonaba á nadie aunque fuese su hijo. Fué muy devoto y curioso en su religion: sábio en paz y guerra: venció nueve batallas campales: fué grave y severo, y cuando salía en público iba muy acompañado, y holgaba el pueblo de verle: servíase con mucha grandeza y ceremonias: quizo mucho á los castellanos, *á lo que estraordinariamente se comprendió.*"

Es muy dificil traer al tribunal de la historia á un héroe que dista de nosotros tres centurias de años, y formar de él un diseño acabado. Yo no me atrevo á trazar el de éste príncipe, porque hallo en él virtudes y vicios que lo ponen en contradiccion consigo mismo; sin embargo, he dado término á ésta relacion con la anterior anécdota, que no menos servirá para conocerlo, que para hacerlo pasar por modelo de imitacion á los magistrados supremos que le succedan en el mando.

FIN DEL REINADO DE MOCTHEUZOMA.

DISERTACION

SOBRE EL BAUTISMO

DEL EMPERADOR MOCTHEUZOMA,

LLAMADO EN ÉL DON CARLOS,

Ó SEA

Relacion sacada de un antiguo manuscrito que tradujo al español D. Carlos de Sigüenza y Góngora, y de que es autor D. Fernando de Alvarado Tezozomoc, descendiente de los señores de Malinalco, que segun los antiguos análes eran de los principales del imperio.

———◆■◆———

CAP. 6. QUE TRATA DE LA MUERTE DEL EMPERADOR MOCTHEUZOMA.

„SIENDO, como se han dicho, tan continuos los asaltos con que los mexicanos amotinados molestaban á los españoles, ya no les quedaba otro recurso, que apelar al emperador, para que con su autoridad refrenase el pueblo sublevado, pues no les dejaban salir de su cuartél, ni aun casi moverse: y á no ser por estar en él el emperador, y su sobrino Cacama, rey de Texcoco, presos, sin duda que la ira de los agraviados Tenoxtitecas hubiera puéstoles fuego, y consumído de una vez las esperanzas de Cortés y de los suyos, sepultándolas entre las cenizas de un incendio.

„Un dia que mas que otros habian perseguido á los españoles é indios auxiliares, no hallando ya otro remedio Cortés, le suplicó al emperador suspendiera el furor de sus gentes, pues de otra manera perecerían todos. Hízole al mismo tiempo cargo de que la traicion que dió motivo á este alzamiento, ni había sido culpa suya, ni menos con su influjo había sido hecha; y que no era justicia que habiendo dado así la nobleza como la plebe y por todos juntos él, que era supremo emperador, la obediencia al rey de Castilla, ahora por una cosa que no había pendido de su arbitrio, hostilizasen á los soldados que ya debian mirarse como vasallos de un mismo soberano; que si la indignacion de los mexicanos no podía templarse con el castigo de

XXXVII.

los culpados, que en el real nombre de su magestad católica le
prometía castigar el delito de tal manera que los agraviados que-
dáran satisfechos, y ellos siempre amigos.

Estas y otras razones dijo Cortés al emperador, que con
menos hubiera sido suficiente, pues como se ha dicho era de
natural blando y compasivo, y demasiado afecto á los españoles.
Moctheutzumatzin por dar gusto á Cortés, y tranquilizar los ánimos de los suyos, subió á una torre de palacio en compañía de
los corcobados (*) á quienes mucho amaba, y de algunos de
sus caballeros, que sin embargo de su prision injusta le servian
y acompañaban. Luego que los mexicanos vieron á su señor,
suspendieron las armas, y prestando muy profundo silencio, aguardaban lo que quería ordenarles. Él con las mayores razones que
pudo, les persuadió dejasen las armas, no molestasen á los estrangeros, y fuesen sus amigos, pues su persona corría riesgo, y
las de todos sus vasallos de la furia de los recien venidos. A todo callaba la innumerable multitud, y mostraba gran sentimiento
de ver al mayor monarca que conocía este nuevo mundo en tan
triste situacion, que le obligaba no solo á tolerar, sino á supli-
car por los mismos que le agraviaban; y á la verdad le hubieran dado gusto á no ser porque su sobrino Cacama rey de Texcoco, que como es dicho tambien estaba preso puesto á los mexicanos á que no lo hicieran, sino que acabáran de una vez con
los estrangeros sin atender á sus personas. Los mexicanos ecsas-
perados de los españoles, y alentados de Cacama, ya no aten-
dian á las razones del emperador, ni hacian ningun aprecio de
sus voces; antes por el contrario lo baldonaban diciéndole muchos pesares, tratándolo de cobarde, y de que se dejaba domi-
nar de unos advenedizos de puro temor. Estas desabridas razones
fueron acompañadas de una gran multitud de flechas, y piedras, de las
cuales una saéta alcanzó al emperador en el estómago que le
atravesó por el vaso, y una piedra le dió en la sien izquierda,
de cuyas dos heridas cayó con angustias mortales revolcándose en
su sangre, y sin mas aliento que para despedirse de la vida.
Ocurrieron los españoles á la venganza, y Cortés con el cape-
llan al socorro de su querido amigo, al cual hallaron en brazos
de sus caballeros derramando rios de sangre por sus heridas, lleno de mortales ansias, y cubierto de lágrimas de los suyos, á
las que acompañaron las de Cortés y Fr. Bartolomé de Olmedo,
el cual no parándose en sentimientos, ocurrió al socorro de que
mas necesitaba el desgraciado emperador, persuadiéndole á voces
recibiera el santo bautismo, pues de otra manera perdería ambos imperios, á cuyas voces no pudo responder por tenerle fue-

(*). Por lujo tenían de pages á los contrahechos los reyes mexicanos.

ra de sentido el dolor de las heridas. Acordaron, pues, bajarlo á una sala del mismo palacio, donde habiéndole tomado la sangre y héchole algunos medicamentos, pudo volver en su acuerdo, aunque con mortales parasismos. En este tiempo volvió á instarle el apostólico padre á fin de conseguir su salud eterna, porque de la temporal no había ningunas esperanzas. A estas razones respondió blandamente el casi difunto emperador, que quería ser cristiano, con cuyo *fiat*, cubiertos de dolor y lágrimas el ministro y los padrinos, le administraron el sacramento del bautismo, poniéndole por nombre D. CARLOS. Fueron sus padrinos D. Fernando Cortés, D. Cristobal de Olid, y D. Pedro de Alvarado. Despues de tres dias murió, habiendo hecho sus últimas disposiciones con tanto acuerdo, como si no tuviera mal ninguno. Dió en ellas las mayores y mas dolorosas muestras del amor que tenía á Cortés, dejándole encargadas á sus hijas, únicas prendas de su amor.

Éste fué el fin del mayor monarca que conoció la gran México, de aquel cuyo dominio se estendía á sujetar setenta y dos reyes coronados: cuya riqueza no tuvo comparacion, y cuyas desdichas dominaron su altiva suerte, y consiguieron ponerlo por trofeo suyo. sin respetar su grande dignidad, suma riqueza, alta gerarquía, y prendas personales, de que singularmente se hallaba adornada su persona."

D. Fernando de Alba Ixtlilxuchitl en el cap. 8. que trata de la muerte desgraciada que el capitan Pedro de Alvarado y los suyos dieron á los señores y nobleza mexicana, por cuya causa se rebelaron los mexicanos, y pusieron en grande aprieto á los españoles haciéndolos salir de México, de la muerte de Moctheuzoma, Cacamatzin, y otros señores, dice así.

»Estando Cortés en la Veracruz á lo de Narvaez, ofrecióse la fiesta tan celebrada de los mexicanos llamada *Toxcatl* que caía siempre por pascua de resurreccion; y como Cortés les habia vedado el sacrificio de los hombres, tan solamente se hizo un solemne Mitote, ó danza, en el templo mayor, en donde se juntaron todos los de la nobleza mexicana, cargada y adornada con todas las joyas de oro, pedrería, y otras riquezas que tenian; y estando en lo mejor de su fiesta, y muy descuidados de la celada que se les aparejaba; y fué que ciertos Tlaxcaltecas por envidia lo uno, acordandose que en semejante fiesta los mexicanos solian sacrificar gran suma de cautivos de la nacion Tlaxcalteca, y lo otro, que era la mejor ocasion que ellos tenian para poder incluir los mismos despojos, y hartar su codicia vengandose de sus enemigos (porque hasta entónces no habian tenido lugar, ni Cortés se los diera) fueron con esta invencion al capitan Pedro Alvarado, que estaba en lugar de Cortés, el cual no fué menester

mucho para darles crédito, porque tan buenos filos y pensamientos
tenia como ellos; y mas viendo que allí en aquella fiesta habian
acudido todos los señores y cabezas del imperio, y que muertos
no tenian mucho trabajo en sojuzgarlos; y así dejando algunos de
sus compañeros en guarda de Moctheuzoma y de Cacamatzin, con
el mayor secreto y disimulacion que pudo, se fué hácia la plaza
ó patio del templo mayor, y cogiendo las puertas de él con algunos de sus compañeros y los Tlaxcaltecas, entró con todos los
demás con grande ímpetu haciendo gran matanza y carnicería en
los mexicanos, que como se hallaban seguros de semejante caso,
estaban desapercibidos y sin armas; y así en breve espacio mataron todos los mas que allí hallaron, y cargaron ellos y los Tlaxcaltecas de muy grandes despojos y riquezas; y al ruido y voz
acudieron todos los de la ciudad á favorecer á sus señores, de
tal manera, que llevaron á Alvarado y á los demas sus compañeros y amigos hasta su posada, donde estaba Moctheuzoma y *Ca-*
camatzin, y si no fuera por estos reyes que les mandaron que
cesára el combate, los matáran á todos, y echáran en el suelo la
casa, viendo la traicion tan grande que contra sus señores se habia hecho, y tambien porque la noche los departió luego, aunque
no por esto dejaron de darles lo necesario para su sustento, viendo que sus reyes cuidaban de ello y se los mandaban. Cortés volvió victorioso, y muy bien acompañado porque traia consigo mil
hombres de guerra, y cien caballos.

Supo en el camino como los de México se habian alzado
contra los que allí dejó, que si no fuera por Moctheuzoma, los
hubieran muerto, con cuya nueva vino á grandes jornadas hasta
llegar á la ciudad de Texcoco, en donde se reformó, descansó y
fué regalado. Avisado de todo lo que habia, de su íntimo amigo
Ixtlixuchitl, dandole cuenta de todo, y de como en la misma ciudad de Texcoco habia algunos apasionados á los deudos y amigos de los que mataron Pedro de Alvarado y sus compañeros en
México; y habiendo tratado del modo conque había de entrar,
se partió de Texcoco y llegó á México dia de S. Juan (24 de
junio de 1520) y halló la ciudad sosegada, aunque los moradores de ella no lo salieron á recibir, ni le hicieron fiesta. Moctheuzoma se holgó de su llegada viéndolo volver con tan buen
acompañamiento, y tan próspero suceso, y cada uno de ellos le
contó los trabajos que había pasado. Otro dia, despues de su llegada, reprendió Cortés á uno de los principales de la ciudad,
porque no se hacia el mercado como solían, que era de su cargo; y como fuese con aspereza se agravió de tal manera, que
vino á revolver la ciudad; porque ya estaban todos los moradores suyos tan hartos de las demandas y crueldades que contra
ellos se habian usado, que fué menèster poco para acabarse de

alzar; y asi desde entonces se comenzó entre ellos una cruelísima guerra, y en la primera pelea mataron cuatro españoles, y otro dia adelante hirieron muchos, y cada dia les daban cruel batería, de modo que no les dejaban sosegar ni un momento; y al séptimo dia fué tan recio el combate que dieron á la casa de la posada de los españoles, que no tuvo Cortés otro remedio que hacer al rey Moctheuzoma que se subiese á una torre alta, y les mandase que dejasen las armas, y lo hizo de buena gana rogando á sus vasallos muy ahincadamente que dejasen la guerra.

Estaban encolerizados, y tan corridos y afrentados de ver la cobardía de su rey, y cuan sujeto estaba á los españoles, que no le quisieron oir; antes le respondieron palabras muy descompuestas, afrentándole de cobardía, y le tiraron muchos flechazos y pedradas, y le acertáron con una en la cabeza, de la que dentro de cuatro dias murió de su herida; y *aunque recibió el santo bautismo que habia pedido mucho antes con ansia,* tuvo este desastrado fin. Fué el mas poderoso rey que ántes ni despues tuvo este nuevo mundo: no hubo quien le igualase en magestad y profanidad, tanto que parece se quiso hacer adorar; y se vió en la mayor prosperidad, grandeza y riqueza que hubo en el mundo. Era hombre de mediana estatura, flaco, no muy moreno de poca barba, y tan ardiloso como valiénte. En las armas y modo de su gobierno fué muy justiciero, y en las cosas tocántes á ser estimado y tenido en dignidad y magestad real: de condicion muy severo, aunque cuerdo y gracioso. Fué sepultado en Chapultepec, acompañado de las lágrimas de Cortés y de los suyos que con su cuerpo enterraban las esperanzas de subsistir en México. Con la muerte de este poderosísimo rey fué grandísimo el daño que á Cortés y los suyos se les siguió, por que se movieron los mexicanos; y muerto Moctheuzoma apretaron mucho á los españoles, y no sintieron su muerte por que ya estaban muy indignados contra él por el favor tan grande que hacia á los españoles. Hicieron luego *jurar* al rey *Cacamatzin* su sobrino, aunque estaba preso, con intento de libertarlo por su persona, en quien concurrian todas las partes y requisitos para su defensa, honra y reputacion; mas no pudieron conseguir su intento, porque queriendo los españoles salir huyendo de la ciudad, aquella noche antes le dieron *cuarenta y siete puñaladas,* porque como era belicoso, se quiso defender de ellos, é hizo tantas bravezas que con estar preso les dió en que entender, y fué necesario todo lo referido para quitarle la vida; y luego por su muerte que fué muy sentida de los mexicanos, eligieron y juraron por rey á *Cuitlahuatzin,* señor de Ixtapalapan, y hermano de Moctheuzoma, que era su principal caudillo, y á esta sazon su capitan general. Cuitlahuatzin dió á los españoles

cruelísima guerra, y jamás les quiso conceder ninguna tregua.
Pasaron entre ellos y Cuitlahuatzin grandísimos encuentros y peleas, hasta que Cortés perdió las esperanzas de poderse tener en
México, y determinó salirse de ella; pero fué con tanto peligro
y trabajo suyo y de sus soldados, que de toda la riqueza que
tenia junta no pudo sacar casi nada, y aun todos los que murieron de los suyos fué por ocuparse alguna parte de las riquezas que tenían juntas.

Salióse Cortés á 10 de julio (*) de 1520, de noche, por
entender ser acomodado; mas los mexicanos lo sintieron, y le salieron en su alcance, y le mataron cuatrocientos cincuenta españoles, cuatro mil indios amigos, y cuarenta y seis caballos en la
parte que llaman el salto de Alvarado, y los mexicanos *Tolteca-
lopam* (**) que es el nombre de la azequia, y el barrio *Ma-
zalzintamalco*. En estos y otros aprietos en que los españoles se
vieron prosiguiendo su retirada, murieron entre otros señores que
iban con Cortés, así en rehenes como en su favor, cuatro señores mexicanos, y los dos eran hijos de Moctheuzoma y se llamaban *Icacontzin, Tioacpopocatzin, Tepactzin y Tencuecuenotzin.* y
de las cuatro hijas de Netzahualpitzintli murieron las tres, aunque la una de ellas fué la mas bien librada, porque murió bau-
tizada, y se llamó Doña Juana, que por ser tan querida de Cortés y estar en dias de parir, la hizo bautizar.

Murieron otros dos hijos del rey Netzahualpitzintli, y asímismo murió en esta demanda *Niuhtototzin*, uno de los grandes
del reino de Texcoco, señor de Teotihuacán, que era capitan
general de la parcialidad de *Ixtlixochitl*, y que en su nombre
habia sido en favor de Cortés, y de los suyos.

Las dos octavas que siguen son del capitan D. Angel
Betancourt, que vino á N. E. en el año de 1608, y como tales son dignas de aprecio por su antigüedad, y por ser el referido muy versado en la historia de estos reinos. Se estrajeron
del poema de la aparicion de nuestra señora de los Remedios
y dicen así.

(*) Clavijero y otros dicen que á primero; tal vez se pondria en
número abreviado, y ésto causó la equivocacion.
(**) No ha quedado mas nombre á éste lugar que el primero.

XLII.

OCTAVAS.

Resistió el Estremeño Masinisa
Asaltos mil de gente amotinada,
De mexicanos las legiones pisa
Haciendo como bueno con la espada:
El presó Moctheuzoma, con divisa
Imperiosa, cayó de una pedrada:
Cortés, Olid, y Pedro de Alvarado,
Padrinos son del indio *bautizado*.

D. CARLOS se llamó este rey grave
Que con ansia el bautismo habia pedido,
Y era con los cristianos tan süave
Que se puede tener por entendido.
Nadie entienda que todo se lo sabe,
Que tal vez un pastor descubre el nido;
Y á tres reyes mostró Martin alhaja
De las naves la senda altiva y baja.

Éstas dos octavas chavacanas y despreciables en el órden poético, no lo son en el histórico: prueban no poco segun los principios de buena crítica. Estaba reciente la memoria de este acontecimiento en los dias en quo se refirió, y Betancourt lo hizo mas como historiador, que como poeta; sin dar lugar á la ficcion ni licencia que le era permitida en ciertos casos; considerémoslo pues como un historiador que habla en *ritmas*; no de otro modo que *Enio* entre los romanos, y otros segun dice Blair cuando discurre sobre el origen de las lenguas. Pero aun hay otras razones y hechos de mas mérito, cuya reseña voy á pasar.

Moctheuzoma era (segun Chimalpain) el hombre mas sábio de su siglo; era un filósofo que estudiaba la naturaleza, meditaba sobre su religion y reflecsionaba sobre sus misterios. Todos lo pintan con este colorido, y aun los que lo deprimen como Solís, dicen que ocupaba muchos ratos en oracion en los templos de sus dioses, por hipocresía y orgullo, y ganarse nombradía entre los suyos para optar algun dia el imperio. Lo cierto es que él no se hallaba en México cuando lo eligieron, sino en Toluca, de donde lo trajeron á ocupar la silla imperial. Las

XLIII.

primeras conversaciones tenidas con Cortés sobre religion, le des-
agradaron sobre manera, y con gran política cortó la que suscitó el dia de su llegada cuando pasó á visitarlo en su alojamien-
to, y le hizo ver que á él poco le imponian sus caballos, que
los estimaba como venados de mayor magnitud, ni sus mosque-
tes que comparaba con sus cebratanas. Esta firmeza lo hace en
mi concepto recomendable; líbreme Dios de hombre que facilmente, y sin ecsamen, cambia de opinion, y principalmente en
puntos de religion. La religion de Moctheuzoma tenia grandes
analogías con la que le anunciaba Cortés; le hablaba de un Dios
remunerador de premios y castigos eternos. Moctheuzoma sabía
por sus principios que había un lugar de descanso perdurable,
[*Ilhuica*,] y un lugar de eternos gemidos [*Mictlanteuchtli*,] es decir,
cielo é infierno el mismo que le anunciaba la religion de Cortés, y
dos grandes y poderosos resortes con que el hombre se mueve á
obrar el bien, y que él siempre hizo á sus semejantes, pues amó
la justicia sin tasa como hemos visto. La religion de los mexicanos
en su fondo era la que les anunció Santo Tomás apostol, cuya
capa conservaban por prenda llena de cruces, semejantes á las
que los españoles vieron en gran copia en la provincia de Yucatán y de cuya sagrada señal imploraban la agua para sus mieses.
Tenian bautismo, confesion sacramental *viva voce*, comunion con
pasta de semillas amasadas con miel; ayunos, vida cenobítica y
mil otras prácticas tomadas de la doctrina del santo apóstol. Su
moral no desconocía los primeros principios de la razon: su educacion era severa: su justicia recta: su derecho de paz y guerra muy mas noble y humano que el de nuestros primeros pu-
blicistas, pues los hombres son tanto mas francos y generosos
hasta el heroísmo, mientras mas se acercan á los primeros siglos,
ó mantienen su simplicidad y costumbres. Moctheuzoma estaba
preparado con estas prácticas, que aunque adulteradas, tenian un
fondo y principio de verdad, así como la mitología de los griegos, que son los principales pasages de Moisés adulterados. Había sido testigo de la incuestionable resurreccion de Papantzin su
hermana, no menos que de los grandes meteóros de la naturaleza ocurridos en sus dias y observados por él mismo. Por otra
parte su corazon se resentía de la crueldad de los sacrificios humanos, y tanto, que no permitió que en la fiesta de su inau-
guracion se inmolase ninguna víctima racional, diciendo que no
convenía que en dia de tanto gozo apestase el templo de *Huit-
silopochtli*. Se conoce que chocaba á su corazon ésta inhumanidad, que él se conformó con la religion del estado, de que no
podia prescindir; y que si se mostró cruel en sus últimos dias,
fué cuando le aquejaron gravísimos pesares y despechos, y no hallando otro modo de desarmar la cólera de sus dioses, quería

revocar sus decretos con víctimas, de que le habían enseñado y hecho creer que estaban sedientos. Siempre obraron así los gentiles, por eso Séneca les dijo: *Dii non placantur donis.* Se sabe por la historia, que estuvo ocho meses preso entre los españoles, desde 12 ó 14 de noviembre de 1519 hasta últimos de junio de 1520 en que murió: que trataba contindamente con ellos, principalmente con uno llamado *Peña*, á quien quiso muchísimo, de modo, que era empeño para el emperador, y por él se conseguía cualesquier gracia, hasta deponer su gravedad natural, y solozarse quitándole el gorro y arrojándoselo por una escalera abajo, (dice Herrera) porque gustaba de verlo correr en su demanda. Que las mas tardes jugaba al bodoque con los españoles ó *Patolli*, (que aun se usa en Guanajuato y otras partes) atravesando grandes cantidades de oro que le ganó el codicioso Alvarado. Que aprendió por éste trato el idioma español con regularidad que sabía las oraciones y elementos de un catecúmeno: que testigo continuo de las prácticas religiosas de los españoles, les tomó afecto en términos de pedir á Cortés el bautismo en carnestolendas del año de 1520; pero que éste no quiso se le administrase (dice Chimalpain) sino hasta la pascua de Espíritu Santo, para que fuese con la pompa de un rey, lo que no pudo verificarse, pues puntualmente en la noche del domingo de esta fiesta fué el ataque que Cortés dió á Narvaez cerca de Zempoala y lo hizo prisionero. Se sabe que Cortés, ó porque fuese naturalmente celoso de la religion, ó para cohonestar con ella sus agresiones, cuidó siempre de instruir á los indios y de derribarles sus ídolos, aunque con impolítica, teniendo que irle á la mano muchas veces en razon de ésto el clérigo Juan Diaz, pues comprometia á los españoles á reñidos encuentros. Finalmente se sabe, que habiendo ocurrido gran seca y ruina de las sementeras en los campos, Moctheuzoma se quejó á Cortés, é hizo ver que sus dioses indignados del nuevo culto que los suyos trataban de introducir, le negaban sus lluvias: Cortés le ofreció que llovería muy luego; hicieron plegarias los españoles, y correspondió el cielo á sus votos, porque estaba comprometido en cierto modo su honor, de lo que no poco se admiró Moctheuzoma.

Tales eran las disposiciones con que el Dios de suma bondad había preparado su corazon para hacerlo suyo, no de otro modo que el labrador prepara la sementera para cosechar una copiosa mies. ¿Con tales datos incuestionables podrémos dudar racionalmente que Moctheuzoma abrazase con gusto una religion, en cuyo favor estaba tan felizmente prevenido? ¿Que la abrazase en un instante en que se le hablaba de un fin dichoso, y cual iban á tener sus calamidades; sus dudas, y los ultrajes que acababa de recibir de los suyos, que tanto habían lastisrado su pundonor, ó llámesele su orgullo? ¿Hay acaso alguu náufrago que se resista á abrazar una tabla de salvacion en un momento azaroso? Pero aun hay otras reflecsiones que confirman mas y mas mi concepto.

En 20 dias del mes de junio de 1526 años, Hernan Cortés otorgó documento de donacion ante el escribano Alonso Valiente, de varias estáncias y casas que llegaban al número de 1240 en la jurisdiccion de Tacuba, á favor de la señora Doña María Isabel Moctheuzoma, hija primogénita del emperador, por dote, arras ó donacion, casándola legítimamente con *Alonso de Grado*, natural de la villa de Alcántara, hidalgo de calidad, lugar teniente de capitan y gobernador, y de oficio visitador general de todos los indios de la N. E. Este fué el primer mayorazgo que aparece fundado en esta América, segun las antiguas leyes de Castilla. Hernán Cortés protesta en el exórdio y cuerpo de este documento, que lo hace por cumplir con las reiteradas súplicas que el emperador le hizo al tiempo de morir, llamándole, rogándole y tornándole á rogar (son sus palabras) *muy afincadamente cuidase de sus tres hijas, que eran las mejores joyas que tenia.... y que las hiciese luego bautizar*, y poner por nombre á la una, que es la mayor, su legítima heredera, Doña Isabel, á las otras dos Doña María, y Doña Mariana... Y aun en su lengua me dijo (añade Cortés) entre otros razonamientos, que me *encargaba la conciencia*.... ¿Y bien; quien manda á sus hijas *bautizar*, no se bautizaria con gusto, y adoptaría para sí lo mismo que para ellas? ¿despreciaría este bien inapreciable?....... ¿Quien encarga su tutela y cuidado por motivos de *conciencia*, no estaría convencido de la suerte que se le esperaba? Hé aquí el modo con que se condujo Moctheuzoma en los últimos elogios de su vida; modo propio de un hombre que moría cristianamente. Tengo en mi poder este precioso documento que leí por primera vez en Veracruz, y de que tal vez carecerán los deudos de esta ilustre y desgraciada familia.

Otras muchas reflecciones pudiera hacer en comprobacion de mi opinion, sacándolas de los argumentos de consecuencia ó á *ratione*; pero me limito á decir entre sorprendido y confuso con S. Pablo: ¡ó alteza de la sabiduría de Dios! ¡qué incomprehensibles son tus juicios, ¡qué inapeables son tus caminos! El arresto de Moctheuzoma en su palacio, este hecho que ha escandalizado á las generaciones pasadas, y que escandalizará á las futuras, este hecho de ingratitud, contrario á la justicia, á la hospitalidad y al honor, fué el que proporcionó al ilustre emperador de México la adquisicion de un trono de gloria (hablo moralmente) que ninguna mano podrá quitarle. Solo á vos, Señor, es dado sacar bien del mal, y trocar el veneno mortífero en triaca saludable!..... eres muy dueño de tus dones, y los das á quien quieres, y como quie-

XLVI.

res; no eres del que te vocéa con los lábios como el hipócrita, sino de quien te apiadas: eres muy generoso pues remuneras un suspiro ó una lágrima de arrepentimiento, con todo el peso infando de tu gloria! ¡Eres un Dios infinito en tu liberalidad!

Es muy reparable el silencio que el comun de los historiadores han guardado en este asunto de qué tanta gloria resulta á la religion, mas no nos admiremos; mayor fué el que guardaron con respecto á Quauhtimóc, succesor de Moctheuzoma, y nadie sabía que estaba bautizado hasta que nos lo dijo Bernal Diaz del Castillo, como tengo advertido en la última nota de la carta tercera de mi Cuadro Histórico de la revolucion de la *América mexicana*. Eran aquellos dias muy obscuros, y los feroces conquistadores no notaban estos hechos entre los interesantes. Su avida codicia y rapacidad desaforada los ocupaba en empresas de diversa especie.— *B.*

NOTA.

EL Retrato del Emperador Moc-THEUZOMA, vestido de gala, se halla-rá de venta en la librería de D. Alejandro Valdés, juntamente con ésta obra. Está copiado fielmente del que poseía muy antiguo la casa de los señores Cano Moctheuzoma, mayorazgo descendiente del Emperador; se ha grabado en París por mano del ex–Marqués del Apartado.

INDICE

DE LOS CAPITULOS, APÉNDICES,

Y DE ALGUNAS NOTAS COMPRENDIDAS EN LOS

CINCO LIBROS DE ESTE SEGUNDO TOMO.

APÉNDICE DEL QUINTO LIBRO.

CPSIA information can be obtained
at www.ICGtesting.com
Printed in the USA
BVHW051104200721
612315BV00010B/1158